LE TOUR DE FRANCE MÉDIÉVAL

Georges et Régine Pernoud

Le Tour
de France
médiéval

L'Histoire buissonnière

Stock Laurence Pernoud

L'Histoire buissonnière

Quelle image sommeille chez l'amateur de résidence secondaire, sinon celle du village avec un clocher et une fontaine, ou celle de la « fermette » au toit de chaume, de la bergerie provençale ou pyrénéenne ? Quoi de plus fascinant, dans un paysage de vacances, que le château fort et les souterrains qu'on suppose aux alentours ? Où se portent les cars de touristes sinon vers les Baux-de-Provence, la cité de Carcassonne ou le Mont-Saint-Michel ; quand ce n'est pas vers tel village de Corrèze ou de Haute-Provence dont on « réhabilite » pierre à pierre les vieilles demeures ? Somme toute, quelle époque nous est plus proche à nous Français du XXᵉ siècle, que ce « Moyen Age » que les siècles classiques avaient accablé de leur mépris ? A quel ouvrage échoit un des grands succès de librairie ? A *La Chambre des dames* — un roman qui se passe au XIIIᵉ siècle. Ce temps qu'effleurent à peine les programmes scolaires et que la plupart des enseignants des divers degrés ignorent encore trop souvent, c'est vers lui que se tourne la curiosité du public. Dans quelle région de France n'a-t-on pas entrepris la restauration d'églises, de châteaux, voire de simples murailles qu'on dégage, dont on gratte les enduits intempestifs, dont on met à nu les poutres ou les colombages ? Quand ce ne sont pas des fouilles complètes d'édifices ou de simple habitat rural ; ou encore de ces animations qui attirent les foules dans des églises comme Rampillon, Sénanque ou Fontevraud, pour ne rien dire du palais des Papes d'Avignon.

Tout se passe comme si une curiosité d'esprit longtemps contenue et refoulée chez nous — car elle s'était en fait réveillée avec les Romantiques et fortifiée grâce à cette libération de notre vision apportée par les peintres dès la fin du XIXᵉ siècle — se manifestait soudain dans toute son ampleur. Après n'avoir été attentifs qu'aux Romains et aux Grecs, les Français s'intéressent à leur passé, à leur sol et à leurs richesses propres. Ils prennent conscience de ce que leur poésie, donc leur musique, a commencé avant la Renaissance, et leur existence avant la fin de l'Ancien Régime. Ils ont longtemps côtoyé sans les voir une multitude de richesses d'art et d'architecture, et soudain leurs yeux s'ouvrent ; ils les regardent, s'extasient et se mettent à les détailler, à les inventorier, à les explorer avec le ravissement de l'enfant qui pénètre pour la première fois dans le grenier ancestral et légendaire, ouvre la malle où sont enfouis vieux vêtements et vieux papiers, et en extrait l'éventail de l'aïeule, le sabre du grand-oncle, les photos jaunies, tout un assortiment de trésors à la fois familiers et inconnus.

On pourrait se demander s'il ne s'agit pas d'une simple mode, d'un engouement passager. Mais cette redécouverte n'est pas d'aujourd'hui ; elle a déjà son histoire. Les estampes romantiques évoquaient avec complaisance les vieux châteaux en ruine ou au contraire peuplés d'élégants troubadours ; chaussures à la poulaine et hennins pointus y étaient aussi nombreux que dans les miniatures du XVe siècle où ils témoignent d'une mode vestimentaire qui n'a guère dépassé le temps d'Isabeau de Bavière, et aucune « Cour des Miracles » n'a été aussi envahie de loqueteux et de bancroches que dans les illustrations des ouvrages de Victor Hugo. Mais ce goût des âges médiévaux n'a longtemps touché qu'un petit nombre ; et il passait aux yeux du grand public pour la revanche sentimentale de quelques attardés.

Au contraire, le mouvement de curiosité pour ce qui représente en fait le premier millénaire de notre histoire est aujourd'hui général. Et il touche nos fibres les plus intimes. L'image la plus familière de notre paysage, celle du village groupé autour de son clocher telle que dans la miniature d'un Livre d'heures, ne se trouve-t-elle pas ancrée en nous au point qu'un publiciste en aura fait avec succès l'affiche d'une campagne électorale ? Sans parler des « hostelleries » et des « castels », voire des enseignes en caractères gothiques qui s'en iront illustrer jusqu'à des boîtes de camembert...

Ce « Moyen Age » si présent dans le monde d'aujourd'hui, serait-ce le support d'un rêve qui s'opposerait à une réalité de béton et de matières plastiques ? S'agit-il d'une image qui nous permettrait, comme le dirait René Dubos, d'affronter l'environnement moderne, celui de la « ville tentaculaire », des autoroutes et de l'avenir nucléaire ?

Mais non : il y a plus profond dans ce mouvement, le même qui porte tant de Français à se pencher sur leur généalogie. Lorsque Jean Favier, le directeur des Archives de France, s'est avisé d'ouvrir un cours à l'usage de ces chercheurs d'ancêtres et de filiations qui aujourd'hui assaillent nos archives, il a dû immédiatement le doubler, tant les amateurs étaient nombreux à vouloir déchiffrer par eux-mêmes les vieux papiers, les parchemins qui pouvaient leur permettre d'avancer dans leurs explorations, de remonter un peu plus haut dans la recherche de leurs sources. Or, ce qui pousse ces chercheurs, ce qui aiguillonne leur curiosité, c'est le besoin de retrouver leur identité. L'étude de l'Histoire telle que la dictent les programmes d'État ne les satisfait pas ; ils se sentent frustrés d'une part d'eux-mêmes, la meilleure, celle qui a saveur de vie ; ils veulent et, c'est devenu un cliché, « retrouver leurs racines ». En ce monde où tout leur est offert, ils recherchent ce qui est à la portée du plus humble gitan : des traditions qui leur soient propres. Ils soupçonnent qu'au-delà des H.L.M. et des institutions officielles nées d'une loi ou d'un décret, il y a des silhouettes séduisantes, de hautes histoires d'amour, des visages de contes de fées, un art de vivre, un paysage familier, qu'ils redécouvrent avec l'ardeur de l'archéologue sondant les couches d'un terrain pour mettre au jour une civilisation porteuse de trésors enfouis.

L'ambition de cet ouvrage serait de nous aider à percevoir cette autre France, celle d'avant les temps classiques et bourgeois, avant l'administration centralisatrice et les programmes niveleurs. Or, la France du Moyen Age, justement, est là, présente, sous nos yeux. Rien à démolir pour la retrouver ; bien au contraire, nous la côtoyons sans cesse : en dépit de nos sottes destructions (les guerres de religion qui ont saccagé vingt mille églises, celles de la Révolution qui ont laissé à Paris à peine cent édifices religieux sur les quatre cents qui avaient survécu aux destructions de l'Ancien Régime — auront fait plus de ravages que les deux guerres mondiales), les merveilles d'architecture et d'art provenant des temps féodaux restent plus nombreuses que celles de toutes les autres époques de notre Histoire réunies. Aider à les voir, à sentir dans ces monuments la vie qui les a autrefois animés, telle est notre intention, le propos de cet ouvrage. Quel touriste visitant Chartres ou Sainte-Foy-de-Conques ne s'est pas interrogé sur les hommes qui les bâtirent ? Quel père, quelle mère en faisant admirer un château fort à leurs enfants, n'auront pas regretté de ne pouvoir mieux leur conter la vie quotidienne de ceux qui y vécurent ? Enfin, devant une fresque, un vitrail, un chapiteau, qui n'a souhaité en savoir davantage sur les intentions de l'artiste ou sur sa technique ?

Pour répondre à ces questions, satisfaire cette curiosité, nous avions un modèle. Tout enfant, je n'aimais guère les livres de classe ; mais par bonheur, à côté du manuel d'histoire qui m'ennuyait profondément, il y avait un « livre de lectures » dont je me délectais : c'était le fameux *Tour de France de deux enfants*, véritable chef-d'œuvre de pédagogie intelligente. Une initiative heureuse l'a fait rééditer il y a quelques années et cela, remercions-en les éditeurs, dans la présentation originale, ce qui ne peut manquer d'émouvoir les lecteurs de ma génération, et même des suivantes. Ce Tour de France a inspiré le nôtre, mais avec un regard différent puisqu'il s'agissait de voir dans la réalité qui nous entoure les témoins de l'activité d'un autre âge, donc d'aller un peu au-delà de ce qui est immédiatement visible. Exercice dans lequel, très vite, on peut trouver un plaisir profond ; les existences que nous découvrons, en effet, derrière ces murailles, ces fresques, ces remparts ou ces sculptures, elles sont plus proches de nous que nous ne le pensions ; nous en sommes les héritiers.

Car ce sera peut-être la découverte du lecteur comme ce fut la nôtre : il y a des constantes qui se dégagent dans notre Histoire et l'on s'aperçoit non sans étonnement que ce qui a caractérisé telle région, telle province, dans le passé, subsiste aujourd'hui ; sous une forme différente certes, mais avec une permanence insoupçonnée. Les cités du Nord, capitales du textile au XIIe siècle, le sont toujours restées au XXe, alors qu'Anjou et Touraine où florissait le domaine seigneurial demeurent des pays de résidences rurales et de gentilhommières ; la Bourgogne des moines témoigne toujours de leur savoir-faire agricole qui a donné naissance à la plupart de nos grands crus, tandis que celle des ducs nous a légué les splendeurs des musées de Dijon ou de Beaune ; l'Auvergne des pèlerins conserve davantage de reliquaires et de Vierges romanes qu'aucune autre province ; la bourgeoisie des commerçants est toujours présente dans les villes languedociennes ; et la couronne des cathédrales d'Ile-de-France continue à enserrer le centre même de ce qui, passé la période médiévale, est devenu Etat centralisé. Ainsi la vocation de chaque région semble-t-elle enracinée dans son sol et persiste-t-elle à nous parler par son histoire ; elle est attestée par les usages comme par les édifices de ceux qui l'ont mise en valeur et fait fructifier ; et quand nous tentons de dégager la dominante de chaque région, nous trouvons qu'elle a un passé, toujours présent.

A travers tant de soubresauts, un legs aurait donc subsisté, que nous sommes tout prêts à redécouvrir, nous qui aimons — comme nos ancêtres — partir, parcourir l'espace, retrouvant un peu cet instinct de vagabondage qui faisait mouvoir les foules de pèlerins sur les routes médiévales, comme aujourd'hui les foules de touristes au moment des vacances. Et que d'affinités avons-nous avec elles : ne serait-ce que le goût de la chanson, celui de la musique et de la poésie ! Et plus profondément encore, ce désir de plus en plus senti et exprimé, de pouvoir circuler sans frontières. Quand on songe à la facilité avec laquelle, aux temps féodaux, on pensait « européen », on assimilait les apports « étrangers » — gens et langages —, on voyageait fût-ce jusqu'en Chine... Marco Polo serait à son aise, aujourd'hui, parmi ces jeunes qui partent sac au dos !

Certains lecteurs trouveront incomplet ce périple à travers la France médiévale. Un choix, à coup sûr, s'imposait. Nous avons tenté de nous laisser guider par l'Histoire elle-même, ou par les vestiges les plus significatifs, voire, parfois, les mieux conservés, et de les prendre en exemple, développant à leur propos les traits de mœurs ou les actions de personnages qu'on aurait pu trouver ailleurs. Il est hors de doute que chacun, sur sa région propre, son lieu d'origine ou de prédilection, pourra faire des transpositions et appliquer ici ce qui a été étudié là. De remarquables collections paraissent aujourd'hui sur le passé de nos provinces ou de nos villes ; elles ne feront pas double emploi avec le présent ouvrage, et permettront éventuellement d'ajouter maints détails au parcours que nous présentons ici.

Deux lacunes sautent aux yeux : nous ne parlons pas de cette « Ile de Beauté » qu'est la Corse, ni de ce « Beau jardin » qu'est l'Alsace ; mais il nous a paru normal de suivre le fil conducteur que l'Histoire, toujours, nous fournissait. Puisque nous désirions évoquer chaque région non seulement dans son espace, mais à un moment clé, celui de sa grande prospérité ou de sa grande célébrité, à l'époque féodale ou médiévale, notre Tour de France ne pouvait concerner que les régions qui dépendaient alors de la couronne de France. Ainsi l'on comprend mieux que la Provence ait la dernière place ou si l'on préfère « la vedette américaine ».

Inutile de préciser que nous ne tirerons de ces particularités historiques — l'intégration tardive de certaines régions — aucune conclusion d'ordre politique. En cela nous suivons un exemple entre tous illustre, celui de Frédéric Mistral, grand méconnu chez nous, inventeur de l'écologie, des « arts et traditions populaires », de ce qu'on appelle sans y croire la décentralisation ; face à l'assaut autoritaire et négateur mené au siècle dernier par l'école d'État contre les parlers locaux, il a su réagir et restaurer le provençal dans sa noblesse, mais n'en déclarait pas moins « niaise » toute tentative de séparation : « Les temps qui viennent ne vont pas à la séparation mais à l'union. ».

Hâtons-nous de dire cependant que les cartes qui figurent dans l'ouvrage comportent, elles, l'ensemble des « pays » qui composent la France d'aujourd'hui. Ces cartes complètent ainsi un texte auquel l'Histoire fixait des limites.

Un mot important pour finir : nous avons été deux à entreprendre et à écrire la plus grande partie de ce livre. Je suis malheureusement seule pour le terminer et en signer la préface.

C'est Georges, mon frère, qui le premier avait eu l'idée de cette Histoire buissonnière. Je l'avais adoptée avec enthousiasme, toujours prête à parler de « mon » époque, surtout de la manière qu'il envisageait. De l'Histoire j'apportais les matériaux, mais c'était lui qui, en un éclair, projetait l'édifice, le voyait déjà réalisé.

Car Georges avait le secret de rendre vivant ce qu'il évoquait, et proches les êtres d'un autre temps ; comme il avait le don d'éveiller chez les autres les possibilités qu'il leur sentait. Beaucoup pourraient en témoigner. Son attention aux autres les lui rendait « lisibles ». Au-delà des analyses, il pressentait tout ce qu'une vie peut receler de drames ou de joies enfouis ; un geste, un regard qu'il surprenait lui révélaient des déchirements intimes, et parfois aussi, sous d'humbles apparences, des éléments de Légende dorée. Et de même, à travers une façade, un paysage, une vieille demeure ou les faits et gestes d'un homme, recréait-il toute une histoire soudain réanimée. Son sens de la vie était romanesque, ou disons plutôt : poétique au sens vrai, c'est-à-dire créateur.

Il avait, d'ailleurs, le goût du récit, sachant bien que la démonstration la plus logique ne vaudra jamais l'histoire qu'on raconte, qui émeut (donc . qui fait *mouvoir*), qui met en scène des personnes auxquelles on s'identifie, qu'on peut aimer et imiter — l'histoire qui se grave dans la mémoire, mieux que le plus impeccable raisonnement.

Nous avons longtemps cheminé ensemble comme ces pèlerins d'hier ou ces touristes d'aujourd'hui, dans un dialogue passionnant, sans cesse animé par sa manière de voir. Qui aurait pu prévoir que je finirais seule la route et sans lui cette œuvre entreprise ensemble avec tant d'ardeur ?

Aux lecteurs à présent de décider si cet effort commun en valait la peine — tous les lecteurs, jeunes et moins jeunes —, pourvu que, dans le goût actuel pour la randonnée, ils aient gardé l'« œil ouvert », et que leur curiosité d'esprit soit éveillée sur le monde qui les entoure, sur la vie secrète qui n'a cessé de l'animer à travers les temps.

Régine PERNOUD.

1

La Normandie
de Guillaume le Conquérant

ODO:EPS:

ROTBER

WILLELM:

Guillaume le Conquérant entouré de l'évêque Odon de Bayeux et de Robert de Mortain.
Broderie de la reine Mathilde (détail) XIᵉ siècle. Bayeux, musée de l'Évêché.

LA NORMANDIE
DE GUILLAUME LE CONQUÉRANT

Lorsqu'on roule de Paris à Rouen par la nationale 14, on se trouve, peu après Magny-en-Vexin, devant une descente signalée comme dangereuse, celle de la vallée d'Epte. Du village de Saint-Clair-sur-Epte, qui la surplombe, on voit, par temps clair, le magnifique paysage qu'eurent sous les yeux, un jour d'automne, au Xᵉ siècle, un roi de France et un chef de pirates, réunis pour fonder la Normandie. Le roi de France s'appelle Charles le Simple. Le géant blond avec lequel il conclut, en cette année 911, le traité de Saint-Clair-sur-Epte, est Rollon, chef de ces *Northmen* — hommes du Nord — qui, en se francisant, deviendront les Normands. Rollon est si grand que, dit-on, il ne monte jamais à cheval : ses pieds toucheraient le sol. Ce marcheur infatigable est aussi un navigateur intrépide : venu de Norvège à la tête de ses hommes, il remonte le cours des fleuves et sème la terreur. Devant ces Vikings aux barques effilées, on se cache ou l'on s'enfuit : c'est ainsi que les moines de Grandlieu ont fui leur monastère de Noirmoutiers, emportant les reliques de saint Philibert, et sont allés s'établir en Bourgogne. Les Northmen ne craignent en effet ni Dieu ni diable, et leur chant de guerre proclame qu' « il n'y a de paradis que pour le guerrier mort en combattant ». La France n'est pas le premier théâtre de leurs exploits : ils ont traversé l'Atlantique, envahi l'Islande, conquis le Groenland (à cette époque « la terre verte ») et poussé jusqu'à un autre continent, qu'on appellera plus tard l'Amérique.

Mais leur coup d'éclat a été le siège de Paris : sur une longueur de dix kilomètres, leurs barques, au nombre de sept cents, se sont avancées sur la Seine. Il y avait soixante-dix guerriers par barque : cela fait une cinquantaine de milliers de guerriers entraînés, aussi habiles dans l'assaut que dans la défense, et capables de se fortifier aussitôt qu'ils sont à terre. Aujourd'hui encore, on peut voir les vestiges de leurs barques au musée d'Oslo, en Norvège, et un reste de leurs fortifications à la pointe de la Hague. Il n'a pas fallu moins que la vaillance de l'évêque de Paris, Gozlin, et du duc des Francs, Robert le Fort, pour relever le courage des Parisiens affolés et tenir tête aux hommes de Rollon. Battus à Paris, ils se sont repliés sur Chartres. Mais les habitants — évêque en tête, portant la relique du Voile de la

NORMANDIE

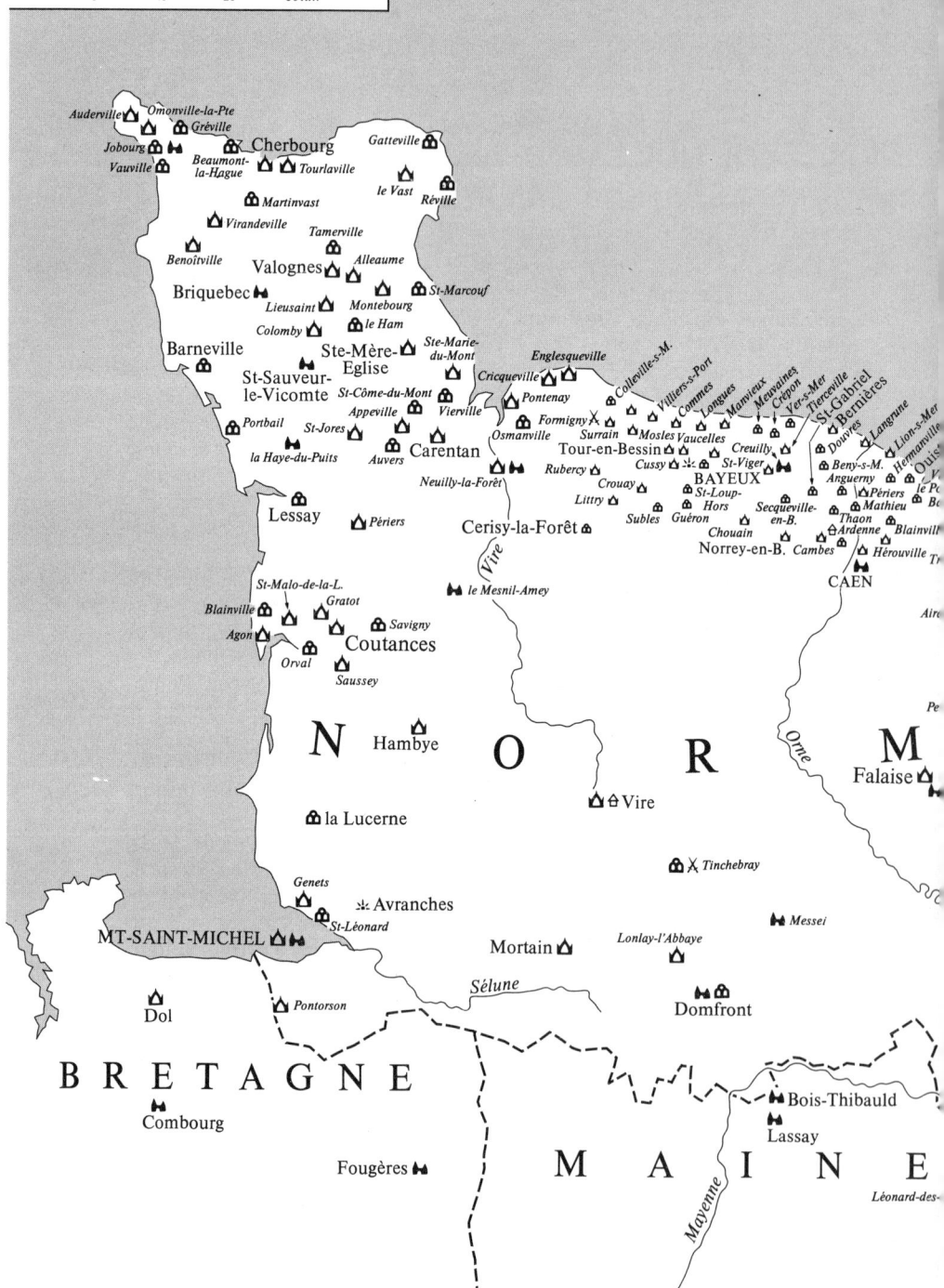

Auderville Omonville-la-Pte
Gréville
Jobourg Cherbourg Gatteville
Vauville Beaumont-la-Hague Tourlaville
Martinvast le Vast Réville
Virandeville
Tamerville
Benoîtville Alleaume
Valognes
Briquebec Lieusaint St-Marcouf
Colomby Montebourg
le Ham
Barneville Ste-Mère- Ste-Marie-
Eglise du-Mont
St-Sauveur- Englesqueville
le-Vicomte St-Côme-du-Mont Cricqueville Colleville-s-M.
Appeville Vierville Villiers-s-Port
Portbail St-Jores Formigny Commes Longues Manvieux Meuvaines Thierceville St-Gabriel
la Haye-du-Puits Auvers Osmanville Surrain Mosles Vaucelles Crépon Ver-s-Mer Bernières
Carentan Tour-en-Bessin Creully Douvres Langrune
Rubercy Cussy St-Viger Beny-s-M. Lions-s-Mer
Neuilly-la-Forêt Crouay BAYEUX Anguerny Hermanville Ouis
Lessay Littry St-Loup- Périers le P
Périers Subles Hors Secqueville- Mathieu B
Cerisy-la-Forêt Guéron en-B. Thaon
Chouain Ardenne Blainvill
Norrey-en-B. Cambes Hérouville
CAEN Tre
St-Malo-de-la-L. le Mesnil-Amey
Blainville Gratot Air
Agon Savigny
Orval Coutances
Saussey

N O R M
Hambye Falaise
Pe
la Lucerne Vire
Tinchebray
Genets Messei
Avranches
St-Léonard Mortain Lonlay-l'Abbaye
MT-SAINT-MICHEL
Sélune Domfront
Dol Pontorson

B R E T A G N E M A I N E
Combourg Bois-Thibauld
Lassay
Fougères Léonard-des-

Vire Orne Mayenne

le Tréport

Incheville

Eu
Gousseauville
Gamaches
Soreng
Rambures

Dieppe
Hautot-s-Mer
St-Nicolas-d'Aliermont
Capval

Arques-la-Bataille
Bourg-Dun
Fontaine-le-Dun

Ste Agathe-d'Aliermont
St-Vaast-d'Equiqueville
Osmoy-St-Valéry

Bresle

Villefleur
Fécamp
Valmont
Bretteville-St-Laurent
Bures-en-Bray

Doudeville
Auffay
Fresles
Neufchâtel-en-Bray

Etretat
Bec-de-Mortagne
Bretteville-Gr.-Caux
la Rosière
St-Saire

Ste-Marie-des-Champs
Beaubec
Gaillefontaine

Angerville-l'O. Virville Raffetot Foucart Valliquerville
Allouville
St-Clair-s-les-M.

Montivilliers
Manéglise
Erainhus
Sainneville-Ch
St-Laurent-de-B.
Mirville
Belleville
Graimbouville
Auzebosc
St-Arnoult
Pavilly

Saumont-la-Poterie
Meneval
Dampierre
Cuy-St-Fiacre

aine-la-M.
Honorine
Rouelles
St-Martin-du-M.
St-Romain-de-C.
Caudebec-en-C.
St-Wandrille-Rançon

Harfleur
St-Jean-d'A.
Lillebonne
N.-D. de Gravenchon
N.-D. de Bliquetuit
Duclair
ROUEN
Gournay-en-Bray
St-Germer-de-Fly

Andelle
Norville
Tainville
Canteleu

Honfleur
Vasouy
Quilleuf
St-Maurice
Jumièges
St-Martin-de-B.
Petit-Quevilly

Martagny
Mainneville

Grestain
Figuefleur
Bouquelon Aizier
St-Maras-de-B.
la Haye-de-P.
le Genetey
St-Adrien

Fontaine-Guérard
Mortemer
Gisors

Pennedepie
Touques
Quetteville
le Theil
Beuzeville
St-André
St-Germain
Routot
Bouquetot
Yville
Sahurs
Gouy
Pont-St-Pierre

nneville
e-le
ierre-L.
zif
Canapville
Pont-l'Evêque
la-L.
Bonneville-les
Epaignes
St-Philibert-s-R.
Pont-Audemer
Bourg-Achard
Moulineaux
Poses

Ecouis
Les Andelys

Reux
Pierrefitte
Blangy-le-Ch.
les
Authieux
Cormeilles
St-Etienne-l'A.
Ch. de Robert-le-Diable
Pt-de-l'Arche
Léry
N.-D. du Vaudreuil

ebault
Coudray
St-Pierre-de-C.
Le Bec-Hellouin
Montaure
la Roquette
Château-Gaillard

Guarny
St-Clair-s-Epte
Montagny
Parnes

Coquainvilliers
Moyaux
Lieurey
Brionne
Harcourt
Fouqueville
la Roquette
Muide
Louviers
Pressagny-le-Val
Ecos
N.-D.-de-l'Isle

Magny-en-Vexin
la Roche-Guyon

Ouilly-les-M.
Cambremer
Rocques
Vitotel
Iville
St-Etienne-du-V.
Seine

Lisieux
la Houblonnière
Fontaine-la-B.
Boisney
Carsix
le Neubourg
Vernon

Vétheuil

Montalet
Gassicourt
Limay

Lecaude
Ecajeul
St-Martin-de-la-L.
St-Jean-du-le-L.
Bernay
Caorches
Menneval

Gravigny
Rolleboise
Mézières
Epône

Vieux-Pont
Fervaques
Tordouet
St-Victor-de-C.
Beaumont-le-Roger
ÉVREUX
Pacy-s-Eure
Mantes

re-s-Dives
St-Martin-de-B.
Broglie
la Bonneville
Favrieux

ourcy
Orbec
la Fernière
Conches
Bretagnolles
Eure
Montchauvet

Trun
Montreuil-l'A.
le Sap
Rive
Breteuil
Ivry-la-Bataille

Chambois
Cisai-St-Aubin
Rugles
Breuil-Benoist
Houdan

Exmes
l'Aigle
St-Sulpice
Verneuil
Iton
Montreuil
Broué
Dreux
Montfort-l'Amaury

ntan
St-Germain-de-C.
Villemeux
Faverolles

Sées
Marville
Chaudon
le Boullay-Miroye

Champs
Valdieu
Mortagne-au-Perche
Longny-au-Perche
Eure

is
Sarthe
Alençon
Mauves
Rémalard

eneri-erei
Abb. de Perseigne
Villebon

St-Gauburge
Nogent-le-Rotrou

A N D I E

P E R C H E

Vierge (que conserve aujourd'hui encore la cathédrale) —, les ont
repoussés. Et c'est trois mois après cette défaite que Rollon, venu
pacifiquement au rendez-vous du roi de France, considère le domaine dont
Charles le Simple lui fait don : en gros la terre située entre l'embouchure de
la Bresle et celle de la Dives. Mais les hommes du Nord ne vont pas tarder à
arrondir ce domaine : à la fin du Xᵉ siècle, la « Normandie » s'étendra
jusqu'à la baie du Mont-Saint-Michel, embrassant le Cotentin.

Cette donation fut reprochée à Charles le Simple comme un acte de
faiblesse. Pourtant une splendide province allait naître sous la charrue
des anciens pirates, devenus agriculteurs. Et le païen Rollon, en se
faisant baptiser à Rouen, allait devenir Robert, et être le père d'une lignée
de ducs de Normandie qui verrait naître un jour Guillaume le Conquérant.

Aussitôt que le roi de France lui eut donné cette province qu'il avait tant
de fois ravagée, Rollon se mit à distribuer des terres à ses compagnons
d'armes. Il les mesurait au cordeau : de ces parcelles rectangulaires est né le
paysage normand, véritable parterre de verdure coupé de haies et de
bois.

Sur leur domaine, les anciens pirates font régner une police impitoyable :
les voleurs y sont si durement châtiés que trois années durant une chaîne
d'or pendit à un chêne sans que personne osât y toucher. C'était la propre
chaîne d'or de Rollon, qu'il avait accrochée lui-même afin de montrer à
quel point on était en sécurité sur ses terres.

De Rollon, la carte de la Normandie garde un nom que les automobi-
listes connaissent bien : la fameuse côte de Rolleboise n'est autre en effet
que celle du « Bois de Rollon ». D'autres noms évoquent les origines
scandinaves des Normands : Elbeuf, Criquebeuf, etc. (« beuf » signifie
« demeure » en norvégien) ; Routot, Yvetot, etc. (« tot » veut dire
« lieu ») ; Caudebec : « bec », c'est « ruisseau » ; Harfleur : « fleur », c'est
« flot ».

Devenus français et chrétiens, les Normands couvrent leurs terres
d'abbayes. C'est la preuve non seulement de leur piété, mais aussi du désir
qu'ils ont de s'instruire, car, à cette époque, chaque monastère abrite son
école. C'est à la Trinité de Fécamp, la plus importante des abbayes
normandes, que les ducs font élever leurs enfants. Dans l'église de la
Trinité telle qu'on peut la voir aujourd'hui, deux chapelles romanes, à
gauche du chœur, sont les derniers témoins de l'église du XIᵉ siècle. C'est là
que les premiers ducs descendant de Rollon, Richard Iᵉʳ, son petit-fils, puis
Richard II, se firent enterrer après y avoir été élevés ; Richard Iᵉʳ, ne se
jugeant pas digne de reposer dans l'église elle-même, avait seulement
demandé que son tombeau fût placé sous la gouttière de cette église, à
l'extérieur. Nombreux sont d'ailleurs les testaments, aux XIᵉ et XIIᵉ siècles,
dans lesquels le testateur demande à être placé ainsi *sub stillicidio*, sous la
gouttière de l'église, leurs tombes recevant, par une intention qui ne
manque pas de poésie, cette eau qui s'est trouvée comme sanctifiée

puisqu'elle vient du ciel et a d'abord touché le toit de la maison de Dieu.

De l'arrière-petit-fils de Rollon subsistent, dans le village des Moulineaux, les ruines d'un château. Ici vécut le fameux Robert le Diable. C'est le nom que la légende lui a donné, mais l'histoire lui en préfère un autre, celui de Robert le Magnifique.

Un jour qu'il assistait à l'office à l'abbaye de Cerisy, le duc remarque un pauvre qui ne donnait rien à la quête. Aussitôt, il envoie un de ses compagnons porter cent livres — aumône fastueuse — au malheureux. Le pauvre prend la bourse, court après le prêtre et jette tout l'argent dans l'aumônière. Ce que voyant, le duc lui donna cent autres livres.

A Constantinople, quand Robert alla en Terre sainte, l'empereur de Byzance lui offrit un festin servi sur une table basse. La coutume était de s'asseoir sur des coussins. Cela déplut à nos Normands. Robert et ses chevaliers plièrent leurs manteaux de cérémonie — en soie brodée d'or — et les mirent sur leurs coussins afin d'être assis un peu moins bas. En se levant, après le dîner, ils laissèrent les manteaux. L'empereur le leur fit remarquer. « Croyez-vous, répondit Robert, que les Normands emportent leurs sièges sur leurs épaules ? »

Mais la Palestine ne devait pas être faste au descendant des Vikings. Il y attrapa les fièvres. Et, un jour, un pèlerin normand qui venait du Saint-Sépulcre rencontra sur la route de Jérusalem un brillant équipage : quatre Noirs, portant une litière qu'escortaient seize Sarrasins. Le Normand s'informa, dans sa langue. Alors, une tête émaciée apparut par les rideaux entrouverts : « Es-tu normand ? — Oui, monseigneur. — Eh bien (montrant les Noirs et les Maures), tu diras aux gens de notre pays que tu as vu leur duc porté en paradis par des diables... »

Son fils lui succéda. Il se nommait Guillaume et c'était un bâtard. Robert l'avait eu d'une jeune bourgeoise de Falaise, Arlette. Le décor de leur amour avait été une fontaine qu'on vous montrera encore à Falaise : là, affirme la légende, Robert, rentrant un après-midi de la chasse — il était alors âgé de dix-sept ans —, vit de jeunes lavandières fouler le linge, comme on faisait alors (c'est-à-dire qu'on le piétinait, à pieds nus, comme le raisin). Elles avaient retroussé leurs jupes à mi-jambes et riaient, tout en dansant sur le linge blanc.

Le jeune cavalier s'arrêta devant ce spectacle et resta là aussi longtemps qu'il ne fut pas remarqué.

Elle avait la couleur plus fine
Que fleur de rose ou d'aubépine,

dit un trouvère en parlant d'Arlette.

Ce soir-là, le père d'Arlette reçut la visite d'un messager. Il venait, de la part du duc, faire une démarche singulière : il lui demandait la main de sa fille, mais sa main… gauche. Le père, courroucé d'abord, puis embarrassé, alla trouver sa fille. Mais Arlette avait vu le beau duc. Il faut croire qu'elle l'aimait, car elle consentit… Ainsi naquit Guillaume le Conquérant.

Le personnage de Guillaume et ses exploits chez les Anglais sont racontés, comme sur une « bande dessinée », par une longue « tapisserie » (en réalité une broderie) conservée à Bayeux et qu'on appelle la tapisserie de la reine Mathilde. Cette dernière était la femme de Guillaume.

Voulant s'allier à l'une des grandes familles d'Europe, il avait jeté son dévolu sur Mathilde, fille de Baudouin, comte de Flandre. Quand elle eut vent de ce projet, Mathilde s'écria : « J'aimerais mieux entrer au couvent qu'être donnée à un bâtard ! » Alors Guillaume se rendit en secret à Bruges — où résidait Mathilde —, attendit la jeune fille à la sortie de la messe et l'accosta sans façon. Quand elle vit le géant blond coiffé à la César (ainsi nous le montre la tapisserie de Bayeux), elle détourna les yeux. Guillaume l'aborde, lui dit qu'il l'aime. Elle s'éloigne sans répondre. Le Viking la saisit, la roue de coups, la jette par terre. Puis il remonte tranquillement sur son cheval et s'éloigne au galop.

Cependant, Mathilde avait été ramenée chez elle. Malade, « dolente des coups qu'elle avait reçus, dit un chroniqueur, elle déclara à son père qu'elle n'aurait jamais d'autre mari que Guillaume, duc de Normandie ». Leur mariage fut célébré au château d'Eu en 1056, et, selon le chroniqueur, « Mathilde le tint pour très cher jusqu'au jour de sa mort ». De cet amour, nous conservons deux admirables témoignages : l'abbaye aux Hommes et l'abbaye aux Dames dont les flèches dominent la ville de Caen. Ce sont les ex-voto dont les deux époux firent hommage à Dieu pour s'acquitter du bonheur qu'il leur avait donné.

Quelques années après leur mariage, le duc Guillaume quitta pour la première fois son épouse : il se rendait à l'invitation du roi d'Angleterre Édouard.

L'Angleterre d'alors, après avoir subi beaucoup d'invasions, connaissait enfin la paix sous le sceptre de rois saxons. Édouard était l'un d'eux. Dans sa jeunesse, il avait été exilé de sa patrie. Guillaume lui avait donné l'hospitalité, et Édouard s'était fort attaché à la Normandie. Rappelé en Angleterre pour monter sur le trône, il avait amené avec lui plusieurs Normands, auxquels il avait distribué places et honneurs. Il avait même fait d'un Normand — simple moine — l'archevêque de Cantorbéry.

Guillaume reçut en Angleterre un accueil triomphal. Édouard le traita, dit un contemporain, « comme son propre fils, lui donna des armes, des chevaux, des chiens et des oiseaux de chasse ». Mais ce qui surtout frappa Guillaume, ce fut de rencontrer à chaque pas des Normands en Angleterre. Ses ancêtres avaient jadis envahi le pays, et, sans cesse, le duc y entendait sa langue maternelle… Il n'en fallait pas davantage pour que germât dans le cerveau du duc de Normandie l'idée de devenir, à la mort d'Édouard, roi d'Angleterre.

Un seul obstacle à ce dessein : un jeune homme du nom de Harold, parent de la reine et que beaucoup considéraient comme l'héritier d'Édouard.

Or, quelques années après le voyage de Guillaume en Angleterre, Harold se rendit en Normandie. Le duc le reçut avec les plus grands égards, donna fêtes et tournois en son honneur, le promena à travers le duché, et, comme l'écrit un témoin, « Guillaume et Harold n'eurent jamais qu'une même tente et une même table ». Le cidre de Normandie n'existait pas encore — le pommier en grande culture ne date que du XIVᵉ siècle — mais il y avait du vin, et la cuisine normande était déjà admirable : on peut penser qu'à la table de son hôte le jeune Harold fit bonne chère. Guillaume tenait à l'amadouer.

Un jour que tous deux chevauchaient côte à côte, Guillaume dit soudain, comme sans y attacher d'importance :

« Quand le roi Édouard et moi vivions sous le même toit, il me promit, si jamais il devenait roi d'Angleterre, de me faire héritier de son royaume. Harold, j'aimerais que tu m'aidasses à réaliser cette promesse. Sois sûr que si, par ton secours, j'obtiens le royaume, quelque chose que tu me demandes, je te l'accorderai. »

Harold, surpris et troublé, garda le silence.

« Puisque tu consens à me servir », reprit Guillaume, feignant de croire au proverbe : Qui ne dit mot consent, « je veux que tu épouses ma fille Adèle. »

Harold, jeune et encore sans expérience de la diplomatie, « ne sachant par où échapper », promit.

Aussitôt, Guillaume rassemble tous les barons normands de sa suite, envoie chercher à Rouen plusieurs reliquaires, et fait apporter un missel. Devant tous les barons réunis, il montre au jeune Anglais ce missel, qu'il avait posé sur un drap d'or. Ce que Harold ignorait, c'est que le drap d'or recouvrait les reliquaires contenant les précieux restes de plusieurs saints. Or, au Moyen Age, les reliques étaient en grande vénération. Jurer sur les reliques, c'était engager son salut éternel. Encore de nos jours, des reliques ne sont-elles pas scellées dans la pierre des autels sur lesquels le prêtre célèbre la messe ?

« Je te requiers devant cette assemblée, dit le duc à son invité, de confirmer par serment les promesses que tu m'as faites, à savoir de m'aider à obtenir le royaume d'Angleterre après la mort d'Édouard, et d'épouser ma fille Adèle. »

Les solides barons, bras croisés, regardaient la scène d'un air résolu. Alors (et la tapisserie de Bayeux est là pour nous l'attester, car elle nous montre toute la « geste » de Guillaume) Harold jura, la main droite posée sur le missel. Aussitôt Guillaume fait un signe : on enlève le drap d'or. Les reliquaires apparurent, et Harold vit qu'il avait prêté serment sur les saints.

Quelque temps après, le roi Édouard mourut. Harold fut proclamé roi. Il reçut des mains de l'archevêque d'York une grande hache de bataille, symbole de la patrie saxonne.

« Pour lors, il advint, raconte un chroniqueur, que, le duc Guillaume étant un jour en la forêt de Rouvray et tendant son arc pour chasser, un messager vint à lui, qui lui dit en secret comme quoi il arrivait en diligence pour l'avertir de la mort du roi Édouard et du couronnement de Harold. A cette nouvelle, le duc Guillaume demeura longtemps tout pensif ; il bailla son arc à l'un de ses gens et s'en retourna promptement en son hôtel de Rouen. Là, il commença à se promener rudement par la salle, s'appuyant tantôt sur un banc, tantôt sur l'autre, sans se tenir en aucune place, et nul de ses gens n'osait mot dire. »

La nef d'Oseberg.
Détail de la proue
d'un vaisseau viking.
Fin VIIe siècle,
Oslo, musée Bygdy.

Guillaume dépêcha un messager en Angleterre. Le nouveau roi reçut le messager avec hauteur, lui déclara qu'il ne devait rien au duc de Normandie, qu'un serment arraché par la force était sans valeur et que, si Guillaume lui cherchait querelle, il trouverait à qui parler.

Alors les Normands préparèrent l'invasion de l'Angleterre.

L'un des plus célèbres écrivains normands, La Varende, a reconstitué par le menu ces préparatifs dans sa biographie de *Guillaume, le Bâtard conquérant* [1]. Il fait remarquer que le port de Dives (tout près de Deauville), base de départ de la flotte normande, était alors beaucoup plus important qu'il n'est aujourd'hui. Les dépôts de la mer et de la rivière Dives l'ont rétréci. La flotte d'invasion de Guillaume était forte de 696 grandes nefs — dont certaines d'une longueur de 30 mètres et pouvant emporter 50 chevaux, ce qui, avec les bateaux et les esquifs, portait l'effectif total à 3 000 bâtiments.

Le 27 septembre 1066, un soleil radieux se leva sur la Manche. Le camp des Normands retentit du cri « Embarque ! ». Et 50 000 guerriers blonds, pataugeant dans la boue, retrouvant la fougue de leurs ancêtres vikings, coururent vers les navires. On attendit la marée du soir, qui déséchoua les bateaux ; puis ceux-ci jetèrent l'ancre, jusqu'à la nuit. Quand il fit tout à fait noir, un fanal s'alluma au mât du *Mora*, le vaisseau monté par Guillaume, reconnaissable à la tête de léopard — l'insigne du duc — qui ornait sa proue.

En choisissant l'équinoxe pour traverser la Manche, Guillaume avait fait un pari sur le temps. Cette date en effet paralyse la vie maritime, et les Anglais ne pouvaient prévoir chez leurs envahisseurs une aussi folle hardiesse. Le temps fut favorable aux Normands.

Ils débarquèrent à Pevensey, village du Sussex. Les archers, « court-vêtus et tondus sur les oreilles », descendirent les premiers, puis les cavaliers, les charpentiers, les maçons et autres ouvriers, qui avaient bâti trois « châteaux de bois », échafaudages montés sur roues qui devaient servir à escalader les remparts de Londres.

Guillaume descendit le dernier. Au moment où il touchait terre, son pied glissa et il tomba à plat ventre. « Mauvais signe ! Dieu nous préserve ! » murmurèrent les soldats. Mais Guillaume, se relevant promptement, leur cria : « J'ai voulu embrasser cette terre, qu'avec l'aide de Dieu nous allons conquérir ! »

Il la conquit en effet, et Guillaume se fit bâtir la « Tour de Londres ».

Couronné à Westminster le jour de Noël, Guillaume fit ses Pâques en Normandie. Parti duc, il revenait roi : c'est dire s'il fut acclamé par ses sujets du continent. Tous les Normands quittèrent leur maison, leur ferme, leurs navires pour participer à son triomphe. Les moines rompirent la clôture et, fait unique dans la chrétienté, on interrompit le carême !

---

1. Flammarion.

Mais le triomphe de Guillaume n'allait pas durer longtemps. Il dut faire face à la révolte d'un de ses sujets, et non des moindres : son propre fils Robert. C'est le cœur brisé qu'après des années de lutte et de déchirements le dernier conquérant de l'Angleterre devait mourir, en 1087, abandonné de tous, dépouillé sur son lit de mort jusque de ses draps et laissé nu sur le parquet de sa chambre, tout comme sa victime Harold l'avait été sur le champ de bataille de Hastings. Il n'est pas jusqu'à sa sépulture qui ne lui fût

Harold, qui sera le rival de Guillaume le Conquérant,
a été détourné par la tempête, et la côte que signale le guetteur,
hissé en haut du mât, est celle de Picardie.
Remarquez les boucliers des combattants alignés sur le rebord de la barque.
Broderie de la reine Mathilde (détail), XIᵉ siècle. Bayeux, musée de l'Évêché.

contestée : pendant qu'on l'inhumait dans une tombe creusée dans le chœur à Saint-Étienne de Caen, une voix s'éleva dans l'assistance. C'était une voix de paysan à l'accent savoureux :

« Cette terre où est bâtie l'abbaye de Saint-Étienne a été autrefois volée à mon père par le duc Guillaume, disait le paysan. C'est pourquoi je m'oppose, de la part de Dieu, à ce que son corps soit enseveli dans ma terre... »

Et si grande est la puissance du droit chez ce peuple de juristes que les Normands, après enquête, donnèrent raison au demandeur. On fit une collecte pour lui racheter sa terre afin de pouvoir y enterrer Guillaume le Conquérant.

La conquête avait fait de l'Angleterre une dépendance de la Normandie. Par la force des choses, la situation n'allait pas tarder à être retournée et la Normandie à devenir une dépendance de l'Angleterre. Le roi de France ne pouvait guère voir d'un bon œil son vassal le duc de Normandie réunir une telle puissance entre ses mains.

Le magnifique château de Gisors est un souvenir des négociations qui allaient suivre chaque bataille entre France et Angleterre, car c'est presque toujours là qu'avaient lieu les entrevues entre les deux rois. Gisors est l'un des plus anciens exemples de l'architecture militaire normande ; il porte la marque de ses possesseurs successifs : la tour du Prisonnier a été bâtie par le roi de France, alors que le reste date des ducs de Normandie.

Guillaume avait divisé ses possessions entre deux de ses fils, laissant à l'aîné, le rebelle, Robert Courteheuse (il portait des bottes — ou heuses — courtes) la Normandie, et au second, Guillaume le Roux, l'Angleterre. Celui-ci mourut dès 1100 d'un accident de chasse. Robert Courteheuse, esprit chimérique et passablement brouillon, était alors en Terre sainte. Il s'attarda, à son retour, en Italie, si bien que le troisième fils, Henri Beauclerc, auquel son père n'avait rien laissé, finit par réunir dans sa main l'héritage de ses deux aînés. Robert Courteheuse, qui s'était rendu impopulaire, ne fut pas soutenu par les Normands : battu et pris par son frère à Tinchebray, entre Vire et Flers, il fut envoyé au château de Cardiff, dans le pays de Galles, où il finit ses jours. Son fils, Guillaume Cliton, fut naturellement soutenu par le roi de France pour faire échec au roi régnant Henri Beauclerc. Désormais, les hostilités allaient s'ouvrir : prises d'armes à la manière féodale, c'est-à-dire courtes et peu meurtrières. A la bataille de Brémule (c'est la plaine qui s'étend entre Écouis — où s'élève une belle collégiale — et Fleury-sur-Andelle), pour laquelle Henri Beauclerc avait réuni ce que les annales du temps appellent une armée considérable, on relève trois morts. Ce n'en était pas moins une défaite pour le roi de France, Louis le Gros, qui dut s'enfuir à bride abattue jusqu'aux Andelys, ayant failli être fait prisonnier par son vassal.

Pour finir, Henri Beauclerc, à Gisors, prêta hommage pour la Normandie, et la paix régna entre les deux princes. Peu après devait survenir le désastre fameux de la *Blanche Nef*. Henri Beauclerc était sur le point de s'embarquer avec toute sa famille à Barfleur, lorsque le patron du bateau appelé la *Blanche Nef* vint réclamer l'honneur de transporter le roi : il lui rappela que son père avait piloté le *Mora*, navire sur lequel Guillaume le Conquérant avait passé la Manche. Henri, ne voulant pas le désobliger et ayant déjà fait choix d'un autre navire, décida que ses deux fils et sa fille, avec leur suite, monteraient sur la *Blanche Nef*. Les jeunes princes firent distribuer du vin à l'équipage. Mal leur en prit. Le temps était clair. Le

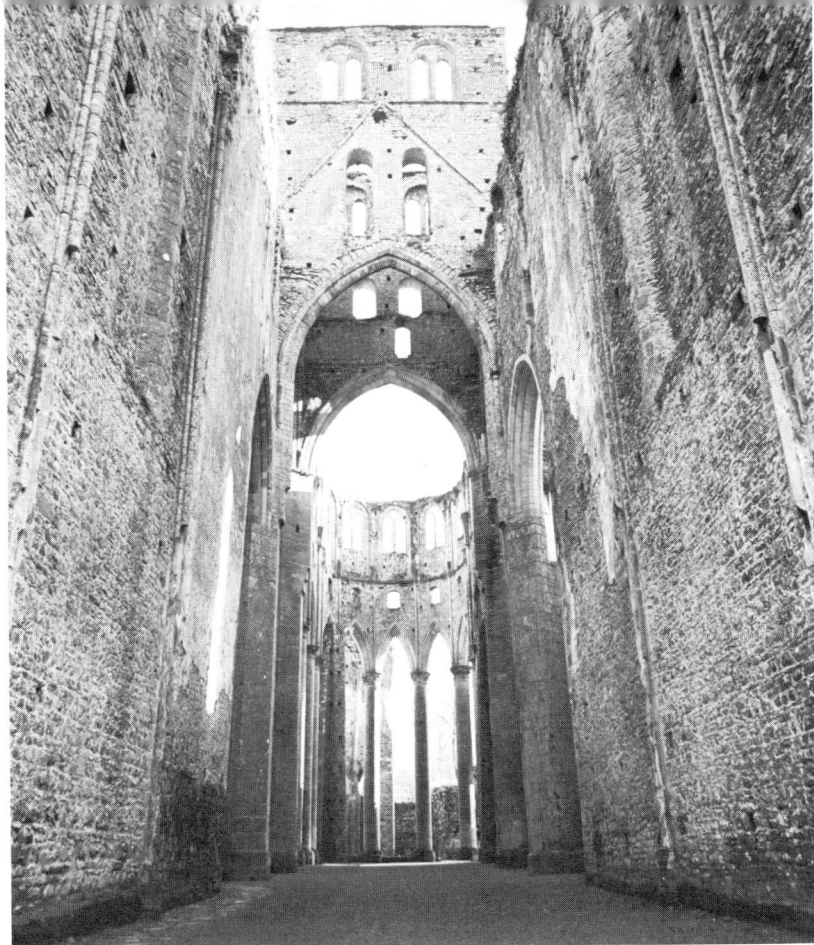

Ruines de l'abbaye d'Hambye (Manche). Majestueux vaisseau du XIIᵉ siècle avec un chœur entouré d'un déambulatoire à cinq chapelles rayonnantes de la fin du XIIIᵉ siècle.

vaisseau du roi avait foncé toutes voiles dehors vers les côtes d'Angleterre. La *Blanche Nef* voulut le rattraper, mais le pilote ne sut pas éviter un écueil, celui que signale aujourd'hui le phare de Gatteville. Le vaisseau, en un instant, coula à pic. De la nef du roi, on entendit un grand cri. Sur le moment, on n'en sut pas la cause. Tous les passagers périrent, sauf un boucher de Rouen, nommé Béroud, qui put s'accrocher à une épave et que son vêtement de peau de mouton préserva du froid. Il raconta comment le pilote avait reparu à la surface de l'eau et crié : « Où est le fils du roi ? » Voyant que tous avaient péri, il s'était laissé couler à son tour.

Cette terrible perte porta au roi un tel coup que, disent les chroniques, « on ne le vit plus jamais sourire ». Il ne lui restait qu'une fille, Mathilde, qui, dès l'âge de neuf ans, avait été mariée à l'empereur d'Allemagne Henri V. Celui-ci étant mort, Mathilde fut remariée par son père à l'héritier du comté d'Anjou, le jeune Geoffroi le Bel, qu'on appelait Plantagenêt à cause de la fleur de genêt qu'il aimait porter à son chapeau. Leur fils Henri Plantagenêt — car le surnom resta à la famille

— allait recueillir un immense héritage : Normandie, Angleterre, Anjou, Maine et Touraine. Le petit domaine du roi de France faisait piètre figure à côté des immenses terres de son vassal. On put croire quelque temps que la puissance française équilibrerait la puissance des Plantagenêts quand Louis VII de France épousa Aliénor d'Aquitaine qui lui apportait les riches terres de Guyenne et le comté de Poitiers. Hélas ! en 1152, les époux divorçaient, et la France perdait ainsi l'héritage d'Aliénor. Comble de malheur : Aliénor, six semaines plus tard, épousait Henri Plantagenêt ! Celui-ci, à vingt et un ans, se trouva être le prince le plus puissant de la chrétienté.

C'est à Gisors encore qu'Henri rencontra le roi de France lorsque, après quelques prises d'armes, il fut décidé que la fille de Louis VII, née de son second mariage (elle avait six mois) épouserait le fils d'Henri Plantagenêt (il avait trois ans). La dot de la petite fiancée serait composée de la forteresse de Gisors, de celle de Neauphle, et du Vexin normand que les deux rois se disputaient. La fiancée fut, comme il était d'usage, emmenée chez son futur beau-père qui, un beau jour, pressé de mettre la main sur la dot, fit célébrer le mariage : les deux époux, à eux deux, totalisaient neuf ans.

Cette Normandie qu'ils ont autrefois donnée devient désormais le principal souci des rois de France. Tout rois d'Angleterre qu'ils sont, les Plantagenêts restent avant tout des Angevins (Richard Cœur de Lion résidera en Angleterre quelques semaines en tout dans sa vie) et narguent de leur puissance ce suzerain de Paris auquel pourtant ils doivent hommage.

En 1173, le roi de France assiège la forteresse de Verneuil, qui avait été élevée par Henri Beauclerc. La lutte allait prendre un tour plus sévère avec l'avènement de Philippe Auguste.

Tout enfant, il avait juré de s'emparer de Gisors. « Je voudrais, s'écriait-il, que ses pierres fussent en argent, en or ou en diamant. » Et, comme on s'étonnait, l'enfant — il avait dix ans — avait expliqué : « Plus ce château sera précieux, plus j'aurai de plaisir à le posséder quand il sera tombé entre mes mains. »

C'était le temps de la croisade. Philippe Auguste, devenu roi, et Richard Cœur de Lion, fils du Plantagenêt, décidèrent de partir ensemble pour la Terre sainte (1190). Mais Philippe Auguste en revint le premier et il s'empressa de s'entendre avec le jeune frère de Richard, Jean sans Terre, pour se faire céder la haute Normandie. Mal lui en prit, car, à son retour, Richard lui infligea une défaite sévère à Fréteval. Le roi de France dut fuir, abandonnant sur le champ de bataille son trésor et ses archives.

Tant que Richard vécut, Philippe n'éprouva guère que des revers. En revanche, aussitôt Richard mort, Philippe se hâta de mettre à profit la faiblesse de Jean sans Terre, personnage à demi irresponsable, versatile à l'extrême, et qui ne tarda pas à être détesté aussi bien de ses barons anglais que des populations normandes. L'exploit capital, c'est la prise de ce

Ruines du château de Tancarville. Lithographie, XIXe siècle.

Château-Gaillard que Richard Cœur de Lion avait élevé contre le roi de France ; on y avait réuni tout ce que la science des fortifications produisait à l'époque de plus robuste, et le château passait pour imprenable. Philippe parvint néanmoins à s'en rendre maître après un siège de huit mois (6 mars 1204). D'abord, il réussit à saper l'une des tours d'angle et pénétra ainsi dans la première enceinte ; la seconde enceinte fut escaladée par surprise grâce à un soldat qui, ayant pénétré par les latrines, mit le feu à tout le bâtiment. Enfin, une brèche pratiquée dans le donjon en força les derniers défenseurs. Jean sans Terre, à la nouvelle de cette catastrophe, resta complètement inerte, et Philippe Auguste put traiter avec les routiers, soldats mercenaires qui composaient l'armée anglaise. En peu de temps, toute la Normandie tombait au pouvoir des Français, à l'exception de Rouen qui seule fit quelque résistance. Après quarante jours de siège, ses bourgeois demandèrent une trêve et promirent de se rendre si le roi d'Angleterre ne les avait pas secourus au bout d'un mois. Une délégation se rendit auprès de Jean sans Terre ; elle le trouva jouant aux échecs. Les députés de Rouen le supplièrent d'envoyer du secours à la ville. Jean sans Terre, sans se détourner de la partie, secoua la tête. Si bien que la ville ouvrit ses portes au roi de France. Ainsi la Normandie revenait-elle tout entière à la couronne, après avoir dépendu, pendant trois siècles, du roi d'Angleterre.

Mais pour que les Normands fussent définitivement français, il fallut la victoire de Bouvines, dans l'Aisne. Philippe Auguste, ayant rendu la Normandie à la France, allait mourir au seuil de cette province, à Mantes.

De ce roman d'aventure qu'est l'histoire de ses origines, la Normandie conservera toujours une forte personnalité. Le roi de France en fit plus d'une fois l'expérience, et notamment quand les Normands exigèrent une charte (la « charte aux Normands »), par laquelle le roi s'interdisait de lever en Normandie des impôts extraordinaires et de prolonger le service militaire au-delà du temps normal de quarante jours par an. Par cette même charge, le parlement de Rouen devenait cour souveraine. On l'appela l'Échiquier à cause du tapis, découpé en carreaux, de la table autour de laquelle les parlementaires se réunissaient. Ces carreaux n'étaient pas un simple ornement : ils servaient de machine à calculer. Suivant le carreau où l'on plaçait des jetons — tous semblables —, ceux-ci prenaient une valeur différente : ici des livres, là des sous, là encore des deniers.

L'époque de l'Échiquier (le XIIIᵉ siècle) correspond à une ère de prospérité normande qui est aussi une ère de splendeur. La cathédrale de Coutances, celles de Lisieux, de Bayeux (où la nef est romane, mais le chœur gothique) sont les chefs-d'œuvre de cette Normandie française dont les merveilles se voient encore à Eu, à Fécamp, à Dieppe (église Saint-Jacques) et à Rouen.

2

La Bourgogne des moines

LA BOURGOGNE DES MOINES

A l'endroit où se dressent les deux clochers carrés de Tournus s'élevait, il y a mille ans, une petite chapelle. C'était là, affirmaient les gens du pays, que Valérien, un saint homme venu d'Asie apporter l'Évangile, avait été exécuté par les soldats romains. Un jour, quelques moines qui avaient marché longtemps sur les bords de la Saône s'arrêtèrent devant le petit oratoire de Saint-Valérien. Les pauvres voyageurs en robe noire portaient précieusement un petit coffre en métal ouvragé : c'était la châsse contenant quelques ossements de leur premier abbé, saint Philibert.

Ces moines venaient de loin : leur monastère, datant des temps mérovingiens, s'élevait dans l'île de Noirmoutiers. Mais un jour la mer s'était couverte de navires aux formes étranges. Des hommes venus du Nord débarquèrent dans l'île et sur les côtes. Ils étaient païens et ne respectaient pas les monastères. Tout fut pillé. Quelques moines purent s'enfuir. Ils errèrent quarante ans de gîte en gîte, toujours bâtissant, toujours chassés par les pillards, qui remontaient les fleuves et avaient même l'audace de s'attaquer aux villes.

Beaucoup moururent en route. Ici enfin, sur les bords de la Saône, ces rescapés du grand exode de l'invasion normande — dont nous vous avons parlé au chapitre précédent — allaient pouvoir trouver un asile sûr pour les reliques de leur saint et pour eux-mêmes. Une fois de plus, ils élevèrent les murs d'une chapelle et d'un cloître.

Le seigneur du pays et les paysans d'alentour vinrent prier dans l'église. Un peu plus tard, une nouvelle invasion — cette fois des Hongrois — détruisit l'œuvre des moines de Noirmoutiers. Mais ils se remirent aussitôt à l'ouvrage. Et si grande était la vénération dont les reliques de saint Philibert étaient entourées, si communicative la piété dont ces moines noirs donnaient l'exemple, que, pour abriter la foule des pèlerins et des fidèles, il fallut cette fois bâtir l'immense nef que vous pouvez admirer aujourd'hui encore, quand vous suivez la route de Paris à la Méditerranée.

Il suffit de lever les yeux sur la façade de Saint-Philibert de Tournus, bâtie en forteresse capable de tenir tête aux invasions, il suffit de faire quelques pas à l'intérieur de l'immense nef blanche, pour comprendre qu'au Moyen Age tout le monde a la foi. Les églises retentissent du chant des fidèles, les routes voient sans cesse passer des pèlerins. Les reliques rassemblent la même foule que, de nos jours, attirent une vedette de cinéma ou une reine : le saint est paré, en effet, de tous les prestiges.

Aussi, rien d'étonnant si cette poignée de moines fugitifs qui font halte un jour au bord de la Saône font naître quelques années plus tard une floraison de monastères. La Bourgogne se couvre de clochers : les moines bâtisseurs ont non seulement attiré les fidèles, mais suscité des vocations. Un seigneur, Guillaume le Pieux, leur donne une de ses terres, située près de Mâcon. C'est Cluny. Pour la Bourgogne, une extraordinaire prospérité va naître de ce monastère : des écoles, des hôpitaux, des chefs-d'œuvre d'architecture et d'art seront les bienfaits de Cluny, sans parler de cet autre bienfait toujours vivant : le vignoble bourguignon.

Et déjà en ce début de l'époque féodale une vie intense habite la Bourgogne qui, à la fin du Moyen Age, vivra d'une vie raffinée, sous ses ducs, comme nous le verrons à la fin de ce livre.

Les hommes qui ont donné cet élan à la Bourgogne n'avaient pourtant pas d'autre vocation que la prière et la solitude. C'était des moines. Mais qu'est-ce qu'un moine ?

Le mot signifie « solitaire ». Saint Benoît, qui vivait au VIᵉ siècle et qui a rassemblé dans sa règle les usages des moines d'Occident, avait d'abord été un ermite. Puis, imitant certains moines d'Orient, il en était venu à une autre forme de vie contemplative : la vie des « cénobites », c'est-à-dire la vie en commun. A ses compagnons, il donna une règle qui, plus ou moins remaniée, est toujours en vigueur dans les couvents.

Pour nous, un moine est plus ou moins un homme un peu à part, retranché derrière de hauts murs ; la clôture l'isole du monde extérieur, et il ne se mêle pas à la vie profane. Au Moyen Age, c'est très différent : le monastère est un centre de vie, aussi bien profane que religieuse ; autour de l'église et de la maison proprement dite vit souvent une multitude de petites gens, paysans, artisans, dont les terres dépendent du monastère ; car en cette époque de foi on donne largement aux hommes de prière, et une abbaye se présente souvent comme un vaste domaine. Ces hommes qui ont fait le triple vœu de pauvreté, de chasteté et d'obéissance ne sont donc pas des riches. Chacun peut les regarder vivre. Voyons nous-mêmes quelle est leur vie ; et, pour cela, parcourons un monastère. Entrons, par exemple, dans l'impressionnant cloître de Fontenay, qui s'est conservé sans mutilations jusqu'à nos jours, avec ses quatre galeries bordées d'arcades en plein cintre, formant un vaste rectangle (36 mètres sur 38).

Le cloître est le centre de la vie monastique. Les moines s'y retrouvent aux heures de récréation, ou encore lorsque le mauvais temps empêche de se rendre aux champs. Ils s'y promènent, ils y méditent, ils s'y reposent, assis sur les bahuts adossés aux murs. C'est dans le cloître aussi que, aux jours de fête, se déroule la procession. Cadre de vie sévère et clos, mais qu'adoucit la vue d'une fleur ou d'une fontaine, et qu'éclaire la lumière du ciel.

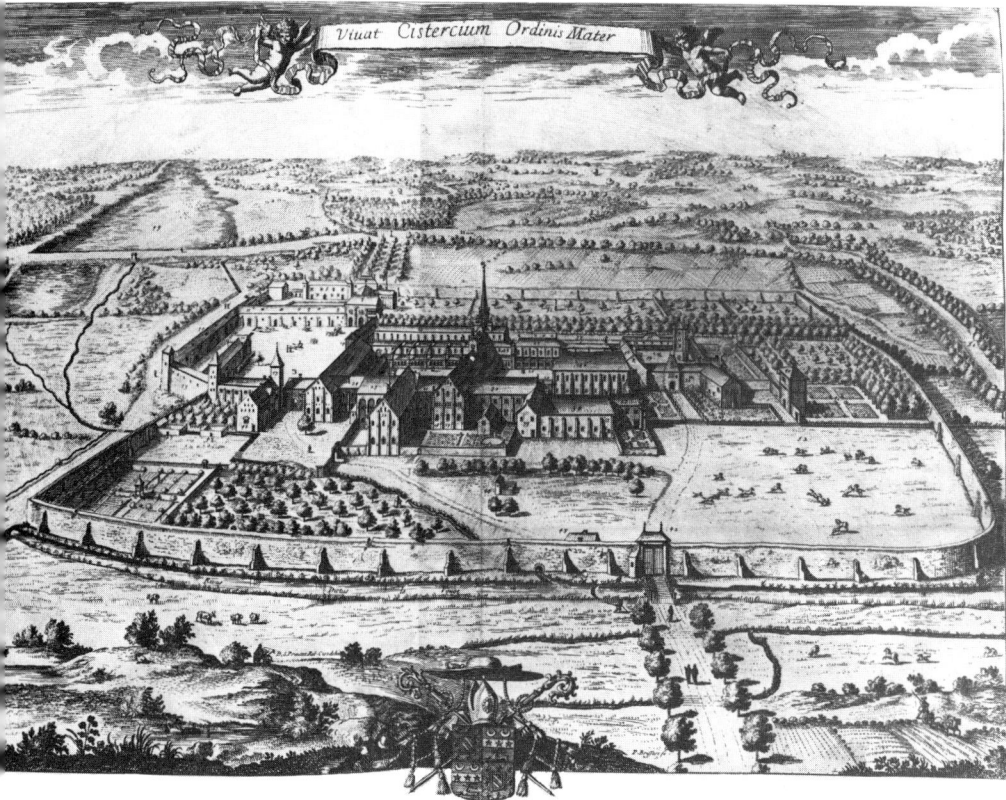

Vue générale de l'abbaye de Cîteaux (Côte-d'Or).
Gravure, XVIIᵉ siècle. Paris, Bibliothèque nationale.

Une porte du cloître donne sur l'église ; comme toutes les églises du Moyen Age, celle-ci est « orientée », c'est-à-dire tournée vers l'Orient. Par les vitraux du chœur, les moines voient, à la belle saison, se lever le jour. C'est l'office de laudes, c'est-à-dire de louanges. Mais ce n'est pas le premier de leur journée : à deux heures du matin déjà, ils s'étaient levés pour chanter matines. D'ailleurs, le dortoir ouvre en général directement sur la chapelle. A Fontenay, l'escalier, qui conduit dans le transept sud (à droite), existe encore. Après ces deux premiers offices, le moine dispose d'un temps libre. Il le passe soit au cloître, soit, en hiver, au « chauffoir », ouvrant à l'angle du cloître, seule pièce du monastère où, comme son nom l'indique, la règle permette d'avoir du feu. Ne manquons pas de mentionner le *lavatorium*, le lavabo couvert, où l'eau jaillit d'une vingtaine de conduits ; à Fontenay il n'en reste que l'emplacement, mais il s'est conservé dans plusieurs autres abbayes, notamment au Thoronet (Var), qui offre l'un des plus beaux ensembles monastiques dus à la réforme de saint Bernard qui aient été préservés jusqu'à notre temps.

Alors sonne la messe. C'est le moment où, à travers les verrières, vont se répandre les admirables accents du chant grégorien, tels qu'on peut encore les entendre à Solesmes (Sarthe) et dans d'autres couvents de bénédictins.

Après la messe, vers neuf heures, la journée de travail, qui commence, disperse les moines soit aux champs, soit dans les ateliers : moulin, forge, verrerie, etc., soit à l'hôtellerie où sont reçus pèlerins et visiteurs, soit à l'infirmerie (devant laquelle s'étend « le jardin des simples » où l'on cultive les plantes médicinales), soit à l'école ou « manécanterie », car les écoliers d'alors apprennent tous à chanter.

Qu'il taille la vigne ou qu'il soigne les malades, le moine se considère toujours comme un serviteur : c'est ainsi que les savants bénédictins de Cluny chargés d'enseigner se levaient lorsque leurs élèves entraient en classe.

Au-dehors, les moines cultivent la terre, taillent la vigne, soignent les bêtes. Parfois aussi, ils entreprennent de grands travaux, comme d'assécher les marais.

Deux grandes salles du monastère sont le réfectoire et la salle capitulaire. Dans celle-ci, les moines délibèrent chaque jour des affaires de la communauté, s'accusent parfois en confession publique (la « coulpe ») de quelque faute — qui peut amener le coupable à être détenu quelque temps dans l'« enfermerie » ou prison — et apprennent les nouvelles des autres monastères. C'est là notamment que sont lus les rouleaux des morts : lorsqu'un moine meurt, c'est la coutume, surtout s'il s'agit de l'abbé d'un couvent, que deux frères s'en aillent de monastère en monastère annoncer la nouvelle. Chaque communauté inscrit, sur un rouleau de parchemin que portent les moines, une prière ou un poème en souvenir du disparu. C'est un symbole de la communion des saints. On possède encore certains de ces rouleaux des morts. L'un d'eux — celui de saint Vital, abbé de Savigny, conservé aux Archives nationales —, ne mesure pas moins de neuf mètres cinquante de peaux de mouton (parchemins) cousues les unes aux autres : les moines qui le portaient avaient parcouru la France et l'Angleterre. Le Musée postal, à Paris, y voyant avec raison la première liaison postale, en expose un fac-similé.

Mais le moine est aussi un savant : dans chaque monastère se trouve l'*armarium,* la bibliothèque, et un *scriptorium,* c'est-à-dire une salle où l'on écrit. Les moines y étudient les textes savants et les textes sacrés. Ils les recopient aussi, car le livre imprimé n'existe pas encore. Chose curieuse, l'écriture est cousine de l'architecture : aux XIᵉ et XIIᵉ siècles, les formes pleines et arrondies du graphisme évoquent l'architecture romane, et dès le XIIIᵉ siècle, quand fleurira le style ogival (le « gothique »), l'écriture se fera plus anguleuse, plus cursive, se hérissera de pointes qui feront penser aux flèches de nos cathédrales. Les copistes ne manquent pas d'illustrer leurs manuscrits d'enluminures saintes ou familières : parfois, ils s'amusent à peindre le serf qu'ils ont vu presser le raisin ou tailler la vigne. Et, revanche de la matière sur l'esprit, ce travail de copiste contribue à enrichir le pays. Car chaque parchemin représente un mouton : c'est sur de la peau de mouton dégraissée et passée à la pierre ponce qu'on écrit alors, sauf les manuscrits les plus précieux pour lesquels on emploie la peau de veau mort-né ou vélin. Un seul volume représente parfois tout un troupeau de moutons. Et certains monastères possèdent jusqu'à quatre cents volumes. Inutile de dire que toute cette laine sera filée et que cette viande sera mangée.

Mais les parchemins ne sont pas la moindre des richesses que le monastère apporte à sa région : par leur souci de la perfection, les moines sont amenés en effet à devenir des techniciens consommés dans chacune de leurs activités. Les plus belles prairies, les plus beaux vignobles, les meilleurs objets manufacturés sont ceux des moines.

Le résultat, c'est la prospérité au monastère, mais aussi autour du monastère. La Bourgogne commence à voir s'édifier de riches demeures particulières.

A Cluny même, les bâtiments s'ajoutent aux bâtiments. Leurs pierres et leurs charpentes défient les siècles. L'abbatiale (aujourd'hui détruite à l'exception d'une tour de clocher) était le plus imposant édifice roman de tout l'Occident : 171 mètres de long, 39 de large ; 301 fenêtres éclairant une nef de 30 mètres de haut. Sept tours se dressent, comme pour frapper de loin le voyageur par la magnificence clunisienne.

Une enceinte fortifiée marquait la limite des possessions de l'abbaye. C'est à sa porte qu'un jour vinrent frapper deux chevaliers. Le moine qui leur ouvrit reconnut avec horreur les meurtriers du père et du frère de l'abbé de Cluny, Hugues. Poursuivis après leur crime, ils en étaient réduits à invoquer le droit d'asile, qui mettait à l'abri de la justice humaine toute personne réfugiée dans un lieu sacré. Le moine portier alla rendre compte du fait à l'abbé Hugues. « Ouvrez-leur », fut sa réponse. Et les chevaliers furent sauvés. Tels étaient les moines. On s'explique la vénération dont ils jouissaient.

La peinture et la sculpture devaient tout naturellement fleurir dans tant de splendeur. C'est la grande époque de la fresque et du chapiteau romans, comme du vitrail. Un simple exemple de la richesse artistique de la Bourgogne sous le règne de Cluny : un peu en dehors de l'abbaye s'élève encore aujourd'hui le prieuré de Berzé-la-Ville. C'est un ensemble de bâtiments qu'on appelle encore le château des moines ; c'était un peu la maison de campagne des jeunes moines, et aussi l'une des fermes approvisionnant l'abbaye ; l'avoine et le froment que l'on consommait à Cluny en provenaient ; l'ensemble a l'allure d'une ferme, mais, si l'on pénètre à l'intérieur, on verra la chapelle. Or, dans cette chapelle toute simple d'une maison de campagne, on a découvert, en 1887, l'une des plus admirables fresques romanes que l'on connaisse : un Christ « en majesté ». Tout était ainsi prétexte, à Cluny, pour servir l'art sacré.

Mais voilà que, comme l'orage au cœur du lourd été bourguignon, tonne la voix du réformateur saint Bernard.

BOURGOGNE

Eglise romane   Eglise gothique
Château   ∴ Trésor ou musée
⌂ Edifice civil

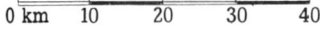

0 km   10   20   30   40

Châtillon Coligny

AUXERRE

Villiers St Benoit

St Brig

Gien

St Fargeau   St Sauveur

St Pa Grisene

Noutiers

Truc

Ratilly   Treigny

Crain

Druyes-les- -Belles-Font nes   Ch Ce V

St Vérain

Clamecy

la Motte   Corbelin   Ouagne

Cosne

Donzy   Tanna

Varzy

St Satur   Bellary   Ste Colombe   Corvol

Brinon

St Bouize   Garchy

Montenoison

Herry   Bulcy   Giry   St Révé

Mesves   R

la Charité -s-Loire   Premery

Sancergues

Massay   Maubranche

Baugy   Urzy   Ourouër   Roux

Mehun-s-Yèvre

BOURGES   Moulins -s-Yèvre   Villequiers   Nevers

Avord   Mornay

Plaimpied   Savigny   Fontmorigny   St Benin-d'Azy

Charost   Jussy   Nérondes   Cuffy

Lissay   Vornay   la Guerche -s-l'A.   Grimouille   Challuy

Issoudun   Bois- sir-Amé   Blet   Cercy-

Dun- s-Auron   St Parize   Béard

Sagonne   Mars

Thaumiers   Vouy   Rozemont   Loi

Allichamps   Bannegor   Neuilly-en-D.   Fleury-s-L.

la Celle   Vernais   St Pierre- -le-Moutier

Noirlac   St Pierre -les-E.

St Amand   Ainay- le-Château   Lurcy -Levy

Montrond   Chevagne

Ainay-le-V.   Braize   Franchesse

Cérilly   Bourbon- l'Archambault   St Menoux   Moulins

Lusigny

Vallon-en-S.   Chateloi   Igrande   Souvigny   Izeure

Sep

Roche- Guillebault   Hérisson   Meillers

Thou

Nassigny   Fourchaud   Beauvoi

B O U R B O N N

Estivareilles   le Montet   Jal

Huriel   St Victor   Murat   Vieux -Chambord

Montluçon   Voussac   St Pourçain   M -le

Néris-les-B.   Malicorne

Colombier   Chantelle   Billy

l'Ours   Veauce   Charroux   Rochefort

Bettaigne   Vicq   Ebreuil   Règues

Menat   Gannat   Busset

Château-Rocher

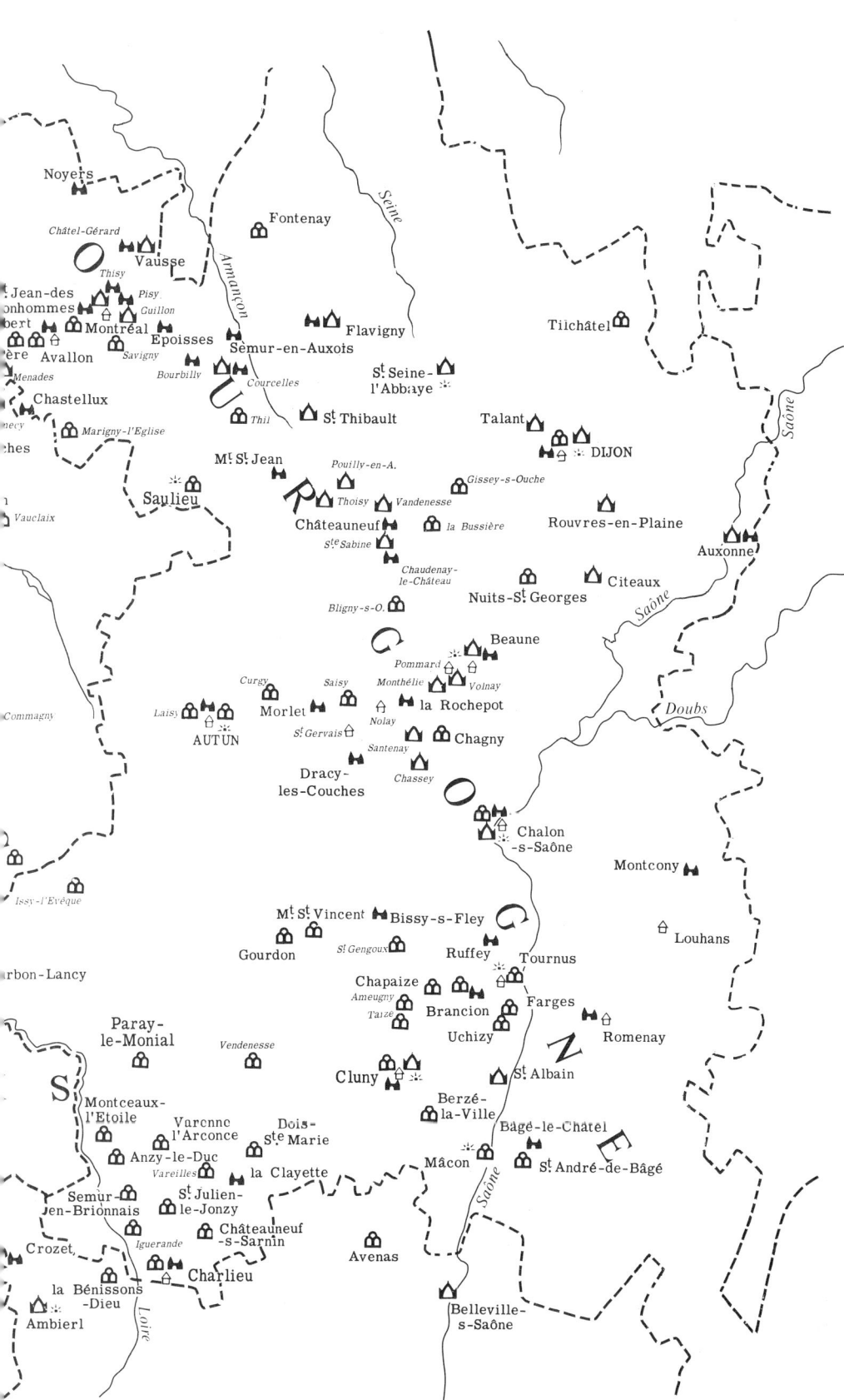

Noyers

Château-Gérard

Fontenay

Seine

Armançon

Vausse

Thisy

Pisy

Guillon

S! Jean-des
onhommes
bert

Montréal

Epoisses

Semur-en-Auxois

Flavigny

Tiichâtel

ère

Avallon

Savigny

Bourbilly

Courcelles

S! Seine-
l'Abbaye

Talant

Saône

Menades

Chastellux

necy

Marigny-l'Eglise

Thil

S! Thibault

DIJON

hes

M! S! Jean

Pouilly-en-A.

Gissey-s-Ouche

Saulieu

Thoisy

Vandenesse

Châteauneuf

la Bussière

Rouvres-en-Plaine

Auxonne

Vauclaix

S!e Sabine

Chaudenay-
le-Château

Nuits-S! Georges

Citeaux

Saône

Bligny-s-O.

Beaune

Pommard

Commagny

Curgy

Saisy

Monthélie

Volnay

Doubs

Laisy

Morlet

Nolay

la Rochepot

AUTUN

S! Gervais

Chagny

Santenay

Dracy-
les-Couches

Chassey

Chalon
-s-Saône

Montcony

Issy-l'Evêque

M! S! Vincent

Bissy-s-Fley

Gourdon

S! Gengoux

Ruffey

Tournus

Louhans

rbon-Lancy

Chapaize

Ameugny

Farges

Paray-
le-Monial

Vendenesse

Taizé

Brancion

Uchizy

Romenay

Cluny

S! Albain

Montceaux-
l'Etoile

Varenne
l'Arconce

Dois-
S!e Marie

Berzé-
la-Ville

Bâgé-le-Châtel

Anzy-le-Duc

Vareilles

la Clayette

Mâcon

S! André-de-Bâgé

Semur-
en-Brionnais

S! Julien-
le-Jonzy

Crozet

Iguerande

Châteauneuf
-s-Sarnin

Avenas

Saône

la Bénissons-
Dieu

Charlieu

Loire

Ambierl

Belleville-
s-Saône

Peut-être la plus grande révolution dans l'histoire des mentalités :
le travail manuel dévolu à l'esclave dans l'Antiquité est mis à l'honneur par les moines.
XIIe siècle. Dijon bibliothèque municipale.

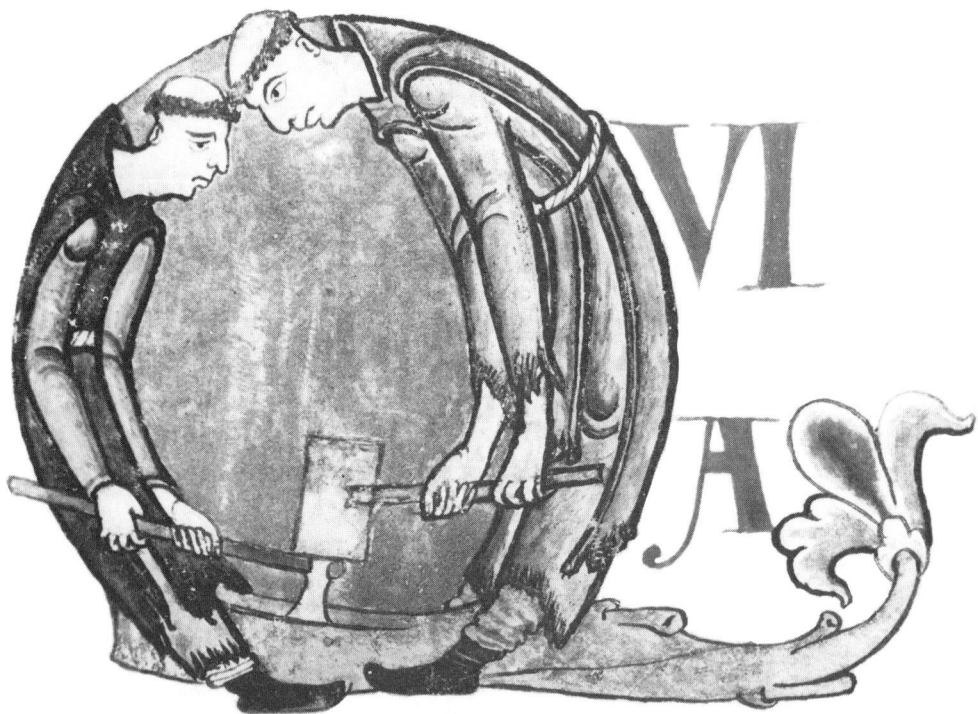

Le fils d'un gentilhomme bourguignon, Bernard de Fontaines, entrait en religion. On ne peut parcourir aujourd'hui la Bourgogne sans rencontrer à chaque pas le souvenir de ce saint, le dernier que l'Église ait mis au rang de ses Pères. Fontaines est un faubourg de Dijon ; Montbard est le nom de sa mère ; de la tour du château paternel (elle existe encore), on découvre le plateau de Langres au nord, la Côte d'or au sud, à l'est la forêt de Cîteaux. Vézelay a vu Bernard prêcher la croisade. Il a lui-même baptisé Clairvaux. Et l'église Saint-Vorles, à Châtillon-sur-Seine, est encore telle, du moins en son chevet, qu'à l'époque où Bernard, jeune homme, étudiait à l'école paroissiale les trois degrés de l'enseignement : la grammaire (qui apprend à lire), la rhétorique (qui apprend à parler) et la dialectique (qui apprend à discuter).

Quand Bernard de Fontaines décide de se faire moine, il ne gravit pas la hauteur sur laquelle Cluny dresse orgueilleusement ses sept tours ; au contraire, il descend dans les marécages boisés de Cîteaux où, quatorze ans plus tôt, un bénédictin de Cluny s'est retiré avec quelques compagnons. Ceux-ci ont troqué leur robe noire pour une robe blanche, réduit dans leur emploi du temps l'étude et augmenté le travail manuel, ajouté au carême annuel un autre carême, supprimé de leur nourriture le poisson et les œufs, banni fresques, vitraux et sculptures de leur nouveau monastère.

La sévérité de la règle de Cîteaux fait qu'il y a peu de recrues et que, l'humidité aidant, les rares « cisterciens » meurent l'un après l'autre, laissant des cellules vides.

Un jour, découragé, le père abbé de Cîteaux, qui administre l'extrême-onction à l'un de ses derniers moines sur le point de mourir, fait à l'agonisant ce singulier commandement :

« Je te commande, au nom du vœu d'obéissance que tu as prêté à ton supérieur, de demander à Dieu qui nous éprouve si nos disciplines ne lui sont pas agréables et si, dans ses décrets, nous devons disparaître. Tu viendras me donner la réponse. »

Quelques jours après la mort du moine, le père abbé fait sa méditation dans le cloître lorsqu'il voit soudain le mort debout devant lui. Ce moine ne diffère en rien de ce qu'il était de son vivant, mais ses pieds ne touchent pas le sol.

L'abbé s'informe d'abord de son nouvel état. Le mort laisse entendre qu'il connaît la récompense réservée aux justes. Il ajoute : la postérité des cisterciens sera de l'ordre de celle d'Abraham, nombreuse comme les étoiles du ciel. Bientôt, une troupe de jeunes hommes va venir frapper à la porte du monastère.

Quelques jours plus tard, le jeune Bernard de Fontaines se présente à Cîteaux. Il n'est pas seul. Ce jeune homme chétif, au visage déjà creusé par les jeûnes et les veilles, a la voix chaleureuse et l'éloquence convaincante : il a entraîné à sa suite son oncle, ses frères, ses cousins, ses amis. Ils sont trente à venir revêtir l'habit blanc.

Quelques années plus tard, à vingt-six ans, la sainteté de Bernard fera de lui l'abbé de Cîteaux. D'autres monastères cisterciens vont naître. Un pape sortira de l'un d'eux. Cependant, la renommée du saint traverse les murs de son couvent. On veut le voir, l'entendre, le toucher même, car des malades sont guéris à son contact.

Cette renommée accable Bernard comme une malédiction. Il ne rêvait que solitude. En entrant à Cîteaux, il avait « laissé son corps à la porte ». Quand un visiteur insiste pour le voir, Bernard entre au parloir son capuchon rabattu sur le visage. Il semble ne rien entendre, recommande au visiteur de s'en remettre à Dieu, et regagne la porte à tâtons.

Sa nourriture : quelques feuilles de hêtre cuites à l'eau, du pain d'orge et de millet. Il a tellement oublié la saveur des mets qu'il lui arrive de boire de l'huile en croyant boire de l'eau. Il médite. « Tu trouveras quelque chose de plus vaste dans les bois que dans les livres, dit-il. Les arbres t'apprendront ce que tu ne pourrais pas entendre de la bouche des maîtres. »

Mais malgré lui, tous ses actes ont l'éclat de la foudre. Si l'un de ses compagnons le quitte pour entrer à Cluny, la lettre qu'il lui écrit pour l'engager à revenir déclenche une rivalité entre moines noirs et moines blancs. On lui demande d'y mettre fin. Il y consent. Et c'est un nouveau scandale. Car son ardeur ascétique l'a poussé à écrire, au sujet des chapiteaux et des fresques clunisiennes : « En quoi cette imagerie regarde-t-elle des moines ? Je ne parlerai pas de l'immense hauteur des églises, de leur largeur démesurée, de leurs revêtements coûteux, de leurs étranges dessins qui attirent les yeux de celui qui aime prier, tout en refroidissant le zèle de son âme… Laissons tout cela. Supposons que tout cela est fait, ainsi qu'on nous le dit, à la gloire de Dieu. Mais étant moine moi-même, je demande aux autres moines : dites-moi, vous, professeurs de pauvreté, que vient faire l'or dans un lieu saint ? »

C'était un cruel débat que saint Bernard, par ces propos, instaurait dans l'Église. Ses arguments, c'étaient ses monastères : Fontenay, Pontigny, Clairvaux, tous issus de Cîteaux.

L'austérité, dans les monastères cisterciens, règne sur la pierre comme sur le vitrail. Ce qui ne veut pas dire que la beauté en soit proscrite. Car ici s'affirme le génie créateur de l'époque : les abbayes cisterciennes ne seront pas moins belles dans leur pauvreté que les clunisiennes dans leur richesse.

Ainsi celui qui ne rêvait que de « secouer la poussière du monde » devient-il aux yeux de l'Église tout entière le réformateur qui oblige les monastères à revenir à la règle primitive. Son zèle ne s'arrête pas là. Voilà qu'il s'attaque au luxe des évêques : « L'Église scintille de tous côtés, mais le pauvre a faim », crie-t-il. En un temps où, bien souvent, l'évêque était en même temps seigneur, les foudres de saint Bernard rejoignaient le proverbe populaire critiquant le luxe des prélats : « Crosse de bois, évêque d'or, évêque de bois, crosse d'or. »

Villard de Honnecourt, architecte du XIIIᵉ sièc
qui parcourut l'Europe, nous a légué son carnet de not
extraordinaire condensé de ses préoccupations d'ingénie
de constructeur et d'artis
Ici des modèles de compositions géométriques des corps humains et anima
Paris, Bibliothèque nationa

en ces · iiii · fuelles a deffigures de
lart de iometrie · mais al conoistre
couent auoir grit esgart kl sauoir
uelt de q chafcune doit ouer

Le roi lui-même ne trouve pas grâce devant le moine de Cîteaux. Louis VII s'étant opposé à ce que l'abbaye parisienne de Saint-Victor, au pied de la montagne Sainte-Geneviève, adopte la réforme, Bernard menace : « Le Seigneur du Ciel est un Seigneur terrible, qui ôte la vie aux princes. » A quelque temps de là, le dauphin Philippe chevauchait dans Paris, quand un porc (la rue était alors la basse-cour des citadins) se jeta dans les jambes de son cheval. Le cheval tomba, entraînant le jeune prince, qui mourut peu après...

« Je suis la chimère de mon siècle ! » s'écriait Bernard, déchiré entre sa vocation contemplative et l'agitation de sa vie. Sans cesse, il retournait à son couvent, sans cesse le monde le rappelait. Quand on vit deux papes se disputer le siège de Rome, ce fut lui que la chrétienté vint chercher pour être son arbitre.

Mais une autre mission attendait encore le grand moine du Moyen Age.

Tout jeune, Bernard s'était enflammé, comme tous les hommes de son temps, au récit de la croisade. On avait vu alors la levée en masse de la chevalerie française, partant pour la Terre sainte afin d'arracher aux infidèles les lieux de la Passion. Ces croisés avaient établi des forteresses en Palestine, garantissant aux pèlerins le libre accès au pays du Christ. Or voilà qu'en 1144, l'une des principautés chrétiennes tombait aux mains des Arabes.

Le roi de France Louis VII, qui avait été excommunié à la suite de différends avec son haut clergé, et qui brûlait de se racheter, demanda au pape de prêcher une nouvelle croisade. Mais il fallait une grande voix et une haute tribune : le pape désigna Bernard et Vézelay.

L'illustre ville-étape du pèlerinage de Compostelle, à la fête de Pâques 1146, vit converger, de tous les horizons, chevaliers, prélats et peuple. Une estrade avait été dressée sur les pentes qui conduisent au petit village d'Asquin.

Aux côtés du roi Louis, la poitrine couverte d'une croix d'étoffe, marchait un moine chétif au teint cadavérique et au regard brûlant : Bernard.

Monté sur l'estrade, le saint moine fit une fois encore entendre cette voix qui jadis avait entraîné trente de ses compagnons vers le cloître. Aujourd'hui elle retentissait dans une vallée, sur une foule. Elle dépeignait les souffrances des chrétiens en Terre sainte et rappelait qu'au croisé était promis le ciel.

Quand la voix de Bernard se tait, la foule lui répond par un cri : « Des croix ! Des croix ! » Le saint trace des croix sur quelques fronts. Il déchire son humble bure et en distribue les morceaux. On assaille l'estrade, qui s'effondre, mais sans faire de victimes.

Et quelques jours plus tard, Bernard peut écrire au pape : « Les bourgs et les villages sont déserts. Vous trouveriez difficilement un homme pour sept femmes. » Car tous les hommes sont à la croisade.

Bernard, une fois encore, a attiré les yeux du monde sur cette Bourgogne monastique dont il est l'âme. Il peut maintenant aller mourir dans le vallon qu'il avait choisi pour sa retraite et qu'il avait appelé « la claire vallée », Clairvaux.

A Vézelay, on voit encore quelques arceaux de la chapelle où furent vénérés jusqu'à la Révolution — qui les dispersa — des restes de la tribune où avait prêché celui qui disait : « Le zèle de Dieu me dévore ! »

La visite d'une église romane

En faisant le tour des principales abbayes et églises de la région bourguignonne, on peut avoir un aperçu complet des richesses de notre art roman.

Commençons par ce qui ne se voit pas de l'extérieur : les cryptes. A Auxerre, il y a deux cryptes remarquables : celle de l'abbatiale Saint-Germain, que les fouilles archéologiques permettent aujourd'hui de mieux connaître, et celle de la cathédrale Saint-Étienne (XIe siècle), l'une des plus belles cryptes romanes de France. Il faut la voir, autant que possible, le matin, dans son éclairage naturel, pour apprécier les jeux de lumière et d'ombre que forment fenêtres et piliers. Dans cet ensemble, si sobre et si grandiose à la fois, on peut étudier, à l'état pur si l'on peut dire, la voûte romane. Or la voûte de pierre a été le mode de couverture le plus employé au Moyen Age ; en connaître les caractères et l'utilisation, c'est connaître l'essentiel de l'architecture médiévale.

Le grand historien d'art Henri Focillon se plaisait, pour faire comprendre l'originalité, la richesse d'imagination et l'habileté technique dont témoigne l'architecture de notre Moyen Age, à la comparer à l'architecture antique ; celle-ci, comme il le faisait remarquer, « confronte perpétuellement, dans ses lignes, l'horizontale et la verticale ». Rappelons-nous, en effet, la facture du temple grec (nous en avons des copies très proches sur notre sol, entre autres l'église de la Madeleine à Paris, et, un peu partout, les édifices des XVIIe et XVIIIe siècles, la plupart inspirés de l'architecture antique) ; il est conçu comme un grandiose jeu de cubes : des colonnes qui supportent des poutres, le tout sous un toit à double versant porté par un fronton triangulaire : architecture statique, composée d'éléments qui pèsent les uns sur les autres.

Examinons au contraire les voûtes de la crypte d'Auxerre, exemples de la voûte romane la plus simple, voûte *en berceau*, dessinant un demi-cercle, ce qu'on appelle l'arc *en plein cintre*. Chacune des pierres qui le composent ne tient en place que parce que les autres, celles qui la précèdent et celles qui lui font suite dans le tracé de l'arc, exercent sur elle une pression ; sur toute la longueur de l'arc, ce sont ces pressions (ces *poussées*) qui maintiennent les pierres (les *claveaux*) et en font un ensemble solide ; l'arc tout entier se compose ainsi d'éléments qui s'opposent les uns aux autres : architecture dynamique, dans laquelle chaque pierre, peut-on dire, est « pierre vive » ; elle joue un rôle actif ; on ne peut supprimer une pierre sur le parcours de l'arc sans faire écrouler le tout. Et les lignes dominantes de l'édifice roman seront non plus des droites (horizontales ou verticales), mais des courbes : demi-cercles ou quarts de cercle plus ou moins ouverts selon le cas.

La pierre placée au centre, dans la partie supérieure de l'arc, supporte plus de poussées que toutes les autres : c'est ce qu'on appelle la *clef de voûte*. Telle qu'elle est placée, son poids tend à l'entraîner vers le sol ; les pierres qui se trouvent sur les côtés (les *reins*) de la voûte subissent au contraire des poussées qui les rejettent vers l'extérieur : si l'on filmait au ralenti l'écroulement d'une voûte romane, on verrait la clef de voûte tomber vers le sol tandis que les reins seraient projetés en l'air avant de retomber à leur tour. Ces mouvements internes auxquels une voûte est soumise expliquent la facture des principaux types d'édifices romans ; car l'histoire de ces édifices est avant tout d'ordre technique : c'est celle des solutions apportées par les bâtisseurs aux problèmes que leur posait la construction d'une voûte. Problèmes délicats, et toujours nouveaux, car ils varient suivant les dimensions que l'on désire donner à la voûte et la surface qu'elle doit couvrir ; la dimension du temple antique peut changer : il suffit d'ajouter une colonne et de prévoir une poutre de plus ; au contraire, les poussées qui se produisent dans une voûte varient suivant ses dimensions.

Avant de quitter la crypte d'Auxerre, nous remarquerons qu'elle offre deux types de voûtes : la *voûte en berceau*, la plus simple, conçue en somme comme un tunnel ; de temps à autre, pour la renforcer, on a construit sous cette voûte un arc supplémentaire *(arc doubleau)*, comme une ossature qui aiderait à soutenir l'ensemble. Autre type : la *voûte d'arête*, celle qui couvre le déambulatoire ; celle-ci est conçue comme deux tunnels qui s'entrecroisent, prenant appui sur quatre piliers et dessinant deux arêtes qui se coupent en diagonale (d'où son nom) ; voûte robuste, mais difficile à construire sur de vastes surfaces. Nous en verrons d'autres exemples, notamment à Tournus.

Lorsque' le bâtisseur roman voudra construire une voûte de faible largeur, comme dans les petites églises de campagne, il se contentera de renforcer la voûte en berceau avec des arcs doubleaux à l'intérieur auxquels correspondront souvent, à l'extérieur, des *contreforts* : murs plus épais, qui, de place en place, servent à étayer l'édifice. Mais lorsqu'il lui faudra lancer sa voûte sur une grande largeur, cela ne suffira plus, et il devra utiliser diverses solutions. La plus courante est celle qui consiste à épauler la voûte principale par une voûte secondaire, plus solide et de moindre largeur ; ainsi, la plupart des églises importantes comportent-elles une nef centrale flanquée de deux bas-côtés (ou *collatéraux*) qui, souvent couverts d'une voûte d'arête, répondent à cette nécessité technique d'étayer la voûte principale tout en permettant, nous le verrons, d'accueillir une plus grande foule de fidèles et de faciliter leur circulation. En Bourgogne, on trouve souvent une rangée de fenêtres percées dans le mur de la nef centrale au-dessus des collatéraux ; en Poitou, on a aimé au contraire le genre d'édifice dans lequel les voûtes des collatéraux sont presque aussi hautes que celles de la nef ; et celle-ci n'est éclairée que par les fenêtres percées dans les murs des bas-côtés.

Dans les plus grandes églises, notamment ces églises de pèlerinage qui servent d'étape sur la route de Compostelle, on a eu l'idée ingénieuse de surmonter le collatéral par un étage de tribunes (ainsi à Conques, à Saint-Sernin de Toulouse, etc.) ; cet étage couvert d'une voûte en quart de cercle doublait ainsi le bas-côté et accueillait ceux qui n'auraient pu y trouver place.

A Tournus, on a imaginé une autre solution : au lieu d'une voûte en berceau couvrant l'édifice sur toute la longueur de la nef, celle-ci se compose d'une série de berceaux en travers, placés dans le sens de la largeur, et qui s'épaulent l'un l'autre. La nef s'en trouve très bien éclairée, car les murs latéraux peuvent en ce cas être percés de larges fenêtres sans que la solidité de la voûte s'en trouve menacée (pour reprendre notre comparaison du tunnel, ces murs latéraux percés de fenêtres enferment les deux extrémités). Pourtant cette solution n'a été imitée que dans deux petites églises de la région, à Mont-Saint-Vincent et à Palognieu, ce qui prouve qu'elle ne satisfaisait pas les constructeurs.

Ce qui était, au contraire, promis à un succès durable, c'est l'usage de la voûte en berceau *brisé*, qu'on utilisera régulièrement à l'époque gothique, et dont on trouve déjà des exemples à la fin du XIe siècle : l'arc brisé, en effet, offre plus de résistance que l'arc en plein cintre.

L'église de Paray-le-Monial en témoigne ; construite — le gros œuvre tout au moins — dans les premières années du XIIe siècle, entre 1100 et 1110, sa nef est voûtée en berceau brisé.

En visitant cette basilique de Paray, on peut avoir une idée assez juste de l'architecture romane : ce n'est certes pas l'édifice le plus vaste, mais c'est sans doute l'un des mieux conservés de ce temps, et des plus typiques.

Entrons directement dans la nef, après avoir admiré les deux tours de façade : la plus ancienne est celle de droite (la tour sud), très simple, avec ses deux étages qu'éclaire, sur chaque face, une double arcature ; on retrouve les mêmes arcatures sur la tour qui se dresse à gauche (la tour nord), mais agrandies, enrichies et ornées ; elle est un peu postérieure et porte le nom de tour du « Moine, gare », à cause de la légende qui veut qu'un moine tombé d'un échafaudage au moment où on la construisait ait été guéri miraculeusement par saint Hugues.

Pour bien comprendre la distribution intérieure, c'est-à-dire les diverses parties dont l'édifice se compose, il faut se rappeler ce qu'est l'église pour le croyant médiéval : à la fois maison de Dieu et maison du peuple. D'où les deux parties essentielles : le chœur, où l'on célèbre le culte divin, et la nef,

chapelles
rayonnantes

abside

déambulatoire

chœur

croisée
du
transept

tran-   sept

nef

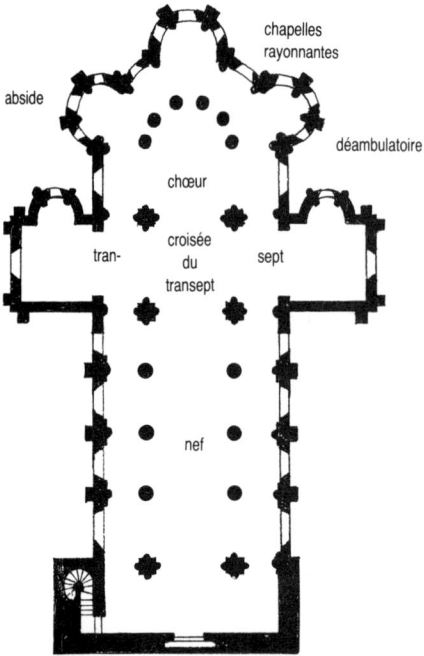

plan d'une église romane *(St Nectaire)*

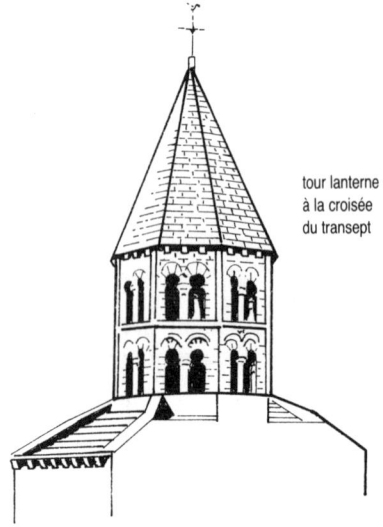

tour lanterne
à la croisée
du transept

clocher-
arcade
(*Le Vigan*)

(*Plassac*)

clocher-porche
(*St Benoit s / Loire*)

chevet – imbrication des masses des abside, transept,
déambulatoire, chapelles rayonnantes
(*St Nectaire*)

où s'assemblent les fidèles. Dans les petites églises de campagne, cette double destination commande le plan, très simple : une nef rectangulaire et un chœur en demi-cercle, au centre duquel se trouve l'autel où le prêtre officie, tourné vers les fidèles. Dans une basilique comme celle de Paray, monastère clunisien où les pèlerins affluent, ce plan est enrichi et développé suivant les besoins du culte et des fidèles. La nef centrale est flanquée de deux collatéraux ; un sens unique était établi aux jours de pèlerinage : on entrait d'un côté, on sortait de l'autre. Le chœur est entouré d'une galerie circulaire qui semble prolonger les collatéraux : c'est ce qu'on appelle le *déambulatoire,* destiné à faciliter aussi la circulation ; ouvrant sur ce déambulatoire, trois chapelles (on les nomme *chapelles rayonnantes,* car elles rayonnent autour du chœur) aideront aux besoins du culte ; enfin, entre le chœur et la nef, une sorte de nef transversale, le *transept,* permettra un dégagement supplémentaire, chacune de ses extrémités (les *bras* du transept) étant percée d'une porte ; dans ce transept se forment les processions et les cortèges, qui sortent du chœur et y reviennent. Ainsi l'édifice a-t-il, vu à vol d'oiseau, la forme d'une croix, plan caractéristique de l'époque romane.

Ce plan intérieur, nous le retrouverons très facilement en considérant de l'extérieur l'ensemble de l'église. Plaçons-nous à l'est, du côté qu'on appelle le *chevet* de l'édifice et qui est le côté opposé à la façade : nous avons là, s'élevant par degrés jusqu'au clocher central, une succession harmonieuse de bâtiments, murs et couvertures s'épaulant les uns les autres dans leur ascension, que termine la pointe d'une puissante flèche hexago-nale (56 mètres du sol à la pointe) ; d'abord les toits des chapelles rayonnantes, puis celui du déambulatoire, puis l'*abside* (le demi-cercle encadrant le chœur), enfin la couverture du transept, sur laquelle, dans l'axe de la nef (le *carré* du transept), s'élève le clocher.

Le chœur, lieu du culte, est évidemment la partie la plus soignée, la mieux éclairée aussi. L'église de La Charité-sur-Loire nous offre un bel exemple de chœur roman, avec ses fenêtres hautes, encadrées de colonnet-tes, au-dessus d'une galerie d'arcades, le tout enrichi de chapiteaux et de pierres sculptées en bas-relief sur lesquels s'agite tout un bestiaire — l'un des thèmes favoris de la sculpture romane.

Maison de Dieu, mais aussi maison du peuple : pour l'abriter, ce peuple croyant, qui à certains jours fait queue à l'entrée pour aller vénérer les reliques du saint dont c'est la fête ou assister aux cérémonies, on a prévu une sorte d'avant-nef, le *narthex ;* celui de Tournus est particulièrement remarquable : il se compose de deux salles superposées, voûtées d'arêtes. Souvent, les pèlerins qui n'avaient pu trouver asile ailleurs dormaient là, à l'abri de la pluie.

Le clocher, lui, est la voix de l'église : il appelle à la prière, mais sert aussi à appeler à l'aide, car c'est là que sonne le tocsin, lors des incendies ou des malheurs publics ; il résonne pour les deuils et pour les fêtes ; le son des cloches, qu'il s'agisse de baptêmes ou de funérailles, invite toute la paroisse

fenêtre

triforium

arcade

élévation

(Lessay)

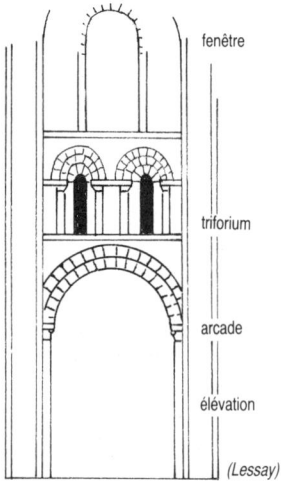

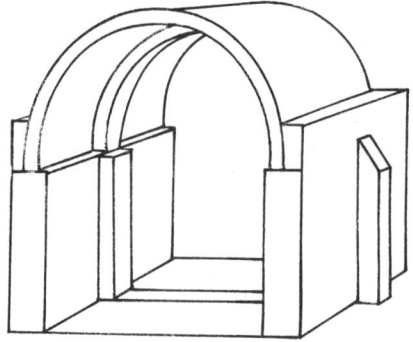

voûte en berceau renforcée par
un arc doubleau et des contreforts
(d'après Brutails)

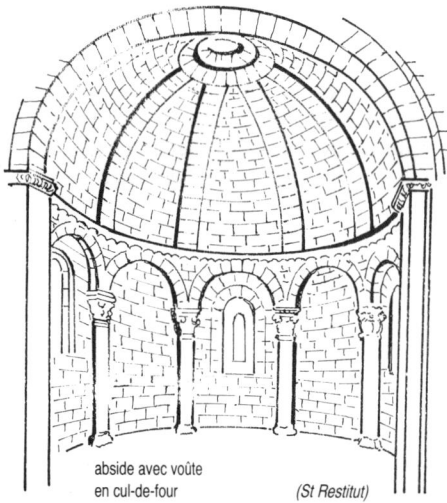

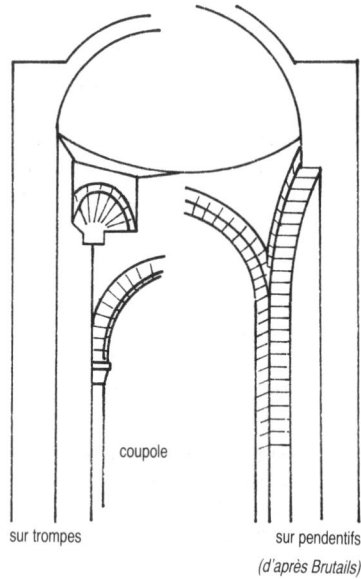

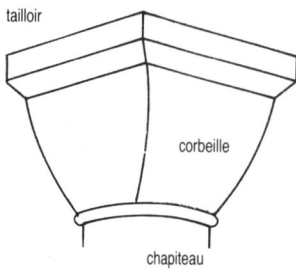

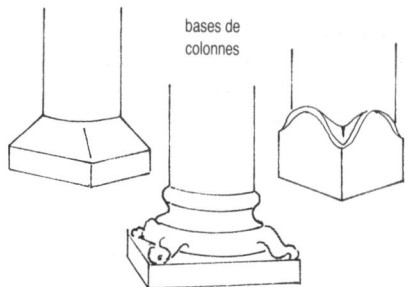

abside avec voûte
en cul-de-four   (St Restitut)

coupole

sur trompes

sur pendentifs
(d'après Brutails)

tailloir

corbeille

chapiteau

bases de
colonnes

à mettre en commun joies et peines. Et pour que ce son porte loin dans la campagne, le clocher est ajouré, et aussi élevé que possible ; nous en avons un admirable exemple avec celui de Chapaize qui date du XIᵉ siècle et dresse sa tour de 35 mètres au-dessus d'une église de dimensions modestes.

Ainsi l'église romane est-elle ce qu'on nommerait à notre époque un édifice parfaitement « fonctionnel » : né des nécessités de la vie religieuse en une époque où la religion paraît aussi nécessaire que, par exemple, le sport de nos jours, toutes ses parties, tous ses éléments sont commandés par les besoins liturgiques ou techniques.

Mais cet édifice fonctionnel, on le conçoit en splendeur : n'est-il pas élevé d'abord à la gloire de Dieu ? Et d'ailleurs, on sait à l'époque que le beau est inséparable de l'utile, et aussi qu'il est essentiel à l'homme de pouvoir aimer ce qui l'entoure, et s'y sentir heureux.

Aussi l'église romane est-elle ornée, sobrement d'ailleurs ; l'ornement n'y est pas un décor surajouté, comme pourraient l'être une statue ou un tableau ; il fait corps avec l'édifice. Y peuvent concourir la disposition même des pierres, comme nous le verrons en Auvergne, celle des tuiles vernissées dont l'usage se perpétuera longtemps en Bourgogne, comme à Saint-Bénigne de Dijon : c'est selon les matériaux dont on dispose. Car, à l'époque romane, on utilise les ressources du sol : lorsqu'on n'a pas à sa portée les belles carrières d'Ile-de-France (pierre de Paris) ou de Normandie (pierre de Caen), on bâtit en briques, comme en Flandre ou dans la région de Toulouse. Les contreforts qui scandent l'édifice de place en place contribuent à sa beauté ; et, à l'intérieur, les bâtisseurs romans font volontiers alterner, pour soutenir les arcades séparant nef et bas-côtés, une colonne ronde et un pilier carré, ou encore un pilier, puis deux colonnes, ce qui crée un rythme de temps fort et temps faible, et multiplie aussi les jeux d'ombre et de lumière. Enfin, l'ornement comporte des parties sculptées, toujours les mêmes, et selon une distribution commandée par l'architecture.

Sont ainsi sculptées les baies et arcades : portes, fenêtres, etc., les corniches souvent, et aussi ces points de rencontre de lignes et de plans que sont clefs de voûte et chapiteaux.

Le portail d'entrée est particulièrement riche. Dans les grandes églises s'ouvrant par trois baies, l'attention se porte surtout sur le portail central, surmonté soit d'une arcade, soit d'un panneau sculpté, ou *tympan*. Traditionnellement, ce tympan sculpté représente le second avènement du Christ : le chrétien, au moment où il entre dans le sanctuaire, se voit par là rappeler le pourquoi de sa démarche, ce qu'il attend et espère, qui est l'avènement définitif du Christ. Ainsi au tympan de Charlieu, qui nous offre l'un des plus magnifiques échantillons de la sculpture romane : le Christ y apparaît sur une gloire — encadrement ou émanation lumineuse de sa personne — en amande (une *mandorle*), soutenue par deux anges et entourée des symboles des quatre évangélistes : le tout cor-

*Cloître de l'abbaye cistercienne de Fontenay (Côte-d'Or)
vu de la salle capitulaire. XIIᵉ siècle.*

respond au passage de l'Apocalypse évoquant ce second avènement que rappelle aussi, au centre de l'arcade supérieure, l'agneau, symbole du Christ.

Une série d'arcades *(archivoltes)* encadrent ce tympan, sculptées de motifs que nous qualifierions d' « abstraits » : palmettes, billettes (semblables à un cordon fragmenté) et fleurons ; ces arcades, qui forment des ressauts successifs, ont un rôle pratique : protéger de la pluie la sculpture du tympan et la porte d'entrée elle-même, en même temps qu'un effet décoratif. Chacune d'elles semble orchestrer la ligne principale, comme les variations d'un thème musical.

Le portail d'Avallon — ou plutôt ce qu'il en reste — ne comporte aucune sculpture « figurative », mais uniquement de ces motifs qui caractérisent l'ornement roman et qu'on trouve déjà sur les bijoux, les fibules, les bronzes et les poteries celtiques : dents de scie, palmettes, fleurons, entrelacs, grecques, etc., tous thèmes d'ornement semblables aux notes d'une gamme, sur lesquels le sculpteur joue indéfiniment, les renouvelant par l'emploi qu'il en fait [1].

Même simplicité dans les chapiteaux. Ceux d'Autun, de Saulieu, de Vézelay suffisent pour donner une idée de la richesse d'imagination que peut déployer le sculpteur dans un cadre rigoureusement limité. Tantôt ce sont uniquement feuillages et arabesques, tantôt des scènes tirées de l'Ancien Testament, comme à Saulieu Balaam et son ânesse, ou du Nouveau, comme cet ange de l'Annonciation de Vézelay, qui semble s'évader de la pierre, ou, encore à Saulieu, l'apparition du Christ à Madeleine : ou enfin des motifs de pure fantaisie, comme à Autun ces combats d'hommes et d'animaux, d'une verve humoristique. De toute façon, soucieux avant tout de la ligne architecturale, l'artiste pliera exactement ses figures au cadre dans lequel elles se déploient : de là ces déformations dans lesquelles on voyait autrefois une preuve de la « gaucherie », de la « maladresse » des sculpteurs romans ! Comme l'écrit André Malraux dans ses *Voix du silence* : « On préjugeait que le sculpteur avait désiré sculpter une statue classique et que, s'il n'y était pas parvenu, c'était qu'il n'avait pas su. » L'art moderne nous aide à comprendre qu'il peut y avoir d'autres esthétiques que celle de l'époque classique.

Quelque chose d'essentiel manque à cette rapide évocation de l'édifice roman : la couleur. Si nous nous rendons dans la petite chapelle de Berzé-la-Ville, qui fut un prieuré de Cluny, nous pourrons admirer l'une des plus belles fresques que nous ait laissées l'art roman. Nous aurons pu voir aussi, dans les cryptes d'Auxerre, quelques vestiges de peintures murales. Il faut savoir qu'à l'époque romane la couleur animait entière-

---

1. Nous nous permettons de renvoyer le lecteur à notre ouvrage, *Sources de l'art roman,* écrit en collaboration avec Madeleine Pernoud, Berg International, rééd. 1980.

ment l'édifice, et non seulement à l'intérieur, mais à l'extérieur. Malheureusement, fresques et enduits ont disparu, victimes du temps et des destructions ; nous signalerons au passage ce qui en subsiste, mais ce serait méconnaître entièrement l'époque romane que d'oublier son goût pour la couleur, qui signifie la vie.

3

L'Ile-de-France
domaine royal

mortellerie

R. audriette

greue

R. gastine

Pont nre dame

Pont aux changes

S. oeufre

le pont au meuniers

la mercerie

leuesque

S. germain

l'escole S. germain

germain vesaras

Por S. landry

maiso du lieutenant

S. landry

R. S. piere au beuf

R. des canetes

S. cristofl

R. Licorne

R. neuue

S. forien

R. mortaigue

le Terrin

S. denis du pa

leuesche

Nostre dame

l'hostel dieu

petit

S. denis   la magdelaine   R. la Iuiferie

Vielle draperie

petit pont

R. de

S. croix

S. mat   S. germain   le vieux

R. gervais laurant   fial   R. Iouaroste

R. Vielle   R. la Kalandre

pelterie   S. Elor

S. pierre des asis

S. berthelmy   R. la batillier

S. michel   le Pint

le Palais   S. michel

la Ste chapelle

chambre des coptes

R. de
R. ba

gerdains du roy

les augustis

L. de
R. des

l'hostel de nelle

L'ILE-DE-FRANCE DOMAINE ROYAL

S'il vous est arrivé de traverser Compiègne, peut-être êtes-vous passé, sans même leur accorder un regard, devant des ruines qui ont vu l'un des événements les plus singuliers de notre histoire ; ce sont les ruines de l'abbaye Saint-Corneille.

Au temps où ce lieu saint était encore debout, un certain jour de printemps du Xᵉ siècle, des seigneurs et des prélats escortaient un cercueil qu'on allait mettre en terre.

Ce cercueil renfermait le corps d'un jeune homme : Louis V, descendant de Charlemagne, le dernier descendant du grand empereur. Il avait vingt ans lorsque, au cours d'une partie de chasse, dans les forêts qui s'étendent entre Compiègne et Senlis, il avait fait une chute. Il était mort quelques jours plus tard, le 22 mai 987.

Or, coïncidence extraordinaire, ce jeune roi, peu avant sa mort, avait appelé auprès de lui les principaux seigneurs de son royaume. Des messagers étaient partis dans toutes les directions, galopant sur des routes qui étaient déjà à peu près celles d'aujourd'hui puisqu'elles partaient de l'Ile-de-France vers les quatre points cardinaux. A l'appel de leur suzerain, ducs, comtes, barons et évêques étaient accourus.

Pour réunir ainsi ses vassaux en conseil, Louis V devait avoir une raison bien grave ? En effet. Ce conseil était un tribunal. L'accusé : Adalbéron, archevêque de Reims. Le roi l'accusait de trahison.

Les preuves apportées par Louis V contre l'un des plus hauts prélats de France — et l'une des plus hautes autorités morales, nous le verrons bientôt —, on ne les connaîtra jamais, puisque la mort du roi empêcha le procès d'avoir lieu. Les seigneurs arrivèrent juste à temps pour le conduire en terre, comme si le roi avait lancé les invitations à ses propres funérailles.

Les obsèques terminées, la dalle posée sur la tombe du descendant de Charlemagne, sous l'abbaye, Adalbéron, sur qui tous les regards étaient fixés, prit la parole. Ses propos nous ont été rapportés par le fils d'un de ceux qui les entendirent :

« Sur l'ordre du roi, dit l'archevêque de Reims aux seigneurs, vous êtes venus ici de divers lieux pour discuter les accusations portées contre moi.

Vous vous êtes réunis, je pense, dans de loyales dispositions. Le roi de sainte mémoire, étant mort, vous laisse le soin d'examiner cette affaire. Si donc il est quelqu'un qui ne craigne pas de poursuivre le procès à sa place et soit décidé à soutenir l'accusation, qu'il se présente, qu'il dise son sentiment et que sans crainte il attaque l'inculpé. »

Par trois fois, ajoute le narrateur, Adalbéron renouvela son appel. Personne ne fit un geste.

Auprès de l'archevêque de Reims se trouvait le plus haut seigneur du royaume, Hugues, le « duc des Francs ».

« Notre roi très pieux ayant été appelé parmi les êtres spirituels, reprit alors Adalbéron, je me vois, par la bienveillance de l'illustre duc (c'était d'Hugues qu'il s'agissait) et des autres princes, déchargé des accusations portées contre moi et je viens m'asseoir parmi vous pour toutes les affaires de l'État. »

Le défunt n'ayant pas de descendance, il fallait élire un nouveau roi. Quelques jours plus tard, les mêmes seigneurs se transportaient dans ce but à Senlis, résidence royale.

C'est devant la vieille enceinte gallo-romaine de cette ville qu'il faut se placer pour reconstituer une assemblée qui allait fixer les destinées de la France pour plus de trois cents ans. Seize tours subsistent, des vingt-huit qui enserraient la vieille cité ; et le vieux château est celui qui a entendu les délibérations des principaux feudataires. Il a été reconstruit plusieurs fois, mais les membres de l'assemblée ont pu voir cette tour que l'on appelle gallo-romaine et qui, plus tard, vit prier Saint Louis.

Qui étaient ces seigneurs ? Il y avait là, certainement, les comtes de Chartres et d'Anjou, déjà vassaux d'Hugues, le beau-frère de celui-ci, le duc Richard de Normandie, son frère Henri, duc de Bourgogne ; sans doute aussi le duc d'Aquitaine, Guillaume IV que l'on appelait Fièrebrace et qui avait épousé la sœur d'Hugues, Adélaïde. Les principaux prélats du royaume s'y trouvaient aussi certainement, hormis l'archevêque de Sens, Seguin. Le narrateur Richer, de qui nous tenons le récit de la scène — il y assistait probablement —, s'est montré malheureusement avare de détails, et nous n'avons aucune description d'assemblées de ce temps. En revanche, nous savons en quels termes l'archevêque Adalbéron s'adressa à l'assemblée : « Louis, de divine mémoire, ayant été enlevé au monde sans laisser d'enfants, il a fallu s'occuper sérieusement de chercher qui pourrait le remplacer sur le trône pour que la chose publique ne restât pas en péril, abandonnée et sans chef... Nous voici réunis. Sachons éviter, par notre prudence, par notre bonne foi, que la haine n'étouffe la raison et l'amour la vérité. » Et de poursuivre en exhortant les barons à faire un bon choix, car deux éventualités s'offraient à eux. Le défunt, s'il n'avait ni frère ni sœur, avait un oncle, Charles, alors duc de Basse-Lorraine et, par conséquent, vassal de l'empereur germanique. D'autre part, le « duc des Francs », Hugues, avait été le principal appui du roi défunt ; ou plutôt sa dynastie, depuis plus d'un siècle, avait joué, dans le royaume, un rôle prépondérant

— depuis le temps où son arrière-grand-père Robert le Fort avait défendu Paris contre les assauts des Normands. « Le trône, faisait remarquer Adalbéron, ne s'acquiert pas par droit héréditaire, et l'on ne doit mettre à la tête du royaume que celui qui se distingue non seulement par la noblesse corporelle, mais encore par les qualités de l'esprit, celui que l'honneur recommande, qu'appuie la magnanimité. »

Les seigneurs de France qui écoutaient parler Adalbéron avaient à faire un choix difficile : ou bien rester fidèles à la dynastie de Charlemagne, ou bien fonder une nouvelle dynastie en nommant Hugues. Le choix de celui-ci équivalait à une révolution, car, au lieu du César que serait le descendant de Charlemagne, Hugues ne serait qu'un seigneur parmi les autres, investi seulement du rôle d'arbitre.

Et une hypothèse est permise concernant l'accusation de trahison que le jeune homme qu'on venait d'enterrer avait portée avant de mourir contre Adalbéron : l'archevêque de Reims, jugeant que le vieil empire de Charlemagne avait fait son temps, rêvait peut-être d'un nouveau pays, une France jeune, gérée par de vaillants seigneurs qui se donneraient librement un chef. Dans le cerveau d'Adalbéron, la France féodale n'était-elle pas déjà née ? C'était là sans doute ce que Louis avait nommé sa trahison.

« Donnez-vous pour chef le duc, conseillait-il aux seigneurs. Le duc Hugues est recommandable par ses actions, par sa noblesse, par ses hommes d'armes ; vous trouverez en lui un soutien non seulement des affaires publiques, mais de vos affaires privées. »

« Cette opinion proclamée et accueillie, le duc fut, d'un consentement unanime, porté au trône. » La royauté féodale était née.

Le sacre d'Hugues eut lieu à Noyon le 3 juillet suivant. Personne ne pouvait penser, lorsque la couronne fut placée sur sa tête, qu'elle allait être recueillie par ses descendants de père en fils pendant plus de trois cents ans — un temps à peu près égal à celui qui s'est écoulé de l'avènement de Henri IV à la guerre de 1940. Mais, remarquons-le, si personne ne s'en doutait, Hugues, lui, le souhaitait certainement, car il fit en sorte de substituer dans les faits le principe d'hérédité au principe d'élection auquel lui-même devait sa couronne : l'année ne s'était pas écoulée qu'il associait son fils Robert au trône et le couronnait solennellement dans la basilique de Sainte-Croix d'Orléans. Pourtant, pendant deux siècles encore (la dernière assemblée eut lieu en 1179), les rois durent, avant de pouvoir désigner leur fils aîné comme leur successeur, convoquer une assemblée et demander le consentement des seigneurs réunis.

Pour imaginer ce qu'était le couronnement d'un roi de France, on ne peut mieux faire que de se reporter à celui de la reine Elizabeth d'Angleterre que la télévision montra au monde entier le 2 juin 1953. La cérémonie de Westminster comportait, pour l'essentiel, les même rites que celle qui se déroula à Noyon pour Hugues Capet, et à Reims pour la plupart de ses successeurs. Cette cérémonie s'ouvre par une longue procession. Chanoines en surplis blanc, évêques à la robe violette entrent au chant des

Viollet-le-Duc fut le grand restaurateur des monuments français.
Le château de Pierrefonds (Oise) est typique de son activité,
à laquelle on doit la survie actuelle de très nombreux monuments,
sous une forme, à vrai dire, souvent contestée.
Cette aquarelle, qu'il peignit lui-même témoigne en tout cas d'une vision artistique et d'un talent qui sont,
eux, incontestables. 1858. Paris, Centre de recherche des monuments historiques.

psaumes dans la cathédrale, précédant le roi. On le conduit au trône posé sur une estrade, tandis que les membres du clergé prennent place de chaque côté du chœur. C'est alors que le grand portail de la façade s'ouvre à deux battants. Tous les assistants se retournent et, dans l'éclat de ce portail de Reims, unique en son genre, sous la double rose multicolore, dans l'encadrement dentelé de sculptures dont on ne trouve l'équivalent dans aucune cathédrale au monde, apparaissent alors quatre cavaliers. L'archevêque de Reims et les chanoines de la cathédrale se lèvent ; ils vont à la rencontre du cortège. Derrière les cavaliers, sur deux rangs, s'avancent les moines de l'abbaye de Saint-Remi, précédés de la croix, chacun tenant un cierge à la main ; quatre d'entre eux portent le dais de soie au-dessus de la tête de l'abbé. Au cou de celui-ci pend un flacon minuscule. Arrivé devant l'archevêque, l'abbé prend ce flacon et le lui remet. Alors les chœurs chantent une antienne dont voici les paroles : « O précieux don, ô gemme précieuse qui par le mystère des anges a été envoyée du ciel pour l'onction des rois de France. »

Pour comprendre le sens de ce rite et de ces paroles, il faut aller devant la façade de cette même cathédrale de Reims. Vous y verrez les grands symboles qui sont les assises de la royauté française : au centre, dominant tout — car c'est par là que tout commence — le baptême de Clovis. Clovis, roi des Francs, vainqueur des Romains et des Barbares, païen devenu chrétien (le baptistère où il fut baptisé est visible sous le chœur de la cathédrale), émerge à mi-corps de la cuve baptismale. A ses côtés, saint Remi, évêque de Reims, va l'oindre, c'est-à-dire qu'avec son pouce, sur lequel il aura versé une goutte d'huile sainte, il tracera une croix sur le front du roi baptisé. Une colombe est là : elle lui apporte la sainte ampoule, le flacon qui recèle cette huile.

Du baptême et de l'onction de Clovis (Noël 496), tous les rois de France se sont réclamés. A l'huile sainte, ce « chrême » venu du ciel, apporté par les anges ou par la colombe de l'Esprit-Saint, ils attribuent leur pouvoir. Par la sainte ampoule se trouve symbolisée la doctrine chrétienne, selon laquelle tous les hommes étant égaux, aucun d'eux ne peut exercer l'autorité sur ses semblables si ce n'est par une délégation de Dieu, à qui il devra des comptes. D'ailleurs, l'expression, « par la grâce de Dieu roi de France », telle qu'on l'employait aux temps féodaux, n'est pas autre chose qu'une formule d'humilité.

Le couronnement d'un roi. Sur la droite, cérémonie de l'onction.
XIVᵉ siècle. Paris, Bibliothèque nationale.

Autre symbole de la royauté : l'histoire de David et de Salomon, qu'on peut voir sur cette même façade de la cathédrale de Reims, au-dessus de la grande rose : c'est aux rois juifs, en effet, et aux coutumes hébraïques que se rattache la cérémonie du sacre. Le sacre de nos rois (de même qu'aujourd'hui celui des souverains d'Angleterre) et le sacre de David, que l'on voit figuré au centre de la façade de Reims, sont identiques dans leurs principaux rites.

A la veille du sacre, les gardes du roi ont pris possession des portes de la cathédrale et, pendant la soirée, le roi s'y est présenté à minuit pour « prier Dieu et demeurer veillant en oraison autant qu'il lui semblera bon et que sa dévotion le retiendra », dit un cérémonial datant de Saint Louis. Le roi a pu voir, dressée au milieu du chœur de l'église, l'estrade destinée à supporter son trône, avec les degrés sur lesquels doivent se tenir les pairs du royaume pendant la cérémonie. Peut-être son oraison a-t-elle été quelque peu troublée par les allées et venues de la foule au-dehors, et par l'installation des tribunes qui, pour loger le plus grand nombre possible d'assistants, escaladent, à l'extérieur, les contreforts et se perchent jusqu'à la hauteur des fenêtres hautes, dont on a, pour la circonstance, enlevé les vitraux.

Au petit matin, quatre cavaliers ont franchi les remparts de Reims et se sont dirigés vers l'abbaye royale de Saint-Remi. (De celle-ci, la nef se dressait, au XIᵉ siècle, telle que nous pouvons la voir aujourd'hui, tandis que le chœur, actuellement restauré, est un témoin de la deuxième moitié du XIIᵉ.)

Ces quatre cavaliers sont les « otages de la sainte ampoule ». L'abbé de Saint-Remi leur ouvre les portes. Les cavaliers pénètrent dans l'abbaye et, tandis que l'abbé emporte la sainte ampoule à la cathédrale, les cavaliers l'escortent « en otages ».

Sur l'autel de la cathédrale, on voit une couronne, une épée, des éperons d'or, un sceptre (et, à la fin du XIIIᵉ siècle, une baguette surmontée d'une main d'ivoire) : ce sont les ornements du sacre.

Avant que, sur cet autel, l'archevêque ne commence à célébrer la messe, le nouveau roi vient prêter serment sur l'Évangile. On conserve encore à la bibliothèque du chapitre de Noyon un évangéliaire sur lequel fut prêté le serment royal : c'est l'admirable évangéliaire de Morienval. Il date du IXᵉ siècle.

Le roi jure de défendre l'Église et de conserver à chacun des évêques la loi et la justice qui lui sont dues ; il jure également de rendre au peuple la justice à laquelle il a droit.

A cet instant, les voûtes de la cathédrale retentissent de cris : ce sont les seigneurs et le peuple qui, par trois fois, crient ensemble en latin : « Nous approuvons, nous voulons qu'il en soit ainsi ! » Ces cris, qu'on appelle l'« acclamation », rappellent au roi qu'il reste l'élu du peuple.

Alors, au chant du Te Deum, le roi s'avance vers l'autel. On va procéder à l'onction. Ce rite est si solennel que, lors du couronnement de la reine

Elizabeth, un voile fut tiré à cet instant devant les caméras de la télévision et que les téléspectateurs ne purent voir cette partie de la cérémonie. Celle-ci, aux yeux de la religion, a la valeur d'une consécration. Le roi était à ce moment dépouillé de tous ses vêtements, à l'exception d'une tunique blanche fendue sur la poitrine et sur le dos ; il se prosternait, étendu à terre, sur les marches de l'autel, et l'archevêque, à ses côtés, en faisait autant, tous deux implorant la bénédiction du Ciel tandis que l'on chantait sur eux les litanies des saints. Lorsqu'ils se relevaient, l'onction était faite sur la tête, sur la poitrine, sur les épaules et aux jointures des bras, tandis que l'archevêque récitait cette prière : « O Dieu qui as élevé au faîte de la royauté ton humble enfant David, Toi qui l'as sauvé de la gueule du lion et de la main du monstre qu'était Goliath... Toi qui as enrichi favorablement les prières de notre humilité, multiplie les dons de Tes bénédictions sur Ton serviteur qu'avec dévotion nous élisons pour roi. » L'assistance chantait alors l'hymne de Sadoc, le sacrificateur, celui qui, sur l'ordre de David, avait oint Salomon.

On revêtait le roi d'une tunique violette semblable à celle que le sous-diacre porte à la messe : une dalmatique. Ainsi était affirmé le caractère presque sacerdotal de la royauté : car le roi est quasi prêtre.

L'onction elle-même renouvelait celle que reçoit tout chrétien au baptême, puis à la confirmation. Elle était semblable à celle que reçoivent les évêques, et c'est à la mission de ces derniers, pasteurs des fidèles à la suite des apôtres, que la mission du roi était assimilée.

L'onction est finie. Avec l'aide de l'archevêque et du chambellan, le roi revêt alors les chausses. On lui passe aux pieds les éperons d'or, symbole de chevalerie, et l'archevêque lui présente l'épée qu'il place entre ses mains. Le roi doit la porter humblement à l'autel et la reprendre pour qu'elle soit remise au sénéchal de France, qui, pendant toute la cérémonie et ensuite sur la route du retour, la portera devant lui. Cette épée du sacre, nous la possédons encore : elle fait partie des trésors rassemblés au Louvre dans la galerie d'Apollon.

L'archevêque prend la couronne royale sur l'autel. Et douze pairs ensemble (six ducs et six archevêques et évêques) soutiennent un instant la couronne au-dessus de la tête du roi, ce qui symbolise bien le caractère de la royauté féodale, dans laquelle le roi ne règne qu'avec le secours de ses seigneurs qui lui ont promis aide et conseil et auxquels il doit, de son côté, avoir recours. Cela fait, la couronne posée sur la tête du roi, on le conduit depuis l'autel jusqu'à l'estrade sur laquelle a été élevé le trône. Il apparaît alors aux yeux de tous dans l'appareil de la « majesté » royale. Il a en main le sceptre, symbolisant l'autorité, et la main de justice qui lui rappelle l'essentiel de sa charge : faire régner la justice dans le royaume. C'est cette figure de majesté que reproduisent les sceaux des rois, et c'est dans cet appareil, marquant la fonction dont sa personne est désormais revêtue, que les grands du royaume viennent successivement lui rendre hommage. Le premier, l'archevêque de Reims, qui vient de couronner le roi, enlève sa

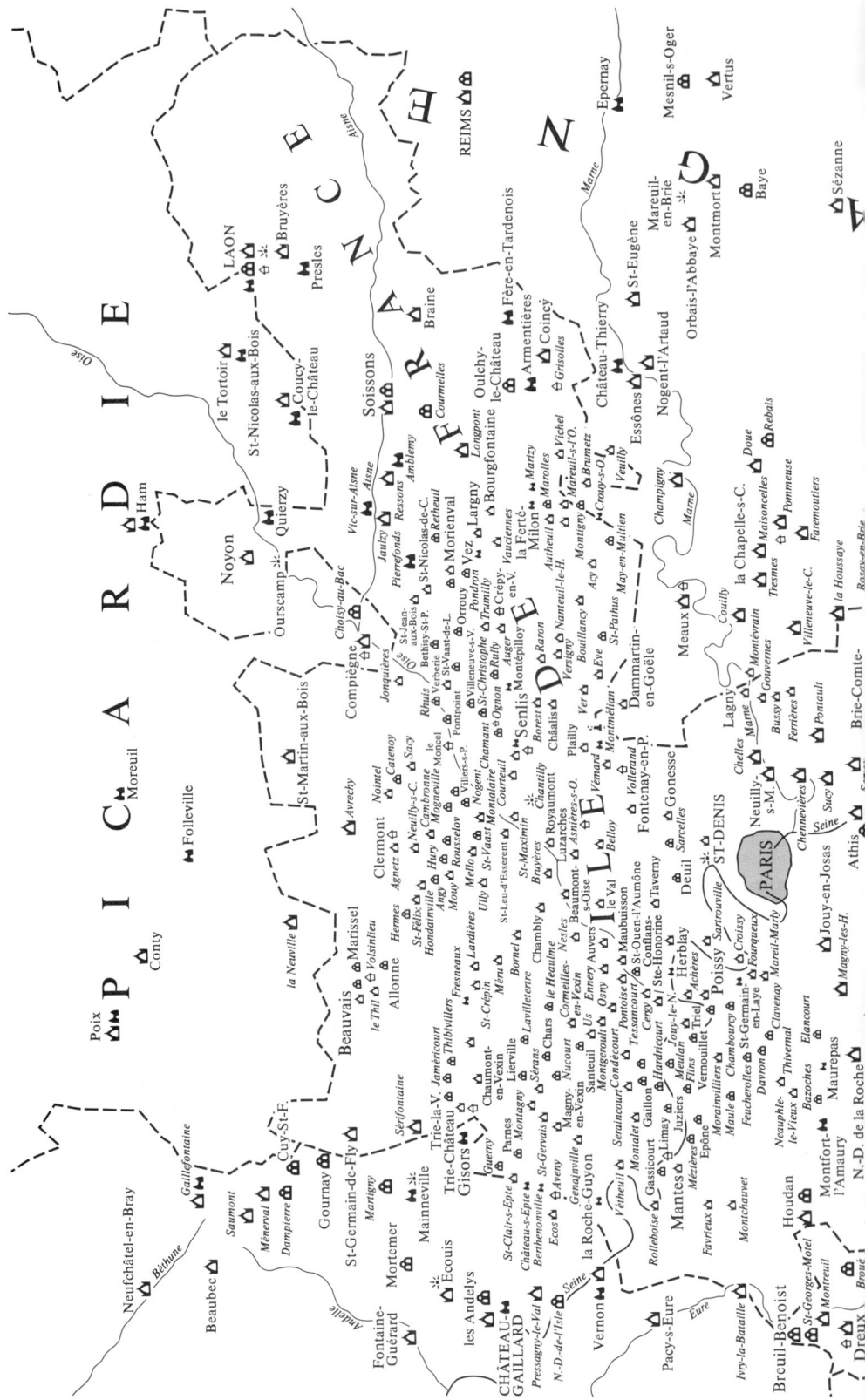

PICARDIE

FRANCE

N

REIMS

Epernay

Mesnil-s-Oger

Vertus

Bruyères

Presles

Baye

Sézanne

LAON

St-Nicolas-aux-Bois

Coucy-le-Château

Mareuil-en-Brie

Montmort

le Tortoir

Oise

Fère-en-Tardenois

Armentières

Coincy

Grisolles

Orbais-l'Abbaye

St-Eugène

Château-Thierry

Ham

Noyon

Quierzy

Ourscamp

Choisy-au-Bac

Vic-sur-Aisne

Soissons

Braine

Courmelles

Ambleny

Jaulzy

Pierrefonds

Ressons

St-Nicolas-de-C.

Retheuil

Morienval

Oulchy-le-Château

Longpont

Bourgfontaine

la Ferté-Milon

Marizy

Vichel

Mareuil-s-O.

Brumetz

Nogent-l'Artaud

Essômes

Champigny

Rebais

Doue

Pommeuse

Faremoutiers

Moreuil

Folleville

St-Martin-aux-Bois

Avrechy

Catenoy

le Moncel

Compiègne

Jonquières

Rhuis

St-Jean-aux-Bois

Bethisy-St-P.

Verberie

Pontpoint

Villeneuve-s-V.

St-Vaast-de-L.

Orrouy

St-Christophe

Vez

Largny

Pondron

Vauciennes

Crépy-en-V.

Ognon

Rully

Auger

Raron

Marizy

Maroltes

Montigny

Acy

Crouy-s-O.

Veuilly

Autheuil

Nanteuil-le-H.

Versigny

Eve

Bouillancy

May-en-Multien

St-Pathus

Dammartin-en-Goële

Meaux

Couilly

Marne

la Chapelle-s-C.

Montévrain

Maisoncelles

Gouvernes

Tresmes

Villeneuve-le-C.

la Houssaye

Rozoy-en-Brie

Noirtel

Neuilly-s-C.

Cambronne

Mogneville

Villers-s-P.

Nogent

Montalaire

Courteuil

Montépilloy

Senlis

Borest

Chaâlis

Montmélian

Verger

Ver

Chelles

Lagny

Bussy

Ferrières

Pontault

Brie-Comte-

Conty

Poix

Beauvais

Marissel

le Thil

Voisinlieu

Allonne

Hermes

Clermont

Nointel

St-Félix

Hondainville

Angy

Hary

Mouy

Rousselox

Mello

St-Vaast

Ulfy

St-Leu-d'Esserent

Brayères

Lardières

Maximin

Royaumont

Luzarches

Beaumont-s-Oise

Achères-s-O.

Plailly

Mauisson

Fontenay-en-P.

Vémard

Belloy

le Val

Volterand

Gonesse

Sarcelles

Taverny

Deuil

ST-DENIS

Neuilly-s-M.

Chennevières

Sucy

Seine

Athis

la Neuville

Chaumont-en-Vexin

Méru

Bornel

Chambly

Lavilletertre

Sénans

Chars

Bercheville

Cergy

St-Ouen-l'Aumône

Conflans

Ste-Honorine

Herblay

Jouy-le-N.

Andresy

Triel

Poissy

Sartrouville

Croissy

Fourqueux

St-Germain-en-Laye

Clavenay

Marcil-Marly

Jouy-en-Josas

Magny-les-H.

Gournay

Serjfontaine

Cuy-St-F.

Trie-la-V.

Jaméricourt

Thibivillers

Freneaux

St-Crépin

Gisors

Trie-Château

Guerny

Parnes

Lierville

Montagny

St-Gervais

Genainville

Us

Nucourt

Santeuil

Cormeilles-en-Vexin

Osny

Pontoise

Testancourt

Hardricourt

Montgeroult

Condécourt

Seraincourt

Aveny

Montalet

la Roche-Guyon

Vétheuil

Limay

Juziers

Gaillon

Gassicourt

Meulan

Flins

Vernouillet

Mantes

Mézières

Epône

Davron

Morainvillers

Maule

Chambourcy

Feucheroltes

Thivernal

Bazoches

Rolleboise

Favrieux

Montchauvet

Neauphie-le-Vieux

Montfort-l'Amaury

Elancourt

Maurepas

N.-D. de la Roche

Houdan

Martigny

Mainneville

Dampierre

Ecouis

Mortemer

St-Germain-de-Fly

Saumont

Ménerval

Beaubec

Neufchâtel-en-Bray

Gaillefontaine

Béthune

les Andelys

Pressagny-le-Val

Berthenonville

Ecos

St-Clair-s-Epte

Château-s-Epte

CHÂTEAU-GAILLARD

Fontaine-Guérard

N.-D.-de-l'Isle

Vernon

Seine

Eure

Pacy-s-Eure

Breuil-Benoist

Ivry-la-Bataille

St-Georges-Motel

Montreuil

Broue

DREUX

Andelle

Oise

Aisne

Aisne

Marne

Seine

ILE-DE-FRANCE

Droupt-Ste-Marie
Savières
Villemaur-s-Vanne
le Paradet
Villeneuve-l'Archevêque
Jaulnes
Sigy
Preuilly
Donnémarie-en-M.
Fontaine-le-Port
Héricy
Champagne
St-Mammès
Montarlot
Dormelles
Flagy
Lorrez-le-Bocage
Seine
Chartrettes
Moret
Montigny
Gretz
Episy
Fromenville
Nemours
St-Martin-en-Bière
Céby
Fontainebleau
Loing
Souppes
Bransles
Egreville
Mez-le-Maréchal
Ferrières-en-Gâtinais
Château-Landon
Larchant
Far-les-Nemours
Puiseaux
Villiers
Pringy
Lardy
la Ferté-Alais
Bouigny
Milly
Rouville
Maisse
Courcelles
Malesherbes
Champœul
Morigny-Champigny
Farcheville
Étréchy
Étampes
Bellegarde-du-Loiret
Boiscommun
Dourdan
Auneau
Santeuil
Gallardon
CHARTRES
Morancez
Bonneval
Châteaudun

Villemaur-s-Vanne
Villeneuve-s-Yonne
Brienon
Joigny
Pontigny
Tonnerre
Armançon
AUXERRE
Yonne
Châtel-Censoir
Pontaubert
Avallon
St-Père-s/s-Vézelay
Chastellux
VÉZELAY
Clamecy
Bazoches
Druyes-les-Belles-Fontaines
Varzy
Treigny
St-Véran
Ratilly
Donzy
Cosne
Loire
St-Fargeau
Loing
Châtillon-Coligny
Gien
Châteaurenard
Echarlis
SENS
Yonne
Villeneuve-s-Yonne

NIVERNAIS
BERRY
CHAMPAGNE
MAINE

St-Benoît-s-Loire
Sully-s-Loire
Loire
Orléans
Cléry
Meung-s-Loire
Beaugency
Talcy
Blois
ORLÉANAIS

Légende

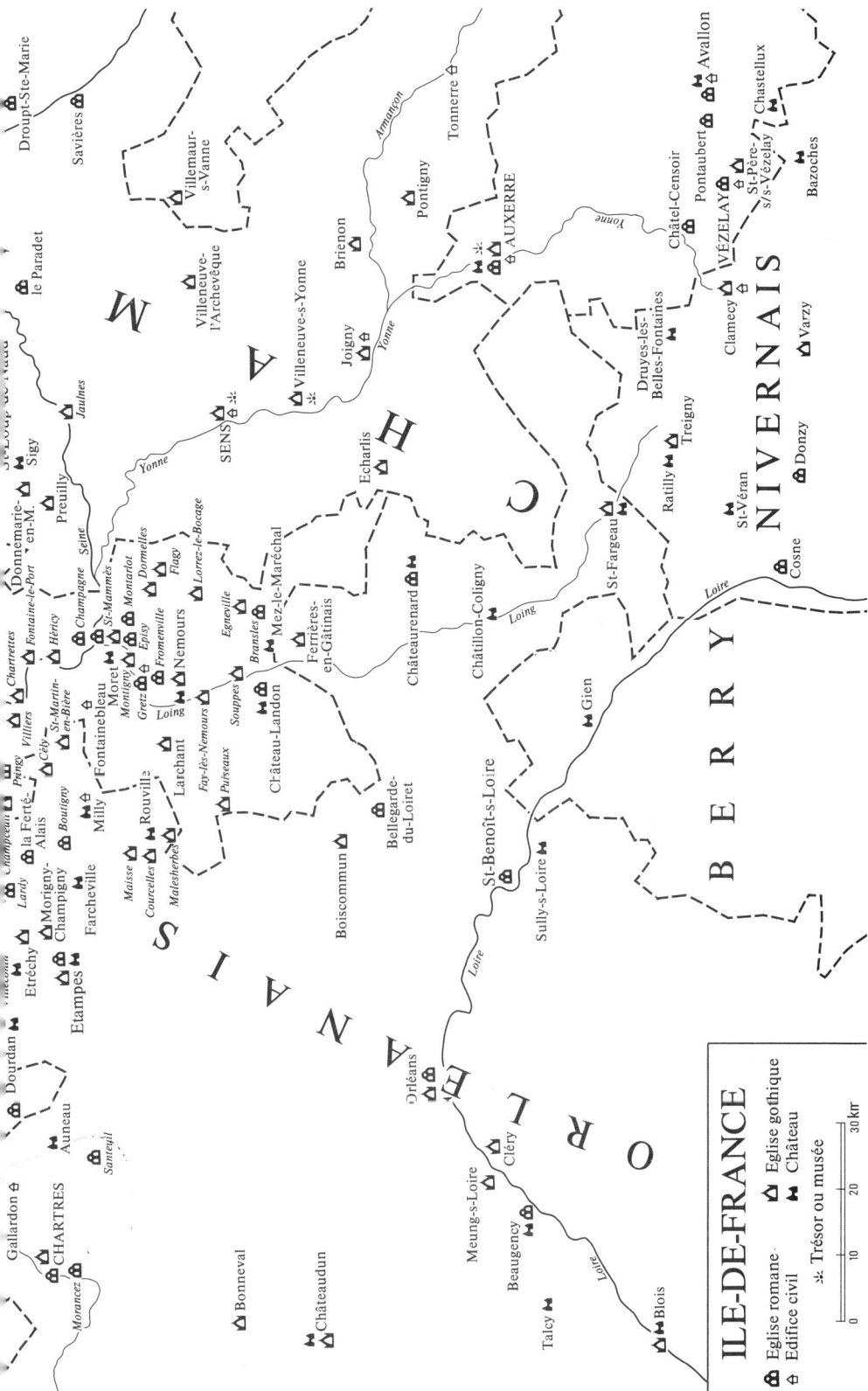

Eglise romane · Eglise gothique
Edifice civil · Château
Trésor ou musée

0   10   20   30 km

mitre et s'incline devant lui, lui baisant la main, puis la joue, en lui prêtant serment de fidélité. Tous les pairs successivement en font autant ; et c'est ensuite, après l'hommage des grands, l'hommage populaire : le clergé entonne le Te Deum tandis que la foule pousse son cri de joie (le « Bravo » de l'époque : « Noël ! ») « Tout homme cria Noël et les trompettes sonnèrent de telle manière qu'il semblait que les voûtes de l'église dussent se fendre », dit un témoin du sacre de Charles VII.

Puis a lieu le sacrifice de la messe : autre détail notable, le roi, comme le clergé, communie (même après le XIIIᵉ siècle, alors que seule la communion au pain sera celle des fidèles) sous les deux espèces du pain et du vin. Dans le trésor de la cathédrale de Reims, il faut voir le merveilleux témoin, le seul qui subsiste de l'ensemble de la cérémonie du sacre, mais, sans doute, le plus émouvant : le calice dit de saint Remi. Ce calice d'or massif, d'une forme parfaite, enrichi de pierreries et d'émaux, était celui dont le roi se servait le jour du sacre. Comme il date de la fin du XIIᵉ siècle, il est à peu près certain qu'il servit au sacre de Saint Louis ; et l'on sait, en toute certitude, qu'il servit aussi à celui de Charles VII ; si bien qu'on y trouve réunis le souvenir du roi dont la sainteté devait illustrer la royauté féodale, et celui de Jeanne d'Arc, la petite paysanne qui rendit si mystérieusement le royaume de France à son roi légitime.

Au sortir de la cérémonie, le roi passait à travers les rues de la ville, toutes décorées de tapisseries ou tendues de ces curieuses « toiles peintes » que l'on trouve encore au musée de Reims et qui étaient un peu la tapisserie du pauvre : vastes toiles rehaussées de couleurs, mais dans une matière moins riche, moins coûteuse que les tapisseries de laine. De là, le nouveau roi allait parcourir, tout comme un chef d'État moderne, les principales villes de son royaume, et notamment Senlis, en souvenir de l'élection de son prédécesseur Hugues Capet.

La vie d'un roi, au demeurant, se passe, au Moyen Age, en perpétuels déplacements. De nos jours, nous avons l'habitude d'institutions stables, liées à un lieu déterminé : Palais-Bourbon, palais du Sénat, Élysée, etc. Aux temps féodaux, la vie du roi, comme celle de chacun des seigneurs, est celle d'un perpétuel errant. Il passe d'une résidence à l'autre ; pour le suivre, il faut aller, à son image, d'une ville à l'autre, dans ce qui constitue le domaine royal.

Voici par exemple la liste des déplacements qu'accomplit le roi Saint Louis au cours de l'année 1230. Au mois de janvier, il est à Saumur ; en mars, on le trouve successivement à Senlis et à Compiègne ; au mois d'avril, il gagne Melun, puis Paris ; en mai, Paris, Les Ponts-de-Cé et Clisson — il s'agit alors d'une expédition militaire qui, cette année-là et l'année suivante, le retiendra en Bretagne, où le comte est en rébellion ; au mois de juillet, ayant passé par Ancenis et Angers, le roi regagne Paris et réside quelque temps près de là, à Asnières-sur-Oise ; puis il gagne l'ouest : Saintes et Poitiers. On ne le retrouvera à Asnières, Compiègne et Paris qu'au mois de septembre, après qu'il aura poussé une pointe en Normandie jusqu'à Lisieux. Au mois de novembre, il séjourne à Paris, mais en décembre, c'est Melun, puis Saint-Germain-en-Laye.

Nous ne sommes pas aussi bien renseignés pour les premiers Capétiens, mais tout indique que leur rythme de vie fut le même. Pourquoi le roi passe-t-il ainsi d'une région à l'autre de son domaine ? D'abord parce que, ce domaine, il l'administre, veille aux récoltes, aux rentrées de blé pour ses gens et de fourrage pour ses chevaux ; ensuite parce qu'il rend la justice, et que la justice, à cette époque, va au justiciable, et non pas le justiciable à la justice ; enfin parce que ce domaine, il convient de n'en pas épuiser les ressources, et que passer d'un château à l'autre est le plus sûr moyen de ménager ces ressources.

On se tromperait fort d'ailleurs en voyant dans ces résidences autant de « propriétés », au sens où nous l'entendons aujourd'hui. Comme tout seigneur féodal (voir chapitre 5 : « La vie seigneuriale »), le roi possède des droits, qui varient selon les lieux. Ici, on lui doit « gîte et étape », c'est-à-dire que lui et sa suite peuvent résider pendant un temps que la coutume fixe, et avoir pendant ce temps le vivre et le couvert ; ailleurs, il s'agit de domaines rentables dont il engrange les récoltes. Au temps d'Hugues Capet, le domaine proprement dit, celui dont le roi tire ses ressources personnelles, est très réduit ; il comporte surtout deux groupes un peu étendus : ce sont, d'une part, les comtés d'Orléans et d'Étampes, de l'autre, le comté de Senlis grossi de trois « châtellenies » : Béthisy, Verberie et Compiègne ; trois autres seigneuries forment comme des îlots détachés : Poissy, Montreuil-sur-Mer et Attigny. On peut penser aussi que certains monastères que le roi patronne lui fournissent quelques revenus. Ainsi Hugues Capet était-il « abbé » de Saint-Germain-des-Prés : simple titre, du reste, qui n'implique aucune fonction dans l'abbaye, mais qui symbolise un droit moral et aussi le droit tout matériel de percevoir certains revenus sur les terres de l'abbaye.

Nous avons quelque mal aujourd'hui à nous rendre compte de ce qu'étaient à l'époque les revenus d'un roi, habitués que nous sommes aux prélèvements fixes de l'État sur les revenus, la patente commerciale, etc. En fait, nous voyons Hugues Capet toucher par exemple la dîme d'un pont à Montreuil-sur-Mer : en effet, on amortissait déjà le coût élevé de la construction des ponts en faisant payer un péage, comme de nos jours au pont de Tancarville ou sur nos autoroutes.

Le roi perçoit de même le droit de pêche à Orléans, sur le Loiret, jusqu'au faubourg Saint-Hilaire ; il lève une taxe sur le marché d'Argenteuil, il touche les revenus du domaine de Chérisy (canton de Dreux), qui comporte trois moulins et des prés ; ailleurs encore, il possède trente « manses », à Chavenay près de Marly (un manse est une exploitation suffisante pour faire vivre une famille, et dont les tenanciers sont donc un peu ce que sont les fermiers aujourd'hui).

En somme, à examiner le train de vie royal à l'époque, on s'aperçoit qu'il repose sur les revenus en nature que produisent ses terres et sur les droits divers qui, la plupart du temps, lui sont aussi versés en nature. Exemple : ce droit de gîte qui lui permet de résider avec sa suite dans certaines villes du domaine, à Orléans, à Bourges, à Melun, à Étampes, à Laon, à l'abbaye de Saint-Riquier, à Beaune-la-Rolande ; presque toujours le temps pendant lequel il peut ainsi résider est déterminé à l'avance. Ainsi, lorsqu'il va à Tournus, l'abbé de la fameuse abbaye doit héberger le roi pendant un jour ; au bout de vingt-quatre heures, force lui est de s'en aller ailleurs. Ou encore la coutume précise ce qu'on doit lui fournir. Ainsi, quand le roi réside à Senlis, les bourgeois de la ville lui doivent : les casseroles, les écuelles, l'ail et le sel. Le reste, il l'acquiert à ses dépens. Dans quelques forêts, il s'est réservé, comme le font certains seigneurs, sur la partie du domaine qu'on appelle le « défens », le droit exclusif de chasser ; ces forêts lui fournissent alors le bois et aussi les fruits ; à l'époque, on a encore largement recours à la cueillette : la faîne du hêtre fournit de l'huile, les pruniers et les sorbiers de la forêt donnent leurs fruits, et l'on récolte aussi la pomme du pin parasol pour en extraire les pignons (le pin parasol est alors considéré comme un arbre fruitier) ; de même le roi peut-il dans ces forêts faire paître, comme on le fait largement alors, ses chevaux, ses bœufs et ses vaches, et surtout ses porcs ; il en est ainsi, par exemple, à Compiègne, dans la forêt d'Othe ou celle d'Yvelines. Enfin ses revenus sont répartis ici et là ; par exemple, Orléans est un centre pour les celliers du roi. A cinquante kilomètres de là, la coutume impose aux gens de Lorris l'obligation de charrier le vin du roi jusqu'à Orléans ; à Poissy, il a ses granges où s'entassent les foins et la paille des régions avoisinantes : Triel, La Chaussée et Poissy même. A Sens, il possède pour moitié quatre moulins à foulon, et, à Compiègne, un four à verrier.

Ainsi s'expliquent ses perpétuels déplacements. Autant que dans la situation d'un justicier, on doit l'imaginer comme un chef d'exploitation allant d'un point à un autre de son domaine pour en vérifier la bonne marche et en consommer les ressources.

On est tout aussi surpris lorsqu'on lit par exemple l'énumération des aumônes faites par les rois ; elles consistent presque toujours, non en sommes d'argent, mais en certains droits définis : ainsi Louis VII donne la dîme, c'est-à-dire la dixième partie, de son vin entrant à Paris aux religieuses de Gif ; ou encore aux religieuses d'Yerres il donne, sur une partie nouvellement défrichée de la forêt d'Yvelines — à la Pommeraie — autant de terres qu'une charrue en peut labourer.

D'autres droits, probablement plus substantiels, lui sont fournis par certains évêchés. Il est entendu que le roi perçoit les revenus des évêchés tout le temps qu'ils sont vacants entre la mort d'un évêque et l'élection d'un autre. Ainsi à Chartres, à Orléans, à Paris même, à Meaux, Sens, Troyes, Auxerre, Reims, Langres, Bourges, Le Puy.

Tout cela représente un train de vie dont la modicité peut nous surprendre. On sait que le roi Louis VII eut un revenu de 19 000 livres parisis par mois, c'est-à-dire 228 000 livres par an. Tel est le budget royal à l'époque. Or, la livre d'argent correspond à 491 grammes de métal. C'est évidemment moins que la plupart des chefs d'entreprise en notre temps ; mais, à l'époque, le train de vie personnel varie assez peu d'une condition à l'autre. Ce qui change, ce sont les grosses dépenses que peut entraîner la guerre, avec l'achat des cottes de mailles, des casques, des armes, l'entretien des chevaux et, bien entendu, celui des combattants. C'est en cela surtout que les dépenses d'un seigneur et celles du roi sont supérieures à celles de l'artisan ou du paysan. De même, si son domaine s'étend sur de nombreuses seigneuries, doit-il, en contrepartie, faire vivre les gens qui administrent ce domaine. Mais on peut dire que le luxe proprement dit n'existe guère à l'époque ; il n'apparaîtra que vers la fin du XIIIe siècle et surtout au XIVe. S'il y a un trésor royal, c'est parce qu'il faut bien posséder quelque part une encaisse permettant de parer aux imprévus.

Parmi les compagnons du roi, quelques-uns, auxquels sont assignées des fonctions particulières, comme de s'occuper des chevaux ou de garder le sceau royal, deviendront les conseillers du roi, ses ministres. N'allons pas imaginer la maison du roi médiéval à la manière de la cour de Versailles. Les familiers du roi ont tous une fonction à remplir : ils sont au sens propre les « domestiques » royaux (du latin *domus,* la maison) et sont d'abord cela. Leur charge deviendra beaucoup plus tard honorifique, et les grandes familles se la transmettront avec orgueil. Mais aux temps féodaux un connétable est tout simplement le compagnon *(comes)* qui s'occupe des écuries *(stabuli)* ; il surveille valets d'écurie et palefreniers, et bientôt s'adjoint un « maréchal » qui est, selon l'étymologie du nom, chargé de la remonte et de l'approvisionnement en foin : deux titres dont l'un survivra même à la royauté. Le sénéchal — (de *senes*) le plus âgé, le doyen de la maison du roi — a la surveillance générale des autres familiers ; en fait, il remplace le roi si besoin est. Tantôt à la tête de l'armée, tantôt à la tête de la cour de justice, il est l'intendant et l'inspecteur de tout ce qui se passe dans le domaine : à table, c'est lui qui préside au service.

Le chambrier a le soin du vêtement royal, d'où il en viendra à la garde du trésor, des joyaux de la couronne et des archives, ainsi que de l'ameublement des maisons royales ; il a sous ses ordres des chambellans. Le bouteiller s'occupe, lui, comme son nom l'indique, de la cave et plus généralement des vignobles ; il en vint à exercer une sorte de juridiction sur les marchands de vin, les brasseurs de bière et les taverniers de Paris et des villes du domaine. Quant au chancelier, c'est un important personnage dès l'origine, un clerc presque toujours, qui a pour charge essentiellement la garde du sceau royal. A l'époque, en effet, ce qui importe, ce n'est pas la signature, qu'elle existe ou non sur les actes, mais bien le sceau appendu au parchemin. Chacun possède son sceau, et ce sceau est une marque personnelle, si bien qu'il est détruit à la mort de son possesseur. Le roi a

Une salle de l'Hôtel-Dieu de Paris. Les quatre figures en noir représentent
les vertus que doivent acquérir les religieuses infirmières,
en blanc : prudence, tempérance, force, justice.
XVᵉ siècle. Paris, Archives de l'Assistance publique.

donc délégué à une personne de confiance la charge de garder le sceau, et ce personnage est aussi tout naturellement celui qui se charge de son courrier : faire écrire les lettres et les actes divers, les faire expédier une fois scellés, etc. ; au besoin, comme le sénéchal, il remplace le roi dans l'administration de la justice, et c'est pourquoi notre actuel ministre de la Justice s'appelle aussi garde des Sceaux ; à mesure que le domaine s'étendra et que l'administration ira se compliquant, on sera amené à multiplier les aides du chancelier, clercs ou notaires, et à créer aussi pour les lettres privées du roi un office des « clercs du secret » qu'on prendra l'habitude d'appeler des secrétaires.

Ce sont là les offices principaux, mais plusieurs autres existent ou se créent au fur et à mesure des besoins : écuyers, panetiers, échansons qui assistent le bouteiller ; jusqu'au maître queux (cuisinier) ; au temps de Saint Louis, les valets attachés à son service personnel étaient au nombre de seize ; il y avait aussi un médecin du roi, et il est à noter que ce médecin pouvait être une femme, comme celle, nommée Hersent, qui accompagna en Terre sainte la famille royale lors de la première croisade de Saint Louis.

Tous ces personnages, on les voit sur les miniatures, notamment à l'occasion des banquets royaux ; et l'on peut remarquer que ceux qui servent alors ne sont pas forcément des personnages de rang inférieur, mais qu'un écuyer peut être tout simplement le fils de quelque seigneur voisin qui vient se former à la cour. Lors d'un banquet offert à l'empereur par le vice-roi de Jérusalem, le chroniqueur remarque que les deux fils du vice-roi servent « l'un de la coupe et l'autre de l'écuelle », l'un faisant fonction de servir à boire et l'autre de passer les plats. Ce n'est que beaucoup plus tard que l'on considérera un service personnel comme étant d'ordre inférieur. Servir à table était au contraire couramment la fonction des jeunes gens attachés au suzerain de leur père, qu'il fût roi ou seigneur.

Il reste que ce roi capétien, du point de vue des ressources comme de son pouvoir matériel, serait, au regard des modernes, rapidement voué à la destruction ; nous jugerions que ses domaines sont « encerclés » par ceux des grands vassaux : le seul comte de Blois, qui est à l'ouest son voisin immédiat, a, lui, pour domaine, non seulement le pays de Blois, mais encore ceux de Chartres, de Châteaudun, de Tours, Saumur, Vierzon, Dreux et Meaux. Quelques années plus tard, le comté de Blois allait même s'enrichir, par héritage, d'un immense domaine champenois comportant des villes comme Troyes et Provins. A l'est comme à l'ouest, ces domaines enserraient littéralement ceux du roi. On a quelque peine à penser que seul le serment féodal arrivait à maintenir dans l'obéissance ces vassaux plus riches et plus puissants que le roi : on se trouve loin du pouvoir absolu de l'empereur Charlemagne et plus encore de celui du Roi-Soleil !

C'est qu'à l'époque le « serment féodal » n'est pas un vain mot, comme on le verra à plusieurs reprises dans la suite de ce récit.

Les rois restèrent des errants jusqu'à la fin du Moyen Age et même au-delà, jusqu'au moment où la monarchie choisit Versailles comme lieu de sa résidence. Mais déjà auparavant une bonne partie des offices royaux s'était fixée, premier symptôme d'une centralisation qui n'allait pas tarder à devenir la règle. Lors d'une bataille contre le roi d'Angleterre, à Fréteval, Philippe Auguste, vaincu, avait dû abandonner sur le champ de bataille, nous l'avons vu, ses archives et son trésor : c'est qu'il les emportait partout avec lui. L'habitude se prit, par la suite, de laisser les archives à Paris, dans ce palais de la Cité qui appartenait déjà aux premiers Capétiens, tandis que le trésor royal était confié à la garde des templiers. Ce n'est pourtant qu'avec Philippe le Bel que l'on verra se constituer, toujours à Paris, ce qu'on appelle le parlement : une cour de justice fixe.

Bientôt, Paris sera le siège de l'administration, à laquelle Louis XI donnera sa forme centralisée.

Il est temps d'examiner ce Paris du XIIIᵉ siècle, qui est en passe de devenir la capitale du royaume de France.

Une leçon magistrale à l'Université de Paris au XVe siècle.
Assis sous la chaire du professeur, l'huissier.
Troyes, bibliothèque municipale.

Les premiers Capétiens, à vrai dire, n'y ont fait que de courts séjours. Il y avait à cela une raison précise : Paris est alors une île, la Cité ; elle ne communique avec les deux rives que par deux ponts que défendent des forteresses : le Grand Châtelet sur la rive droite de la Seine, le Petit Châtelet sur la rive gauche. Or, l'un et l'autre de ces Châtelets appartiennent à des seigneurs. Le roi, lorsqu'il est au palais, peut donc être facilement à la merci de ses vassaux. Ce n'est que sous Philippe Auguste que le Petit Châtelet devient possession royale et en 1248 seulement qu'à la suite d'une transaction Saint Louis achète le Grand Châtelet à son propriétaire, un nommé Adam Hareng.

Aussi jusqu'alors, Orléans, Étampes, Poissy ou Senlis avaient-elles été les résidences favorites des rois.

Sous le règne de Saint Louis, Paris a largement débordé des deux côtés cette île de la Cité qui fut l'antique Lutèce. Sur la rive gauche, avant même l'avènement des Capétiens, s'étaient installées plusieurs abbayes : Saint-Germain- des-Prés (la plus ancienne), Saint-Victor, Saint-Marcel. Mais la Cité elle-même débordait, et ses faubourgs atteignaient la montagne Sainte-Geneviève : dans l'actuelle Sorbonne, sur le pavement, on peut voir encore le dessin de l'enceinte réédifiée sous Philippe Auguste pour contenir ces nouveaux quartiers. Et de même la Cité débordait-elle sur la rive droite, surtout depuis qu'au XIIe siècle les templiers avaient entrepris d'assécher son vaste marais et de transformer une région malsaine en jardin maraîcher.

Les bouchers avaient leurs abattoirs sur la rive droite, et, exerçant une fonction liée à la leur, les tanneurs ou mégissiers s'étaient établis sur le quai (le quai de la Mégisserie), de façon à avoir à proximité l'eau nécessaire pour laver les peaux, tandis qu'à la hauteur du grand pont les marchands circulant sur la Seine avaient leurs entrepôts.

Ainsi, dès l'origine, se dessinait nettement la physionomie de Paris telle qu'elle restera à travers les siècles : la rive gauche de la Seine devient la rive intellectuelle, la rive droite la rive marchande.

Mais nous aurons quelque mal à retrouver de nos jours la physionomie du Paris médiéval, en dehors de ce grand dessin d'ensemble. Au centre de la France, du moins de la France administrative, en ce zéro des routes qui partent du parvis de Notre-Dame, nous avons l'impression d'une vaste esplanade radicalement différente de celle qu'a pu donner le parvis d'autrefois, restreint, ou à peu près, au trottoir sur lequel, de nos jours, se pressent les touristes avant d'entrer dans la cathédrale, et qui connaissait une animation qu'on peut imaginer quand on songe que durant la semaine s'y tenait le marché de la volaille et de la « sauvagine » (le gibier), tandis que le dimanche avait lieu le curieux marché au pain : il s'agissait des pains « ratés », brûlés, mal cuits, n'ayant pas la dimension ou le poids réglementaire selon les normes du métier de la boulangerie parisienne, et qu'on vendait là au rabais pour l'alimentation des chiens et autres bêtes. Disparu aussi le baptistère Saint-Jean-le-Rond qui s'élevait à côté de Notre-Dame, au nord (côté gauche lorsqu'on se place devant la façade) ; aujourd'hui, sur ce côté nord de la cathédrale se dresse l'Hôtel-Dieu, installé non loin du premier Hôtel-Dieu parisien, celui du VIIe siècle. On aura quelque idée de l'activité charitable de cet hôpital quand on saura que, selon un rapport dressé en 1368, sa consommation journalière s'élevait à 3 500 pièces de drap ou de toile ; chaque lit était pourvu de six couvertures, et chaque année l'usure portait sur cinq à sept cents draps mis aux chiffons ; d'après les règlements, tout malade devait être lavé chaque jour avec l'aide des sœurs ou des frères infirmiers ; chacun devait avoir son écuelle, sa cuiller, son gobelet et son pot de vin personnels ; ils prescrivaient aussi que chacun de ces malades devait être reçu « comme le seigneur de la maison » ; à l'époque, ne l'oublions pas, ceux qui souffrent dans leur corps sont considérés comme participant aux souffrances du Christ pour le salut du monde, et ils sont, à ce titre, objet de vénération : lorsque Saint Louis partira pour la croisade, il ira, avant le départ, s'agenouiller devant les lépreux de l'hôpital Saint-Lazare (sur l'emplacement de la gare actuelle) et leur demander leurs prières.

L'exploration souterraine du parvis de Notre-Dame s'impose à tous ceux qui veulent connaître les origines de la Cité. Elle est rendue facile par l'aménagement très remarquable des fouilles faites sous la direction de Michel Fleury entre 1965 et 1972, lorsque fut décidée la création d'un parking sous ce parvis. La crypte archéologique à laquelle on accède depuis le parvis même, par une entrée signalée près de celle du parking, permet de reconstituer toute l'histoire de ce cœur de la Cité depuis les temps gallo-romains jusqu'au XIIᵉ siècle.

C'est sous le portail sud de Notre-Dame qu'il faut se placer pour retrouver la cathédrale que bâtit Maurice de Sully (cet évêque était fils de simples paysans : la particule, à l'époque, indique simplement que l'on est originaire de tel pays, ici Sully-sur-Loire). Les deux autres portails sont des restaurations de Viollet-le-Duc après les ravages révolutionnaires. Ne soyons d'ailleurs pas trop sévères pour les sans-culottes : si la Révolution n'eût pas éclaté, la façade de Notre-Dame aurait été reconstruite à la manière d'un temple grec : c'est ce que prévoyait un projet de la fin du XVIIIᵉ siècle ; elle ressemblerait donc à la Madeleine ou au Panthéon. Déjà, lors du sacre de Louis XVI, la cathédrale de Reims avait été habillée de draperies et de cartonnages qui dissimulaient les arcatures « gothiques » (on sait que le terme était alors équivalent de « barbare »), et les remplaçaient par des colonnes cannelées peintes en trompe-l'œil, avec pilastres et chapiteaux corinthiens !

Maurice de Sully avait fait poser la première pierre en 1163 et avait pu, une vingtaine d'années plus tard (le 19 mai 1182), assister à la consécration de l'autel ; mais le travail devait se poursuivre bien après sa mort (1196). Si, au milieu du XIIIᵉ siècle, les bourgeois parisiens voyaient comme nous les tours et la façade ouest, ce sont leurs fils seulement qui, dans la deuxième partie de ce XIIIᵉ siècle, virent bâtir d'abord la façade du croisillon nord, puis celle du sud, et leurs petits-fils qui, entre 1295 et 1320, virent s'élever les chapelles du tour du chœur (déambulatoire).

Le portail Sainte-Anne avait été sculpté dès l'époque de Maurice de Sully (entre 1150 et 1165) ; il était prévu pour une entrée légèrement plus étroite ; aussi, lorsque au XIIIᵉ siècle on le replaça dans la façade, on ajouta des raccords dans les voussures et sur la partie inférieure du linteau. Les sculptures du tympan racontent la vie de sainte Anne et celle de la Vierge, tandis que, au sommet, une Vierge en majesté est encadrée par deux anges et par les deux fondateurs : le roi Louis VII et Maurice de Sully lui-même ; derrière celui-ci, le doyen du chapitre, Barbedor. Si, de là, nous levons les yeux vers la belle galerie des rois — vingt-huit statues sous arcades représentant les rois de Juda et d'Israël — et vers les chimères qui ornent la balustrade de la galerie haute, au départ des tours, gardons-nous d'oublier que, ce faisant, notre admiration ira à Viollet-le-Duc, qui a reconstruit les unes et ajouté les autres ; la statue de saint Marcel elle-même, accolée au trumeau, est une copie.

En avril 1977, une extraordinaire découverte est venue enrichir pour nous la vision de Notre-Dame de Paris : dans les sous-sols de l'hôtel Moreau, rue de la Chaussée-d'Antin, les travaux entrepris par la Banque du commerce extérieur mettaient au jour, à un mètre seulement au-dessous du sol, une vaste fosse contenant des têtes et des statues que le propriétaire, François Giscard d'Estaing, identifia rapidement comme étant les anciennes statues de la galerie des rois à Notre-Dame de Paris. En tout 20 têtes (de 65 centimètres de haut), 4 autres plus petites, et quelque 360 pièces sculptées plus ou moins importantes provenant soit de la galerie, soit du portail Sainte-Anne.

Les recherches d'archives faites par Michel Fleury ont permis de reconstituer toute l'histoire de ces statues : abattues entre le 10 septembre et le 4 octobre 1793 sur l'ordre de la Commune de Paris, et demeurées trois ans sur place en un tas informe, elles avaient été vendues comme matériaux de construction en 1796, et rachetées par Jean-Baptiste Lakanal-Dupuget — frère du régicide Joseph Lakanal qui avait fait détruire le château de la Force en Périgord —, mais qui, professant des convictions fort différentes, avait été emprisonné sous la Terreur et n'avait échappé à l'échafaud que grâce à la chute de Robespierre, au 9 Thermidor ; c'est lui qui avait fait ensevelir avec soin ces statues provenant de Notre-Dame sur un terrain lui appartenant. Elles constituent aujourd'hui l'un de nos plus précieux ensembles de la statuaire des XIIe-XIIIe siècles.

Sur le portail ouest de Notre-Dame, les travaux des mois, petits bas-reliefs sur les piédroits (piliers centraux) et sur les faces latérales du portail central, datent du XIIIe siècle ; surtout, les magnifiques ferrures de la porte Sainte-Anne (celles de la porte centrale sont des copies) sont un témoignage de l'habileté des ferronniers du XIIIe siècle. Le fer forgé est une forme d'industrie particulière au Moyen Age ; elle n'existait pas dans l'Antiquité. Nous en possédons de nombreux témoignages : serrures, plaques d'enseignes et ferrures (pentures) de portes, dont les plus curieuses sont celles de Chablis dans l'Yonne, et dont l'ensemble le plus important a été réuni à Rouen, au musée Le Secq des Tournelles. Détail plus humble, mais plus significatif encore : en levant les yeux, nous apercevons, gravée sur le mur du pilier (entre le portail central et le portail sud), une marque de tâcheron ; c'est un signe gravé sur la pierre qui permettait au tailleur de pierres de faire reconnaître les pierres équarries par lui lorsqu'il était payé à la tâche ; chacun portait sur la pierre qu'il venait de travailler une figure telle que triangle, croix ou lettre de l'alphabet ; et cette petite marque à peine visible évoque pour nous le travail qui se faisait sur les carrières de Montrouge et de Vaugirard d'où furent extraites les pierres de Notre-Dame, au ciseau et au marteau. Car, pour s'épargner les frais de transport, on taillait généralement la pierre directement sur la carrière, et on l'amenait toute prête sur le chantier.

Contournons à présent la cathédrale pour nous rendre devant le portail du transept nord ; cette statue de la Vierge, adossée au trumeau, il faut s'y attarder un peu : elle remonte à la date même de la construction du portail, vers 1250, et c'est une Vierge « hanchée », c'est-à-dire que, portant l'Enfant Jésus sur le bras, elle reproduit la cambrure des jeunes mamans qui cherchent un équilibre lorsqu'elles portent leur bébé. A ce détail, nous mesurons comment l'image hiératique d'une Vierge « de majesté », celle que nous avions vue sur la verrière de Chartres, évoquant avant tout la

*Les péniches sur la Seine.
Au premier plan, transport du charbon ; sur le pont,
transport d'un tonneau. Vie de saint Denis. XIVᵉ siècle. Paris, Bibliothèque nationale.*

Mère de Dieu, a cédé la place à une Vierge très humaine, toute proche de la plus humble maman, mais évoquant moins une vision de foi qu'une piété toute familière. C'est là un nouvel indice de l'évolution religieuse qui se produit en ce XIIIe siècle. Et c'est aussi le point de départ de toute une immense théorie de Vierges hanchées auxquelles on donnera cette pose gracieuse, mais qui ne tardera pas à devenir stéréotypée : véritable cliché que les sculpteurs répéteront indéfiniment.

Au-delà de ce portail nord se trouve la porte rouge ou porte de Saint-Marcel, par laquelle entraient les chanoines ; sur le tympan, dans la scène du couronnement de la Vierge, on voit représentés Saint Louis et son épouse, Marguerite de Provence ; quelques pas encore et, sous les fenêtres des chapelles, admirons ces sept bas-reliefs du début du XIVe siècle consacrés à la mort, à l'assomption et au couronnement de la Vierge. Soyons attentifs aux détails qui narrent l'histoire ; ils ne sont plus tirés des Évangiles, même apocryphes, mais bien du théâtre ; on y voit évoquée la légende populaire selon laquelle un impie aurait essayé de faire basculer le tombeau de la Vierge, et dont les mains, en châtiment, seraient restées collées au tombeau ; de même qu'on voit sur un tympan, création du poète Rutebeuf, le clerc Théophile, que la Vierge sauva de la promesse qu'il avait imprudemment faite au démon.

Si nous nous rendons vers le portail du transept sud, toujours à l'extérieur, nous serons d'abord frappés par la longue inscription (8 mètres) qu'on peut déchiffrer au soubassement de ce portail : « Maître Jean de Chelles a commencé ce travail le 2 des ides du mois de février 1258. » Ainsi a signé l'un des architectes qui présidèrent à la construction de Notre-Dame, lorsque fut posée la première pierre de ce portail, en 1258 ; les sculptures sont consacrées à la vie de saint Étienne, et les médaillons en bas-reliefs retiendront notre attention, car ce sont — si les interprétations données jusqu'à présent sont exactes — des représentations de la vie des étudiants.

Au début du XIIe siècle, la Cité parisienne, comme toutes les autres cités épiscopales, abrite des écoles ; et il n'y a guère de paroisse sans école élémentaire ; pas d'évêché, en tout cas, qui n'ait ses « grandes écoles ». Les plus célèbres, d'ailleurs, sont celles de Reims et de Chartres plutôt que celles de Paris. Ajoutons que la plupart des grands monastères ont aussi leurs écoles, et, en particulier, nous l'avons vu, sur la rive gauche, les abbayes de Saint-Victor et de Saint-Germain-des-Prés.

Ces écoles sont régulièrement placées sous l'autorité du chancelier de l'évêque. Or, à une date indéterminée, vers 1180, maîtres et étudiants manifestent de l'impatience de la tutelle du chancelier. Chacun sait que le monde des études est un monde turbulent. Entre-temps, il faut le dire, la renommée des écoles de Notre-Dame avait grandi. Des maîtres comme Guillaume de Champeaux et Abélard avaient contribué à donner un renom extraordinaire et à augmenter considérablement la masse des étudiants qui se pressaient dans la Cité. C'est alors que, plutôt que de se soumettre aux exigences du chancelier qui prétendait délivrer seul, comme par le passé, la *licencia docendi* — la permission d'enseigner : la « licence », puisque le terme a subsisté jusqu'à notre temps —, maîtres et étudiants, en corps, décident de passer la Seine et de s'installer, rive gauche, sur les pentes de la montagne Sainte-Geneviève. Pendant un certain temps, la situation resta indécise, jusqu'à ce que, s'étant vu donner raison par le pape en personne, contre l'évêque et son chancelier, maîtres et étudiants se soient constitués en corps de métier, en « université (le mot signifie simplement : ensemble, et était donné à n'importe quel métier) des maîtres et étudiants de Paris ». Corps autonome, s'administrant lui-même, absolument libre, et bientôt comblé de faveurs tant par le roi que par le pape. Dès l'an 1200, le roi Philippe Auguste confirmait cette liberté en soustrayant maîtres et étudiants à la police royale. Un très faible souvenir de ce privilège — qui, de nos jours, paraîtrait exorbitant — est resté du fait que, en principe tout au moins, il est interdit à la police de pénétrer dans les locaux de l'université de Paris. Pour mesurer tout ce que représentait le privilège, en effet, il faut se rappeler qu'un étudiant qui avait commis une frasque n'était alors justiciable que d'un tribunal composé d'étudiants et de professeurs.

N'imaginons d'ailleurs pas cette université, au début du XIIIe siècle du moins, comme un unique corps de bâtiments dans le genre de la Sorbonne. Elle est dispersée : c'est ainsi que la place Maubert, dont le nom vient sans doute de Maître Albert, voyait saint Albert le Grand donner ses cours de théologie, lesquels étaient suivis entre autres par un étudiant étranger qui s'appelait Thomas d'Aquin. Les maisons qui s'étagent sur la montagne Sainte-Geneviève, au milieu des vignes dont les collines sont couvertes, abritent désormais des maîtres et des étudiants. Des bâtisses neuves ne tardent pas à s'élever parmi elles. Certain jour (1202), on voit Mathieu de Montmorency, seigneur de Marly, céder pour y bâtir ce qu'on nomme alors des « hôtises » (maisons d'hôtes) un clos de vigne qui s'appelle le clos Garlande ; aujourd'hui, c'est la rue Galande. Dans une autre rue se réunissent les marchands de parchemins. Ce sont les papetiers du temps, et Dieu sait quelle consommation de parchemins va se faire dans cette université de Paris, où l'on est plus avide de savoir que partout ailleurs. Il en reste de nos jours la rue de la Parcheminerie. Telle autre rue a pris le nom de ces bottes de foin sur lesquelles la plupart des étudiants s'assoient pour écouter ou pour écrire : c'est la rue du Fouarre. Tout un monde s'inscrit ainsi dans la topographie du vieux Paris, sur cette rive gauche.

Paris ne tarde pas à posséder les quatre facultés : théologie, médecine, décret (ou droit canon), et surtout la faculté des arts ; le terme comporte en réalité les sept branches dites des sept arts libéraux, groupés suivant un système qui subsistera longtemps chez nous. C'est ce qu'on appelle le *trivium :* grammaire (il faut comprendre grammaire et littérature), rhétorique, dialectique ; puis le *quadrivium,* soit : la géométrie, la musique, l'arithmétique et l'astronomie. En fait, l'étude des arts libéraux constituait ce que nous appellerions le cycle des études secondaires, qui était ce qu'on étudiait entre douze et environ dix-huit ans. Puis l'on se dirigeait vers l'une ou l'autre des quatre facultés pour obtenir la « licence », la permission d'enseigner. Les étudiants ès arts devaient alors poursuivre leurs études pendant six ans pour obtenir cette licence ; les étudiants en théologie, après avoir suivi pendant huit ans les cours de la faculté des arts, se spécialisaient pendant cinq ans en théologie.

Leur année scolaire durait à peu près le même temps que la nôtre : d'octobre à fin juin. Le mois d'octobre voyait arriver en foule ceux qu'on appelait alors les écoliers (le même terme était appliqué aux apprentis des divers métiers). On venait de partout : de toutes les régions de France, mais de plus loin encore, d'Italie, d'Espagne, d'Angleterre, d'Allemagne, des pays scandinaves. Foule extraordinairement disparate, mais qui a sa langue commune, puisque tout le monde parle latin, le latin d'Église, celui de la traduction de la Bible, celui de la liturgie. On se groupe par affinités, et bientôt on comptera à Paris même quatre « nations » d'étudiants : France, Normandie, Picardie, Angleterre ; ce sont autant d'associations dont chacune est représentée par des procureurs et possède son sceau. Quand quelque bagarre éclate, c'est le procureur de la nation intéressée qui fait rechercher les coupables et les traduit devant le tribunal de la faculté.

Les étudiants ne sont pas riches. La chose est de tous les temps. Beaucoup, pour vivre, louent leurs services. Parmi les manuscrits de nos bibliothèques, on en trouve un grand nombre qui sont des manuscrits dits *a la pecia* (à la pièce). On désigne ainsi ceux dont on a pu attester qu'ils ont été faits par des copistes rétribués à la pièce ; un petit système de notation, semblable, toutes proportions gardées, à ces marques de tâcheron que l'on trouve sur les pierres de taille, permettait à chacun de faire reconnaître l'ouvrage qu'il avait fait. On retrouve ces marques sur les cahiers, souvent dissimulées par la reliure qui les avait réunis. L'étudiant peu fortuné qui veut se monter une bibliothèque n'a pas d'autre ressource que de recopier, lui aussi, patiemment, mais cette fois pour son usage personnel, les ouvrages qu'il désire.

Toute cette foule entraîne, bien entendu, une crise du logement. Un Anglais, non des moindres puisqu'il s'agit de Jean de Salisbury qui enseigna à Paris, se plaint de n'avoir pu trouver de logement dans la ville qu'en payant d'avance le loyer d'une année entière : près de douze livres (cela ferait de 150 000 à 200 000 centimes de notre monnaie). Certain jour, un bourgeois de Londres qui revenait du pèlerinage de Jérusalem, frappé de voir que beaucoup d'étudiants pauvres étaient littéralement à la rue, décida de fonder un collège ; c'est le plus ancien dont nous ayons mention. En 1180, ce bourgeois, qui se nommait Josse, remit à l'Hôtel-Dieu la somme d'argent nécessaire pour que dix-huit lits fussent désormais réservés à des étudiants pensionnés par lui ; ces étudiants, en échange du vivre et du couvert, devaient veiller à tour de rôle les pauvres trépassés de l'Hôtel-Dieu.

Bientôt, ces premières bourses furent imitées. On eut un grand nombre de collèges, qui achevèrent de donner au quartier Latin sa physionomie. C'était, on le voit, essentiellement des pensions : le terme de collège, dans les pays anglo-saxons, désigne toujours le lieu où les étudiants sont logés. Un de ces collèges devait connaître une singulière fortune : le collège de Sorbonne, ainsi nommé du nom de Robert de Sorbon qui le fonda en 1257, sur un emplacement que lui donna Saint Louis, situé « rue Coupe-Gueule », lit-on sur la charte qui témoigne de cette donation.

Peu à peu, les maîtres prirent l'habitude de venir donner des cours directement dans les collèges, et c'est ainsi que de simples pensions les collèges allaient devenir lieux d'étude. Rue Jean-de-Beauvais, au numéro 9 *bis,* on peut voir encore la chapelle de l'ancien collège de Beauvais, qui remonte au XIVe siècle. C'est le seul témoin de l'université médiévale à Paris. Tout le reste a été plusieurs fois reconstruit. Dès la date de 1215, dans les bulles délivrées par le pape pour l'université, on trouve des interdictions faites aux logeurs d'augmenter le loyer des étudiants, dont le prix était taxé.

Monde international, où les maîtres comme les étudiants viennent de tous les pays, monde turbulent aussi ; les statuts que les étudiants se donnent en 1228 et en 1244 stipulent pour eux le droit de grève. Ils en useront plus d'une fois. Plus couramment encore, les étudiants sont renommés pour être batailleurs, pour parcourir la ville, épée au poing ; les rixes parmi eux sont fréquentes. Le roi Philippe Auguste faisait remarquer certain jour que les étudiants « sont plus audacieux que des chevaliers : les chevaliers, en effet, se couvrent d'armures..., tandis que les clercs (entendons les étudiants), sans armure et sans casque, la tête tonsurée, s'attaquent à coups de couteau ». Un jour, en 1192, une rixe célèbre opposa des étudiants aux hommes du bourg de Saint-Germain-des-Prés. Une fois de plus, c'est aux clercs qu'on donna raison ; et, désormais, la possession du pré où la rixe avait eu lieu fut acquise à l'université. C'est ce qu'on appellera, par la suite, le Pré-aux-Clercs dont le nom est resté à une rue. Clercs parce que, en principe, ces étudiants se destinent à l'Église et que le monde enseignant est toujours considéré comme une partie détachée des anciennes écoles épiscopales ou monastiques. D'ailleurs, les statuts de l'université stipulent que tout membre doit porter la robe de clerc et en tout cas la chape, le manteau noir et rond sans ornement, qui doit descendre jusqu'aux talons « tout au moins lorsqu'elle est neuve », précisent les statuts, ce qui laisse entendre que lorsqu'elle était trop effilochée on raccourcissait la chape d'un nouvel ourlet. Les étudiants anglais portent toujours la robe. C'est d'ailleurs en Angleterre que le régime universitaire est resté le plus semblable à ce qu'il fut chez nous au Moyen Age.

L'un des collèges, le collège de l'Ave Maria ou de Hubant, nous a légué ses statuts, dont le texte est précédé d'une douzaine de pages sur lesquelles,

Magiftri Hofpitii feu Maiores Domus. 1

Scutiferi potus Regii 2

Scutelliferi Regii 8

Botellerius maior 3

Piftor Regius 4

Botellerij pro familia 5

Aquæductor Botelleriæ 6

Scutiferi ad fcindendum 7

Emptor & Subemptor 9

Miniftri Coquinæ Regiæ 10

Argentarii coqu. oris Regii 1

Coquinarii Domefticorum 12

Mufæus 13

Argentarii Domefticorum 14

Aquæ-portitores Domeft. 15

Scutiferi ferentes fcifforium 16

Strator feu Cavallericius 17

Civaderius 18

Marefcallus equorum. 19

Mancipium ftabuli 20

falconerius maior 21

falconerius minor 22

Venator 23

Algatzirii Curiæ 24

Procurator fifcalis M.D 25

Zavaerius maior 26.27.

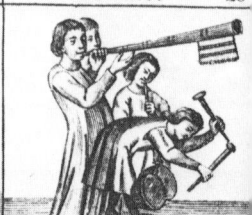

Mufici Regu 28

comme en autant de bandes dessinées, se déroule la vie quotidienne des étudiants ; on les voit au lit, éveillés par le sonneur de cloches — un autre étudiant, car dans ce monde des collèges les étudiants s'organisent entre eux — qui tire la cloche depuis son lit ; il y a ceux qui sont chargés des soins matériels : balayer, nettoyer la volière (il y avait une volière dans toutes les maisons au Moyen Age), distribuer la nourriture non seulement aux étudiants, mais aux pauvres qui viennent frapper à la porte ; il y a le bibliothécaire qui remet à ses camarades les ouvrages dont ils ont besoin et qu'ils recopieront ensuite, etc. Une chose nous frappe : la place que tient le théâtre dans cette vie estudiantine. La moitié ou presque des dessins représentent les étudiants jouant des drames liturgiques ou des pièces antiques, et l'on peut penser que le théâtre a été considéré alors (cela nous est confirmé par ailleurs) comme un véritable moyen d'éducation. Quant aux cours eux-mêmes, ils consistent essentiellement, d'une part en « lectures » (le titre de « lecteur » est resté en usage dans nos facultés), c'est-à-dire en cours faits par le maître et consistant le plus souvent dans le commentaire d'un texte, d'autre part en « questions discutées », et là, il s'agit d'un véritable travail en commun entre maître et élèves, de questions posées et débattues de part et d'autre. Ce que nous appelons aujourd'hui « méthodes actives » pourrait bien être une redécouverte de ce que fut, en réalité, l'enseignement médiéval. Saint Bernard édicte ainsi les règles que doit suivre l'écolier : 1° assigner une heure fixe, chaque jour, à la lecture ; 2° concentrer son attention sur ce qu'il lit ; 3° extraire de sa lecture quotidienne une pensée ou une vérité, et l'enregistrer dans sa mémoire avec beaucoup de soin ; 4° écrire un résumé de tout ce qu'il lit ; 5° discuter son travail avec ses camarades (voilà le travail en équipe, que les éducateurs modernes recommandent, sans toutefois parvenir à le faire beaucoup appliquer) ; 6° prier, car, dit-il, la prière est le vrai chemin de la compréhension.

On a pu calculer, sur des données certaines, qu'il y avait au moins deux à trois mille étudiants à Paris au milieu du XVᵉ siècle. Pour les époques précédentes, on ne peut pas donner de chiffres, mais tel auteur du XIIIᵉ siècle affirme qu'à Paris le nombre des étudiants égale ou dépasse celui des habitants de la Cité. Ce qui est attesté aussi, c'est que toutes les classes sociales y sont représentées. Un ancien étudiant, qui nous a légué ses souvenirs, évoque côte à côte, assis aux cours des mêmes professeurs, « enfants de riches hommes et enfants de toiliers » (ouvriers, travailleurs manuels).

Et, trait éternel, on a conservé des lettres d'étudiants à leurs familles qui, invariablement, se terminent par une demande d'argent. Voici en quels termes deux étudiants d'Orléans écrivent à leurs parents demeurés à la campagne :

« Veuillez apprendre que, grâces à Dieu, nous demeurons en bonne santé et que nous nous consacrons tout entiers à l'étude... Nous avons une

différents titres du personnel
posant la Maison du roi de France au Moyen Age.
vure XVIIᵉ siècle. Paris, Bibliothèque nationale.

belle et bonne maison qui n'est séparée que par une autre des écoles et du marché, et ainsi nous pouvons nous rendre chaque jour aux écoles sans nous mouiller les pieds... Nous avons résolu de vous demander que, par le porteur des présentes, vous veuillez bien nous transmettre de quoi acheter du parchemin, de l'encre et une écritoire, et autres choses nécessaires. Nous avons confiance que vous ne nous laisserez pas dans l'embarras pour que, les études que nous avons commencées, nous puissions les terminer comme il convient et revenir ensuite dans notre pays avec honneur. Vous pourriez également nous adresser, par le même porteur, des souliers et des chausses. Et aussi nous donner de vos nouvelles par la même voie. »

Si, du haut de la montagne Sainte-Geneviève, nous regardons la rive droite au Moyen Age, nous apercevons des champs, avec, au milieu, un monastère, Saint-Martin-des-Champs, dont on peut encore visiter le réfectoire, devenu bibliothèque ; des jardins maraîchers : les anciens marais qui, depuis que les templiers les ont asséchés, alimentent Paris en légumes, sur « le vieux marché », qui se tient à l'emplacement actuel de l'Hôtel de Ville. Plus loin, vers l'ouest, Philippe Auguste, en 1183, a fait construire deux grandes maisons pour que les marchands puissent mettre leurs marchandises à l'abri en temps de pluie. C'est ce qu'on appelle les Halles, et c'est une leçon donnée à notre temps que les halles aient pu être construites non point dans Paris, elles y sont restées avec l'encombrement qu'elles entraînaient jusqu'aux années 60 de notre XXᵉ siècle, mais bien hors de Paris, à proximité des portes de l'enceinte. Les rues, à l'entour des halles, portent des noms significatifs : la tonnellerie, la truanderie, la poterie. Deux d'entre elles deviendront essentiellement les rues commer-çantes : c'est la rue Troussevache, nom d'un bourgeois du lieu, et la rue Quincampoix qui vient de « qui qu'en poist » (qui qu'en pèse). C'était là qu'on trouvait tout ce qui tenait au commerce en gros : ce qu'on appelle alors la mercerie, car mercier est l'équivalent de marchand.

C'est le Grand Pont (à peu près à l'emplacement du Châtelet) qui alimente tout ce commerce dont vit la rive droite. Sur ce Grand Pont sont établis les changeurs, indispensables au commerce en un temps où l'on doit peser les pièces de monnaie pour pouvoir connaître exactement leur valeur, puisque nombreux sont les ateliers qui battent des monnaies différentes. Un métier a joué dans ce commerce parisien le rôle essentiel : celui des « marchands de l'eau ». Ils se sont constitués en association dès le début du XIIᵉ siècle avec un privilège royal qui leur donne le droit exclusif de transporter les marchandises par eau sur la Seine depuis le pont de Mantes jusqu'aux ponts de Paris. Seuls, les marchands de Rouen ont le droit d'amener leurs bateaux pour les charger jusqu'à proximité de Paris. Comme toute autre « université » (corps de métier), les marchands de l'eau ont leur sceau, et c'est ce sceau, figurant un bateau, qui deviendra l'emblème de la ville de Paris. Les textes nous les montrent débarquant sur la rive, au Grand Pont, le long du quai actuel de la Mégisserie jusque vers

Saint-Germain-l'Auxerrois, le blé, le sel, les harengs, les bois de construction, le foin, etc. Un peu plus loin vers l'est, du côté où s'élève l'église
Saint-Gervais (elle existait déjà au début du XIIIᵉ siècle, mais a été en partie
rebâtie), c'est le port de Grève où se trouvent les marchés du vin et du
charbon. Il y a là des maisons que l'on appelle maisons aux piliers, ce qui
nous indique que la place de Grève — l'actuelle place de l'Hôtel-de-
Ville — a dû être, comme la plupart des places marchandes au Moyen Age,
couverte d'arcades reposant sur des piliers et servant d'abri pour les
marchands. L'une de ces maisons sera cédée au prévôt des marchands,
celui qui administre ses confrères ; et ce sera le centre, au milieu du
XIVᵉ siècle, de la révolution bourgeoise menée par Étienne Marcel, puis,
par extension, le centre de toute l'administration parisienne, comme l'est
demeuré l'Hôtel de Ville en notre temps. A chaque pas, l'histoire du terroir
parisien se révèle : les Blancs-Manteaux, ce sont les religieux — ainsi
nommés d'après leur vêtement — qui, dès 1258, étaient établis « près de la
vieille porte du Temple de Paris ». Effectivement, nous avons tout à côté la
rue Vieille-du-Temple. La rue Barbette est celle d'un fameux financier,
Étienne Barbette, qui y fit bâtir son hôtel. Quant au cloître des Billettes, il
est le seul cloître du Moyen Age subsistant à Paris.

Car si les souvenirs du Paris médiéval sont nombreux, les monuments qui
en demeurent, eux, sont rares. En continuant la rue des Archives,
après le cloître des Billettes, on aperçoit la jolie tourelle de l'ancien hôtel
de Clisson : c'est l'une des rares constructions subsistant du Paris du
XIVᵉ siècle, époque de la grande peste et de la guerre de Cent Ans dont nous
parlerons plus loin. L'unique témoin du Paris commerçant, dans sa vie
quotidienne, c'est, au 3 de la rue Volta, une maison datant du Moyen Age,
la plus ancienne de Paris avec sa boutique et sa façade ; et l'on peut aussi
évoquer la maison d'un bourgeois au XVᵉ siècle par celle de Nicolas Flamel,
au nᵒ 51 de la rue Montmorency ; elle porte une inscription datée de
1407.

Restent, heureusement, les églises de ce temps, ou leurs vestiges. Le plus
imposant, certainement, est la tour Saint-Jacques située sur la grande voie
des pèlerins de Compostelle : elle est ce qui reste de l'église de Saint-
Jacques-de-la-Boucherie, car les bouchers avaient là leurs étals ; si elle ne
date que du début du XVIᵉ siècle (1503-1522), du moins est-elle entièrement
de facture gothique. On peut également visiter, sur la rive droite, comme
témoin de l'art gothique, l'église Saint-Nicolas-des-Champs (gothique du
XVᵉ siècle) et aussi Saint-Leu-Saint-Gilles, rue Saint-Denis, dont la nef est
du XIVᵉ siècle, mais dont l'ensemble fut très modifié au XVIᵉ et plus
tard. D'autres sont bien de style gothique flamboyant, comme Saint-
Gervais et Saint-Eustache, mais ne datent en réalité que du XVIᵉ ou même
du XVIIᵉ siècle.

Pour le reste, nous ne pourrions l'évoquer, ce Paris marchand, qu'en
nous penchant sur les vieux parchemins, ceux qui nous révèlent, sur la rive
droite, une ville commerçante en pleine expansion et dans laquelle se

dessinent les chemins que des milliers et des milliers de Parisiens suivront à travers les siècles. Ainsi, il y a ce bourgeois qui, dans les premières années du XIIIᵉ siècle, fonde l'hospice de la Trinité destiné aux pèlerins ; cet autre qui fait un don en faveur de l'église Saint-Honoré « le long du chemin qui se dirige vers Clichy » ; c'est notre rue Saint-Honoré dont l'église était dédiée au patron des boulangers. Ou encore ce registre de la taille — on appelle ainsi l'impôt levé à Paris par le roi, dans les cas extraordinaires, proportionnellement au revenu — en date de 1292 : il énumère, à l'intérieur de l'enceinte parisienne, 352 rues, 10 places, 11 carrefours ; là vivent environ 15 000 contribuables, tous gens de commerce ou de métier.

Même la physionomie de la Seine a passablement changé ; les quais n'existaient pas, sauf dans les quelques ports marchands que nous avons énumérés. La Seine est une rivière fleurie, parsemée de petites îles et qu'à Paris on peut traverser à gué en plus d'un endroit. Derrière le chevet de Notre-Dame, longtemps il y eut un lieu dit Saint-Denis-du-Pas qui évoquait le souvenir de ces gués ; à cet endroit, on pouvait normalement traverser le fleuve à cheval. Un peu partout, sur des berges qui étaient alors bordées de prés et d'arbres, il y avait, alors plus encore qu'aujourd'hui, les pêcheurs. Les religieux de Saint-Germain-des-Prés avaient le droit de pêche depuis le Petit Pont jusqu'à Sèvres. C'est la Seine qui leur fournissait à peu près toute leur alimentation, puisqu'ils n'avaient pas le droit de manger de la viande « si ce n'est quatre fois l'an ».

Quant aux ponts, il faut, pour en trouver l'équivalent, aller à Florence et flâner sur ce Ponte-Vecchio demeuré à peu près l'unique exemple de ce que pouvait être un pont au Moyen Age. De part et d'autre, en effet (là où se trouvent actuellement les trottoirs), le pont était garni de maisons dans lesquelles nombre de Parisiens étaient logés ; le registre de la taille, en 1292, énumère cinquante-neuf bourgeois taxés parmi les habitants du Petit Pont, et cette énumération nous donne une idée suffisante de l'activité commerciale que pouvait connaître ce lieu de passage avec ses boutiques : il y a un oiseleur, un poissonnier et une poissonnière ; il y a un boucher, cinq taverniers, cinq boulangers, cinq hôteliers et une hôtelière, ce qui laisse à penser que les maisons bâties étaient assez spacieuses ; il y a aussi un cuisinier, des selliers, cordonniers, barbiers, etc. Le samedi, jour de grand marché à Paris et notamment aux halles, l'animation était si grande que déjà l'on prétendait qu'un campagnard avait attendu toute une journée avant de pouvoir traverser le Petit Pont.

Et ces ponts ne sont pas seulement utilisés pour le logement et la boutique ; sous leurs arches, l'eau canalisée offre un courant plus fort que sur le fleuve ; aussi y a-t-on installé des moulins ; il y en a le long des rives, par exemple à l'endroit de l'actuel pont Notre-Dame ; on ne compte pas moins de soixante-dix moulins au début du XIVᵉ siècle sur le grand bras de la Seine ; encore cela ne suffit-il pas aux besoins des Parisiens : il existe un véritable centre de meunerie, lequel a persisté à travers les siècles. Ce sont les moulins de Corbeil, dont la farine était transportée par eau vers Paris, à

La grange aux Dî
à Saint-Loup-de-N
(Seine-et-Marne). XIIIᵉ siè

l'exception de celle qu'avaient utilisée les boulangers de Chilly pour cuire les petits pains qui faisaient leur renommée et que les marchands « criaient » ensuite dans les rues parisiennes. Ainsi, la Seine était-elle, alors comme aujourd'hui, la grande artère nourricière, utilisée aussi bien par les « merciers », ou marchands en gros, que par les petites gens qui y pêchaient le poisson de leurs jours maigres. Un roman a popularisé le nom d'une de nos rues de la rive gauche, la rue du Chat-qui-Pêche ; rappelons qu'un « chat » à l'époque est un quai, généralement un quai abrité, probablement une surface en planches comme celles que l'on voit si nombreuses sur la Marne pour permettre d'accéder aux petites barques de plaisance sans se mouiller les pieds. Le « chat » qui se trouvait au débouché de cette rue servait aux Parisiens de la rive gauche.

Et il faudrait, sur ce tableau, imaginer tous les bruits qui animaient le Paris d'alors : le bruit des chantiers de construction, le bruit des marteaux qui frappent et des scies qui grincent ; les roues des moulins qui grondent et celles des charrettes qui résonnent entre les maisons ; surtout les mille cris dont retentit le Paris commerçant, et qui, dit un texte du XIIIᵉ siècle, « ne finiront de braire parmi Paris jusqu'à la nuit » : « Chauds pâtés y a , chauds gâteaux » ; ou encore : « Ici du miel », ou les fruits : « Nèfles mûres ai à vendre » ; et encore : « J'ai raisin d'outre-mer, raisin » ; ou la laiterie : « J'ai beau fromage de campagne, j'ai aussi fromage de Brie et angelots (fromage blanc) de Normandie. » La publicité est parlée à l'époque, et d'ailleurs ce sont toutes les nouvelles que l'on crie, comme dans quelques rares campagnes le fait encore le crieur public, tandis que, dominant le son des voix et les bruits des outils, les innombrables cloches des églises se répondent l'une l'autre.

Vers la fin du XIIIᵉ siècle, Paris va commencer à jouer un rôle qu'on ne lui soupçonnait pas auparavant. Le vieux palais de la Cité, entre-temps, s'est enrichi d'une merveille nouvelle : la Sainte-Chapelle, vaste reliquaire qu'a fait construire Saint Louis pour y abriter la couronne d'épines que l'empereur latin de Constantinople avait dû mettre en gage et que le roi de France a rachetée au marchand vénitien qui la détenait. Cette Sainte-Chapelle rassemble tout ce dont la technique des bâtisseurs gothiques était capable : c'est une armature de pierre qui ne semble faite que pour encadrer et soutenir le mur de verre ; et les maîtres verriers du temps y ont déployé leur merveilleuse habileté à faire vibrer avec de la couleur l'élément le plus immatériel : la lumière.

Sous Philippe le Bel, une ordonnance, en 1303, fera du palais, reconstruit en partie, le siège du parlement, c'est-à-dire de la cour de justice royale. Ce sera le premier indice d'une tendance qui ne cessera plus de grandir désormais : celle qui fera de Paris le centre, et de la France tout entière un État centralisé. Paris verra se créer les organes de cette administration sédentaire : la Chambre des comptes et le parlement lui-même, qui ne cessera plus de grandir, de s'emplir d'une foule d'avocats, de procureurs, de maîtres et de conseillers. La seconde et décisive étape de cette administration, qui fera de Paris la tête et de la France un corps, aura lieu sous Louis XI, lorsque le réseau des routes sera conçu de façon à aboutir à Paris.

Sur ce palais qui abrite la vie administrative règne un grand personnage : le concierge. Il a la haute main sur tout ce qui se passe à l'intérieur. Il exerce la justice sur les changeurs du Grand Pont et vit des revenus qu'il perçoit, entre autres le cens que lui versent les tanneurs et aussi les charbonniers de la forêt d'Yvelines. C'est lui enfin qui surveille les boutiques louées dans le palais même, au-dessous de la cuisine du roi, le long du chemin qui mène au Grand Pont : de ces boutiques reste d'ailleurs le nom de galerie marchande donné à une partie du palais. Lorsque les boutiquiers fraudent sur la marchandise, c'est sous l'œil du concierge que la mauvaise marchandise est brûlée sur le perron.

Ce personnage nous fournira la dernière image de ce documentaire sur le Paris médiéval. De la rive droite, place du Châtelet, si vous regardez le palais, vous verrez en effet deux tours puissantes encadrant une porte : c'est la Conciergerie.

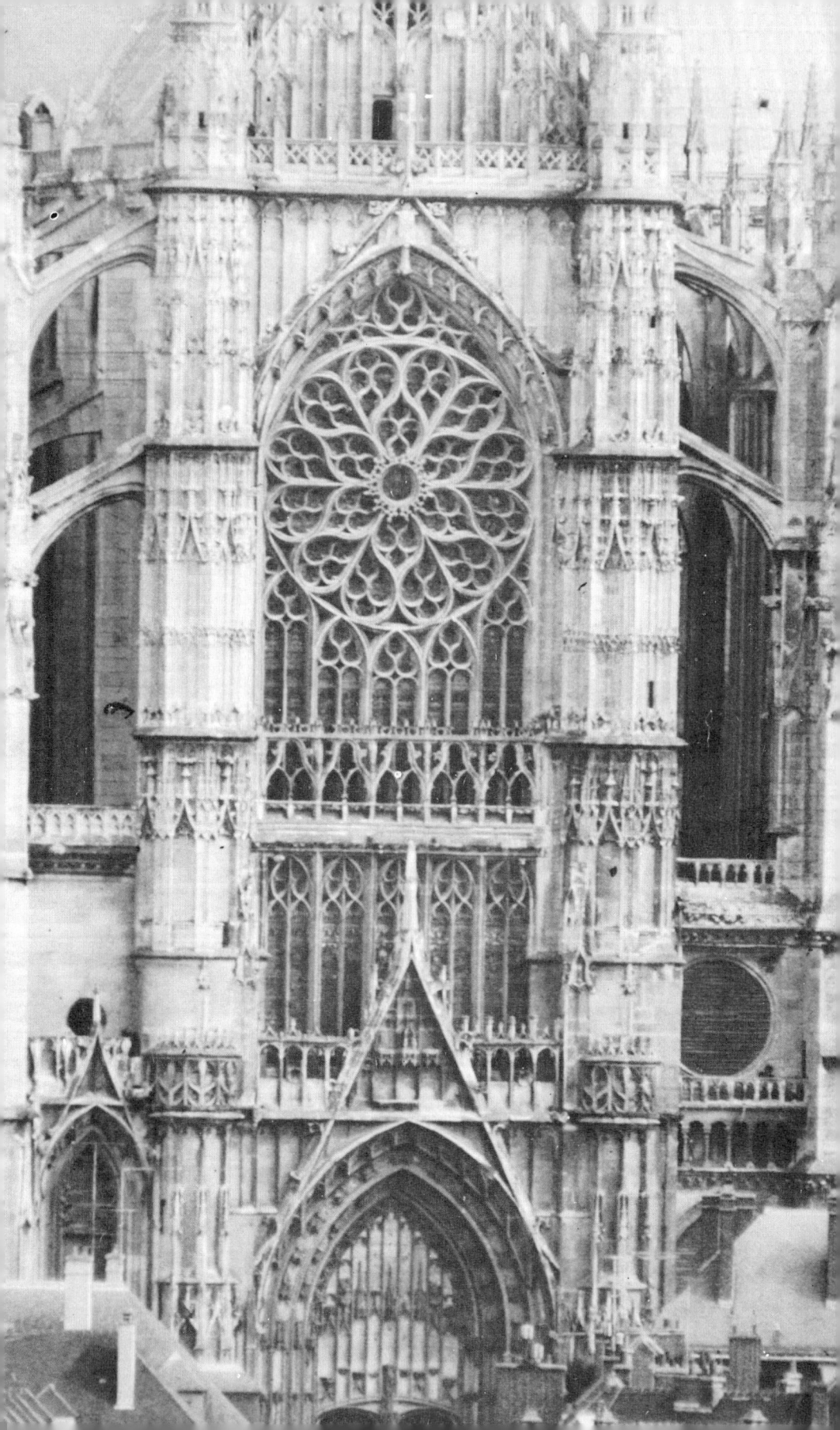

La visite d'une église gothique

Si nous suivons les rois dans leurs déplacements à travers les campagnes d'Ile-de-France et dans le pays d'Étampes et d'Orléans, et si nous nous mettons à la place d'un Français du XIIe siècle, nous irons de surprise en surprise. Ainsi, par exemple, si nous visitions l'église de Morienval ? Au premier abord, rien ne doit étonner un Français du XIIe siècle, habitué à l'art roman. Les puissantes tours (XIe siècle), avec leurs doubles arcatures, sont d'un type qu'il connaît bien. Mais pénétrons jusque dans le déambulatoire, et levons les yeux : ces voûtes avec un double cordon qui se croise, c'est la première fois qu'il en voit de semblables. Il faut nous y attarder un instant pour comprendre tout ce qu'elles révèlent d'inventions et de promesses.

Dans l'art roman, la voûte d'arête nous apparaît comme plus solide que la simple voûte en berceau, mais difficile à construire sur de vastes surfaces. Rappelons ses principes : deux berceaux (deux « tunnels ») qui se croisent et qui, s'épaulant l'un l'autre, ramènent toutes les poussées aux diagonales du carré à couvrir. Du reste, à Saint-Loup-de-Naud, toujours en Ile-de-France, on pourra voir un exemple de bas-côtés couverts de voûtes d'arête parfaitement caractéristiques.

Or, à Morienval, nous assistons à l'effort de découverte d'un ingénieur qui, pour la première fois, a dégagé ces diagonales de l'ensemble de la voûte ; il en a fait deux cordons qui se croisent en leur milieu ; et, pour plus de solidité, il a donné à ces cordons la forme de l'arc brisé, plus solide que l'arc en plein cintre et déjà utilisé par les bâtisseurs de l'époque romane. De cet effort de recherche va sortir la croisée d'ogives.

Ces deux cordons (ou *tores*) croisés en leurs milieux et qui, à Morienval, sont encore soudés à la voûte, vont peu à peu en former la partie vive, l'ossature, qui soutiendra cette voûte. Bientôt, on se rendra compte que le système permet de faire porter tout le poids de l'édifice sur la croisée d'ogives et les piliers qui la soutiennent, si bien que les murs seront progressivement évidés. Et ce sera la conquête de la lumière, conquête dont les étapes sont les cathédrales qui bordent l'Ile-de-France. De petits édifices très simples nous détaillent les premiers essais : en un après-

midi, au départ de Paris, on peut ainsi visiter successivement, en plus de
Morienval : Lavilletertre, Saint-Germer, Bury, Foulangues et Saint-Vaast-
de-Longmont, qui nous font assister à ce qui fut l'invention capitale, le
grand tournant de notre architecture (n'oublions pas que la Renaissance
n'a apporté, elle, aucune technique nouvelle et n'a fait que remettre en
honneur une esthétique ancienne, celle de l'Antiquité gréco-latine).
Chacun de ces édifices nous donnera cette sensation d'un art à sa naissance.
Partout subsistent encore les éléments du décor roman : par exemple ce
motif à dents de scie, caractéristique de l'art roman, qui souligne toujours
les arcades, à Bury ou à Saint-Germer, ou encore les chapiteaux, comme
ceux de Morienval, demeurés d'inspiration romane ; mais la hardiesse avec
laquelle on lance cette croisée d'ogives, timidement d'abord, puis sur le
vaisseau même de la nef, se manifeste aussi dans l'ornementation ; et, dans
ces églises d'Ile-de-France, nous assistons à la transformation du décor,
parallèle à celle de l'architecture. Des églises comme Saint-Leu-d'Esserent,
Saint-Loup-de-Naud, Rampillon nous fournissent tous les éléments désira-
bles. A la façade de celle de Naud, on observe ces bandes de décor
« abstrait » qui sont les favoris de l'art roman ; auprès d'elles, personnages
ou animaux fantastiques sont allongés dans le sens des arcatures, et bien
caractéristique apparaît ce groupe de la Visitation dans lequel la Vierge et
sainte Élisabeth, garnissant chacune les deux faces d'un saillant, restent
rigoureusement allongées, occupant chacune l'une des faces, tandis que le
geste de leurs bras pourrait n'être qu'une double courbe en S et que toutes
les lignes de leurs robes répondent à ce souci de continuité qu'on a pris
autrefois pour de la « raideur » dans l'art roman. Et pourtant, déjà, il s'agit
presque de deux « statues ». Il y a dans les visages une tendance au réalisme
qui annonce un changement d'époque. Le temps ne tardera plus où l'on
donnera au visage une « expression », où les soucis plastiques supplante-
ront le sens de la ligne architecturale, où enfin une figure sera traitée
indépendamment de la façade qu'elle doit animer.

Pour trouver un premier épanouissement de toutes ces tendances, c'est à
Saint-Denis qu'il faut nous transporter. Au milieu du XIIe siècle, Saint-
Denis, abbaye royale, est dirigée par un magnifique homme du peuple,
l'abbé Suger, fils de serfs à qui échoit l'honneur exceptionnel d'exercer la
régence du royaume pendant que le roi Louis VII se bat en Terre sainte.
C'est quatre ans juste avant le départ de celui-ci, en 1144, que Suger et le
roi ont inauguré côte à côte la nouvelle basilique sur laquelle, pour la
première fois dans un édifice de cette dimension, on a jeté des voûtes sur
croisées d'ogives (11 juin 1144 : consécration du chœur). Ce chœur de
Saint-Denis allait donner une impulsion décisive au nouvel art, celui dont
témoignera, dans le domaine royal et alentour, la couronne de cathédrales
qui, en notre temps encore, reste une des plus belles parures de la France. Il
faut aller à Saint-Denis, ne pas regarder la façade (dont, au XVIIIe siècle, on
détruisit tout ce qui avait été fait par Suger : le portail central avec la statue
de saint Denis, les linteaux et les statues-colonnes) ; il faut lever les yeux

dans l'avant-nef pour reconnaître dans les deux premières travées les voûtes d'ogives primitives. Nous retrouverons Suger non pas dans la nef elle-même, qui a été édifiée au XIIIᵉ siècle par le grand architecte du temps de Saint Louis, Pierre de Montreuil, mais dans le déambulatoire et sous les voûtes du chœur : un vitrail dans la chapelle de la Vierge, celui qui représente l'Arbre de Jessé, date du XIIᵉ siècle et montre l'abbé Suger lui-même aux pieds de la Vierge. Dans ce chœur aussi, on verra une reconstitution de l'ancienne et célèbre « oriflamme de saint Denis » ; choisie comme étendard par Suger, cette oriflamme (« flamme d'or »), ainsi nommée à cause de ses couleurs rouge et or, devait être l'enseigne militaire des rois de France ; ils venaient la prendre sur l'autel de Saint-Denis lorsqu'ils entreprenaient quelque campagne ; Louis VII l'avait emportée à la croisade, et elle devait précéder, à Bouvines, les armées de Philippe Auguste. On verra encore, dans le chœur de Saint-Denis, les tombeaux des rois de France. Quelques-uns sont recouverts d'admirables plaques d'émaillerie cloisonnées, du XIIᵉ siècle pour la tombe de Frédégonde, du XIIIᵉ pour celles des enfants de Saint Louis, Blanche et Jean, ou encore d'admirables « gisants » : statues de Childebert Iᵉʳ, fils de Clovis (exécutée au XIVᵉ siècle), de Charles de Valois, de Charles V (XIVᵉ siècle). Et l'on voit naître sur ces visages le souci de ressemblance qui, peu à peu, substitue aux traits conventionnels — les « visages d'éternité » de la période romane — le portrait caractérisé. Les tombeaux de Philippe de Valois et de Jean le Bon, notamment, auraient été faits d'après les moulages pris sur les cadavres. Par là encore, Saint-Denis est bien le témoin le plus évocateur de ce qui va être notre art gothique ; l'artiste, jusque-là attentif uniquement à l'homme intérieur, va s'attacher, et de plus en plus, au visage, à l'expression, à la nature extérieure ; la sculpture, qui tend à se dégager de l'architecture et à prendre sa valeur propre, va ainsi devenir, du même mouvement, plus individuelle, plus « réaliste ».

Observons un détail qui nous sera précieux par la suite pour nous guider dans l'exploration des cathédrales et nous permettre de dater les différentes parties que nous aurons à y reconnaître. Il s'agit toujours de la croisée d'ogives ; la forme des cordons a évolué avec le temps. Si, au XIIᵉ siècle, ces cordons sont encore très simples : circulaires, ou crêtés d'une petite nervure qui fait saillie entre deux cordons, au XIIIᵉ siècle, en revanche, on voit la nervure centrale se développer, tandis que les deux cordons de chaque côté prennent l'aspect de simples moulures. Au XVᵉ siècle enfin, les ogives ne présentent plus un profil renflé, mais, au contraire, de forme concave, prismatique. A la même époque d'ailleurs on a supprimé les chapiteaux : les piliers semblent aller d'un seul jet depuis la base jusqu'au sommet de la voûte. Si, de la nef de Chartres, on passe au transept de Beauvais, ou, plus simplement, si l'on passe, à Paris même, de Saint-Germain-des-Prés à l'église Saint-Séverin, on remarquera sans peine les différences entre le point de départ et le point d'arrivée, entre le début du XIIIᵉ et la fin du XVᵉ siècle.

Autre détail qui permet de dater les églises : le profil des bases ; à l'époque romane, la base d'une colonne ou d'un pilier dessine deux moulures renflées entre lesquelles une moulure, sensiblement égale à ces deux premières, s'inscrit en creux ; à l'époque gothique, dès la fin du XIIe siècle, le profil de la base — celle-ci un peu plus élevée — est plus compliqué. Les deux moulures renflées sont devenues très différentes l'une de l'autre. La plus basse est beaucoup plus débordante, et dessine un ovale plutôt qu'un rond. La moulure supérieure, beaucoup plus petite, n'est plus qu'un simple filet sous la colonne. Au XVe siècle, à l'époque des ogives prismatiques, les bases sont supportées par des socles de pierre assez élevés, et les deux moulures primitives ont complètement disparu. Les nervures semblent s'insérer dans le socle.

Si l'on veut parcourir nos grandes cathédrales dans l'ordre chronologique, il faut se rendre successivement :

à Noyon, où la construction du chœur fut commencée peu après l'incendie (1131) qui avait détruit la cathédrale précédente ; le nouveau chœur fut consacré en 1157 ; le transept nord était achevé à la fin du XIIe siècle ;

puis à Senlis, où la reconstruction est amorcée en 1153 et la dédicace de l'église célébrée le 16 juin 1191 ;

ensuite à Laon : commencée vers 1150, la cathédrale est terminée à peu près à la fin du XIIe siècle ; l'architecte Villard de Honnecourt, au XIIIe siècle, frappé de la beauté de ses tours, les dessinera sur son carnet de croquis.

En 1163, l'évêque de Paris, Maurice de Sully, pose la première pierre de Notre-Dame. On commença par le chœur, qui devait être consacré le 19 mai 1182 ; la nef (vaisseau central) fut élevée entre 1180 et 1200 environ, tandis que les chapelles de la nef et du chœur devaient être l'œuvre du XIIIe siècle, jusqu'en 1320.

Or, une remarque s'impose à l'observateur attentif. A Senlis, la voûte ne mesure encore que 18 mètres de haut. A Noyon, elle mesure 22 mètres, à Laon 24,50 m ; à Paris, elle monte jusqu'à 32,50 m. Encore ne s'arrêtera-t-on pas là : après Notre-Dame, Chartres, en 1194, lancera ses voûtes à 36,50 m ; Reims, en 1212, atteindra presque 38 mètres ; Amiens, en 1221, 42,30 m. Mais on n'ira jamais plus haut que Beauvais, qui, en 1225, projettera les voûtes du chœur à 48 mètres du sol ; il est vrai que cette voûte s'écroulera par deux fois et que la cathédrale, ayant atteint vraisemblablement sa hauteur maximum, ne pourra être continuée au-delà du transept. C'est déjà, comme l'a fait remarquer Jean Gimpel [1], le vertige du « record ». De plus en plus maître de ses moyens, le bâtisseur, disposant de la croisée d'ogives, de l'arc brisé qui assurent une plus grande solidité de la voûte, et — nous le verrons — de l'arc-boutant qui lui permet d'étayer cette

---

1. *Les Bâtisseurs de cathédrales*, Le Seuil.

galerie

gable

voussures

tympan

piédroits

soubassement   trumeau   corbeau

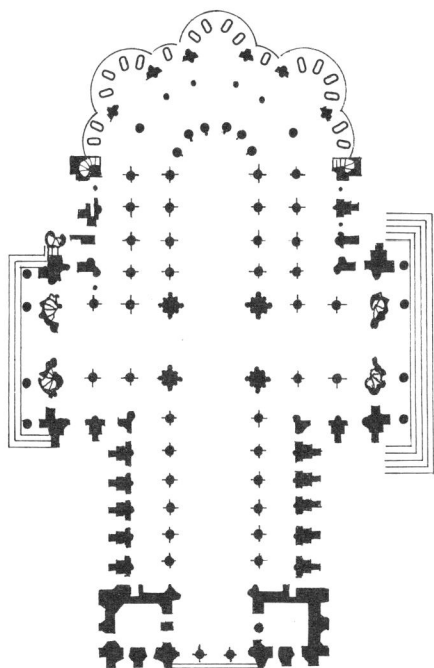

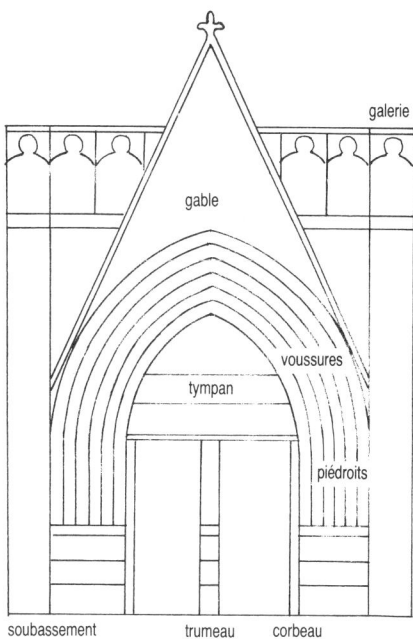

cathédrale de Chartres

clochers à toits
en bâtière

arcs-
boutants
Amiens
1250

Senlis
flêche
XIIIᵉ siècle

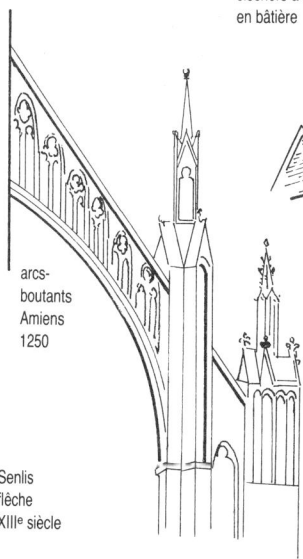

St Leu d'Esserent
premiers arcs-boutants vers 1150

voûte sans détruire l'impression de légèreté, semble se griser de sa propre réussite. Audace certes, lyrisme aussi, joie d'élever vers le ciel des édifices de plus en plus hauts tandis qu'une foule de plus en plus vaste se presse sous les voûtes. Et cette foule aussi cherche à battre les records précédents. Au Moyen Age, nous l'avons dit, on a nettement conscience de ce que l'église, d'abord maison de Dieu, est aussi maison du peuple ; et le peuple qui s'y presse, qui l'emplit aux grandes fêtes, s'y sent beaucoup plus à son aise que de nos jours le croyant le plus sincère. Il n'y a guère que l'Italie qui, à l'heure actuelle, nous donne cette impression de libre familiarité du peuple dans l'église. On entre, on sort, on parle, on mange même ; on y dort quelquefois, notamment aux jours des fêtes du saint local, quand la foule des pèlerins ne sait plus où loger ; mieux encore, la cathédrale est lieu de réunion où l'on discute des affaires très profanes. A Marseille, par exemple, les conseillers municipaux (ceux qu'on appelle alors « consuls » et « chefs de métier ») tiennent régulièrement leurs réunions dans l'église de la Major, et c'est là que chaque année, le 28 octobre, ont lieu les séances de vote pour élire les nouveaux magistrats de la cité.

Or, ce peuple des « villes-cathédrales » est un peuple prospère, actif, très fier de sa commune ; on peut penser que, dans chacune d'elles, le désir d'éclipser sa voisine a joué un rôle dans cette progression du bâtiment vers le ciel.

L'habileté des architectes a pu, en tout cas, s'y affirmer de la façon la plus éclatante. Habileté qui, du reste, ne cherche ni le décor ni l'« effet », mais, avant tout, les solutions techniques les plus ingénieuses. L'architecte de ce temps s'apparente beaucoup plus à l'ingénieur du nôtre, c'est-à-dire à l'homme qui étudie la résistance des matériaux et le parti qu'on peut tirer des procédés nouveaux comme l'aluminium ou le béton, qu'aux architectes qui conçurent Versailles ou l'arc de triomphe de l'Étoile. Un petit calcul nous montrera ce sens pratique et cette habileté technique du bâtisseur du XIIIᵉ siècle : on sait qu'en architecture les « pleins » : murs, piliers, etc., coûtent cher et encombrent ; le problème est donc de les réduire le plus possible au profit des vides, de l'espace intérieur. Or, à Notre-Dame de Paris, les pleins n'atteignent pas un septième de l'espace total ; à Saint-Pierre de Rome, œuvre tant vantée de l'architecture de la Renaissance, les pleins dépassent un quart de l'ensemble.

La conquête de la lumière que nous avons vue naître tout à l'heure, voilà un autre triomphe technique des bâtisseurs du XIIIᵉ siècle. Elle fut, on n'en peut douter, une volonté délibérée de leur part.

A d'autres époques, on croira, dans l'église, faciliter le recueillement, voire le sens du mystère, en la laissant sombre. Au contraire, toute l'histoire de l'art gothique pourrait se résumer dans cette conquête, hautement significative d'un temps où la religion apparaît source de lumière. Si l'on parcourt nos cathédrales dans l'ordre chronologique que nous avons indiqué, on verra les murs s'évider de plus en plus pour donner naissance à de vastes fenestrages ; d'immenses roses apparaissent à la

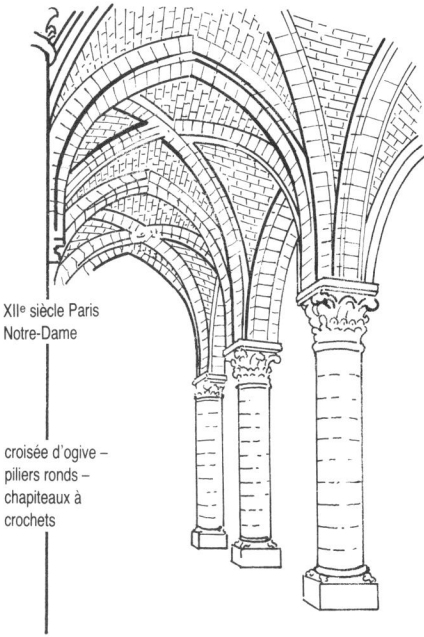

XIIe siècle Paris
Notre-Dame

croisée d'ogive –
piliers ronds –
chapiteaux à
crochets

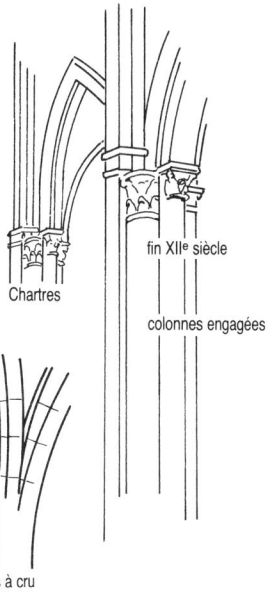

fin XIIe siècle

Chartres

colonnes engagées

XVe siècle

retombées à cru

verrières

XIIe siècle

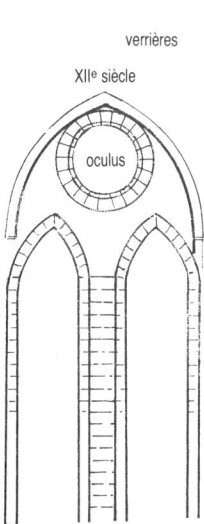

oculus

rayonnante

XIIIe-XIVe siècles

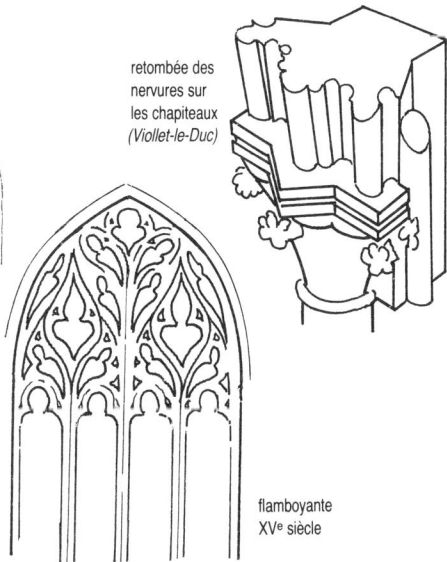

retombée des
nervures sur
les chapiteaux
(Viollet-le-Duc)

flamboyante
XVe siècle

façade et au transept ; les portails s'élargissent, et, pour éclairer le chœur, on voit s'ouvrir d'amples baies, presque continues du sol jusqu'au haut de la voûte.

Mais il faut soutenir ce squelette de pierre : on va donc épauler par des arcs-boutants les points de retombée de la croisée d'ogives. Pour comprendre cette technique, il faut se rappeler dans quel sens s'exercent les poussées qui menacent la solidité de la voûte ; nous l'avions vu à propos de l'architecture romane : il s'agit toujours d'alléger la clef de voûte et de peser sur les « reins », sur la partie courbe de la voûte et le pilier ou le mur qui la supporte, comme le ferait un étai. L'arc-boutant va jouer, à l'extérieur, ce rôle d'étai.

Si nous entrons dans la cathédrale de Laon, nous verrons comment on épaula primitivement les voûtes supérieures de la nef par une construction élevée au-dessus du bas-côté, les tribunes (voir la Visite d'une église romane) ; souvent même, on renforçait l'étage des tribunes par un petit étage supérieur, le triforium. Ainsi la voûte principale est-elle épaulée par ces constructions qui donnent plus de solidité à leur retombée et repoussent en quelque sorte, en les divisant, les mouvements qui risqueraient d'affaiblir le mur. Solution ingénieuse puisque la tribune permet elle-même d'abriter une partie des paroissiens ; mais l'intérieur en est assombri. Notre-Dame de Paris sera la dernière de ces cathédrales dans lesquelles un rang de tribunes renforce la construction.

Transportons-nous à Bourges, commencée à l'extrême fin du XIIe siècle et dont la construction prit tout le XIIIe ; nous verrons qu'au-dessus des grandes arcades séparant nef et bas-côtés se trouve une galerie d'arcatures (le triforium déjà cité), mais qu'il n'y a pas de tribune proprement dite. En revanche, à l'extérieur, un réseau d'arcs-boutants se développe pour épauler la vaste nef. On a compris qu'il était possible de remplacer le système primitif, renforçant l'église à l'intérieur, par un système plus léger, prenant pied à l'extérieur et s'appuyant uniquement sur les points névralgiques : les arcs-boutants sont des étais de pierre auxquels le génie des bâtisseurs a su donner naturellement la forme la mieux adaptée à leur fonction, et par conséquent la plus belle ; car il n'y a pas de perfectionnement technique à cette époque qui ne soit conçu en splendeur. Désormais, ces arcs-boutants feront partie du système gothique : à Reims, à Soissons, à Amiens, à Beauvais ; et l'on en ajoutera sur celles des cathédrales qui n'en possédaient pas primitivement, afin de mieux assurer leur solidité ; à Notre-Dame de Paris, les arcs-boutants du chœur ont été ajoutés au XIVe siècle.

Rien sans doute n'étonnerait plus les Parisiens du temps de Saint Louis, s'ils revenaient visiter Notre-Dame, que la façade incolore de leur cathédrale. Ils seraient consternés. Les grandes églises romanes étaient un feu d'artifice de couleurs, entièrement peintes à l'extérieur, et, à l'intérieur, domaine privilégié de la fresque ; dans les cathédrales gothiques, à l'extérieur, la couleur règne encore, mais bientôt elle ne fera que souligner les arcatures. La décoration sculptée est de plus en plus envahissante, et, bien qu'elle soit peinte, on y est plus attentif au modelé qu'à la couleur. A l'intérieur, en revanche, la couleur s'est faite lumière : c'est le vitrail.

Pour connaître cet art merveilleux, dans lequel l'esprit d'invention de nos ancêtres médiévaux s'est donné libre cours (remarquons que le vitrail n'existait pas dans le monde antique, pas plus qu'il n'existe dans les civilisations pourtant très développées de l'Orient), il y a mieux que les musées : les cathédrales elles-mêmes, dont beaucoup ont heureusement conservé cet ornement incomparable. Il y a des vitraux du XIIᵉ siècle à Strasbourg, au Mans, à Angers, Poitiers, la Trinité de Vendôme, et, près de Paris, dans le chœur de la basilique de Saint-Denis. Quant au vitrail des temps gothiques, on le trouvera surtout à Sens, Rouen, Caen, Bourges, Reims, Soissons, Troyes, Tours, Auxerre. Mais nous pouvons retenir surtout deux édifices qui nous permettront de suivre l'évolution du vitrail : la cathédrale de Chartres d'abord, ensuite celle d'Évreux.

A Chartres, presque tout l'ensemble est demeuré intact. On peut en particulier admirer trois splendides vitraux du XIIᵉ siècle : deux à la façade occidentale (en haut, au centre et à droite, lorsque, étant entré dans la cathédrale, on se retourne pour voir les vitraux), et un dans le déambulatoire ; ce dernier est un fragment de vitrail du XIIᵉ siècle représentant la Vierge à l'Enfant (on l'appelle Notre-Dame de la Belle Verrière), remonté dans un entourage du XIIIᵉ siècle. Nous ne pouvons manquer d'admirer ce bleu très transparent, très lumineux, de la figure centrale (on le retrouve sur les deux vitraux de la façade), ici d'autant plus remarquable qu'il se détache sur le bleu beaucoup plus sombre et violacé de son encadrement.

Ces maîtres verriers aimaient composer de grandes figures avec des morceaux de verre juxtaposés ; puis, les scènes évoquées demandant beaucoup de personnages, ils ont sur leurs verrières utilisé des fragments de verre plus petits : c'est ce qu'on voit dans les vitraux des bas-côtés de Chartres. Et si vous vous rendez à Évreux, vous verrez comment, au lieu de peindre *avec* du verre, on s'est mis à peindre *sur* le verre ; le vitrail, au cours des temps, est devenu une vitre peinte. Avec une finesse exquise et un art consommé (par exemple le vitrail de l'évêque Bernard Cariti, à Évreux, est un véritable portrait), mais le vitrail n'en perdait pas moins son véritable caractère, qui est de diffuser une couleur-lumière, d'être un mur de lumière.

Nous voici devant la cathédrale de Chartres. Nous l'avons aperçue, de la route, une dizaine de kilomètres avant la ville ; et cela nous a rappelé qu'au Moyen Age, époque de pèlerinages, la cathédrale est un fanal guidant le voyageur sur sa route. On y appelle « montjoie » les endroits d'où les pèlerins peuvent pour la première fois apercevoir le lieu de leur pèlerinage, que ce soit à Rome ou à Compostelle, et l'on donne le surnom de « roy du pèlerinage » au premier qui, dans chaque groupe de pèlerins, a atteint le lieu. D'où les nombreux Roy, Leroy, etc., de notre état civil.

Si nous voulons avoir la même vision que le pèlerin médiéval, il nous faut, à l'arrivée, nous placer sous le portail, en débouchant par une rue latérale, et voir la cathédrale sans recul, en perspective verticale. A notre époque, on aura trop souvent voulu « dégager » les monuments historiques ; ce faisant, on les dénaturait : une cathédrale n'est pas un musée, elle n'a pas été conçue pour la délectation des esthètes. Elle est lieu de prière et d'assemblée ; et, au cœur d'une cité qui est toujours une cité ancienne — puisque les cathédrales sont bâties dans les villes de résidence des évêques et que ces villes sont les anciennes cités gallo-romaines —, elle fait corps avec les maisons. Qu'il nous suffise donc, à Chartres, de prendre le recul nécessaire pour apercevoir l'ensemble de la façade couronnée de ses deux flèches.

Autre trait typique : la dissymétrie des flèches ; celle qui couvre le bas-côté droit (disons le bas-côté sud, pour parler le langage des archéologues : car une cathédrale étant toujours *orientée*, c'est-à-dire tournée vers l'est, il s'ensuit que le portail de droite est du côté du sud et le portail de gauche du côté du nord), la flèche sud, est le « clocher vieux », témoin du XIIe siècle. Flèche d'une admirable pureté, dont les huit faces, flanquées à la base de hautes lucarnes, se rejoignent pour pointer droit vers le ciel ; la flèche nord, elle, est bien postérieure ; elle a été construite au début du XVIe siècle par un architecte tout imprégné encore de la facture gothique, mais du gothique de la dernière époque, c'est-à-dire flamboyant ; elle est ciselée, ajourée, garnie de fleurons, et légère pourtant dans cette parure qui aurait pu l'accabler. Ainsi Chartres, édifice type, nous offre-t-elle le point de départ et le point d'arrivée de cet art des clochers gothiques, typiques de la France médiévale. Et par là même, elle est un exemple de cette conception qui aura régné chez nous jusqu'à l'époque classique, et selon laquelle on peut sans aucune gêne modifier une construction au fur et à mesure qu'elle avance, et ajouter aux techniques primitives les acquisitions postérieures ; de nos jours, les gens de goût s'indigneraient de tant de hardiesse ; lorsque le génial architecte américain Frank Lloyd Wright proposa de construire à Venise un immeuble entièrement moderne, on se récria d'horreur ; pourtant, rien n'aurait paru plus naturel à nos ancêtres, et le soin savant que nous apportons aux restaurations les aurait fort étonnés.

Avançons devant ce portail que l'on nomme à bon droit le Portail royal, et regardons-le bien ; nous n'en verrons plus de semblables dans la construction gothique. Ni comme facture, ni même comme sujet. Construit entre 1145 et 1170, il porte encore la marque de l'artisan roman. Voyez ces statues-colonnes allongées le long des portes (il faudrait dire dans les « *ébrasements* » des portes) : ce sont bien des colonnes avant d'être des statues, animées sans nuire aux lignes architecturales ; voyez les chapiteaux, sur lesquels, sans jamais déborder la ligne générale, les sculpteurs ont évoqué en trente-huit scènes la vie du Christ. Voyez surtout le tympan central, avec le Christ en gloire entouré des symboles des quatre évangé-

listes. Nous croirons retrouver cette vision dans les tympans sculptés du
XIIIᵉ siècle ; mais ce ne sera plus tout à fait la même : le Christ du second
avènement deviendra peu à peu celui du Jugement dernier. Du Dieu de
gloire on passera au Dieu justicier qui récompense les bons et punit les
méchants ; ainsi nous apparaîtra-t-il à Bourges au-dessus de l'ange porteur
d'une immense balance, où l'on pèse les bonnes et les mauvaises actions. Et
cela pourrait caractériser un temps où, sans que la foi ait baissé, son
caractère évolue ; l'homme est moins adorateur de Dieu dans sa gloire que
préoccupé des rapports avec Dieu dans sa justice ; il devient moraliste,
ramène à lui-même sa relation avec le Créateur ; et c'est son destin propre
qui le préoccupe.

Pour voir comment se poursuit l'évolution de la foi médiévale, il suffit du
reste de contourner le corps de la cathédrale et de passer au portail sud ;
celui-ci a été construit vraisemblablement entre 1224 et 1250, et déjà les
statues ne sont plus des colonnes ; ce sont de vraies statues d'hommes et de
femmes. Au centre, le fameux Christ enseignant, représentation admirable
de Dieu dans son humanité ; et c'est encore toute une humanité qui
l'entoure en la personne des saints, parmi lesquels on remarquera les deux
magnifiques chevaliers qui représentent saint Georges et saint Théodore.
Ainsi étaient les chevaliers du temps de Saint Louis.

Sur l'autre face, le portail nord est surtout consacré à la Vierge. En cela
encore, il est typique de son temps : le milieu du XIIIᵉ siècle témoigne d'une
dévotion infinie envers la Mère de Dieu ; dès ce moment, les sculptures du
tympan vont être réparties selon l'ordre qu'elles connaîtront pendant toute
l'époque gothique : en deux ou trois registres superposés, de manière que
les scènes puissent être représentées avec plus de minutie, chaque épisode,
tiré de l'Évangile ou de la vie d'un saint, étant narré en détail, chaque
personnage individualisé.

C'est à Amiens sans doute que se trouve le portail le plus typique des
temps gothiques ; mais déjà celui du transept nord de Chartres en contient
tous les éléments : le tympan, les grandes figures qui encadrent le portail,
les petites scènes expressives illustrant presque toujours des passages du
Nouveau Testament. Enfin, comme, selon la mentalité du temps, la
création entière est associée à l'homme, il sculptera volontiers le long des
linteaux ou sous les grandes statues en bas-relief de petites scènes qui
évoqueront le cours du temps ; les douze mois de l'année, les douze signes
du zodiaque, représentés par les occupations familières à chaque saison. Ce
qui nous vaut de pouvoir contempler le paysan aiguisant sa faux, tuant le
porc, foulant le raisin, etc.

En nous avançant jusqu'au chœur, nous remarquerons deux souvenirs de
l'âge roman ; d'abord le fait que le transept est, à Chartres, encore
marqué ; il déborde largement de deux travées de chaque côté les
collatéraux de la nef ; les cathédrales bâties par la suite ne formeront plus
qu'un immense vaisseau dans lequel le souvenir du transept se signalera
seulement par des travées plus larges entre le chœur et la nef. Nous aurons

remarqué aussi, chemin faisant, que les supports des grandes arcades sont de gros piliers tantôt cylindriques, flanqués de quatre colonnes octogonales, tantôt octogonaux avec quatre colonnes rondes ; c'est là un souvenir de ces jeux d'alternances que l'on aimait à l'époque romane.

Revenant à présent sur nos pas, nous nous attarderons à contempler les trois vitraux de la façade ouest, ceux qui surmontent le Portail royal. En notre temps, le peintre Henri Matisse, amoureux de la couleur, a passé de longues heures à les contempler ; en particulier celui que nous avons à notre droite, le fameux vitrail de l'Arbre de Jessé. C'est un souvenir du XIIe siècle ; sa composition couvre toute la surface de la fenêtre, sur le thème biblique de la tige royale de David aboutissant à la Vierge qui porte l'Enfant ; cette composition se déploie sur un fond bleu, d'un bleu incomparable, ce bleu à l'éclat pur dont on ne retrouvera plus le secret par la suite ; les plus savantes compositions chimiques n'ont jamais rien donné de semblable.

Comment obtenait-on ce bleu miraculeux ? On ne sait. Suger nous explique que pour faire les vitraux de Saint-Denis (ceux du chœur que nous avons signalés au passage comportent eux aussi quelques touches du même bleu), il fit « broyer des saphirs » ; on a sans succès essayé de broyer la pierre précieuse de ce nom, qui n'a qu'un pouvoir colorant très faible ; c'est inutilement que l'on a tenté la même opération avec du lapis-lazuli.

En retournant vers le chœur sur le pourtour, du côté sud, nous pouvons admirer un autre vitrail du XIIe siècle au même fond bleu remonté dans une bordure du XIIIe. C'est la fameuse Vierge à l'Enfant, Notre-Dame de la Belle Verrière, dont il a été question plus haut.

L'ensemble des vitraux (156 fenêtres hautes) date du XIIIe siècle, avec les fonds de bleu et de rouge très caractéristiques du temps et aussi les petites scènes découpées suivant le dessin des médaillons, tantôt déroulant sous nos yeux la légende d'un saint et tantôt montrant les artisans des métiers chartrains au travail, mais toujours suivant cette facture qui est celle du temps. Car le vitrail n'est pas, comme on l'a conçu plus tard, une peinture sur verre, mais bien une mosaïque de verre : autant de couleurs, autant de morceaux de verre. Dans le choix même de ces verres apparaît le sens de la belle matière ; car ce sont des verres épais, irréguliers, à travers lesquels la lumière passe inégale et joue, faisant de chaque fragment de verre une gemme précieuse. Dans les fenêtres hautes, on a mis de préférence de grandes figures : apôtres, martyrs, prophètes, dont les traits, tracés violemment à la grisaille (c'est une peinture exécutée sur le verre avant qu'il ne passe au four), sont accusés à grands traits, allant presque jusqu'à la caricature ; cela afin qu'ils soient visibles d'en bas.

On imagine ce que dut être l'activité des ateliers de verriers à l'époque. Sur de grandes tables saupoudrées de craie, le maître verrier traçait son dessin, puis découpait les verres selon les couleurs choisies et les assemblait à l'aide de plombs flexibles, comme on le fait encore de nos jours. Ces plombs, au XIIIe siècle, étaient épais et bordaient faiblement le verre, qui,

Le chantier d'une cathédrale, vu par Jean Fo...

coupé au fer rouge, présentait assez d'aspérités sur ses rebords pour accrocher solidement le plomb. Plus tard, le verre, devenu plus mince, plus translucide, plus raffiné, fut coupé au diamant ; et, pour être mieux maintenues, les ailettes des plombs — la partie débordante — durent être plus larges ; cela entraîna à donner une prépondérance au dessin sur la couleur. Pendant toute la période médiévale pourtant, c'est à la mosaïque que reste apparenté l'art du maître verrier, non à la peinture ; ou encore à l'art de l'émailleur : les émaux cloisonnés du temps, gemmes de couleur serties de métal, produisaient un effet semblable à ces gemmes de couleur serties de plomb. Peut-être est-ce à la vieille expérience que l'on possédait en France de l'art de l'émail, invention gauloise (voir le chapitre 4 : « L'Auvergne des pèlerins »), que l'on dut la maîtrise, partout reconnue, des verriers français.

C'est toute la société médiévale qui s'inscrit dans la cathédrale de Chartres, comme en général dans nos grandes églises gothiques. Levons les yeux vers la grande rose qui éclaire le bras nord du transept ; nous admirerons d'abord les tons, dans lesquels le bleu domine ; il est d'ailleurs traditionnel de mettre des tons bleus du côté nord, parce que le bleu, on le sait, a la propriété de diffuser la lumière, alors que, du côté sud, où l'on a intérêt à intercepter les rayons solaires, c'est le rouge qui domine : la couleur rouge fait écran à la lumière.

Cette rose nord fut offerte par Saint Louis ; aussi l'appelle-t-on la « rose de France ». Au don royal dédié à la Mère de Dieu répondit un don seigneurial : la rose sud, dédiée à la Gloire de Dieu dans son humanité, et offerte par Pierre de Dreux, comte de Bretagne, qui maintes fois avait donné des inquiétudes à son suzerain. Il est caractéristique de voir les deux adversaires coopérer ainsi à l'œuvre commune.

Et puis voici le peuple, le peuple qui travaille. L'auteur déjà cité des *Bâtisseurs de cathédrales* fait remarquer, non sans malice, que les verrières données par les artisans et qui les représentent dans leurs occupations familières : tailleurs de pierre, changeurs, charrons, charpentiers, drapiers, etc., ont les meilleurs emplacements, le long des bas-côtés ou dans le déambulatoire. « Publicité de prestige », écrit-il, et c'est peut-être vrai. Retenons aussi que ce peuple qui a contribué aussi bien que les grands, aussi bien que le clergé, à l'édification de sa cathédrale, figure là tout aussi honorablement que les uns et que l'autre. Dans la suite des siècles, il n'en sera plus ainsi ; les rois et les grands, nobles ou bourgeois, se feront construire de luxueuses chapelles privées dans lesquelles il ne sera plus question de représenter le moissonneur aiguisant sa faux, ou le berger occupé à tondre ses brebis. Jamais le travail manuel n'aura été à l'honneur comme il le fut dans les cathédrales.

Le clergé est présent aussi : l'une des verrières évoque la vie de saint Lubin, qui avait été évêque de Chartres. Mais le clergé a une place qui lui est réservée dans toute église : le chœur. C'est dans le chœur que l'évêque a son fauteuil épiscopal, sa chaire, *cathedra,* d'où la cathédrale a tiré son nom ; autour du prélat se groupent les chanoines, c'est-à-dire les membres du clergé qui forment aussi son conseil et desservent les besoins religieux du peuple ; à cette époque, ils sont astreints à une règle commune et doivent chaque jour réciter l'office dans la cathédrale. Leur assemblée, le « chapitre », représente l'élément stable dans la vie religieuse de l'évêché ; c'est au chapitre d'élire l'évêque et de prendre toutes les décisions qu'impose l'administration du diocèse. L'expression « avoir voix au chapitre » nous en est restée. Dans la construction de la cathédrale, il a été, ce chapitre, l'animateur ; car l'évêque a pu poser la première pierre et inaugurer l'édifice : ce sont les chanoines qui ont joué le rôle d'administrateurs, recueilli les fonds, convoqué les équipes d'ouvriers, décidé avec eux de la distribution des diverses parties, etc.

Le tour du chœur, cette clôture en pierre sculptée que l'on fait admirer dans la cathédrale de Chartres, ne date en réalité que du XVIᵉ siècle ; elle a été commencée en 1514 ; ce n'était que depuis la fin du XIIIᵉ siècle que l'on s'était mis à construire de telles clôtures. A Chartres à cette époque avait même été élevé un jubé, clôture entre le chœur et la nef où se tenaient les assistants. Ces clôtures ont marqué une évolution dans les rapports entre clergé et peuple ; car c'est également à la fin du XIIIᵉ siècle que le clergé séculier tend à marquer une certaine distance, à constituer un corps nettement distinct de celui des laïcs. Ainsi s'introduit un certain cléricalisme dans une société où autrefois les divers ordres étaient plus intimement confondus. De cette époque aussi — fin du XIIIᵉ siècle — datent les plus anciennes stalles de chanoines, sur lesquelles bientôt s'étaleront un luxe, une recherche extraordinaires, dont témoignent de nos jours, entre autres, les stalles d'Amiens ; on peut voir les plus anciennes stalles de France, datant précisément de la fin du XIIIᵉ siècle, dans le chœur de l'église Notre-Dame-de-la-Roche, à une quarantaine de kilomètres de Paris.

Enfin on trouve trace dans l'église, et c'est justice, de ses bâtisseurs : dans la nef de Chartres on peut voir sur le pavement, du moins dans la partie centrale (le couloir qui sépare aujourd'hui les deux rangées de chaises : il n'y avait pas de chaises dans les églises au Moyen Age), le « labyrinthe », qui existait dans toutes les cathédrales, mais qui n'a subsisté que dans celle-ci. Que signifiait au juste ce labyrinthe ? On se pose encore à son sujet un certain nombre de questions. En tout cas, il se présente comme un immense cercle (18 mètres de diamètre à Chartres) dans lequel les pierres noires et blanches dessinent un dédale jusqu'à la pierre centrale, circulaire elle aussi, et sur laquelle se trouvait une inscription aujourd'hui disparue. Les inscriptions d'Amiens et de Reims, qui avaient été recopiées et qui sont parvenues jusqu'à nous, portent le nom de l'évêque et celui du roi sous lesquels ont été commencées l'œuvre et l'église, puis le nom des architectes qui y ont participé ; ainsi un hommage était-il rendu à ceux qui avaient présidé à la construction. Selon la tradition, les fidèles parcouraient à genoux ce tracé du labyrinthe, qui aurait représenté l'itinéraire du pèlerinage de Terre sainte ; on peut supposer qu'il était l'équivalent du chemin de croix, que l'on ne voit apparaître qu'à la fin du XVᵉ siècle et qui ne prendra une véritable importance qu'au XIXᵉ.

Mais nous ne quitterons pas Chartres sans une visite à sa crypte, reste de la cathédrale précédente, puisqu'elle a été construite par l'évêque Fulbert dans le premier quart du XIᵉ siècle. Cette crypte date donc d'un temps où les écoles de Chartres connaissaient un grand éclat. Elle reste le seul témoin de l'une des cathédrales primitives, détruite par l'incendie en 1194. C'est une véritable église souterraine que cette vaste crypte, la plus vaste de France : 220 mètres de circuit en deux galeries parallèles, que réunit une allée en demi-cercle, bordée de sept chapelles. Nous remarquerons que ces galeries sont voûtées d'arêtes : la voûte d'arête, nous l'avons vu, est la plus solide. Et nous comprendrons mieux l'énorme travail que représente l'ensemble de la construction en songeant que, sous la crypte, se dessinent encore les fondations, pour lesquelles le sol a été parfois creusé jusqu'à 10 mètres de profondeur : la profondeur moyenne d'une station du métro parisien. La pierre enfouie sous terre égale ou dépasse celle qui se dresse au jour.

L'église finie l'évêque la consacre :
l'une après l'autre, il allume chaque lampe.
Saint Dié, bibliothèque municipale.

4

L'Auvergne des pèlerins

La résurrection de saint Nectaire. Chapiteau du chœur de l'église de Saint-Nectaire. (Puy-de-Dôme.) Fin XIIᵉ siècle.

L'AUVERGNE DES PÈLERINS

C'est un petit livre de cinquante pages, l'ancêtre de nos « Guides ». A l'intérieur, rien que des indications pratiques : « Il y a quatre routes qui, menant à Saint-Jacques, se réunissent en une seule à Puente la Reina, en terre espagnole, dit le *Guide :* [1] l'une passe par Saint-Gilles-du-Gard, Montpellier, Toulouse et le Somport ; une autre par Notre-Dame du Puy, Sainte-Foy de Conques et Saint-Pierre de Moissac... » Tous les cours d'eau qui se rencontrent sur les quatre routes de Compostelle sont mentionnés, avec l'indication « potable » ou « non potable » ; également les monastères où le pèlerin peut trouver asile, les ressources des diverses régions : « Les Poitevins sont larges dans l'hospitalité » ; « Les Bordelais ont le langage rude, mais leur vin est excellent » ; « Avant de traverser les Landes, il faut se munir de provisions, car les villages sont rares en cette plaine sablonneuse qui abonde cependant en miel, millet et porc. » Enfin le *Guide* donne les prix du passage des cours d'eau, là où aucun pont n'existe : « Les passeurs ne doivent demander qu'une obole pour deux si ce sont des riches, et une pièce de monnaie pour un cheval ; et si c'est un pauvre, rien du tout. »

Ce *Guide du pèlerin,* qui date du XIIᵉ siècle, nous rappelle que le Moyen Age fut avant tout une civilisation de la route. Marchands, étudiants et pèlerins parcourent l'Europe. Bien entendu, ce sont surtout ces derniers qui forment la masse des voyageurs. Sous le capuchon de leur long manteau sans manches qui sert la nuit de couverture et qu'on appelle d'ailleurs la pèlerine, le bâton (ou « bourdon ») à la main, où pend la gourde — car c'est surtout la soif que redoute le voyageur —, ils ont littéralement tracé sous leurs pas les grandes routes de France vers l'Italie et vers l'Espagne en allant en pèlerinage à Rome et à Saint-Jacques-de-Compostelle.

Ce ne sont pas seulement les routes qui naissent sous leurs pas (la rue Saint-Jacques à Paris en est un tronçon) mais aussi les églises, et, dans ces églises, les reliquaires, ces châsses d'or ou d'émail dont certaines comptent

---

1. Voir J. VIEILLARD : *Le Guide du pèlerin,* Protat, éditeur.

parmi les plus pures merveilles du Moyen Age. Car le pèlerin ne connaît de la ville que le nom du saint qu'on y vénère. Cette vénération pour un fragment d'habit, un os, voire une dent, est-elle une dévotion puérile, à la limite de la superstition ? Est-ce le respect des amulettes qu'on trouve chez tous les primitifs ? Devant ces chefs-d'œuvre que sont les églises de Notre-Dame-du-Port, d'Issoire ou d'Orcival, devant ces trésors d'orfèvrerie que sont le reliquaire de Sainte-Foy de Conques ou la châsse de saint Calmin à Mozac, devant ces prouesses techniques que sont les soubassements voûtés qui supportent la cathédrale du Puy, devant ces modèles d'architecture pratique, et, comme on dit aujourd'hui, « fonctionnelle », que sont les hospices de Pons et de Saint-Jacques-de-Compostelle, il faudrait être aveugle pour parler de primitifs à propos de nos ancêtres du Moyen Age. Non : ce que l'invocation fraternelle des saints, ce que le cheminement vers le but du pèlerinage représentaient pour eux était bien autre chose qu'une superstition naïve. C'était la joie de répondre à l'appel du Christ : « Lève-toi, va », et la ferveur de l'union dans la prière, ce que l'Église appelle la « Communion des Saints ».

Les sociologues d'aujourd'hui dénoncent avec inquiétude le désespoir de l'homme seul, perdu dans la foule : le Moyen Age ignore cette forme d'angoisse, en partie grâce au pèlerinage. Car pour le pèlerin, chaque étape est une fête. On bavarde et l'on chante. On boit à la fontaine ou à la taverne. On donne un coup de main aux bâtisseurs du pays, qui mettent un point d'honneur à posséder une aussi belle église que leurs voisins. La tradition voulait même que chaque pèlerin, passant dans un village espagnol appelé Triacastel — lequel possédait des carrières de pierres à chaux — prît une de ces pierres et la portât jusqu'à un autre village, Castaneda, qui contenait les fours à chaux auxquels s'alimentait l'œuvre de la basilique de Compostelle.

On regarde les jongleurs ou on les écoute, car il y a parmi eux des conteurs d'histoires pleines de suspense. Le Tarzan et le Tintin de l'époque, c'est le géant Raynouard et Guillaume au Courb-Nez.

Si l'étape était une fête, la route était une aventure. Au troupeau des pèlerins se mêlaient parfois des brebis galeuses : mendiants, vagabonds ou brigands, qui s'affublaient indûment de la coquille du pèlerin et que, pour cette raison, on appelait les coquillards. Pourquoi une coquille ? A cause d'une légende : on racontait que, lors du transport des cendres de l'apôtre saint Jacques (évangélisateur de l'Espagne, toujours selon la légende) à Compostelle, un chevalier était tombé à la mer, et qu'il en était ressorti le corps couvert de ces coquillages, que pour cette raison on appela dès lors coquilles Saint-Jacques.

Les coquillards étaient la terreur des pèlerins, comme celle des braves gens tout prêts à ouvrir leur porte aux pieux voyageurs. Nous imaginons mal aujourd'hui ce que pouvait être l'hospitalité médiévale, mais voyez ce que dit notre *Guide du pèlerin* : « Les pèlerins, pauvres ou riches, qui reviennent de Saint-Jacques ou qui y vont, doivent être reçus avec charité et égards par tous. » Et d'énumérer les horribles malheurs qui, suivant les on-dit de chaque région, se sont abattus sur les mécréants qui refusaient l'hospitalité : à Nantua, c'est un tisserand qui a vu sa toile se déchirer tout à coup au moment où il venait de refuser sa porte à un pèlerin ; à Villeneuve, dans un cas semblable, une femme a vu son pain se changer en pierre ; à Poitiers, c'est toute la rue commerçante — la rue Saint-Porchaire — qui a été dévorée par le feu, etc.

Vous pensez si les coquillards avaient beau jeu de se faire nourrir ou, pis encore, de piller les maisons après s'être fait passer pour des pèlerins affamés ! Il fallut qu'une confrérie se constituât pour faire la police de la route. Ce fut en Auvergne même, dans le pays d'Aubrac, qu'elle prit naissance. Il en reste un témoignage avec le village monastique d'Aubrac qu'on appelle la Dômerie. Les bâtiments en ont été rebâtis aux XVe et XVIe siècles, mais l'église date du temps (XIIe siècle), et, aux proches alentours, les bâtiments de la même époque abondent : l'église de Saint-Urcize, dotée d'un déambulatoire (fait rare dans la région) et de beaux chapiteaux, celles de Recoules-d'Aubrac, Nasbinals, etc. Cette partie de la France, assez retirée de nos jours, voyait donc, à l'époque, un passage incessant de pieux « touristes » en pèlerine.

La confrérie eut bientôt des ramifications un peu partout le long des routes de pèlerinage. L'une des plus actives fut celle du Puy, dont les membres, des volontaires qu'on appela les « capuchonnés », exterminèrent les brigands d'Auvergne, du Berry, puis d'Aquitaine et de Gascogne. En Espagne, ce fut un ordre militaire qui se chargea de la protection des pèlerins : l'ordre de Saint-Jacques-de-l'Épée.

La route du pèlerin est jalonnée d'églises. Dans chacune, ou presque, il trouve des reliques de saints à vénérer. Pour ces reliques, le curé de l'église ou le chapitre des chanoines de la cathédrale ont eu à cœur de faire exécuter un beau reliquaire. A Conques, par exemple, où l'on conserve les restes de sainte Foy (une jeune fille d'Agen décapitée par les Romains sous l'empereur Dacien), le reliquaire figure une statue de la sainte. Elle date du Xe siècle. C'est en réalité une tête antique à laquelle on a façonné un corps. Ce corps est entièrement couvert de pierres précieuses enchâssées dans l'or. Au dos, sur une plaque de vermeil, est gravé un Christ en majesté remontant au VIIIe siècle.

A Saint-Nectaire, le reliquaire de saint Baudime a la forme d'un buste. Il est en cuivre plaqué sur du chêne.

On a parfois voulu voir, dans ces statues-reliquaires, les ancêtres de la statuaire gothique ; en réalité, au XIIe siècle, on ne les regarde pas autrement que comme de simples châsses. Seule, la fantaisie de l'orfèvre a choisi de leur donner une forme humaine, au lieu de la forme plus traditionnelle — une maisonnette — qui est celle de la châsse de saint Calmin à Mozac, châsse admirablement habillée de plaques d'émail champlevé.

MARCHE

LIMOUSIN

GUYENNE

AUVERGNE

St-Pourç
Néris-les-Bains
Colombier
Chantelle
l'Ours
Veauce
Rochef
Guéret
Bellaigue
Ebreuil
Gann
Bénévent-l'Abbaye
Ahun
Menat
Jozeran
Château-Rocher
Aiguep
Auzances
Dontreix
Chazeron
Lupersat
Port-Ste-Marie
Mozac
Miremont
Tournoël
Ric
Vallières
Montfermy
Volvic
Châte
St-Yrieix
Crocq
Bromont
Chanat
Savat
Mor
St-Mare
Felletin
Pontgibaud
Durtol
Nohanent
St-Quentin
Mazaye
Orcines
CLERMO
FERRAN
Vienne
Olby
Royat
Eymoutiers
Chamalières
Orge
Herment
Heume
le Crest
B
St-Amant
St-Ma
Sarnac
Eygurande
Orcival
Aydat
la Sauve
Aix
Bourg-Lastic
St-Saturnin
St-Setiers
ST-NECTAIRE
Plauzat
Montaigu
Meymac
Ussel
Murol
St-Vincen
St-Floret
Tauves
Saurier
ISSOIF
St-Pardoux
Vodable
le B
St-Angel
Chastreix
Besse-en-
le B
Soudeilles
Chandesse
St-Germ
Lembr
Treignac
Chirac
Ligignac
Val
Collanges
Egleton
Ventadour
Anglars
Lanobre
Compains
Madriat
Uzerche
St-Hilaire
St-Alyre
Augnat
Grandsaigne
Eyrein
Neuvic-
d'Ussel
Madic
Salsignac
St-Gerv
Corrèze
Gimel
Ydes
St-Amandin
Blesle
Favans
Lafage
Bassignac
Saignes
St-Etienne
Lugarde
Tulle
St-Bonnet
Menet
St-Saturnin
Cornil
Ste-Fortunade
Sourniac
Jaleyrac
Riom-s-M.
Apchon
Molompize
Malemort
le Vigean
Meallet
Trizac
St-Hippolyte
Allanche
Peyrusse
Dampulat
Mauriac
Moussages
Cheylade
N
Aubazine
Anglars
St-Bonnet-
Dienne
Neussargues
Brive-
Neuville
Ally
Drugeac
de-S.
Murat
Celles
Vielle
la-Gaillarde
Salers
Bredous
Ussel
Collonges
St-Christophe
Ste-Eulalie
St-Paul
Laveissenet
Valuejols
Roffiac
Tours-de-Merle
St-Martin-Y.
St-Chamant
St-Fl
St-Martin-C.
Anjony
Villedieu
Brivezac
St-Cernin
Girgols
Paulhac
Carennac
St-Illide
Vic-s-C.
Alleuze
Cère
Reilhac
Pesteils
Comblat
Brezons
Castelnau
Naucelles
Pierrefort
St-Laurent
Yolet
Jou
St-Céré
Lieutadès
Rocamadour
la Feuillade
Jabrun
St-Chely-d
Rudelle
Vallon
le Bourg
Truyère
Ste-Urcize
Nasbinal
CONQUES-
Entraygues
Aubrac
Aubrac
EN-ROUERGUE
Lot
Estaing
Mar
Espalion

Creuse
Cher
Bourganeuf
Vézère
Dordogne

Eglise romane
Eglise gothique
Edifice civil
Château
Trésor ou musée

0   10   20   30 km

Montaigu-le-Blin

Billy

Châtel-Montagne

Crozet

Sémur-en-Brionnais

la Clayette

Châteauneuf-s-Sornin

Avenas

St-Paul-de-Varax

Charlieu

Beaujeu

Belleville-s-Saône

la Bénissons-Dieu

Salles-en-Beaujolais

Ambierle

Montgilbert

Thizy

Montmélas

Villefranche

Ris

Chameletn

Trévoux

Châteldon

St-Victor

Ternand

Monpeyroux

Châtillon

Pérouges

Thiers

Cervières

Pouilly

l'Arbresle

Vaulx Milieu

Neuville

Vollore

Rochefort

Savigny

Sain-Bel

Courpière

Donzy

Lyon

Bort

Couzan

l'Hôpital

St-Genis

Chandieu

Sauviat

Chalmazel

Leigneux

L Y O N N A I S

Bougheat

Auzelles

Ollières

Taiuyers

glieu

St-Dier

rousse

Cunlhat

Montbrisson

St-Symphorien-s-C.

Mornant

Vienne

Auzelles

Ambert

St-Romain-le-Puy

Chagnon

Montbassier

Église-Neuve

St-Amant

Aix-la-Fayette

St-Rambert-s-Loire

Ste-Croix

xillanges

n

Marsac-en-L.

Essalois

Malleral

St-Germain-l'Herm.

Viverols

Cornillon

ac

Beurrières

la Sagne

St-Bonnet-le-Château

Feugerolles

Bourg-Argental

zon

St-Sauveur

Clavelier

St-Jean-d'Aubrigoux

Cistrières

la Chaise-Dieu

Champagne

Mantaille

oude

LAVAUDIEU

Domeyrat

Loire

voûte-ilhac

Allegre

la Rochelambert

St-Paulien

Yssingeaux

St-Romain-d'Ay

Serves

Romans

Chanteuges

Polignac

Tournon

Isère

St-Arcons

Aiguilhe

LE PUY

Monteynard

brac

Latour

Monteynard

Solignac

Rochebonne

Crussol

Valence

Saugues

le Monastier

Chabeuil

L A N G U E D O C

D A U P H I N É

Allier

Artempdes

Crest

Langogne

Boulogne

Mercoire

Châteauneuf-de-Randon

Aubenas

Rochemaure

Largentière

Mélas

Loire

Saône

Rhône

Rhône

Pourquoi de l'émail ? C'est que Limoges n'est pas loin. Au Moyen Age, cette ville est le grand centre de la fabrication de l'émail, avec la vallée du Rhin et celle de la Meuse.

L'émail, matière vitrifiée, se fabrique avec du plomb et de l'étain. La région de Limoges ne fournit ni l'un ni l'autre ; mais peut-être le va-et-vient qu'établissaient les pèlerins en direction de l'Espagne a-t-il facilité l'introduction de métal en provenance de ce pays. Peut-être encore a-t-il suffi de l'influence d'une abbaye comme celle de Saint-Martial de Limoges ou celle de Solignac pour implanter une industrie qui a fait ensuite la prospérité de la ville.

On attribuait autrefois l'introduction de l'émail à des « influences orientales ». Aujourd'hui, il semble établi qu'il s'agit là d'une très ancienne technique connue des Gaulois et pratiquée par eux — en Auvergne notamment, à Bibracte, c'est-à-dire au mont Beuvray —, de toute antiquité.

La plupart des reliquaires affectent la forme d'une petite maison, au toit à deux versants, avec, presque toujours, le sommet garni d'une crête dentelée. Dans le trésor de Conques, l'un des reliquaires — celui que l'on appelle pentagonal — donne une idée de la plus ancienne technique : celle de l'émail cloisonné. Le cuivre (ou parfois, comme ici, l'argent), travaillé en minces lames, enchâsse soit des pierres précieuses, soit des cabochons de verre, ou encore des perles, soit enfin des gouttes d'émail. Dans le même trésor, le coffre de Sainte-Foy est, lui, décoré de disques en émail champlevé. Au lieu d'être dressé en fines lamelles, le cuivre est creusé à la gouge, et c'est dans les creux ainsi formés que l'on a versé l'émail liquide : technique plus simple, devenue la plus courante à partir du XIIᵉ siècle. Cette technique de l'émail champlevé permet d'ailleurs des variations à l'infini. Tantôt les plaques d'émail champlevé sont appliquées comme autant de médaillons sur un reliquaire lui-même ciselé, comme à Ally ; tantôt ces fonds sont eux-mêmes semés d'étoiles ou décorés de cabochons, comme à Ambazac ; tantôt, sur les fonds de champlevé, les personnages se détachent en haut-relief, comme dans la grande châsse de saint Calmin à Mozac. Enfin, si la gamme des couleurs est assez limitée : bleu foncé, vert, rouge, bleu turquoise, blanc, suivant les oxydes ajoutés à la pâte (oxyde de cobalt pour le bleu, oxyde de cuivre et de fer pour le vert, etc.), l'émailleur sait, comme le fresquiste, jouer de ces teintes en variant les rapports, si bien que les couleurs sont multipliées.

L'émail versé sur le cuivre demeurait opaque. Au contraire, versé sur l'or ou sur l'argent, il était translucide et brillant. Un moment vint où l'on tira parti de cette possibilité en ménageant çà et là des touches brillantes : on introduisait, par exemple pour figurer le nimbe d'un personnage, un « paillon », une feuille d'or très fine sertie dans la pâte d'émail. Le nimbe apparaissait en transparence, alors que tout le reste était opaque. Puis, au XIVᵉ siècle, on imagina de ciseler le sujet que l'on voulait représenter sur une plaque d'or ou d'argent qu'une touche d'émail, en bleu le plus souvent,

Le pèlerin rencontre sur son chemin Dame Oisiveté.
Il porte la besace et le bourdon ou bâton, un chapeau à larges bords et,
au lieu de la pèlerine classique, un manteau à manches amples.
Guillaume de Digulleville : Le Pèlerinage de vie humaine.
XIVᵉ siècle. Paris, bibliothèque Sainte-Geneviève.

rehaussait de couleur. Ainsi le personnage apparaissait-il à l'intérieur même de l'émail. Une très belle pièce d'orfèvrerie, le chef de Saint-Martin de Soudeilles, provenant de Corrèze et aujourd'hui conservée au Louvre, est ornée selon ce procédé. La décadence de l'art de l'émail devait en être la conséquence, car on finit par se contenter, de plus en plus, de faire de l'émail peint. Sur une plaque de cuivre mince, on passait une couche d'émail noir, puis une seconde couche d'émail blanc léger que l'on enlevait par places, de façon qu'apparaisse une figure aux traits cernés de noir et modelés en grisaille ; si l'on voulait ménager des effets de couleurs, on mettait chaque couche de couleur l'une sur l'autre, et l'on détachait successivement les unes ou les autres selon l'effet à obtenir, faisant apparaître ici le bleu, ici le rouge, là les cernes noirs, etc. Ces émaux peints ne se sont pas développés avant le milieu du XVe siècle. On en trouve un grand nombre au musée de Limoges, et la comparaison avec les émaux champlevés ou cloisonnés, qui sont antérieurs, montre comment cette facilité que s'accordait l'émailleur devait le conduire, en fait, à une simple imitation de la peinture, oubliant complètement la technique propre qui peut faire la beauté d'un émail. Il en a été de l'émail comme du vitrail : devenu simple peinture sur verre, sa décadence a été rapide. Comme le vitrail, l'émail s'apparentait à la mosaïque beaucoup plus qu'à la peinture.

Pèlerins entrant dans une ville. Paris, B. N.

Un jour, les habitants du Puy s'assemblèrent à l'entrée de leur ville pour voir arriver un pèlerin comme on n'en voyait pas tous les jours. Il voyageait entouré d'une multitude, et bénissait de droite et de gauche avec deux doigts levés. C'était le pape lui-même. L'Auvergne, grâce à lui, allait devenir la tête de pont de la chrétienté.

Pourquoi Urbain II était-il venu jusqu'au Puy, ville-étape du chemin de Saint-Jacques ?

Il s'agissait bien d'un pèlerinage. Mais, cette fois, les pèlerins n'allaient pas marcher vers le couchant, en suivant cette Voie lactée qu'on appelait alors « le chemin de Saint-Jacques » : c'est vers l'orient que le pape Urbain II conviait les chrétiens à se mettre en route. Du Puy, le pape allait lancer un appel à tous les évêques de la chrétienté, en vue d'un concile qui siégerait dans une autre ville d'Auvergne, Clermont. De ce concile devait naître la croisade. Le pèlerinage prenait un sens nouveau, puisque, cette fois, c'est les armes à la main que le chrétien obéissait au « Lève-toi, va ».

L'Europe chrétienne en effet se sentait lésée : la Terre sainte, fief commun de tous les chrétiens, lui avait été arrachée par la conquête arabe.

Les Arabes étaient arrivés de leurs contrées désertiques, et, menant la « guerre sainte » de l'Islam — la *Djihad* prêchée par Mahomet —, ils avaient envahi depuis l'an 634 la Perse, la Syrie, l'Égypte, puis l'Afrique du Nord. Au début du VIIIᵉ siècle, ils avaient ajouté à leurs conquêtes l'Espagne, puis le sud de la France. Charles Martel n'avait arrêté leur marche en avant qu'à Poitiers en 732. Constantinople, capitale de l'empire chrétien d'Orient (Byzance), avait aussi subi leurs assauts.

*Pèlerins
accueillis
par des moines.
Paris, B. N.*

Les trois quarts du monde connu restaient encore, en cette fin du XIᵉ siècle, sous la domination du Croissant. Et ce n'est que peu à peu que l'Espagne avait pu reconquérir une partie de son territoire, ville par ville : Charlemagne avait d'abord repris Pampelune et assiégé Saragosse (778). Puis les royaumes de Léon et de Navarre avaient été libérés.

Pendant cette « Reconquista », des récits fabuleux avaient franchi les Pyrénées. C'est ainsi que l'Europe avait appris — par des voyageurs, des jongleurs, des moines —, qu'une étoile était apparue là-bas, au bout de l'Espagne, en Galice ; que là où l'étoile s'était levée, on avait découvert un tombeau ; que ce tombeau contenait les restes de l'apôtre saint Jacques, frère de saint Jean l'Évangéliste. Comment le corps de saint Jacques se trouvait-il là ? C'est que, après la mort du Christ, l'apôtre était venu évangéliser l'Espagne. Martyrisé par les Romains en l'an 44, il avait été couché dans une barque par ses disciples pour que sa dépouille échappât à ses bourreaux. Cette barque était venue s'échouer à l'embouchure de la rivière Ulla, au lieu dit El Padron. Là, de pieuses mains avaient pris le corps et l'avaient enseveli dans le champ au-dessus duquel, des siècles plus tard, devait se lever l'étoile mystérieuse, et qu'à cause de cela on nomma Compostelle (en latin *campus stellae*, le champ de l'étoile). On bâtit sur le tombeau une cathédrale, où le Moyen Age, avide de légendes et de pèlerinages, prit l'habitude de venir prier.

Cette légende de saint Jacques allait décupler le zèle des combattants contre l'Islam. On rapporta qu'à la bataille de Clavijo (844), un cavalier blanc était apparu aux côtés de l'Espagnol Ramiro, semant l'épouvante dans les rangs musulmans. Pour finir, tout le nord de l'Espagne avait été délivré des Arabes, qui n'occupaient plus que le royaume de Grenade.

Or, au XIᵉ siècle, la Terre sainte avait connu toutes sortes de dévastations : d'abord, en 1009, la destruction du Saint-Sépulcre, sur l'ordre du calife Hakim, persécuteur féroce des chrétiens. Puis ç'avait été, sur la fin du siècle, l'invasion des Turcs Seldjoukides, qui avaient embrassé la foi islamique. Ils avaient détruit, à Mantzikert, en 1071, l'armée byzantine et ravagé l'Arménie, l'Asie Mineure, la Syrie. L'empereur de Byzance avait imploré le pape de lui faire envoyer des secours ; de là venait ce vaste appel à l'Occident qui aboutit à la reconquête de Jérusalem en 1099.

La croisade, née en Auvergne, allait durer deux siècles.

Cette Auvergne du temps de la croisade est un pays très peuplé, surtout pendant la période romane, qui voit son apogée. C'est une région contrastée, qui présente, du point de vue agricole, des parties riches, comme la Limagne, mais aussi des plateaux pauvres et secs. Dans la haute Auvergne, la céréale la plus cultivée est restée depuis cette époque le seigle. Or, le seigle provient d'Europe centrale, et l'on est certain qu'il fut introduit chez nous pendant le haut Moyen Age. Cette constatation faisait l'étonnement du grand historien de l'agriculture Marc Bloch : ainsi cette période du haut Moyen Age, où l'on imagine les peuples vivant dans la terreur des invasions, repliés sur leur domaine, sans communication possible avec l'extérieur, a été marquée, pour l'agriculture, d'une véritable découverte permettant aux terrains pauvres de produire de quoi alimenter bêtes et gens ?

Le châtaignier, autre produit de la terre d'Auvergne, tend à disparaître aujourd'hui par suite de maladies et aussi par suite du déboisement exagéré qui a été fait pour en extraire l'acide tannique. Il a fait la richesse du pays de toute antiquité, et il accompagnait autrefois, presque obligatoirement, la culture de la vigne qui poussait jusque sur les plateaux granitiques du Limousin, car aucun bois n'était réputé meilleur pour faire les échalas et les tonneaux.

L'élevage, au Moyen Age comme aujourd'hui, faisait l'une des richesses de l'Auvergne, facilité par la vaine pâture, en vertu de laquelle, aussitôt après la première coupe des foins, les prairies appartenaient à tout le monde. Les coutumes locales, comme ces fameuses « paix » d'Aurillac, prennent grand soin de définir les droits du non-possédant qui permet-

Statue reliquaire de Sainte-Foy de Conq
Elle a été démontée en 1955 et étudiée par Jean Taral
la tête provient d'une statue du Bas-Emp
le corps et le siège sont de bois, revêtus
et d'ornements filigranés enchâssant pierreries et intai
d'une exceptionnelle somptuo
la statue date de la fin du IXᵉ si
et aurait été transformée au Xᵉ siècle. Trésor de Conques (Aveyr

taient, même aux plus pauvres habitants de la campagne, de nourrir une vache et quelques moutons ; les citadins eux-mêmes, habitants d'Aurillac ou d'autres bourgs demeurés semi-ruraux, faisaient paître quelques bestiaux aux alentours.

Les produits laitiers alimentaient déjà les fromageries. On sait que le fameux fromage du Cantal a gardé son nom initial de « fourme » qui vient de la « forme » dans laquelle on verse la pâte liquide — le lait mis à cailler — et qui lui donne sa forme ronde, d'où « formage », puis « fromage ».

Enfin, une autre source de richesses a été, pour l'Auvergne, ses eaux minérales. C'est de toute antiquité que les sources de Vichy, de Saint-Nectaire, de La Bourboule, de Bourbon-l'Archambault ont été connues et fréquentées par les malades. La Gaule était, par excellence, le pays des « eaux qui guérissent ». Au Moyen Age, un roman célèbre se situe à Bourbon-l'Archambault : le *Roman de Flamenca*. C'est un texte provençal d'un auteur inconnu. Flamenca, fille du comte Guy de Nemours, épouse le seigneur Archambault de Bourbon. Celui-ci ne tarde pas à être jaloux de sa jeune femme. Il la tient étroitement enfermée avec deux servantes. Flamenca obtient seulement de lui la permission de se rendre à la messe, et aussi, pour sa santé, aux bains de Bourbon-l'Archambault. Or, un chevalier, Guillaume de Nevers, ne l'en a pas moins aperçue. S'étant mis en tête de conquérir la jeune femme en dépit du mari, il se fait tonsurer et admettre comme sous-diacre par le curé de l'endroit : il a remarqué que le seul moment où l'on peut adresser un mot à Flamenca, c'est lorsque le clerc qui sert la messe lui apporte le missel à baiser à la fin de la cérémonie. Oh ! ce n'est qu'un court instant, puisqu'il peut tout juste lui dire un mot. Mais cela suffit au faux diacre pour soupirer : « Hélas ! » en présentant le livre à la jeune comtesse. Celle-ci, très perplexe, prend conseil de ses servantes, et, le dimanche suivant, répond au clerc inconnu : « *Que plans ?* » (De quoi te plains-tu ?) Pendant des mois, le dialogue se poursuivra de dimanche en dimanche : « Je me meurs. — De quoi ? — D'amour. — Pour qui ? — Pour vous. — Qu'y puis-je ? — Me guérir. — Comment ? — Par ruse. — Laquelle ? — Vous irez... — Où ?... — Au bain. — Quand ? — Bientôt », etc. Et pour finir la dame, qui s'est laissé convaincre par le clerc trop séduisant, répond : « *Plas mi.* » (Cela me plaît.) Le romanesque des villes d'eaux, comme on le voit, existe déjà.

Des pèlerinages et de la croisade, l'Auvergne garde une extraordinaire richesse de monuments. Ils ont un caractère commun : la pierre noire des anciens volcans. Seule, Notre-Dame-du-Port, à Clermont, commencée peu avant le concile et l'une des cinquante-quatre églises que comptait la ville au XIᵉ siècle, est bâtie en arkose, c'est-à-dire en grès et scories volcaniques. Mais Saint-Nectaire, dont les chapiteaux constituent un éblouissant répertoire de la sculpture romane ; Saint-Paul d'Issoire, qui est comme la copie en réduction de la précédente ; Orcival, où l'on vénère l'une de ces Vierges noires pour lesquelles les Auvergnats avaient une prédilection ; Saint-

Julien de Brioude, qui garde ses anciennes portes de bois, recouvertes de cuir, et où se voit encore l'écu de Guillaume d'Orange (lequel y mourut moine après avoir été la terreur des Arabes), toutes ces églises sont bâties avec le matériau volcanique du pays, la pierre noire de Volvic.

Vous noterez, dans ce matériau noir — sur les hauts des murs et sur les pignons — des motifs de mosaïque blancs ou bruns. Toute l'ingéniosité du bâtisseur amoureux de son métier est là. Il lui a suffi de quelques pierres claires pour apporter à la pierre noire ce qui lui manquait : la gaieté et la lumière.

5

Maine, Anjou, Touraine
La vie seigneuriale

Les armoiries ornent l'écu du chevalier comme la housse de son destrier (cheval de guerre que l'on conduit de la main droite). Archives nationales.

MAINE, ANJOU, TOURAINE
LA VIE SEIGNEURIALE

Le touriste qui visite les châteaux de la Loire voit de belles demeures de plaisance, très luxueuses, dans lesquelles des nobles ou de riches bourgeois ont vécu avec leur famille, servis par tout un monde de domestiques.

Le château médiéval est tout autre chose. Il n'a rien d'une propriété privée : c'est un véritable État en miniature.

Les seigneurs féodaux avaient été, aux temps mérovingiens, de simples délégués du roi. Ils administraient pour lui une région ; ils étaient rétribués à la mode de l'époque, c'est-à-dire avec les revenus d'une terre. Par la suite, ils prirent un rôle plus important. Les invasions normandes et sarrasines (VIIIᵉ-IXᵉ siècle) coïncidaient avec la décadence complète de l'état centralisé constitué par Charlemagne. En l'absence de tout pouvoir central, il fallait bien, sur place, se défendre et assurer la subsistance des populations : ainsi s'explique l'extrême morcellement qui fit alors de la France une véritable mosaïque de « fiefs », devenus peu à peu héréditaires. Le seigneur qui détient un fief n'en est pas le propriétaire : il a seulement un certain nombre de droits que la coutume a consacrés. Ces droits sont la contrepartie de sa charge, qui est d'assurer la police de ce fief. En fait, les seigneurs féodaux ont représenté, en leur temps, ce que représentent pour nous aujourd'hui l'armée, la justice et la police, avec cette différence que, n'étant pas rétribués par l'État, ils jouissaient d'un certain nombre de revenus sur les terres qu'ils administraient. Ces droits étaient un peu l'équivalent de ce que nous payons aujourd'hui en impôts pour être protégés et administrés.

Dans la France d'aujourd'hui existent des gendarmeries, des casernes, des commissariats de police. Dans la France médiévale, ce sont des châteaux qui hérissent le sol, tandis que des murs d'enceinte abritent les villes. Les noms mêmes que porte celui qui détient le château sont significatifs : il y a le duc, *dux,* chef militaire ; il y a le marquis, *marchio,* celui qui défend une marche, c'est-à-dire une frontière ; il y a, plus souvent, le comte, *comes :* c'est le compagnon, ami du roi, qui lui a confié telle ou telle portion du territoire à gouverner. Et, duc, marquis ou comte, cet administrateur s'appelle le seigneur, *senior,* le plus âgé, titre qui nous rappelle que la noblesse, beaucoup plus que d'origine militaire, est d'origine terrienne, et que, sur le domaine, c'est l'« ancien », l'homme d'âge et d'expérience, qui gouverne.

Son château est, avant tout, un appareil de défense, non seulement pour lui-même et pour sa famille, mais pour tous ses familiers, et, au-delà, pour toute la paysannerie d'alentour, qui s'y réfugiera en cas d'alerte.

Le caractère défensif de l'ensemble frappe dès l'abord. Voyez à Angers les énormes fossés, aujourd'hui convertis en jardins, qui entourent le château. Partout où la défense naturelle est insuffisante — c'est le cas le plus général, en dehors des châteaux qui s'élèvent sur une motte naturelle ou sur un rocher escarpé —, ces énormes fossés ont servi à isoler la forteresse. Autour de certaines villes, comme à Sens, ils eurent jusqu'à vingt mètres de large. Ce fossé n'était autre, d'ailleurs, que la carrière dont on avait extrait la pierre pour bâtir les murailles.

L'art militaire conserve les noms des défenses qui entourent le château. Ces défenses se sont développées au cours des siècles : il y a d'abord une sorte de talus en pente qui nous amène au bord du fossé ; c'est le glacis. Les deux pentes qui bordent l'intérieur du fossé sont l'escarpe du côté du château, et la contrescarpe du côté du glacis. Enfin, au-dessus de l'escarpe, un talus en pierre continue la pente, si bien que la masse de pierre est plus épaisse encore dans le bas, à la base de la muraille, que dans la muraille elle-même, pourtant épaisse couramment de deux mètres et plus pour ces enceintes extérieures qu'on appelle des courtines. Dans l'enceinte construite autour de Paris par Philippe Auguste, la courtine était épaisse de 2,20 m au sommet, de 2,50 m à la hauteur du talus, cela sur une hauteur de 7 à 11 mètres et pour 5 300 mètres de long. Les murailles, d'ailleurs, ne sont pas entièrement en pierre de taille. Celles-ci forment une sorte de revêtement à l'intérieur et à l'extérieur, qu'on appelle le parement. Entre ces deux parements, c'est un ensemble de pierres irrégulières et de mortier, ce qu'on nomme le blocage. Pour reprendre les dimensions de l'enceinte de Paris sous Philippe Auguste, il y avait, sur les 2,50 m d'épaisseur dans le bas, 1,30 m de blocage et 60 centimètres de parement à l'intérieur et à l'extérieur.

L'enceinte fait généralement le tour du château et permet d'accéder directement au donjon, qui en est la partie principale, par un chemin de ronde. L'une des enceintes les mieux conservées est celle du château de Polignac, en Auvergne, près du Puy (sur la route de La Chaise-Dieu) : l'enceinte est du XIIIe siècle.

Car le château est bien, nous l'avons dit, un petit monde : à l'abri de son enceinte doivent pouvoir se réfugier, non seulement le seigneur et les vassaux, qui, tour à tour, sont tenus d'accomplir le service d'armes — service qui s'élève à quarante jours par an —, mais encore les paysans d'alentour. Aussi trouve-t-on, à l'intérieur, la cour ou basse-cour, des logis, généralement une chapelle, et, toujours, le puits qui ravitaillera en eau les habitants et leurs bêtes ; à Polignac, ce puits atteint 83 mètres de profondeur : il fallait prévoir de longs sièges. La partie principale est le donjon qui, à la fois, sert d'habitation au seigneur et de refuge suprême lorsque le reste du château a été pris d'assaut ; aussi est-ce la partie la plus fortifiée.

Le plus ancien donjon de France est celui de Langeais. Il est actuellement compris dans l'ensemble d'un château qui date, lui, du XVe siècle. C'est la tour à droite de l'entrée : une construction de la fin du Xe siècle, puisqu'il a été bâti par Foulques Nerra vers 990. À cette époque, on commençait à construire couramment des châteaux en pierre ; jusqu'alors, ils avaient été surtout bâtis en bois. Celui de Langeais est fait de pierres et de briques, selon un plan rectangulaire qui est celui des plus anciens donjons.

Mais ce plan rectangulaire avait un grave défaut du point de vue militaire, celui de présenter des « angles morts » : on pouvait tirer le long des murailles, lancer flèches et traits d'arbalète ; mais un angle droit se dessinait depuis la pointe, où les assaillants pouvaient s'avancer en sécurité ou à peu près. Les recherches des ingénieurs militaires, aux XIIe et XIIIe siècles, portèrent surtout sur les moyens de remédier à cet angle mort et de rendre le château inexpugnable. Jusque-là, on l'a remarqué, les châteaux étaient, avant tout, des moyens de défense passive, un peu comme nos abris souterrains : on se trouvait en sécurité à l'abri de ces énormes murailles, mais on ne pouvait guère faire de mal aux assaillants. C'est d'ailleurs un trait qui caractérise toute la période médiévale, que les moyens de défense aient été très supérieurs aux moyens d'attaque ; nous en verrons quelques conséquences.

Nous avons à Loches un magnifique exemple de donjon du XIIe siècle. À droite de l'église Saint-Ours, sur cette promenade que l'on appelle le mail du Donjon, et que borde la courtine du XIIe siècle s'élève l'édifice, magnifique masse formée de deux rectangles accolés que renforcent, de place en place, des contreforts. Le plus grand rectangle mesure un peu plus de 25 mètres de long sur 14 de large ; l'autre est de moitié plus petit, mais sa hauteur était autrefois semblable à celle de l'édifice principal, 25 mètres. Dans ce donjon, on retrouve les traces de trois salles superposées ; celle du premier étage servait, généralement, d'habitation ; celle du second étage, dans la plus petite construction, était une chapelle : voûtes et planchers ont d'ailleurs disparu ; mais les escaliers, pratiqués dans la muraille, ont subsisté. Dans le fond du grand donjon, le puits a 25 mètres de profondeur. Au cours du XIIe siècle, le donjon, d'abord isolé, a été enveloppé de deux murailles concentriques. On peut toujours voir la seconde, formant ce qu'on appelait la « chemise » du château. Elle est, elle, de forme circulaire, avec des tours. Si l'on examine la forme particulière des contreforts qui, de place en place, scandent le donjon principal, on s'aperçoit que cette forme cylindrique permettait d'éviter les angles morts.

Attaque d'une ville.
Les archers soutiennent l'assaut de ceux qui tentent
l'escalade de la muraille,
en se protégeant de leur bouclier.
L'équipement est celui des XIVᵉ-XVᵉ siècle. Paris,
bibliothèque de l'Arsenal.

Un donjon presque semblable, mais avec des contreforts plats, subsiste à Beaugency : on l'appelle aujourd'hui la tour de César. Il est de la fin du XIᵉ siècle. Il comportait cinq étages. Le donjon de Montrichard date, lui, du XIIᵉ siècle ; c'était une énorme construction ; ses murs, à la base, n'avaient pas moins de 3 mètres d'épaisseur. Trois chemises l'enveloppaient, construites à des dates différentes, la troisième au XIIIᵉ siècle.

De plus en plus, pour éviter l'angle mort, on se mettra à construire des donjons circulaires ou polygonaux. Sans quitter la région, on peut voir, à Châteaudun, le beau donjon circulaire bâti au XIIᵉ siècle. Les murs, à la base, ont 4 mètres d'épaisseur ; deux chemins de ronde y sont creusés à la hauteur des étages ; un troisième surmonte le mur. L'ensemble du donjon mesure 17 mètres de diamètre. La grande salle principale est couverte d'une coupole, et le chemin de ronde était ménagé entre la coupole et le mur extérieur.

Par la suite, on mettra à profit les progrès stratégiques pour bâtir des donjons permettant une défense active. Ainsi ce Château-Gaillard, construit au-dessus de la Seine, aux Andelys, par Richard Cœur de Lion et qui comportait une grande enceinte fortifiée, avec des tours de place en place et, à l'intérieur, un donjon que renforçait une chemise à tour semi-circulaire, énorme forteresse qui avait été dressée en quatorze mois. Nous avons vu au chapitre 1 le rôle joué par Château-Gaillard dans les guerres franco-anglaises.

Villard de Honnecourt.
En dessinant ces deux personnages
prêts à s'affronter,
il a été attentif aux détails techniques :
la ferrure des chevaux,
les étriers, le harnais.
Paris, Bibliothèque nationale.

Il faut revenir à Angers pour trouver le plus magnifique exemple d'un château du XIIIᵉ siècle. Bâti en dix ans, de 1228 à 1238, le château a la forme d'un pentagone, au périmètre de 952 mètres, flanqué de dix-sept grosses tours rondes. Bien qu'il ait été en partie démoli au XVIᵉ siècle, sous le règne d'Henri III — les tours furent ramenées à la hauteur de la courtine —, l'ensemble a gardé son allure du XIIIᵉ siècle ; la tour du nord et les deux tours de la porte des Champs ont été conservées à peu près intactes, puisqu'elles n'ont perdu qu'un seul étage. Cette porte des Champs, située au sud, conserve aujourd'hui la herse en bois datant du XIIIᵉ siècle, qui a été retrouvée dans l'épaisseur des murs lors de la restauration du château. Ces herses, glissant dans des rainures ménagées dans les tours qui encadrent l'entrée, servaient, en effet, en cas d'alerte, à fermer rapidement la porte lorsqu'on n'avait pas eu le temps de remonter le pont-levis ; elles servaient aussi à renforcer la porte. C'était en effet l'endroit le plus vulnérable que cette porte, et donc celui qu'il fallait fortifier.

De quels moyens disposait l'assaillant devant ces murailles énormes ? Comment s'attaquer à ces enceintes dont chaque créneau pouvait dissimuler un homme, tout en lui permettant d'envoyer des traits d'arc ou d'arbalète ? C'est en étudiant les armes et les péripéties d'un siège que l'on comprend le mieux les divers dispositifs dont un château est muni pour sa défense.

Jusqu'au milieu du XIVᵉ siècle, lorsque les premières armes à feu firent leur apparition sur le champ de bataille de Crécy (1346), ces armes sont restées très rudimentaires. Intentionnellement : en 1139, le pape Pascal II avait interdit l'usage de l'arbalète à traits, jugée trop meurtrière. Le roi Philippe Auguste devait recommencer à s'en servir au début du XIIIᵉ siècle. Cette arbalète à traits était un arc très dur, de la hauteur d'un homme, que l'on adaptait à un fût fixe et qu'on bandait mécaniquement ; elle lançait non pas des flèches, mais des traits courts et gros qu'on appelait des carreaux.

Les autres armes étaient des armes à main : la lance et l'épée, qui ne servaient guère que pour le corps à corps ou pour la charge de cavalerie ; ou encore des machines assez simples : les perrières, engins à ressort placés sur un poteau vertical, qu'un faisceau de cordes violemment détendues faisait manœuvrer ; le mangonneau qui, au lieu de s'apparenter à l'arc comme la perrière, ressemblait plutôt à la fronde, manœuvrée par un contrepoids.

Ces machines servaient à ébranler les murs, de façon à y pratiquer une brèche. Mais, inutile de le dire, l'épaisseur des murailles était bien décourageante pour leur faible puissance. Aussi essayait-on plutôt de démolir les murs par la sape ou la mine. La sape s'attaquait au pied de la muraille. Les sapeurs s'avançaient, protégés par un toit hâtivement monté sur chariot, et commençaient à détruire le bas de la muraille ; c'est pour cette raison qu'on imagina le talus renforcé. Le sapeur, une fois parvenu à pratiquer une niche dans l'intérieur de la muraille, y entassait des bois, des haies, des résineux, mettait le feu et s'enfuyait. Sous l'action du feu, les pierres se désagrégeaient, suffisamment parfois pour que la muraille s'écroulât. La forteresse d'Yèvre-le-Châtel, au XIIIᵉ siècle, montre un exemple de construction dans laquelle l'effet de la sape a été anéanti grâce à des arcs qui bandent la muraille au-dessus de la hauteur à laquelle une sape pouvait être creusée : le pan de muraille attaqué par la sape aurait pu s'écrouler jusqu'à la hauteur de cet arc, non au-dessus.

Les mineurs, eux, creusaient, en avant du fossé, des galeries souterraines afin de pénétrer à l'intérieur du château.

Généralement, pour empêcher les assaillants d'approcher, on avait imaginé, au-dessus des murailles, les mâchicoulis. Ce sont des ouvertures ménagées dans le plancher même des tours ou des chemins de ronde. Un excellent exemple en est fourni, à l'heure actuelle encore, par les fortifications du prieuré de Champdieu (Loire) : les murailles ont été renforcées par des contreforts extérieurs, et les mâchicoulis sont ménagés entre le contrefort et la muraille elle-même. Par cette ouverture, on pouvait jeter sur les sapeurs ou les assaillants pierres et projectiles, qui tombaient alors verticalement, permettant d'accabler les sapeurs, ou ricochaient sur le talus et atteignaient les assaillants. Ou encore ces mâchicoulis étaient construits en avancée sur des assises surplombant les murailles, un peu comme les balcons en encorbellement des rues médiévales. Le donjon de Bourdeilles, dans le Périgord, est ainsi couronné de mâchicoulis.

Quelquefois encore, on se contentait de bâtir en pierre de simples supports, des « corbeaux », sur lesquels, le moment venu, on pouvait poser des constructions légères en bois qu'on appelait des hourds. Elles abritaient des combattants qui pouvaient soit lancer des traits par les fenêtres percées dans les hourds, soit encore se servir des hourds comme de mâchicoulis. Le château de Laval, dans sa partie ancienne, montre une tour qui a gardé les hourds à demeure.

Bien entendu, pour ne pas affaiblir les murs, on n'ouvrait pas de fenêtres, mais seulement de simples rainures qu'on appelait archères ou meurtrières. Pour pouvoir surveiller l'horizon, on disposait, par exemple, à l'angle d'une muraille ou sur un contrefort, une échauguette, petite construction conçue comme une guérite et abritant un guetteur.

La porte, nous l'avons dit, était le point faible de la construction. Le château de Langeais offre encore un exemple du moyen d'accès le plus ordinaire : le pont-levis à bascule, que l'on manœuvrait de l'intérieur (du premier étage, à l'aide de chaînes et de treuils). Presque toujours, entre la herse et la porte, on se trouvait dans une sorte de pièce voûtée dans laquelle on avait réservé des mâchicoulis ; puis une seconde herse et une seconde porte défendaient à nouveau le passage. On en trouve un exemple très complet à Villeneuve-lès-Avignon, ou encore, sans quitter notre région — le Maine-et-Loire — à Montreuil-Bellay, où cette porte, soit dit en passant, est proche des cuisines du château, lesquelles presque toujours étaient dans un bâtiment spécial, à cause du risque d'incendie.

La porte est enfin comprise dans une tour, et elle est conçue en chicane,

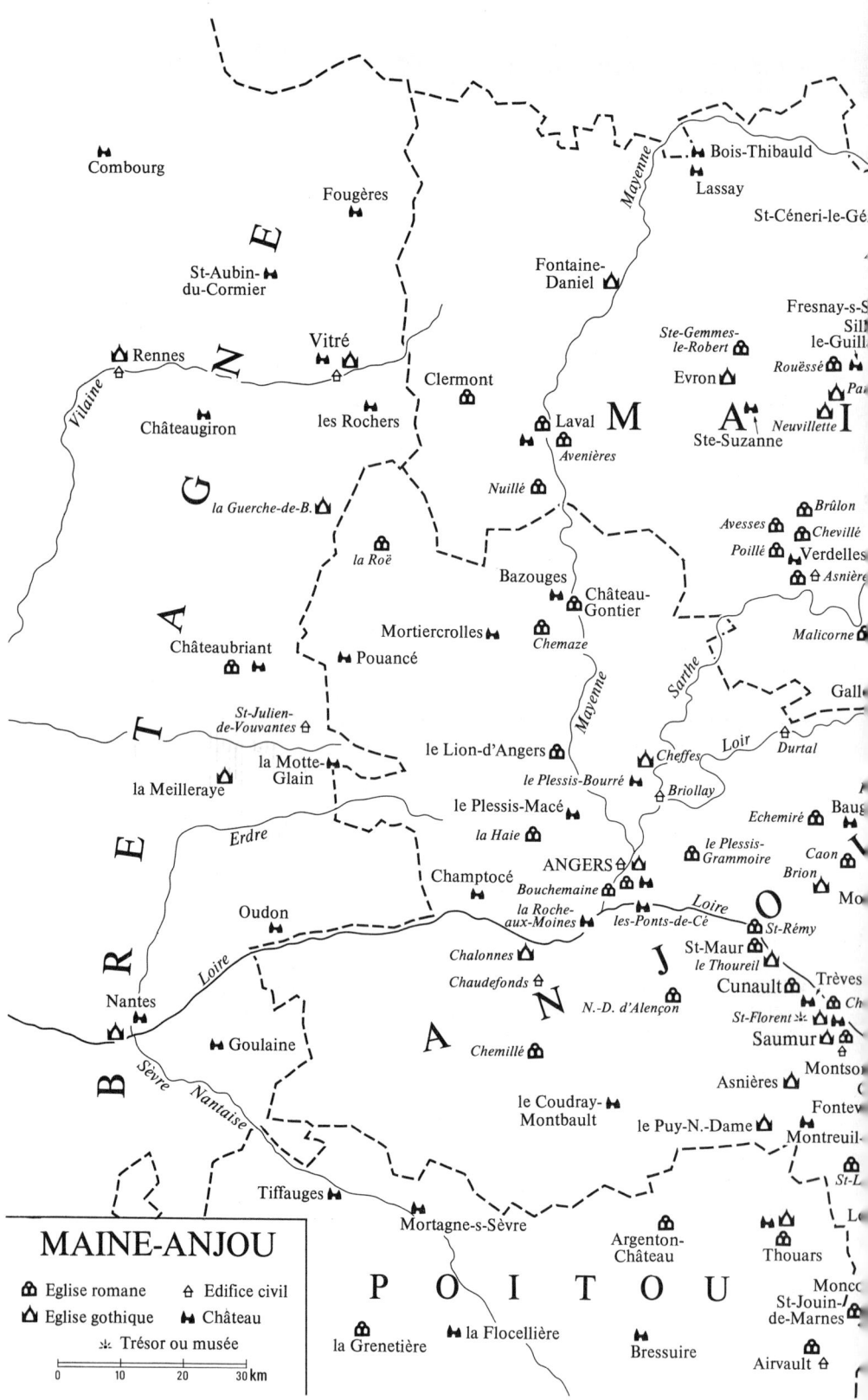

Combourg

Fougères

Bois-Thibauld

Lassay

St-Céneri-le-Gé

St-Aubin-du-Cormier

Fontaine-Daniel

Fresnay-s-S
Sill
le-Guill

Vitré

Ste-Gemmes-le-Robert

Rouëssé

Rennes

Clermont

Evron

Pa

Châteaugiron

les Rochers

Laval **M**

A

Neuvillette **I**

Ste-Suzanne

Avenières

Vilaine

la Guerche-de-B.

Nuillé

Brûlon

Avesses

Chevillé

Poillé

Verdelles

la Roë

Asnière

Bazouges

Château-Gontier

Malicorne

Mortiercrolles

Chemaze

Gall

Châteaubriant

Pouancé

Sarthe

B

St-Julien-de-Vouvantes

le Lion-d'Angers

Cheffes

Loir

Durtal

la Motte-Glain

le Plessis-Bourré

Briollay

la Meilleraye

le Plessis-Macé

Echemiré

Baug

R

Erdre

la Haie

le Plessis-Grammoire

Caon

Brion

Mo

Champtocé

ANGERS

O

Oudon

Bouchemaine

la Roche-aux-Moines

les-Ponts-de-Cé

St-Rémy

Loire

St-Maur

Chalonnes

le Thoureil

Trèves

E

Loire

Chaudefonds

Cunault

Ch

Nantes

N.-D. d'Alençon

J

St-Florent

Saumur

T

A

N

Goulaine

Chemillé

Asnières

Montso

Sèvre

Nantaise

le Coudray-Montbault

le Puy-N.-Dame

Fonte

Montreuil

B

St-L

Tiffauges

Mortagne-s-Sèvre

Argenton-Château

Thouars

Le

MAINE-ANJOU

Monc
St-Jouin-
de-Marnes

la Grenetière

la Flocellière

Bressuire

Airvault

P O I T O U

Eglise romane Edifice civil

Eglise gothique Château

Trésor ou musée

0   10   20   30 km

PERCHE

Mortagne-au-Perche
Longny-au-Perche
Gallardon

St-Paterne
Eure
CHARTRES
Auneau

Neufchâtel
Dame-Marie
Vézot
Villebon

St-Rémy-du-Plain
Gauburge
Nogent-le-Rotrou
Thiron-Gardais

Ballon
Huisne
Beaumont-les-A.
Frazé
ORL

la Ferté-
Bernard

E
Tuffé
Courgenard
Montmirail
la Bazoche-Gouet
Bonneval

Pont-de-Gennes
Conneré
le Poislay
Arrou
Châteaudun

MANS
Souday
St-Agil
Courtalain
Patay

l'Epau
les Loges
Coudrecieux
Montigny-
le-Gannelon
Lutz
Péravy

Parigné-
l'Evêque
St-Mars
Mondoubleau
le Temple
Orléans

Tresson
Evaille
Sargé
Danzé
Morée
Moisy

eloche
Ste-Cérotte
Epuisay
Busloup
Fréteval
St-Laurent
Meung-
s-Loire
la Chapelle-
St-Mesmin

Marigné
St-Vincent-du-L.
Courtanvaux
Azé
Rocé
Epiais
St-Léonard
Cléry

St-Pierre-du-L.
Trôo
Vendôme
Marchenoir
Roche
Beaugency

Montoire
Coulommiers
Rhodon
Talcy
Herbilly

Loir
Lavardin
Selommes
la Chapelle-St-M.
Mulsans
Nouan

Dissay
la Chapelle-
Vendômoise
Suèvres

Villebourg
Chemillé-s-D.
Landes
St-Bohaire
Loire
Montlivault

Neuvy-le-Roy
Louestault
Marolles

Neuillé-Pt-Pierre
Châteaurenault
Françay
St-Lubin
Blois

Beaumont-
la-Ronce
la Guiche

Charentilly
Chanceaux-s-V.
Cellettes
Fontaines-en-S.

nay
Semblançay
Mesland
les Montils
Cour-Cheverny
Courmémin

Avrillé
Rochecorbon
Parçay-
Meslay
Cangey
Limeray
Veuves
Fougères-
s-Bièvre
Mur-de-Sologne

Luynes
St-Côme
Vernou
Pontlevoy
Cornilly

Cinq-Mars
Marmoutiers
St-Martin-le-B.
Chissay
Montrichard
Couddes
le Moulin

Langeais
le Plessis-
les-Tours
Tours
Civray
Chisseaux
Beauregard

Restigne
Loire
St-Jean-
de-Grais
Bléré
Aiguevive

Ussé
Indre
Montbazon
Cormery
St-Aignan-
s-Cher
Selles-
s-Cher
Mennetou-s-Cher

Huismes
Ste-Catherine-
de-Fierbois
Genillé
Chabris

Chinon
Cravant
Panzoult
Chanceaux
Orbigny

Rivière
St-Epain
Beaulieu
la Courroirie
le Liget

Tavant
Crouzilles
l'Ile-
Bouchard
Loches
Varennes
Perrusson

Septmes
Bournan
Civray

ve-la-Vineuse
Châtillon-
s-Indre
Palluau-
s-Indre
Pellevoisin
Levroux

le Grand-Pressigny
Argy

Creuse
St-Genou

la Guerche
Preuilly-Claise
Indre

MARCHE-LIMOUSIN

- ⊕ Eglise romane
- ⊕ Eglise gothique
- ⚓ Edifice civil
- ♟ Château
- ⚐ Lanternes des morts
- ⚒ Trésor ou musée

BOURBONNAIS

BERRY

POITOU

MARCHE

Montluçon
l'Ours
Dontreix
Herment
Bourg-Lastic
Huriel
Roche-Guillebault
Auzances
Lupersat
Crocq
Felletin
Vallières
St-Yriex
St-Quentin
St-Marc
Ahun
Guéret
Bénévent-l'Abbaye
St-Amand-Magnazeix
Rançon
Razes
Compreignac
Nieul
Couzeix
LIMOGES
le Vigen
Chalusset
Solignac
Eymoutiers
St-Gauthier
St-Marcel
Rivarennes
Roussines
Ciron
Romefort
Prissac
St-Benoît-du-Sault
St-Sulpice-les-Feuilles
Arnac-la-Poste
Château-Guillaume
Magnac-Laval
Bellac
Blond
Oradour-s-Glane
St-Christophe
Montrollet
Brigueil
Rochebrune
St-Victurien
St-Junien
Cognac-le-Froid
Rochechouart
les Salles-Lavauguyon
Champagnac
Mézières-en-Brenne
Preuilly-s-Claise
Douadie
Fontgombault
la Roche-Posay
Angles-s-Anglin
ST-SAVIN
Antigny
Chauvigny
Villesalem
Journet
Montmorillon
Moussac
le Cluzeau
Oradour-St-Genest
Lathus
le Dorat
St-Barbant
Abzac
Esse Lesterps
Confolens
Allouë
St-Maurice-des-Lions
St-Laurent-de-Ceris
Chabrac
Exideuil
St-Mary
Roumazières
Chasseneuil
la Rochefoucauld
St-Sornin
la Guerche
Beaumont
Lencloître
Chassigneuil
Châtellerault
Scorbé-Clairvaux
Jaunay
Vouillé
Béruges
POITIERS
St-Benoît
Touffou
Bonnes
Nouaille-Maupertuis
Availles
Fleuré
Morthemer
Lhommaize
St-Maurice
Bouresse
Usson
la Villedieu
Château-Larcher
Brion
St-Secondin
Montreuil-Bonin
Lusignan
Géaux-en-Couhé
Vaux
Sommières
St-Martin-l'Ars
Civaux
Lussac-les-Châteaux
Persac
la Perrière
Vienne
le Vigeant
la Réau
St-Savid
Civray
Charroux
Benest
Champagne-Mouton
Chassiec-le-Grand
Madieu
Cellefrouin
St-Angeau
Ste-Colombe
Ruffec
Courtôme
St-Amand-de-Boixe
Coulgens
Vars
la Rochette
la Tour-au-Cognon
Gartempe
Chantemine

Rivers
Cher
Indre
Creuse
Vienne
Charente
Gartempe

LIMOUSIN

GUYENNE

AUVERGNE

Moutiers-les-M...
Villebois-Lavalette
Chadurie · Charmant
Montmoreau
Nabinaud
Rouffiac · Bonnes
Aubeterre · St-Privas
St-Aulaye
Vauclaire
St-Martin-de-Gurçon
Carsac · Montpeyroux
Gensac
Ste-Foy-la-Grande
Duras
la Sauvetat · Eymet
Miramont-de-Guyenne
Monflanquin
Castillonnès · Villeréal
St-Avit · Montcabrier
Villeneuve-s-Lot
Lot

Mareuil-s-Belle
St-Jean-de-Côle
St-Pierre · Thiviers
Brantôme · Bourdeilles
Gonterre · Montagrier
Grand-Brassac · Villetoureix
Chancelade
St-Aquilin · Périgueux
Montanceix
Grignols · Sourzac
Isle · Dordogne

Jumilhac-le-Grand
Excideuil
Tourtoirac
St-Yrieix-la-Perche
Arnac · Pompadour
St-Robert · Allassac · St-Viance
Issandon · Brignac-la-Plaine
Lubersac · Vézère
Saillans
Vigeois
Uzerche

Soudeilles
Egleton
Ventadour · Eyrein · Gimel
St-Bonnet
Grandsaigne
Ste-Fortunade
Tulle · Aubazine
Favars · Donzenac · Neuville
Malemort · Dampniat
Brive-la-Gaillarde
Collonges · Turenne
Noailles
Terrasson
St-Amand-de-Coly
Chavagnac
Lhosse · Sergeac
Vanjoux
le Moustier · Tursac
Tayac
Campagne
St-Martin · Bernac
la Roque · Montfort · Carsac
Castelnaud · St-Julien
Sarlat · St-Vincent
Cénac · Domme
Fénelon
Gourdon · le Vigan
Souillac · Martel
Gluges · Carennac
Castelnau-de-Bretenoux
Rocamadour
Vaillac
Montpazier · Besse
Biron
Beaumont-du-Périgord
Cadouin · Bayac
Couze · Lalinde
Trémolat · Badefols
Paumat
Issigeac

St-Angel
Chirac · Liginiac
Neuvic-d'Ussel
Anglars · Madic · Ydes
St-Hilaire
Lanobre
Salsignac · Saignes · Menet
Trizac
Moussages · Jaleyrac
Bassignac · Mealleb
Sourniac
Mauriac
Ally · Drugeac
St-Christophe
Ste-Eulalie · St-Martin
St-Martin-C.
St-Illide · St-Cernin
Reilhac
St-Bonnet-de-S.
Salers · St-Paul
St-Chamant · Anjony
Girgols · Vic-s-C.
Naucelles
Pesteils

Cère
Dordogne

Tours-de-Merle
Brivezac
Beaulieu-s-Dordogne
St-Laurent · St-Céré
le Bourg
Rudelle
Marcilhac
Montbrun
Figeac
St-Pierre-Toirac
Villeneuve-d'Aveyron
Villefranche-de-Rouergue

Entraygues
Conques-de-Rouergue
la Feuillade
Lot

30 km
0 10 20 30

c'est-à-dire que le couloir qui constitue l'entrée dessine un angle droit. Cette disposition permettait de bloquer rapidement ce couloir lorsqu'on voyait l'assaillant sur le point d'y pénétrer (la porte du Croux, à Nevers, est un exemple de ce dispositif).

Enfin on construisait aussi, en avant de la porte, une tour fortifiée qu'on appelait barbacane. C'était une tour basse, en demi-cercle, crénelée, dans laquelle s'ouvrait un passage coudé par lequel on atteignait la courtine. (L'exemple qui en est le mieux conservé est la porte du château de Bonaguil, dans le Lot-et-Garonne.)

Presque toujours, dans ces constructions, c'était le premier étage qui était considéré comme habitable ; caves et rez-de-chaussée servaient pour les réserves de ravitaillement. L'imagination romantique a fait voir parfois, dans les soubassements des châteaux, les fameuses « oubliettes », dans lesquelles il a suffi qu'on ait retrouvé quelques ossements d'animaux pour faire naître des légendes à faire frémir. L'un des premiers à s'élever contre ces absurdités a été Prosper Mérimée, nommé par Napoléon III inspecteur des monuments historiques : « Combien de celliers ou de magasins de bois n'ont pas été pris pour d'affreux cachots ! Combien d'os, débris de cuisine, n'ont pas été regardés comme les restes des victimes de la tyrannie féodale ! » s'écriait-il. N'empêche qu'en maints endroits les légendes ont survécu et sont retransmises par des guides doués de plus de bonne volonté que de savoir. Tout château comportait son cachot, mais ce qu'on a pris pour des oubliettes, c'était soit des réserves où s'entassaient les grains ou la farine, soit des celliers ou citernes, soit encore des fosses d'aisance, car le château en comportait aussi ; c'est par les fosses d'aisance que les soldats de Philippe Auguste pénétrèrent dans le Château-Gaillard.

C'est peut-être en visitant le château de Chinon que l'on peut le mieux imaginer un ensemble féodal. D'abord parce qu'il ne se sépare pas de la ville, dont les ravissants toits pointus s'échelonnent juste en contrebas ; ensuite parce que, bien qu'en ruine, il offre des vestiges suffisants de chaque partie pour qu'on puisse, dans ce paysage si aimable animé par la courbe gracieuse de la Vienne, avoir quelque idée du temps où il abritait toutes sortes de gens et leurs familles, depuis le roi jusqu'au dernier des marmitons.

Les seigneurs féodaux ont été quelque peu malmenés par la légende. On les imagine confinés dans ces vastes salles sombres où ils se seraient ennuyés à périr. Pour se distraire, ils font la guerre, brûlent les maisons des paysans, saccagent les moissons, pillent les monastères, et, éventuellement, partent pour la croisade, laissant leur femme dûment enfermée, sans autres ressources que de broder d'interminables tapisseries, lorsqu'elle ne se laisse pas conter fleurette par quelque aimable page. C'est que, curieusement, on est allé chercher le modèle du seigneur féodal dans les chansons de geste, lesquelles sont de pures œuvres d'imagination, de simples inventions littéraires. Elles ne visent aucunement à décrire une société. Elles sont un écho de la grande lutte qui préoccupe alors le monde occidental : la lutte

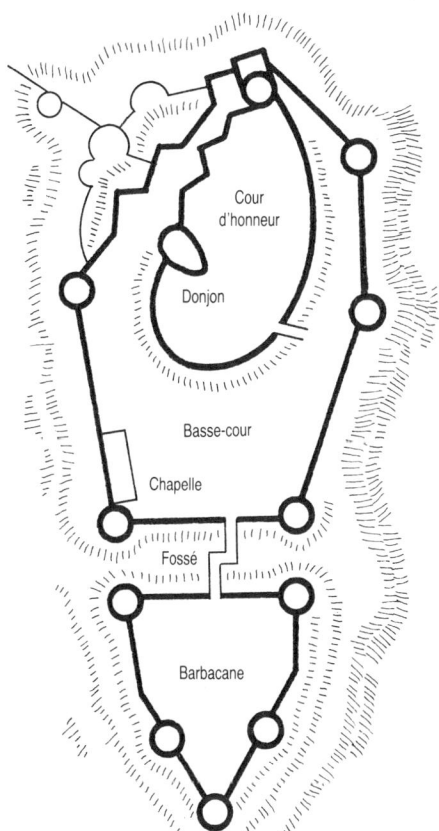

Château-Gaillard (Richard Cœur de Lion 1196)

Cour d'honneur

Donjon

Basse-cour

Chapelle

Fossé

Barbacane

donjon
rectangulaire
(Loches)
fin XIe s.

puis

donjon carré
renforcé aux angles
(Vincennes)
XIVe s.

et

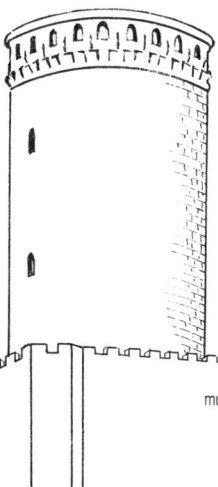

donjon rond
(Coucy) XIIIe s.

suppression des
angles morts

évolution du donjon

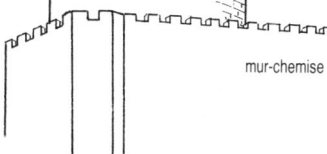

mur-chemise

au XVe siècle
donjon polygonal ou en ellipse avec
éperon pour résister à l'artillerie –
le donjon fait souvent partie de l'enceinte.

(Bonaguil)

Le château de Chinon, type même du château féodal (XIIᵉ-XVᵉ siècle) d'après une gravure du XVIIIᵉ siècle.

contre les « Sarrasins ». Avec la plus libre fantaisie poétique, elles exaltent l'héroïsme, la fidélité au seigneur, le courage dans la bataille : tout souci documentaire en est absent. Les seigneurs féodaux furent-ils des brutes ignares ? C'est oublier que le plus ancien en date de nos troubadours est le comte de Poitiers, Guillaume IX, duc d'Aquitaine, qui nous a laissé des poèmes tour à tour délicats et truculents, mais toujours d'une expression parfaite. Au reste, l'exemple pouvait venir de haut puisque le roi Robert le Pieux, deuxième de la lignée capétienne, fils d'Hugues Capet, était un fin lettré, capable de composer des hymnes liturgiques ; on lui attribue, traditionnellement, le *Veni Sancte Spiritus,* chanté encore aujourd'hui dans les églises pendant l'octave de la Pentecôte.

Le seigneur s'ennuyait-il ? Ce n'est pas l'impression qu'il donne à ses contemporains. L'évêque de Rennes, Étienne de Fougères, qui écrivit, vers 1174, le *Livre des Manières,* poème dans lequel il passe en revue les différents « types » humains de son temps — chevalier, clerc, vilain, etc. —, montre la vie du seigneur comme débordante d'activité :

> *Çà et là vient, souvent se tourne*
> *Ne repose ni ne séjourne*
> *Souvent joyeux, plus souvent mourne (soucieux),*
> *Çà et là vient, pas ne repose*
> *Que sa marche ne soit déclose (reprise).*

Le seigneur féodal nous apparaît d'abord comme un soldat. Son sceau le représente à cheval, portant bouclier et brandissant l'épée. C'est en effet la première de ses fonctions que cette fonction militaire, qui lui est d'ailleurs réservée : les petites gens, paysans et ouvriers, ne se battent pas. Le seigneur seul doit le service de ses armes, et il le doit personnellement. Chaque fois que son suzerain le lui demande, le vassal doit se présenter à lui équipé, avec un certain nombre d'hommes d'armes qu'il doit entretenir. Il est vrai que les coutumes, nous l'avons dit, ramènent à quarante jours par an le temps de ce service militaire.

L'équipement du seigneur est beaucoup plus simple qu'on ne l'imagine : c'est essentiellement la cotte de mailles, qu'on appelle le haubert, le bouclier ou écu, et le casque ou heaume, avec, pour arme offensive, l'épée, ou, s'il charge dans une bataille en rase campagne, la lance. Le sceau de Jean sans Terre, comte d'Anjou en même temps que duc de Normandie, puis enfin roi d'Angleterre au début du XIIIe siècle, est très typique. Si l'on ne voit pas sa cotte de mailles, c'est que, suivant l'usage général à l'époque, il porte par-dessus un léger surcot, vêtement souple comme une tunique, qui empêchait l'éblouissement causé par le reflet du soleil sur les mailles de métal. Tel est l'équipement tout le long des siècles féodaux. Rien à voir avec ces armures impressionnantes dont on revêt traditionnellement les chevaliers au théâtre : l'armure composée de plaques de fer n'apparaîtra que lorsqu'il faudra se défendre des armes à feu, donc dans la deuxième

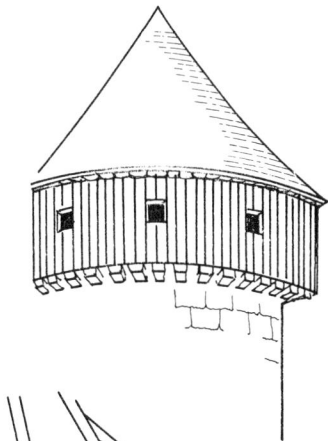

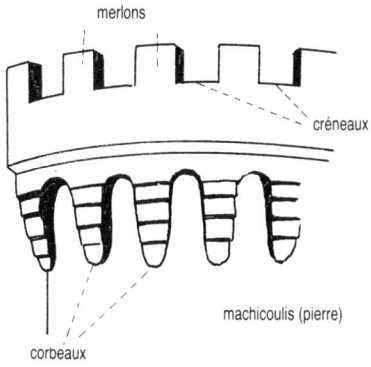

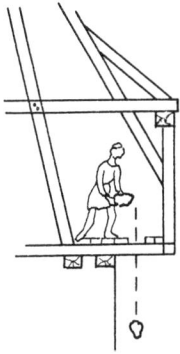

merlons

créneaux

machicoulis (pierre)

corbeaux

hourds (bois)

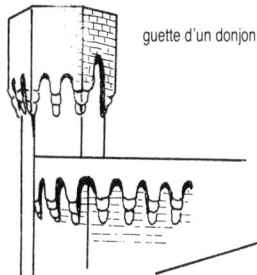

guette d'un donjon

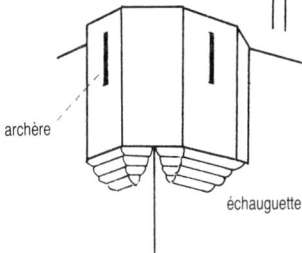

bretèche

archère

échauguette

enceinte (Carcassonne)

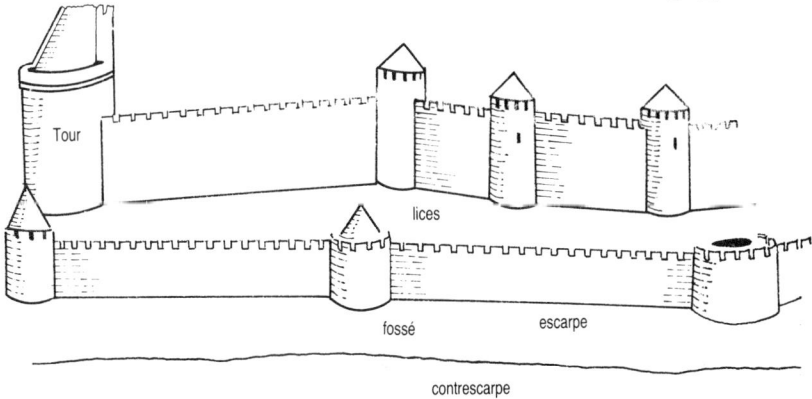

Tour

lices

fossé

escarpe

contrescarpe

moitié du XIVe siècle ; la plupart de celles qui subsistent dans nos musées datent du XVIe, voire du XVIIe siècle. Sous la cotte de mailles, on portait généralement une sorte de gilet rembourré qu'on appelle le gambeson ; le pied est le plus souvent chaussé de fer (le soleret), comme en est couverte la tête du cheval (chanfrein).

Quant au heaume, sa forme a varié : d'abord casque conique avec le nasal — pièce protégeant le nez —, il devient, au XIIIe siècle, comme celui de Jean sans Terre, une sorte de marmite à fond plat enveloppant toute la tête. Le visage est ou bien dégagé, ou protégé lui aussi, auquel cas une fente est pratiquée pour les yeux et des trous ménagés pour permettre la respiration. Dès la fin du XIIIe siècle, le heaume sera remplacé par un bassinet pointu et plus léger. On ne portera plus le heaume que pour les tournois, et il s'agrémentera de coiffures de fantaisie, plumes, ailes et têtes d'animaux, allant parfois jusqu'à l'extravagance, comme dans ces figures de tournois que nous révèle l'armorial de la Toison d'or.

L'écu, ou bouclier, est une pièce intéressante, car, de bonne heure, l'habitude veut que, pour être reconnaissable sur le champ de bataille ou aux tournois, le chevalier l'ait chargé d'emblèmes et de couleurs symboliques : c'est le *blason,* qu'on appelait alors l' « enseigne ». Ce bouclier était fait de cuir renforcé de plaques de métal. D'où les principales figures qui le constituent : le *pal,* plaque posée en long ; la *fasce,* posée en travers ; la *bande* et la *barre*, qui le coupent en diagonale, la première allant de gauche à droite (en partant du haut), la seconde de droite à gauche ; ou encore le *sautoir,* qui dessine une sorte de croix de Saint-André, ou le *chevron.* De là ces deux couleurs qu'on appelle les métaux, parce qu'effectivement il s'agissait d'abord de pièces de métal retenant les morceaux de cuir et les renforçant : de l'*or* et de l'*argent.* Ces morceaux de cuir étaient eux-mêmes peints. D'où les couleurs, qu'on appelle en ce temps les *émaux,* et qui, au fur et à mesure que le blason se systématisera, seront au nombre de cinq : *azur* ou bleu, *sinople* ou vert, *gueules* ou rouge, *sable* ou noir, enfin *pourpre.* Ces termes de blason, empruntés à l'arabe — plus exactement au persan —, ont fait croire longtemps que le blason avait une origine orientale. Il n'en est rien. Encore au XIIIe siècle, Joinville, par exemple, dit indifféremment écarlate ou gueules, azur ou inde, ce qui est le vieux mot, toujours employé à l'heure actuelle dans la langue liturgique, pour désigner le bleu. En réalité, cette forme arabe ne devient tout à fait usuelle qu'au XIVe siècle, et l' « influence » orientale s'arrête aux termes eux-mêmes ; les blasons existent, en effet, chez nous bien avant les croisades. Déjà, sur la tapisserie de Bayeux, on constate que les compagnons de Guillaume le Conquérant ont de longs boucliers marqués de signes : lignes ondulées, dragons, etc., qui les distinguent entre eux ; et l'on voit la même chose sur des manuscrits du XIe siècle.

Présentation au prince des blasons des concurrents du tournoi de Bruges.
Livre des Tournois *du roi René.*
XVᵉ *siècle. Paris, Bibliothèque nationale.*

L'origine du blason est certainement très ancienne. Sur l'arc de triomphe d'Orange, les guerriers celtes représentés portent déjà des boucliers marqués de signes qui peuvent être purement décoratifs, ce qu'ils ont dû être au début, et ont fini par devenir des marques distinctives qui forment un véritable langage, car les combinaisons différentes de couleurs et de signes — ce qu'on appelle les *meubles* dans le langage héraldique — finissaient par désigner non seulement un personnage, mais toute une lignée, le fils reprenant le blason paternel, parfois en y ajoutant tel symbole figurant son alliance par mariage avec une autre famille, etc. Le tout a fini par former, mais surtout au XVᵉ siècle, une véritable science, l'héraldique, qui a toujours ses adeptes.

Pendant la période proprement féodale, les blasons sont peu chargés. On remarque que, généralement, les jeunes gens, avant leur chevalerie, ont un blason simple, ce qu'on appelle un blason *plain*, sans couleurs distinctives, et ce n'est qu'après leurs premiers exploits qu'ils adoptent tel ou tel meuble, tel ou tel symbole à leur convenance. Au XIIIᵉ siècle, ces symboles commencent à se fixer : c'est l'époque où le symbole du roi de France est définitivement la fleur de lis : trois fleurs de lis d'or sur fond d'azur ont en effet remplacé les trois crapauds qui, selon une légende très répandue, figuraient sur le blason du « roi des Francs ». Elles constitueront, jusqu'à la fin de l'Ancien Régime, les armes de France.

L'usage des symboles parlants a d'ailleurs survécu au Moyen Age : de nos jours, lorsque nous voyons un disque rouge barré d'un trait blanc, nous traduisons immédiatement « Sens interdit ». Un héraldiste le lirait : « De gueules à la fasce d'argent. » (En fait, ce fut le blason de la maison d'Autriche avant d'être le signal du sens interdit.) Nous retrouverons l'usage du blason dans toutes les classes de la société, car, au Moyen Age, il n'est nullement une marque de noblesse, pas plus que de nos jours le Lion de Belfort pour Peugeot, qu'une devise ou qu'un ex-libris.

Ces immenses châteaux, quand nous les visitons, il faut les imaginer peuplés de toute une foule et bourdonnants d'activité. En dehors du seigneur et de sa famille, en effet, vivent au château toute une multitude de ces gens pour lesquels le mot « domestique » a son sens primitif : celui qui est de la maison. D'ailleurs, le terme famille *(familia)* désigne à l'époque non pas seulement les enfants du seigneur, mais tous ceux qui vivent auprès de lui, y compris les plus humbles serfs, ceux qui travaillent aux ateliers ou aux cuisines.

Un domaine, c'est une unité de vie ; presque toujours, on fabrique sur place tout le nécessaire : le moulin moud la farine ; on cuit le pain ; on forge les fers des chevaux ; on abat les bêtes destinées à l'alimentation ; on tisse la toile et le drap. Cela tout au moins à l'origine, lorsque les villes n'ont pas encore pris de l'extension. Dès le début du XIIe siècle, on commence à acheter en ville ou aux marchands de passage, à meilleur compte, tout ou partie de ce qu'on fabriquait autrefois sur place. Il faut donc imaginer le va-et-vient incessant de ceux qui amènent le bois destiné au chauffage ou à la forge, le blé au moulin, la laine à l'atelier de tissage, de ceux qui engrangent les récoltes ou qui roulent les tonneaux dans le cellier.

Tout autour du château, sur la colline, sont accrochées les maisonnettes des ruraux, serfs ou hommes libres. Le seigneur possède certaines terres qu'il fait cultiver directement, ou dans lesquelles il se réserve le droit de chasse. C'est ce qu'on appelle le défens ; sur tout le reste du domaine, ceux qui cultivent lui doivent une part des récoltes, si bien que, depuis juillet avec la moisson jusqu'à octobre avec les vendanges, rentrer les récoltes est la grande affaire.

Généralement, c'est à la Saint-Michel (29 septembre) ou encore à Noël qu'on apporte au seigneur les petites redevances : deux poulets, des œufs, un mouton, suivant le cas. Et les serfs, ceux qui n'ont pas le droit de quitter leur terre (mais le seigneur n'a pas non plus le droit de la leur enlever, et cette terre passera, après sa mort, aux enfants du serf, sauf s'il n'a pas d'héritier direct), viennent reconnaître le droit du seigneur sur eux en apportant la capitation, petit impôt de quatre deniers en général. Le serf, arrivé en présence de son maître, place les quatre deniers sur sa tête en signe de sa dépendance : le seigneur les prend et les distribue aux personnes présentes.

Si, à Angers, s'impose le souvenir des comtes d'Anjou, avec le beau château qu'ils nous ont légué, il ne faut pas manquer non plus d'évoquer, auprès de la vieille tour romane qui est le seul reste de l'abbaye du Ronceray, le souvenir de Constant Leroux.

Qui était Constant Leroux ? Un serf, un simple serf du Ronceray, l'homme placé le plus bas dans la hiérarchie sociale de son temps : la seconde moitié du XIᵉ siècle. Il est bien rare d'avoir quelque trace de l'histoire d'un serf en cette lointaine époque, à moins qu'il ne s'agisse d'un serf qui se soit élevé à une fortune exceptionnelle, comme Suger. Rien de tel chez Constant Leroux, qui serait resté aussi ignoré que les millions d'autres serfs qui ont vécu sur notre sol si un érudit de notre temps, Jacques Boussard, n'avait exhumé son histoire à travers les actes qui le concernent dans le cartulaire (registre où étaient recopiées, ou du moins mentionnées, les *chartes*, c'est-à-dire les actes divers, donations, baux, ventes, achats, legs, etc., passés pour le compte d'un monastère) de l'abbaye du Ronceray, où une moniale avait d'ailleurs pris soin, à la fin du XIᵉ siècle, de consacrer une notice au personnage.

Constant Leroux s'était vu confier la garde du cellier de l'abbaye, proche de l'église Saint-Evroult, ainsi qu'une vigne attenante dans le quartier de la Doutre. Au bout de quelque temps, les religieuses lui remirent, à titre viager, une maison avec fournil et un demi-arpent de vignes situés près de la porte de Chanzé, et qu'une certaine Ermengarde, veuve, leur avait légués par testament. A cela s'ajoutèrent, un peu plus tard, deux terres cultivables et des prés situés à l'Espau et à Femart. Visiblement, Constant Leroux ne reculait pas devant la besogne.

Mais il entendait aussi tirer profit de son travail. Un beau jour, il vint trouver les religieuses : ces terres, il les cultivait à mi-fruit ; c'était d'un trop faible rapport pour le travail qu'il y faisait. Les religieuses, conciliantes, acceptèrent de transformer le mi-fruit en un « terrage », sorte de bail qui devait être à prix fixe. Constant se retire satisfait. Pas pour longtemps : voilà qu'il apprend qu'un autre legs vient d'être fait aux religieuses ; il s'agit de deux arpents de vigne au lieu-dit les Châtaigniers, qui justement touche ses terres ; et ces vignes sont quittes de tout droit. Constant se présente donc de nouveau au Ronceray et obtient les vignes, à titre viager. Et quelque temps après, sur de nouvelles instances, il se fait encore donner deux arpents de prés vers la Roche de Chanzé.

Voilà le petit serf, à ses débuts simple domestique de l'abbaye, devenu un riche exploitant. Malheureusement, sa femme Gosberge ne lui a pas donné d'enfants ; aussi prend-il avec lui son neveu Gautier et sa nièce Yseult ; celle-ci épousera le cellérier de l'abbaye, un certain Rohot. Quant à Gautier, Constant tient à l'établir sur les terres qu'il a travaillées. Lui-même, sur ses vieux jours, demande à entrer comme moine à l'abbaye

Scène champêtre aux portes d'une ville.
XVᵉ siècle. Paris, Bibliothèque nationale.

de Saint-Aubin ; sa femme, de son côté, prend le voile au Ronceray. Mais une fois moine, Constant réclame des religieuses, en récompense de ses bons services, que son neveu jouisse des mêmes avantages et des mêmes terres que lui-même. Ce qu'il obtient.

L'histoire de Constant Leroux a dû être celle de milliers et de milliers de Legrand, de Lefort, de Dubois et de Duval : paysans laborieux, tenaces, finauds, attentifs à toutes les occasions d'arrondir leur parcelle, exploitant en connaisseurs le pâturage de la vallée et la vigne du coteau ; au surplus, attachés à leur famille autant qu'à leurs biens, et capables, au terme d'une existence qu'on a pu croire uniquement terre à terre, de tourner leurs regards vers le ciel.

Mais lorsqu'il s'agit d'un haut seigneur — c'est le cas du comte d'Anjou —, il a aussi sous sa dépendance des vassaux qui sont eux-mêmes seigneurs. Au temps d'Hugues Capet, le comte d'Anjou est suzerain de toute la partie orientale de la Touraine : Loches, Amboise, Montrichard, Montrésor, et il possède aussi, dans le Berry, des seigneuries plus petites, Châtillon-sur-Indre, Buzançais et Villantrois ; il a enfin Loudun et sa région, mais — et cela montre bien l'enchevêtrement de droits et de devoirs qui caractérise la féodalité — cette terre, il en doit hommage au duc de Guyenne.

Aussi trouve-t-on dans le château, élevés avec ses enfants, les fils aînés de ses vassaux. Dès qu'ils ont atteint une dizaine d'années, traditionnellement, leurs pères les envoient au château du seigneur. Ils y recevront la même éducation que les enfants du suzerain : le chapelain — clerc attaché à la chapelle seigneuriale — leur apprendra à lire, à écrire, souvent à parler latin, toujours à chanter ; on les verra tous ensemble courir et s'amuser sur les collines et sur la rivière, grimper aux arbres ou canoter à la belle saison, et aussi, dans la cour du château, s'exercer au tir à l'arc, apprendre à monter à cheval et s'initier à tous les secrets de la chasse, qu'on appelle la vénerie.

Un jour viendra où le jeune vassal sera appelé à recueillir la succession de son père. Ce jour-là, il se rendra dans le château du suzerain chez qui il a été élevé, pour prêter foi et hommage. Grande cérémonie, que l'on peut imaginer dans une salle comme cette vaste salle du château d'Angers qui, aujourd'hui, abrite les merveilleuses tapisseries de l'Apocalypse : le

Charrue avec soc et versoir traînée par des chevaux ; autres instruments agricoles : bêche, râteaux. XIIe siècle. Tours, bibliothèque municipale.

suzerain, assis sur une chaise haute, entouré de tous les autres vassaux, voit s'avancer le jeune homme qui vient faire acte personnel d'hommage. Ce jeune homme s'agenouille tête nue et sans armes. Il a même défait son ceinturon, en signe qu'il s'abandonne au seigneur. Le suzerain lui demande s'il veut devenir son homme sans réserve. Il répond : « Je le veux », et il place ses mains dans celles de son seigneur. Celui-ci l'embrasse. Puis le jeune homme vient jurer sur le reliquaire de la chapelle, engageant sa foi sur l'acte d'hommage qu'il vient d'accomplir : « Je promets en ma foi d'être, à partir de cet instant, fidèle au comte et de lui garder contre tous et entièrement mon hommage, de bonne foi et sans tromperie. » Générale-ment, le suzerain lui remet alors, symboliquement, son fief : il lui donne une motte de terre ou un fétu de paille qui symbolise le domaine dont il aura désormais la garde.

Ainsi ces deux hommes s'engagent-ils l'un envers l'autre par un double contrat pour lequel on fait confiance à la parole donnée : l'un promet fidélité, l'autre doit protection. Fulbert, évêque de Chartres, en précisant que le vassal doit aide et conseil à son seigneur, énumère ses obligations essentielles. L'aide, cela comporte le service militaire. Il y a aussi l'aide pécuniaire, levée dans des cas bien précis.

Le vassal doit un impôt à son seigneur dans quatre cas : si le seigneur est fait prisonnier (il doit l'aider à payer sa rançon) ; s'il part pour la croisade ; lorsqu'il marie sa fille aînée, et lorsque son fils aîné est fait chevalier. C'est ce qu'on a appelé aide aux quatre cas.

Quant aux conseils, c'est une obligation non moins rigoureuse pour le vassal : il doit se rendre auprès de son seigneur pour lui donner le conseil en particulier lorsque le seigneur tient ses « assises », c'est-à-dire lorsqu'il rend la justice ou qu'il doit trancher un litige. Ainsi le comte de Flandre, Charles le Bon, s'adresse-t-il en ces termes, en 1122, à ses vassaux qu'il a réunis pour juger un conflit entre l'abbaye de Saint-Vaast d'Arras et l'un de ses vassaux, un chevalier nommé Englebert : « Messeigneurs, je vous en conjure, par la foi que vous me devez, retirez-vous et décidez par un jugement inattaquable ce qu'il convient de répondre à Englebert d'une part, aux moines de l'autre. »

Dans tous les cas graves, les vassaux doivent être jugés par leurs pairs, c'est-à-dire par leurs égaux. Il y eut ainsi un cas célèbre sous le règne de Saint Louis. L'un des hauts barons, vassal direct du roi, Enguerrand de Coucy, avait fait pendre trois jeunes gens qu'il avait trouvés en train de chasser sur sa réserve seigneuriale. Les parents de ces jeunes gens, soutenus par leur propre seigneur qui était l'abbé de Saint-Nicolas-au-Bois, dans le diocèse de Laon, s'adressent au roi pour se faire rendre justice. Saint Louis convoque sa cour, c'est-à-dire ses autres vassaux directs. Ceux-ci délibèrent et demandent au roi qu'on fasse revivre, à cette occasion, la vieille coutume du duel judiciaire : deux champions, désignés l'un par le baron de Coucy, l'autre par l'abbé de Saint-Nicolas-au-Bois, s'affronteraient en champ clos et, selon le vainqueur, on verrait lequel devait être déclaré coupable. Or, le roi leur fait remarquer que cela va contre la justice, car, dit-il, on trouvera difficilement un champion qui consente à combattre contre ce haut baron qu'est le sire de Coucy. Le comte de Bretagne proteste : refuser le duel judiciaire va à l'encontre de la coutume. Et le roi de lui rafraîchir doucement la mémoire : « Vous ne m'avez pas parlé ainsi au temps passé, quand les barons qui dépendaient de vous apportèrent devant moi des plaintes à votre sujet et offrirent de prouver leur bon droit par bataille contre vous ; vous avez alors répondu devant nous-même que cela ne devait pas être liquidé par bataille, mais par enquête, et vous avez dit alors que bataille n'est pas voie de droit. » Ainsi rappelé à une plus juste vue des choses, le comte de Bretagne retire sa protestation et le roi prononce sa sentence ; le sire de Coucy devra payer douze mille livres d'amende, le bois dans lequel il a commis son forfait lui sera confisqué, et il sera désormais privé de tout droit de justice sur ses vassaux.

L'hommage féodal : le vassal agenouillé
met ses mains dans celles du seigneur (ici une dame).
Sceau de Raymond de Mondragon. Vers 1200. Archives nationales.

Un grand jour est celui où le fils du seigneur et les fils de ses vassaux sont faits chevaliers.

Ce jour-là, il y a foule au château. Seigneurs et dames des environs s'y rendent en cortège, tandis que l'on s'affaire à abattre bétail et volailles qui serviront au festin, et que, des tailleurs aux cuisiniers, tout le monde s'empresse.

Qu'est-ce que la chevalerie ? La plus belle institution médiévale très certainement. C'est la solution chrétienne aux problèmes de la guerre et de cette éternelle tentation que représente pour l'homme le droit du plus fort.

Il y avait toujours eu, dans les pays celtiques et germaniques, une sorte d'initiation du jeune homme au métier des armes. Lorsque, vers seize ou dix-sept ans, il se trouvait capable de monter à cheval et de manier lance et épée, c'était une date dans son existence, que marquait une cérémonie plus ou moins solennelle. L'Église devait faire de cette cérémonie d'initiation, dès la fin du Xe siècle, un engagement d'honneur, obligeant le plus fort à mettre ses armes au service du plus faible.

Les nombreux invités de la cérémonie sont logés au château, soit dans les chambres, sur des lits improvisés, soit dans la cour, sous la tente, soit encore aux alentours. Quant au jeune seigneur, celui qui va être armé chevalier, il va passer cette nuit dans la chapelle, en prières. Le matin, il prendra un bain et se confessera, car pureté de corps et pureté d'âme sont requises du chevalier. Puis il assistera à la messe et communiera après avoir écouté un sermon où les devoirs de la chevalerie lui sont rappelés : être pur, honnête, fidèle, défendre l'Église et protéger les faibles.

Le prêtre dépose sur l'autel son épée nue et lit l'oraison : « Bénissez cette épée ; que dorénavant votre serviteur défende les églises, les veuves, les orphelins et tous ceux qui servent Dieu contre la cruauté des hérétiques et des infidèles... Que votre serviteur, soutenu par votre amour, foule aux pieds tous ses ennemis visibles et, maître victorieux, reste à jamais à l'abri de toute attaque. »

Il prend l'épée et la met dans la main droite du chevalier en disant : « Prenez cette épée, au nom du Père, du Fils et du Saint-Esprit. » Le jeune chevalier ceint l'épée et, tandis que le prêtre s'est agenouillé devant lui, il la brandit trois fois et la remet dans le fourreau. C'est alors qu'il reçoit l'adoubement. Le prêtre, ou le seigneur qui a réclamé l'honneur de l'armer chevalier, le frappe du plat de l'épée sur l'épaule, remet l'épée dans son fourreau et habille le jeune homme, lui mettant son ceinturon, ses éperons, lui passant au bras le bouclier. Le jeune chevalier a droit aussi à une bannière à ses armes, que lui remet le prêtre.

Après quoi, c'est la fête : festins et tournois se succèdent, souvent pendant plusieurs jours. Ces festins avaient lieu en plein air, à la belle saison ; ou bien les tables étaient dressées dans la grande salle du château. Joinville nous a décrit celui auquel il assista à Saumur. C'était le roi lui-même qui recevait : « Le roi tint une grande cour à Saumur en Anjou, et je fus là et je témoigne que ce fut la mieux parée que j'aie jamais vue. A la table du roi mangeait, à côté de lui, le comte de Poitiers (Alphonse, frère de Saint Louis), qu'il avait nouvellement fait chevalier à la Saint-Jean ; après le comte de Poitiers, mangeait le comte de Dreux, qu'il venait aussi de faire chevalier ; après le comte de Dreux, mangeait le comte de la Marche ; après lui, le comte Pierre de Bretagne, et, devant la table du roi, du côté du comte de Dreux, mangeait monseigneur le roi de Navarre Thibaut de Champagne, en cotte et en manteau de samit (satin) bien paré avec fermail et chapel d'or, et je tranchais devant lui. »

Ainsi, pour cette solennité, les nouveaux chevaliers étaient assis à la table même du roi avec les plus hauts barons ; Joinville lui-même est le vassal de ce comte de Champagne, Thibaut, qui est aussi roi de Navarre. Aussi sert-il à sa table. Ici, il est l'écuyer tranchant : c'est lui qui coupe les viandes placées sur les crédences, et qui apporte la tranche à celui qui mange à table. Plus loin, Joinville précise que « devant le roi servait à manger le comte d'Artois son frère (le futur Charles d'Anjou) et tranchait du couteau le bon comte Jean de Soissons ». D'autres écuyers versent à boire, car, pas plus que les viandes, la boisson n'est mise sur la table.

Les tables, à cette époque, sont de simples planches sur tréteaux que l'on dresse au moment du repas et sur lesquelles on dispose couteaux, cuillers et, dans les repas d'apparat comme ceux-ci, les salières, qui sont l'ornement de la table en même temps que le sel est signe d'hospitalité. Sur les buffets et les crédences, le long des murs, sont disposés les plats, les aiguières, les flacons de vin. Le signal du repas a été donné par quelques serviteurs qui ont sonné du cor ; c'est ce qu'on appelle « corner l'eau », parce que la première cérémonie a consisté, pour chacun de ceux qui vont se mettre à table, à se laver les mains dans un bassin avec l'eau qu'on leur verse d'une aiguière.

Puis chacun s'est installé selon son rang. La plus haute table, l'endroit le plus honorable, est occupée par le suzerain ; les autres tables sont disposées le long des murs, en fer à cheval, de telle sorte qu'on puisse aisément circuler. A chaque table, il y a une place d'honneur, et, dans ces circonstances solennelles, le suzerain et les plus hauts barons y apparaissent avec leurs principaux vassaux. « Derrière les barons, écrit Joinville, il y avait bien trente de leurs chevaliers en cotte de drap de soie pour les garder. » (Ce festin était donné non dans la grande salle du château, qui n'aurait pu contenir tous les invités — au nombre de trois mille — mais dans les halles de Saumur, qui n'existent plus à l'heure actuelle [1].)

Toujours dans ces circonstances solennelles, entre les services avaient lieu des spectacles : tantôt un montreur d'ours venant faire danser sa bête, tantôt des jongleurs qui exécutaient force tours d'adresse et sauts périlleux, ou bien récitaient de longs poèmes : chansons de geste, romans de chevalerie, œuvres qui sont un écho de la vie « courtoise », c'est-à-dire de la vie seigneuriale (« courtois » vient de la « cour » du château qui, en Angleterre, a conservé son ancienne orthographe : « court »). Parfois, c'étaient de véritables pièces de théâtre. Dans le festin qui fut offert à l'empereur Charles IV par le roi Charles V de France, on représenta ainsi les épisodes de la première croisade et la prise de Jérusalem par les compagnons de Godefroy de Bouillon. Ces spectacles s'appelaient des « entremets ».

Enfin, c'étaient les réjouissances : chasses, danses et tournois.

Le roi René d'Anjou a laissé une magnifique description des tournois de

1. Sur la cuisine au Moyen Age, voir le chapitre 7 : « Le Languedoc et la vie bourgeoise».

Un tournoi au temps du roi Charles V ;
les chevaliers sont en lice, les dames dans la tribune.
Les Grandes Chroniques de Saint-Denis.
XIVᵉ siècle. Chantilly, musée Condé.

son temps en un manuscrit enluminé relatant le tournoi de Bruges, qui eut lieu le 11 mars 1392. Ce tournoi avait été donné par le seigneur de la Gruthuyse, et l'on avait vu s'y opposer les plus hauts barons du royaume, et le duc de Bretagne, entre autres, combattre le duc de Bourbon. Le tournoi est le « jeu français » par excellence — c'est ainsi que l'appelle, au XIIIᵉ siècle, l'Anglais Mathieu Paris —, jeu où se mêlent vaillance et courtoisie, car les dames y prennent part, comme spectatrices.

Plusieurs jours à l'avance, le tournoi a été « crié » dans les campagnes d'alentour, et les chevaliers qui veulent s'y affronter ont échangé des défis, portés de château en château par leurs messagers. Sur place, on a choisi dans quelque plaine proche l'emplacement qui convient. On y dresse des barrières, les « lices », qui vont enclore le champ où s'affronteront les combattants : une double rangée, car, en dehors du champ clos, on réserve un espace pour les gens de pied et les écuyers qui iront, si besoin est, secourir les tournoyeurs et relever ceux qui auront été désarçonnés. Autour de ces barrières s'élèvent les tribunes (ou échafauds), recouvertes de draperies écussonnées aux armes des invités ou des combattants. Peu à peu, ces tribunes s'emplissent de belles dames qui vont suivre avec émotion les phases des combats, et qui applaudiront à la victoire de leur champion. C'est l'occasion pour elles de revêtir leurs plus beaux atours : robes de soie aux couleurs claires, manteaux doublés d'hermine ou de petit-gris sur lesquels les « fermails » — les boucles de ceinture — étincellent de tous les feux de leurs pierreries, tandis que leurs couvre-chefs, diadèmes d'or et de perles, ou blanches coiffes empesées, rehaussent les belles tresses blondes que l'on aime à ramener devant les épaules. La foule des petites gens s'est rassemblée derrière les barrières. Elle n'est guère moins brillante. C'est une époque où tout le monde aime à se vêtir de couleurs claires ; paysans comme paysannes portent du rouge, du vert ou bien cette blouse bleue qui resta chez nous la blouse paysanne jusqu'au moment où elle est redevenue, ayant changé de forme, mais non de couleur, la tenue du mécano.

Enfin, partout en ville et sur le passage du cortège, on a décoré les maisons. Les bannières flottent au vent, et ceux qui n'ont pas voulu aller jusqu'au champ de course sont groupés sur leurs balcons pour voir tout au moins défiler les jouteurs.

Les voici qui arrivent, précédés des hérauts d'armes. Au moment où le chevalier entre dans la lice, les hérauts proclament son nom. Alors les dames, tout émues en voyant venir le chevalier de leur choix, lui jettent au

Initiale ornée qui représente le roi David
sous l'aspect d'un chevalier du XIe siècle (1100 environ)
vêtu d'un manteau doublé de vair
partant pour la chasse au faucon. Dijon,
bibliothèque municipale.

passage un ruban, un gant, voire parfois, pour les plus passionnées, leur manche (car la manche, à l'époque, est une pièce détachée du vêtement, ce que nous rappelle la locution « c'est une autre paire de manches »).

Tandis que sonnent les trompettes, les jouteurs, tous ensemble, défilent le long des lices, casqués, l'épée — émoussée, car il ne s'agit pas d'un vrai combat — pendant au ceinturon ; quelques-uns ont en main la longue lance de tournoi, dont le fer est arrondi ; passé au bras gauche, l'écu armorié rivalise par la violence des couleurs avec le caparaçon du cheval, lui aussi aux armes de celui qui le monte. Avec le temps, on verra de plus en plus le

Les divers chiens et chiennes d'une meute,
avec leurs colliers et leurs muselières.
Ici les chiens dits « allants ».
Paris, Bibliothèque nationale.

luxe se déployer dans ces tournois, jusqu'à friser l'extravagance. Ainsi, le casque, qu'un léger voile — le « volet » — a d'abord protégé de l'éclat du soleil, finira-t-il par se garnir d'immenses couvre-chefs d'apparat : têtes d'animaux grotesques, plumes, emblèmes démesurés, qui transforment le tournoi en mascarade. Mais cela n'apparaît qu'avec la décadence de la chevalerie, aux XIVe, XVe, XVIe siècles, époques où les tournois furent l'occasion d'une véritable frénésie de luxe tournant souvent à l'orgie, jusqu'au moment où la mort du roi Henri II, tué au cours d'un tournoi par le chevalier Montgomery, vint mettre fin à ces réjouissances.

Et les joutes se succèdent. Deux à deux, les champions s'affrontent dans la lice. Les règles diffèrent selon l'endroit, mais en général il s'agit de désarçonner l'adversaire. Face à face, montés sur leurs forts chevaux, ils pointent de la lance et foncent en se protégeant de leur écu. Presque toujours, les lances se brisent et volent en éclats, et le combat se termine lorsque trois lances successivement ont été rompues. On ramasse le vaincu, on proclame le nom du vainqueur, et les deux chevaliers cèdent la place à d'autres jouteurs. Ils se succèdent ainsi pendant des journées entières, et parfois, pour finir, les combattants se réunissent non plus seulement entre les lices, mais à champ ouvert, pour une mêlée générale, à laquelle on a parfois réservé le nom de tournoi par opposition à la joute où s'affrontent seulement deux chevaliers. C'était alors une manière de combat corps à corps dans lequel il fallait mettre à terre son rival. Le vainqueur pouvait revendiquer le cheval et les armes du vaincu.

Tel quel, c'était un jeu dangereux. Pensons aux combats de boxe de notre temps ou aux mêlées de rugby, pour comprendre avec quelle vigueur on pouvait s'affronter. Chaque tournoi laissait des blessés. Il y eut même parfois des morts. Aussi l'Église n'a-t-elle pas manqué de s'élever contre ces jeux que certains conciles proclament « exécrables et maudits ». Certains prédicateurs ont fulminé contre eux. D'autres, comme Foulques de Neuilly, ont profité de ce qu'un grand nombre de chevaliers se trouvaient réunis sur le champ d'un tournoi pour transformer celui-ci en champ de prédication et les exhorter à partir pour la croisade. C'est ce qui eut lieu au tournoi d'Asfeld, autrefois Ecry-sur-Aisne, qui se transforma en une prise de croix générale chez les seigneurs qui se trouvaient là (1199).

Souvent aussi ces tournois comportent de simples jeux d'adresse : il s'agit pour le chevalier de renverser un mannequin bourré de paille qu'on appelle la *quintaine,* ou bien de s'escrimer contre un bouclier suspendu à un pieu. Le jeu de la bague était aussi très en faveur : il faut, lancé au galop, décrocher avec la lance un anneau suspendu à un mât. Tous ces jeux faisaient, du reste, partie des exercices quotidiens des jeunes écuyers et passaient aussi de là dans le peuple. Dans certaines provinces, on imposait au nouveau marié ces exercices rappelant le jeu de la bague ou de la quintaine : monté sur un gros cheval de labour, il devait, lui aussi, décrocher son anneau parmi les rires et les plaisanteries.

C'est un autre genre de distraction que la chasse. Elle tient une grande place à l'époque : les forêts couvrent une bonne partie de la France et sont très giboyeuses. Sur son domaine, le seigneur se réserve parfois un défens sur lequel il est seul à chasser. Mais ce n'est qu'à la fin du Moyen Age, en 1397 exactement, que la chasse sera réservée aux nobles, le gibier se faisant plus rare. Jusque-là, tout le monde a pu chasser, et les traités de vénerie donnent en détail les manières de poser les filets et de tendre d'autres pièges, qui, aujourd'hui, sont considérés comme du braconnage. A l'époque féodale proprement dite, la chasse était une nécessité, et seuls les seigneurs possédaient l'équipement convenable pour chasser efficacement les bêtes nuisibles : loups, sangliers, cerfs, renards, etc. Dans certains actes, passés par exemple avec des abbayes, la chasse est mentionnée comme étant pour le seigneur une obligation, afin que soient préservées les récoltes et le menu bétail du couvent.

La vénerie est, du reste, tout un art. L'un des plus anciens traités en fut écrit par un Normand, Henri de Ferrières, seigneur de Gisors et de Pont-de-l'Arche. Il énumère, à propos, par exemple, de la seule chasse au cerf, « à quels signes on reconnaît un grand cerf, comment on doit aller en quête (à la recherche), comment on doit le faire détourner, comment on doit mener le limier, comment on doit laisser courre (courir), comment on doit chasser, comment on doit corner et huer, comment on doit le cerf écorcher, comment on doit faire la curée aux chiens », etc. Tout y passe : la tenue de la meute, celle des chevaux ; et aussi, ce qui est le grand art de l'époque, toutes les recettes de fauconnerie : « C'est une chose que de porter à aise son faucon... L'on doit serrer le coude au côté et tenir le bras droit, un peu loin du corps, et que le faucon se tienne droitement sur le poing... et tenir son bras et son poing fermés... » Ainsi le voit-on porté sur tant de miniatures ou de sceaux montrant, faucon au poing, le chevalier ou la dame.

Nous retrouverons l'idéal chevaleresque à propos des romans et aussi à propos de cette vie courtoise qu'ont évoquée trouvères et troubadours. Reste à signaler que ces féodaux, que l'on nous a si souvent décrits comme brutaux, ignorants et rudes, prêtaient serment de ne se servir de leur force que pour aider le faible, et avaient comme devise « Vaillance et Largesse » (générosité). A supposer même que cet idéal n'ait pas été souvent atteint, c'est déjà beaucoup, semble-t-il, que ce soit celui-là, non un autre, qui ait été proposé et exalté à travers les œuvres favorites de la littérature chevaleresque. Si les héros préférés d'une époque n'en représentent pas forcément les types les plus répandus, il reste qu'on peut encore juger une époque d'après ces héros. Or, le héros féodal, c'est celui qui a, comme le dit un proverbe du temps, « Valeur de corps et bonté d'âme ».

Et c'est un fait bien caractéristique que ces termes de chevalier, chevaleresque aient, à travers les temps, gardé tout leur prestige. C'est qu'il s'agissait là, à n'en pas douter, d'un type humain de la plus haute qualité.

6

Guyenne et Poitou
Le roman d'Aliénor

GUYENNE ET POITOU
LE ROMAN D'ALIÉNOR

Ce jour-là, tout Bordeaux était sur les quais de la Garonne. Les Bordelais regardaient la rive droite : ils se montraient du doigt, sur les hauteurs de Lormont, des tentes bariolées, coniques ou en pavillons, coiffées d'oriflammes. Dans ce camp flambant neuf, l'animation était grande : seigneurs, valets, écuyers, tous s'activaient sous le soleil de juillet qui rendait les couleurs éblouissantes. C'était comme si une armée était venue prendre position devant la capitale de la Guyenne avant d'en faire le siège. Sur cette armée étincelaient les fleurs de lis.

Mais non : le jeune Louis, fils du roi Louis VI et héritier de France, ne venait pas à Bordeaux avec des intentions hostiles. Et le regard qu'il promenait sur la ville aux murailles crénelées, sur la Bastide, faubourg fortifié élevé par les bourgeois bordelais dans la bouche de la Garonne, sur les clochers de Saint-Seurin et de Saint-André dominant la cité, sur le palais Tutelle, temple antique qui rappelait que la ville avait été déjà prospère sous les Césars, était un regard d'amoureux : Louis venait épouser l'héritière du duché d'Aquitaine, Aliénor. Pour l'heure, la fiancée, entourée de ses dames d'atour, dans son château de l'Ombrière, jetait un dernier regard à la robe qu'elle allait revêtir...

...Moins de quinze jours plus tard, le 1er août 1137, Aliénor devenait reine de France. Entre-temps, un événement inattendu était survenu : le roi Louis VI était mort. Et les jeunes époux, la tête encore pleine des festivités de Bordeaux, gagnaient à la hâte Paris pour monter sur le trône.

L'un des plus extraordinaires romans de notre histoire débutait par ce coup de théâtre.

De ce qu'ont pu voir les yeux d'Aliénor, Bordeaux garde encore la nef de la cathédrale Saint-André, où fut célébré le mariage (mais les voûtes en ont été refaites au XVIe siècle), la crypte de Saint-Seurin et son porche du XIe, dont les chapiteaux figurent le sacrifice d'Abraham, le tombeau de saint Seurin, ses anciennes coupoles, son chevet et son chœur (ces derniers de la fin du XIIe).

Le duché d'Aquitaine, héritage d'Aliénor, réunissait la plus grande partie de la France de l'Ouest : la valeur de dix-neuf de nos départements, du Berry jusqu'aux Pyrénées. Pour défendre un si bel héritage contre des vassaux souvent indociles, il fallait des seigneurs sachant manier la lance. Aussi, le père d'Aliénor, sentant la mort proche, s'était-il adressé au roi de France. Celui-ci aurait eu garde de dédaigner ses avances : il s'était empressé de dépêcher vers le Midi, escorté de coffres pleins des plus beaux bijoux, des plus belles étoffes, son propre fils Louis. Ainsi, en l'espace de deux mois, le jeune Louis se trouva-t-il pourvu à la fois d'un héritage inespéré (jusqu'alors, le domaine direct des Capétiens n'allait guère que de Paris à Orléans) et d'une épouse. Cette dernière était, à vrai dire, aussi belle qu'inquiétante. L'histoire d'Aliénor allait du reste remplir les annales de son siècle.

Refaisant le chemin que les jeunes époux et leur escorte parcoururent de Bordeaux à Paris, on peut encore admirer le château de Taillebourg, près de Saintes, forteresse dressée sur la rive droite de la Charente, et dont subsistent des ruines, puis Poitiers, qui a conservé en partie sa physionomie du temps.

Poitiers avait été le fief préféré du grand-père d'Aliénor, le duc poète Guillaume, premier des troubadours. Ce personnage hors série avait exercé une extraordinaire influence sur la poésie de son époque ; avec lui, l'amour courtois s'était exprimé pour la première fois dans la langue populaire ; Guillaume, ainsi, avait mérité pleinement son nom de « troubadour ». *Trobador*, troubadour, comme trouvère, vient de « trouver », « inventer » : ce que l'époque admire chez le poète, c'est son génie d'invention plus que son talent de rimeur.

A Poitiers, on peut encore visiter la fameuse tour Maubergeon, que marque fortement le souvenir du grand-père d'Aliénor. C'est à l'intérieur du palais de justice (qui est l'ancien palais des comtes de Poitou) que se dresse cette tour, puissant donjon du XIIe siècle, transformé au XVe par le duc de Berry. Édifice vénérable entre tous : déjà, aux temps des Mérovingiens, il était palais de justice ; il l'est encore au XXe siècle.

Après le palais de justice de Paris — lui-même ancienne résidence royale — peu de monuments civils auront eu une histoire aussi chargée. Lors des fouilles qui y ont été faites en 1904, on a retrouvé l'ancien mur de l'enceinte romaine de la ville du IIIe siècle (sous le mur ouest de la grande salle des Plantagenêts), et, à l'intérieur, une rue bordée de boutiques ; on a dégagé tout l'étal d'un boucher avec ses couteaux, sa balance et même quelques pièces de monnaie. Il y eut ensuite, sur ce même emplacement, un palais mérovingien, un palais carolingien, puis une forteresse féodale que le comte de Poitou, Guillaume le Grand, fit élever en 1018. Un siècle plus tard, le grand-père d'Aliénor faisait élever cette tour Maubergeon et aussi le pont roman que l'on montre encore aux visiteurs, dans la cour d'une maison de la rue du Marché-Notre-Dame ; il enjambait le fossé du château.

La tour Maubergeon évoquait pour les Poitevins le souvenir fort vivant de celle qu'on appela « la Maubergeonne ». Car Guillaume le trouvère ne se contentait pas de chanter l'amour, et sa conduite avait, plus d'une fois, scandalisé son temps. Marié à Philippa de Toulouse, il avait délaissé sa femme légitime pour une certaine vicomtesse de Châtellerault qui, s'il faut en croire les textes, portait le nom significatif de *Dangerosa*. Il l'avait installée dans la tour Maubergeon, d'où ce sobriquet de « la Maubergeonne » sous lequel on connaissait la vicomtesse. La Maubergeonne avait provoqué des brouilles dans la famille. Philippa, la femme légitime, était entrée, ainsi que sa fille, Audéarde, à l'abbaye de Fontevraud, fondée depuis peu par un prédicateur extraordinaire, Robert d'Arbrissel, qui attirait à Dieu dans ses couvents toutes les femmes — tant de la haute noblesse que de la plus basse classe puisqu'il avait converti nombre de prostituées. Mais Guillaume n'en continua pas moins à vivre avec la Maubergeonne, ce que son propre fils ne lui pardonna pas : ils ne se réconcilièrent qu'à la mort de la *Dangerosa,* en 1119.

Pis encore, le comte de Poitiers bravait les foudres ecclésiastiques. Le jeune époux d'Aliénor, Louis VII, qui était fort pieux, dut être scandalisé lorsqu'on lui raconta la scène, d'une violence inouïe, qui s'était passée dans la cathédrale de Poitiers une vingtaine d'années auparavant. Le comte y était excommunié en raison de sa conduite scandaleuse. Or, en pleine cathédrale, au moment où l'évêque Pierre allait prononcer la formule d'excommunication, Guillaume, saisi d'une colère subite, s'était précipité sur lui, l'avait pris par les cheveux et avait brandi son épée en criant : « Tu mourras si tu ne m'absous ! » L'évêque resta silencieux. Guillaume se ressaisit, rengaina l'épée ; et, au milieu du silence d'une foule frappée de stupeur, l'évêque prononça la formule d'excommunication et ajouta : « Frappe, maintenant, frappe ! — Je te hais trop pour t'aider à entrer au ciel », grommela le comte. Et il quitta la place. Mais peu après il faisait jeter l'évêque en prison, puis l'exilait au château de Chauvigny, où le prélat devait mourir l'année suivante. Des miracles s'accomplirent sur sa tombe.

Plus tard, lorsque cette excommunication fut renouvelée par l'évêque d'Angoulême Girard, Guillaume prit la chose d'un cœur plus léger. Il se contenta de défier le prélat, lançant à son adresse (Girard était complètement chauve) : « Avant que j'abandonne la comtesse, le peigne frisera tes cheveux rebelles ! »

Semblables anecdotes étaient certes peu édifiantes pour les jeunes époux. On ne sait dans quelle mesure Louis VII y vit un présage de mauvais augure, mais il devait apparaître, avec le temps, qu'Aliénor ne laissait pas de tenir quelque peu de ce grand-père terrible. Ajoutons que Guillaume IX, tout passionné et violent qu'il fut, subit à la longue les effets de la poésie courtoise et de cet amour qui, comme nous le dit son plus grand historien, Reto Bezzola, « élevait les désirs sensuels de l'ancien libertin au plus haut degré qu'on pût imaginer pour un amour terrestre ».

Et c'est sur une note de sérénité que s'était éteint le premier, le plus
célèbre sans doute, des trouvères ou troubadours :

> *En prouesse et en joie je fus*
> *Mais je les quitte l'une et l'autre*
> *Et je m'en irai vers Celui*
> *Où tout pécheur trouve la paix.*
> *Bien ai été joyeux et gai.*
> *Notre-Seigneur ne le veut plus*
> *Et plus n'en puis souffrir le faix*
> *Tant je m'approche de la fin...*

Tous ces souvenirs de poésie, de violence et d'amour composaient
l'atmosphère poitevine lorsque le jeune Louis VII ceignit la couronne de
comte de Poitiers et reçut l'hommage des seigneurs des environs, au côté de
sa jeune épouse.

Que virent encore les jeunes mariés à Poitiers que nous puissions voir de
nos jours ? Le baptistère Saint-Jean, peut-être le plus ancien édifice
chrétien existant en France, l'église Sainte-Radegonde, qui avait été
consacrée à l'extrême fin du XIe siècle, en 1099, et n'avait donc pas quarante
ans au moment du mariage d'Aliénor : l'abside et son déambulatoire, la
crypte remontent à cette époque. En l'honneur de sainte Radegonde,
Fortunat, évêque de Poitiers et poète, composa d'admirables vers tout
empreints de cet amour pénétré de respect qui devait inspirer la poésie des
troubadours.

Par la mort du roi Louis VI, Louis et Aliénor étaient donc roi et reine
lorsqu'ils mirent pied à terre à Paris devant les degrés du palais : un Paris en
pleine floraison, où enseignait Abélard, où Thomas Becket et Jean de
Salisbury étudiaient la théologie, où l'abbé Suger songeait à faire élever
l'abbatiale de Saint-Denis ; un Paris où allait résonner la grande voix de
saint Bernard.

On conserve, au musée du Louvre, un vase de cristal de roche, serti de
perles et de pierres précieuses, portant à peu près l'inscription suivante :
« Ce vase, Aliénor fiancée l'a donné au roi Louis. Le roi me l'a redonné.
Moi, Suger, l'ai voué aux saints. » C'est probablement le seul souvenir
personnel que nous ayons gardé de la reine fameuse. Peut-être son époux
fit-il ce cadeau à Suger lors de la dédicace de Saint-Denis ? Toujours est-il
que c'est dans le trésor de l'abbatiale que le vase fut retrouvé.

Aliénor était belle, très belle même, *perpulcra*. Les chroniques la disent
avenante, vaillante et aussi *admirabilis astucia*, ce qui peut se traduire par
« d'une sagesse remarquable » mais encore par « d'une astuce étonnante ».
Son époux allait éprouver tour à tour le bien-fondé de ces jugements, et
aussi ce qu'on murmurait entre haut et bas : sa coquetterie. Louis VII
lui-même était d'une extrême piété, et Aliénor, au bout de quelques années
de mariage, disait à qui voulait l'entendre qu'elle n'avait pas entendu
épouser un moine. Les prières prolongées, les jeûnes du roi ne plaisaient

guère à la jeune femme, certes plus occupée de sa toilette et de ses bijoux que de chanter matines. C'est probablement à elle que s'adressent les paroles sévères de saint Bernard : « Les vêtements des dames de la cour sont faits des plus fins tissus de laine ou de soie ; une fourrure coûteuse prise entre deux riches étoffes sont la doublure et la bordure de leurs manteaux ; leurs bras sont chargés de bracelets ; de leurs oreilles pendent les pierres précieuses délicatement serties... Elles vont parées et ornées comme seuls les temples devraient l'être ; leurs traînes de tissus précieux soulèvent un nuage de poussière ; on en voit qui sont moins ornées qu'accablées d'or, d'argent, de pierreries, de tout ce qui peut rehausser la splendeur royale. »

Certes, le costume de ce temps est probablement celui qui a le plus harmonieusement habillé la femme. On imagine aisément la Méridionale coquette, vêtue du *bliaut* au long corsage étroit et lacé, à la longue et ample jupe qui traîne et que l'on ajuste au corsage sur ses hanches. A l'encolure apparaît le vêtement de dessous : la *chainse* ou chemise, qu'une femme élégante choisit de toile fine, lin ou soie, parfois même de ces tissus précieux que sont le cendal (une sorte de taffetas) et le samit ou satin, tissus d'Orient que les commerçants rapportent à grands frais par les ports méditerranéens. Ou encore c'est la *cotte*, plus simple, avec jupe, corsage ample dont les manches sont longues, très larges aux emmanchures et si étroites aux poignets qu'on ne pourrait y entrer les mains si les manches n'avaient été fendues jusqu'au coude. Il fallait alors, le matin, au moment où l'on enfilait la cotte, coudre ou lacer sur l'avant-bras sa manche. A l'emmanchure, elles étaient le plus souvent épinglées ou cousues, et nous avons vu comment, jusqu'à la fin du Moyen Age, la manche a toujours été indépendante du costume.

Au contraire, les manches du bliaut étaient plus volontiers courtes et amples, laissant paraître les manches de la chemise que l'on portait par-dessous. Vers le milieu du XIIᵉ siècle — et sans doute une reine comme Aliénor fut-elle pour quelque chose dans ce raffinement —, les manches prirent une longueur si exagérée qu'il fallait parfois les nouer pour les empêcher de traîner jusqu'au sol.

La grande nouveauté, au début du XIIIᵉ siècle, fut l'apparition du *surcot*. Tandis que le bliaut passait de mode et peu à peu devenait la blouse de nos campagnes, le surcot devint une sorte de fourreau droit, sans manches ni ceinture, porté sur un autre vêtement, qui contrastait avec lui par la couleur des manches.

On faisait grand usage de fourrures à l'époque, beaucoup plus communément qu'aujourd'hui : chasse et gibier étaient plus répandus qu'en notre temps, si bien que les gens simples se contentaient du vulgaire « connin », le lapin, tandis que dames et seigneurs portaient pelisse de vair, de martre ou de zibeline. On en doublait généralement les vêtements, et saint Bernard, comme nous venons de le voir, s'en indigne.

Enfin, pour se garantir du froid, on portait, par-dessus tout le reste, la

POITIERS

St-Benoît

Géaux-en-Couhé

St-Angeau

Vaux

Ste-Colombe   Coulgens

la Rochette

Champniers

Sommières

Charente

Civray   Ruffec

Coutôme

St-Amand-de-Boixe

Vars

Vouillé

St-Jouin-de-Marnes

Lusignan

Pers

Airvault

Vernay

les Châteliers

Souliévres

Montreuil-Bonnin

Tennesus

AULNAY-DE-SAINTONGE

Beaulieu

Parthenay-le-Vieux

Melle

Brie-sous-Matha

St-Maixent

Cherves

Bressuire

Parthenay

Celles-s-Belle

Blanzac-les-M.

St-Jean-d'Angély

Matha

la Flocellière

Beauchêne

Hérisson

Verruyes

Champdeniers

Cherveux

St-Gelais

Varaize

Clisson

Secondigny

St-Marc-la-Lande

St-Denis-du-Pin

St-Hilaire

Fontenet

le Douhet

St-Pierre-du-Chemin

Ste-Ouënne

Ste-Pezenne

Niort

St-Etienne

Lozay

Fenioux

Grandjean

Annepont

Fontcouvert.

la Grenetière

la Boupère   Pouzauges

St-Mesmin-la-Ville

Réaumur

Vouvant

Foussais

Couldray-Salbart

Aiffres

le Comenier

Villeneuve-la-Comtesse

St-Martial

St-Savinien

Taillebourg

St-Saturnin

Saintes

Vendrennes

les Herbiers

Nieul-l'Autise

Benet

Amuré

Mauzé

Bernay

Landes

les Nouilles

Archingeay

Pont-l'Abbé-d'A.

St-Sornin

les Roches-Bartiaud

Chantonnay

Maillezais

Oulmes

Maillé

la Laigne

St-Christophe   Surgères

Tonnay-Boutonne

Champdolent

Bord

Beurlay

Crazannes

Nieul-les-S.

Corme-

Mareuil-s-L.

Ste-Gemme-la-P.

Fontenay-le-Comte

Fontaines

Benon

Trisay   Champagne

Broue

Sablonceaux

les Moutiers-les-Mauxfaits

la Chaize-le-V.

Luçon

Velluire

Esnandes

Nieul-s-s-M.   AUNIS

la Jarne

Agrefeuille-d'A.

Forges

Echillais

Moëze

Pont-l'Abbé-d'A.

Moricq

St-Michel-en-l'Herm.

la Rochelle

Angoulins

St-Jean-d'Angle

Marennes

les Fontenelles

Apremont

St-Nicolas-de-Brem

Talmont

Abbaye de Lieu-Dieu

Jard

Angles

St-Laurent

Aix

St-Georges-d'Oléron

St-Pierre-d'Oléron

Commequiers

St-Jean-d'Orbetiers

Pornic

les Moutiers

Noirmoutier

P O I T O U

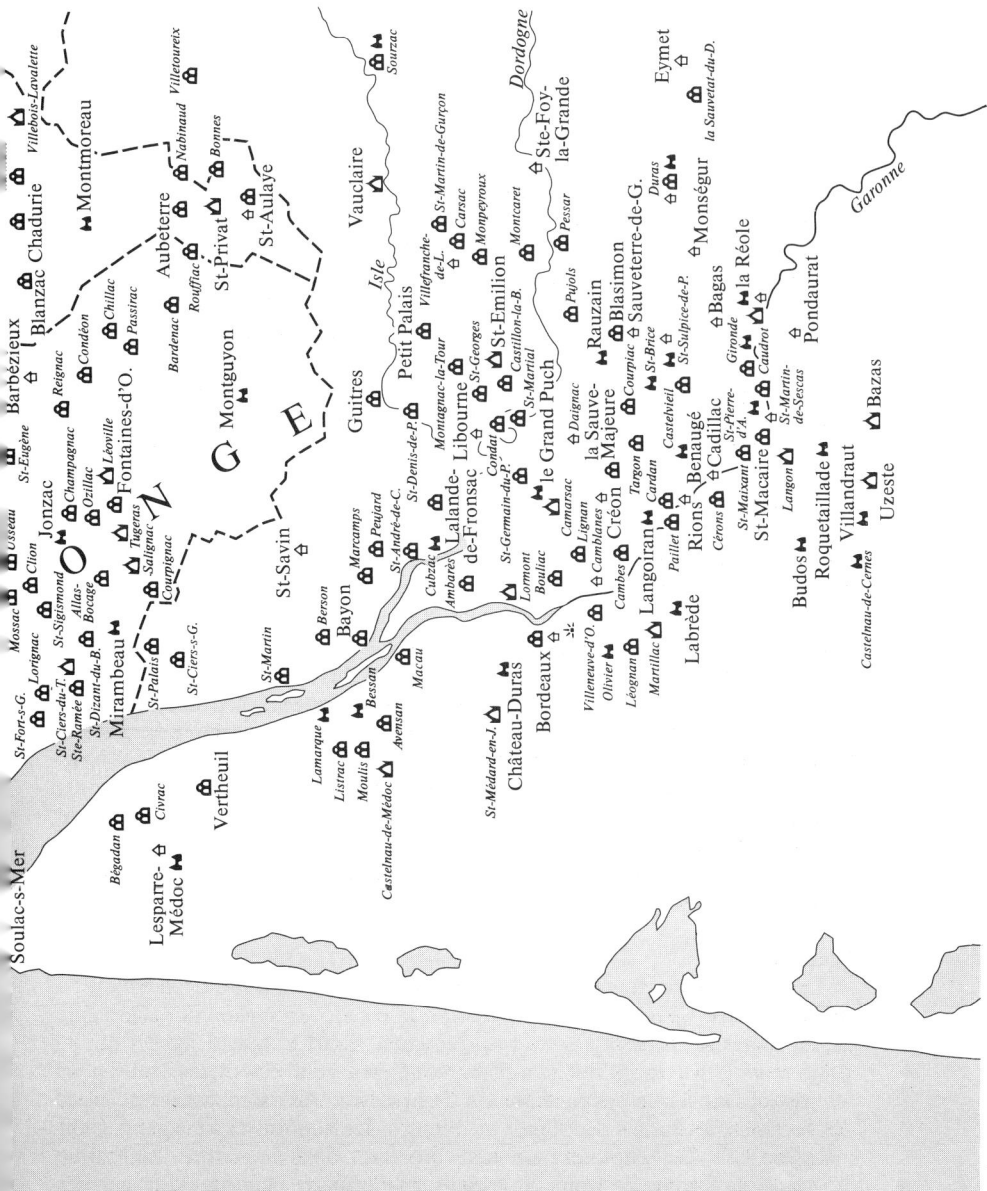

POITOU

⊕ Eglise romane   ⌂ Eglise gothique

⊕ Edifice civil   ⋈ Château

⚹ Trésor ou musée

0   10   20   30 km

Villebois-Lavalette

Montmoreau

Nabinaud   Villetoureix

Bonnes

Sourzac

Dordogne

Eymet

Chadurie

Blanzac

Barbézieux

Aubeterre

St-Martin-de-Gurçon

Ste-Foy-la-Grande

la Sauvetat-du-D.

Reignac

Condon

Chillac

Passirac

Rouffiac

St-Privat

St-Aulaye

Vauclaire

St-Martin-de-Gurçon

Carsac

Montcaret

Duras

Monségur

Garonne

St-Eugène

Champagnac

Léoville

Ozillac

Fontaines-d'O.

Bardenac

Montguyon

Guitres

Isle

Petit Palais

Villefranche-de-L.

St-Georges

St-Emilion

Castillon-la-B.

Monpeyroux

Pessac

Pujols

Rauzain

Blasimon

Sauveterre-de-G.

St-Brice

St-Sulpice-de-P.

Bagas

la Réole

Pondaurat

Mossac   Usseau

Clion

Longnac

Jonzac

St-Sigismond

Allas-Bocage

Tugeras

Salignac

Courpignac

Mirambeau

St-Savin

Marcamps

Peujard

St-André-de-C.

Lalande-de-Fronsac

Libourne

Montagnac-la-Tour

Condat

St-Martial

le Grand Puch

Daignac

la Sauve-Majeure

Courpiac

Castelvieil

St-Pierre-d'A.

Caudrot

St-Martin-de-Sescas

Bazas

St-Fort-s-G.

St-Ciers-du-T.

Ste-Ramée

St-Dizant-du-B.

St-Palais

St-Ciers-s-G.

St-Martin

Berson

Bayon

Cubzac

Ambarès

St-Germain-du-P.

Lormont

Bouliac

Camarsac

Lignan

Camblanes

Créon

Cambes

Targon

Cardan

Benaugé

Cadillac

St-Maixant

St-Macaire

Langon

Uzeste

Vertheuil

Lamarque

Listrac

Moulis

Bessan

Avensan

Macau

St-Médard-en-J.

Château-Duras

Villeneuve-d'O.

Olivier

Léognan

Martillac

Labrède

Langoiran

Paillet

Rions

Cérons

Budos

Roquetaillade

Villandraut

Castelnau-de-Cernes

Bégadan

Civrac

Castelnau-de-Médoc

Lesparre-Médoc

Soulac-s-Mer

Z O N G E

chape ou le *mantel*. Leur coupe était semblable : une grande pièce d'étoffe circulaire, avec au centre un trou formant encolure, et une fente qui allait de l'encolure jusqu'au bord, comme les pèlerines. La chape était souvent munie d'un capuchon. Au cours du XIIIe siècle, ce capuchon devint un vêtement à part, couvrant la tête à la manière d'un passe-montagne, et couvrant aussi les épaules : c'est le *chaperon*. Il y avait diverses manières de draper le chaperon, toutes issues de cette forme unique du chaperon qui ne se distinguait que par la qualité du tissu. Porter « chaperon fourré », c'était faire étalage de richesse. Et, pendant les émeutes de la fin du XIVe siècle, on hua fort souvent dans les rues de Paris les chaperons fourrés.

Pour attacher le mantel et le fixer par-devant, on se servait d'un fermail, une *affiche ;* ou encore on en retenait les bords par un cordon, une attache, qui passait à travers des plaques de métal, les *tassels*. Bien entendu, la coquetterie féminine et le goût du luxe aussi se manifestaient dans ce fermail que l'on faisait d'argent ou d'or, serti de pierreries ou de perles, ou encore d'émaux de couleur, et dans ces cordons que l'on faisait d'orfroi, galon de fils d'or, ou encore dans les boucles de ceintures, plus rarement dans les bracelets, encore peu portés aux XIIe et XIIIe siècles.

Les femmes vont souvent tête nue, les cheveux tressés, aux XIe et XIIe siècles. Mais, dès ce temps aussi, elles commencent à porter de ces coiffures enveloppantes qu'on appelait des *guimples*. La guimple encadre le visage, entourant front et menton, et retombe comme un voile dans le dos : coiffures fort seyantes qu'ont longtemps conservées, sous diverses formes, beaucoup de religieuses. Ou encore on se contentait d'une coiffe, simple sac de tissu enserrant la chevelure. Mais, pour les fêtes, on ornait sa tête d'un *chapel* ou chapelet en or, en fleurs, en orfroi : les hommes comme les femmes aimaient à se parer ainsi. De là vint, au XIIIe siècle, la coutume du chapelet, qui est un chapel de fleurs mystiques en l'honneur de la Vierge.

Les hommes portent robe, moins longue que les femmes. Ce n'est qu'au milieu du XIVe siècle, lorsque s'introduit la mode à proprement parler, que les hommes se mettent à porter un vêtement court et ajusté, tandis que la robe reste le vêtement des grands personnages, celui des clercs et des gens de justice, ainsi que des professeurs d'université. Alors apparaîtront, pour les femmes, les larges décolletés et, bientôt, les hennins extravagants (voir chapitre 12). On déploiera un luxe croissant dans la parure. Valentine Visconti, la femme de Louis d'Orléans, avait quatre ceintures d'or garnies de pierreries et de perles, l'une comportant vingt et une pièces, l'autre cinquante-deux, et « une ceinture d'or à quarante-trois affichets — dit un chroniqueur — et la boucle et le mordant, et est écrit sur chaque affichet : Loyauté passe tout » (c'était sa devise).

De toute évidence, Aliénor préférait les soins de toilette et les chansons des troubadours à la conversation des clercs. Elle devait utiliser de ces ravissants pots à onguents et à fards, en ivoire sculpté, que le musée de

Cluny entre autres nous a conservés. Et de ces peignes de buis dont plusieurs villes du Midi toulousain se faisaient une spécialité. Ou de ces peignes d'ivoire comme on en conserve également au musée de Cluny. Sans doute aimait-elle les miroirs de verre qui sont une invention du temps. (L'Antiquité n'a connu, en fait de miroirs, que le métal poli et l'eau de la rivière.)

Elle aimait musique et danse, et jamais sans doute l'austère palais de la Cité n'avait autant résonné de *caroles* et d'*estampies* : ce sont les danses de l'époque ou les chants, car les unes et les autres se mêlent. La flûte, la harpe, le tambourin donnent le rythme, que souvent les assistants scandent en battant des mains. On danse sur un motif assez simple, que l'on répète indéfiniment, jusqu'à la griserie. Lorsque danseurs et danseuses sont fatigués, leur cercle se dénoue pour laisser place aux troubadours.

Le temps d'Aliénor d'Aquitaine est précisément celui du grand épanouissement de la poésie méridionale, et c'est dans les États d'Aliénor : Poitou, Limousin, Guyenne, que cet épanouissement fut le plus remarquable. On a longtemps attribué au Languedoc et à la région toulousaine le rôle principal dans l'élaboration de cette poésie, trompé que l'on était par la langue qu'elle emprunte, le parler languedocien — avec des variantes locales — du sud de la Loire. En réalité, c'est la cour de Poitiers qui l'a vue naître, et, si beaucoup de troubadours ont reçu un bon accueil auprès des seigneurs de Toulouse, de Narbonne, de Marseille, ils n'en venaient pas moins de l'ensemble de ces régions que l'on appelle méridionales mais qui comprennent aussi bien l'Auvergne et le Limousin. Le premier troubadour connu a été l'un des plus grands seigneurs du royaume, mais ceux qui viennent après lui sortent de toutes les couches sociales, comme nous dirions aujourd'hui : Cercamon, qui eut la vie d'un pauvre jongleur errant ; Marcabru, un enfant trouvé ; Jaufré Rudel, lui, fut seigneur de Blaye. Tel autre, comme Folquet de Marseille, fut évêque de Toulouse. Enfin, le propre fils d'Aliénor, futur roi d'Angleterre, Richard Cœur de Lion, fut lui-même un troubadour.

Jaufré Rudel, entre autres, nous a laissé d'exquises chansons sur le thème de l'amour lointain qui inspira tant de poètes :

> *Lorsque les jours sont longs en mai*
> *Me plaît doux chant d'oiseau lointain...*
> *Et quand je suis parti de là*
> *Me souviens d'un amour lointain*
> *Lors m'en vais si morne et pensif*
> *Que ni chant ni fleur d'aubépine*
> *Me plaisent plus qu'hiver gelé...*
> *Jamais d'amour ne jouirai*
> *Sinon de cet amour lointain*
> *N'en sais plus noble ni meilleur*
> *En nulle part ni près ni loin.*

Le dialogue du trouvère et de la demoiselle, sous l'arbre d'amour.
Provient du fameux recueil de poètes allemands,
Minnesinger, *qu'on nomme manuscrit de Manesse. Bibliothèque de Heidelberg, XIIIe siècle.*

Quant à celle qu'il aime :

> *De tel prix est vraie et parfaite*
> *Qu'en le pays des Sarrasins*
> *Pour elle voudrais être captif...*

Il n'en fallait pas d'avantage pour donner naissance à la légende : on fit du poète l'amoureux éperdu de la princesse de Tripoli, Mahaut, sur la seule renommée de sa beauté et de ses vertus ; pour elle, il aurait entrepris le périlleux passage d'outre-mer, parmi les croisés, et serait mort de fatigue et de joie en tombant aux pieds de sa belle. Tout cela est purement imaginaire : au début du XIIIe siècle, en effet, un écrivain anonyme entreprit de composer des biographies de troubadours, toutes fantaisistes, brodant sur ce qui avait été le thème principal de chaque poète. Il reste que la légende de Jaufré Rudel à son tour devait inspirer nombre d'entre eux et fut reprise par Edmond Rostand dans *La Princesse lointaine*.

Bien typique de l'amour de la poésie qui enflammait toute la société féodale est le cas de la cour de Ventadour. Son seigneur, Eble, poète lui-même, protège un autre troubadour, Bernard, appelé Bernard de Ventadour, bien qu'il fût un fils de serf employé à la boulangerie du château. Et c'est peut-être lui qui nous a laissé les plus délicates chansons d'amour ; fêté par toutes les cours féodales, il quitta celle de Ventadour et fut reçu par Aliénor au moment même où celle-ci venait de quitter Louis VII. Il passa ensuite en Angleterre et revint dans le Midi, vécut quelque temps à la cour du comte de Toulouse et finit par mourir à l'abbaye de Dalon, en Dordogne, ayant été toute sa vie, comme il avait désiré l'être, le poète exclusif de l'amour :

> *J'ai été comme homme éperdu*
> *Par amour pendant longtemps...*
>
> *Mais aujourd'hui j'ai reconnu*
> *Que j'avais fait folie*
> *Que j'étais tout morfondu*
> *Car m'étais privé de chanter*
> *Et plus je demeurais muet*
> *Et plus s'accroissait mon dommage.*

Non loin du château de Ventadour, dans cette même région de Corrèze, au château d'Ussel, quatre seigneurs, Guy, Peire, Eble, les trois frères, et leur cousin Élie, composent des poèmes plutôt sur le mode plaisant, souvent sous forme de *tensons*, sorte de dialogue poétique. Dans le Cantal, un joyeux compère, que l'on nommait le moine de Montaudon, se rend célèbre par ses chansons facétieuses. Cependant on allait composer, à

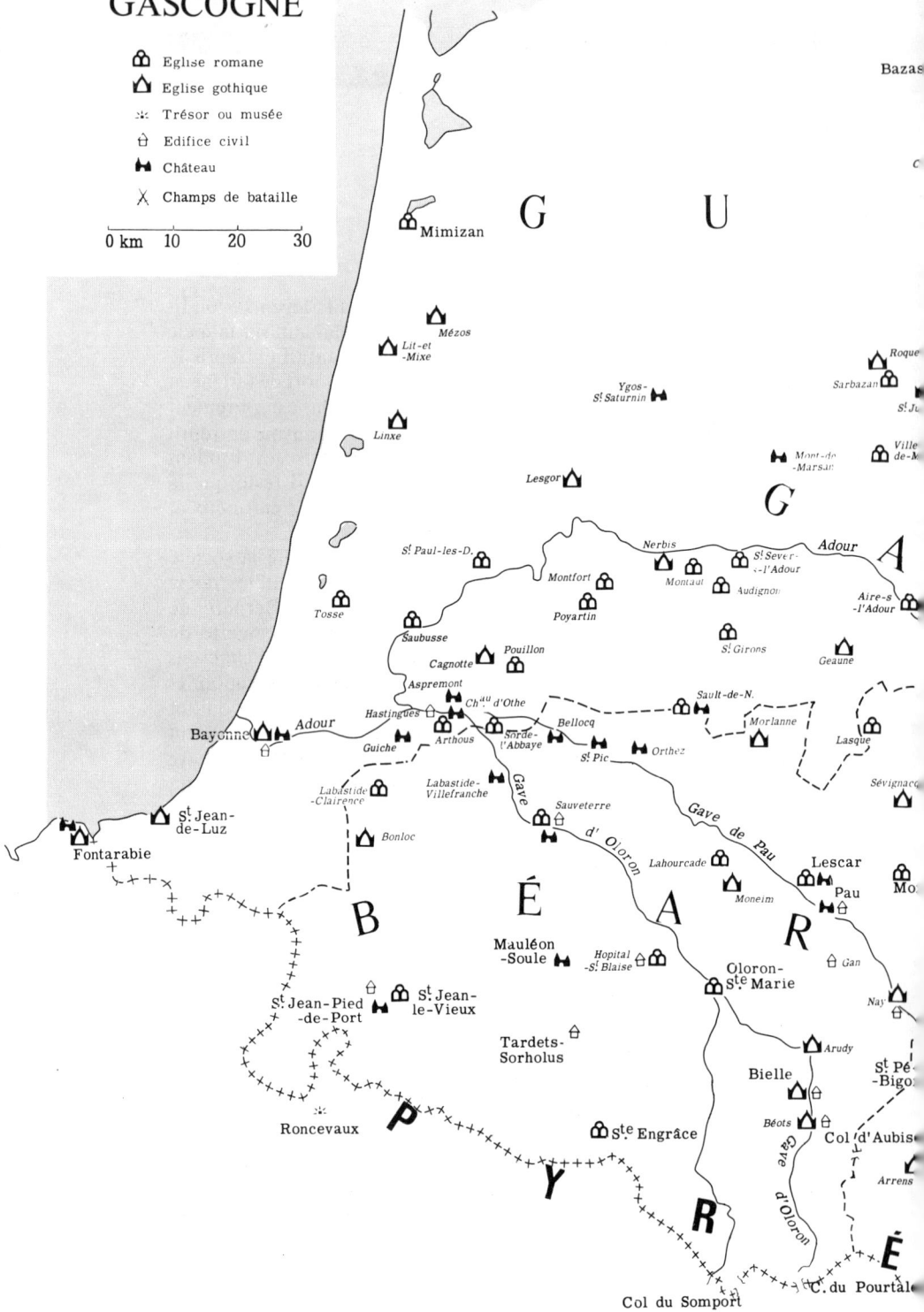

GASCOGNE

- ⛪ Eglise romane
- 🏛 Eglise gothique
- ☀ Trésor ou musée
- 🏠 Edifice civil
- 🏰 Château
- ✕ Champs de bataille

0 km   10   20   30

G   U

Bazas

Mimizan

Mézos

Lit-et
-Mixe

Roque

Ygos-
S! Saturnin

Sarbazan

S! Ju

Linxe

Ville
de-M

Mont-de-
Marsan

Lesgor

G

S! Paul-les-D.

Nerbis

Adour

A

Montfort

Montaut

S! Sever-
-l'Adour

Aire-s-
l'Adour

Tosse

Poyartin

Audignon

Saubusse

Pouillon

S! Girons

Geaune

Cagnotte

Aspremont

Ch.ᵃᵘ d'Othe

Sault-de-N.

Bayonne   Adour

Hastingues

Bellocq

Morlanne

Lasque

Guiche   Arthous

Sorde-
l'Abbaye

S! Pic   Orthez

Sévignac

Labastide
-Clairence

Labastide-
Villefranche

Gave

Sauveterre

Gave de Pau

Lescar

S! Jean-
de-Luz

Bonloc

Lahourcade

Pau

Mo

Fontarabie

d' Oloron

Moneim

B

É

A

R

Mauléon
-Soule

Hopital
-S! Blaise

Oloron-
S.ᵗᵉ Marie

Gan

Nay

S! Jean-Pied
-de-Port

S! Jean-
le-Vieux

Arudy

S! Pé
-Bigo

Tardets-
Sorholus

Bielle

Roncevaux

P

Béots

Col d'Aubis

S.ᵗᵉ Engrâce

Gave

Arrens

Y

R

d'Oloron

É

Col du Somport

C. du Pourtal

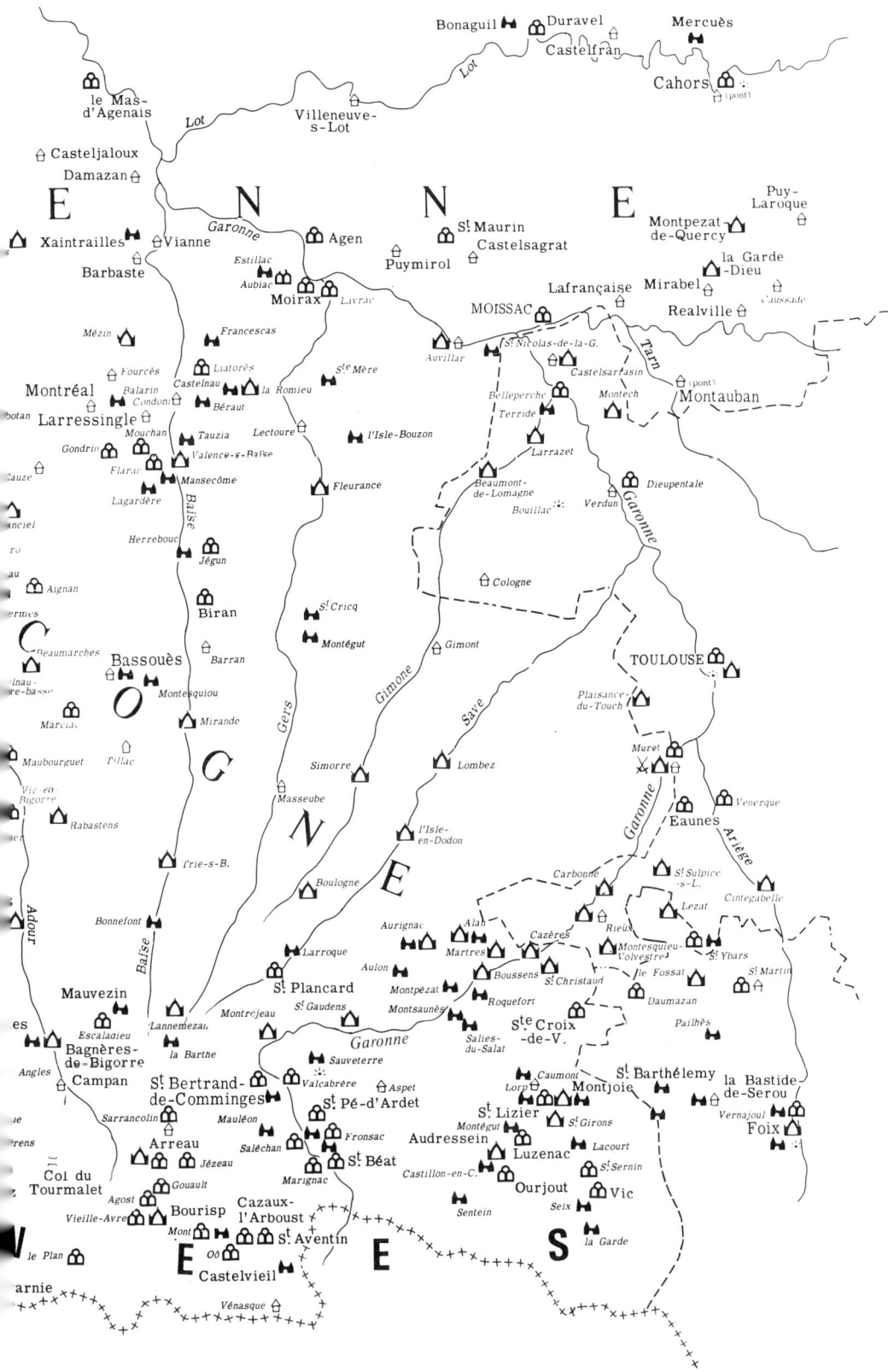

Bonaguil   Duravel   Mercuès
Castelfran
Lot
Cahors
(pont)

le Mas-
d'Agenais
Lot
Villeneuve-
s-Lot

Casteljaloux
Damazan
Puy-
Laroque
E   N   N   E
Garonne
Montpezat-
de-Quercy
Xaintrailles   Vianne   Agen   S.! Maurin
Castelsagrat
la Garde
-Dieu
Barbaste   Estillac   Puymirol   Mirabel
Mézin   Aubiac   Francescas   Moirax   Lavrac   Lafrançaise   Realville   Caussade
MOISSAC
Fourcès   Liatorès   S.te Mère   Auvillar   S.t Nicolas-de-la-G.   Tarn
Montréal   Balarin   Castelnau   la Romieu   Castelsarrasin   (pont)
Condom   Béraut   Belleperche   Montech   Montauban
Larressingle
botan   Mouchan   Tauzia   Lectoure   l'Isle-Bouzon   Terride
Gondrin   Valence-s-Baïse   Larrazet   Dieupentale
auze   Flaran   Mansecôme   Beaumont-   Verdun
Lagardère   Fleurance   de-Lomagne   Bouillac   Garonne
nciel
Herrebouc   Jégun
u   Baïse   Cologne
Aignan   Biran
ermes   S.t Cricq
C   Beaumarches   Montégut   Gimont
lnau-   Bassouès   Barran   Gimone
re-bass°   Montesquiou   TOULOUSE
Marcille   O   Mirande   Save   Plaisance-
du-Touch
Maubourguet   Tillac   G   Muret
Vic-en-   Simorre   Lombez   Venerque
Bigorre   N   Masseube   Eaunes
Rabastens   Garonne   Ariège
l'Isle-
en-Dodon   Carbonne   S.t Sulpice
-s-L.   Cintegabelle
Trie-s-B.   E   Boulogne   Lezat
Adour   Aurignac   Alah   Cazères   Rieux   S.t Ybars
Baïse   Bonnefont   Larroque   Martres   Montesquieu-   S.t Martin
Aulon   Boussens   Volvestre   le Fossat
Mauvezin   S.t Plancard   Montpézat   S.t Christaud   Daumazan
Montréjeau   Montsaunès   Roquefort   Pailhès
es   Escalaaieu   Lannemezan   S.t Gaudens   Salies-   S.te Croix
Bagnères-   la Barthe   Garonne   du-Salat   -de-V.
Angles   de-Bigorre   Sauveterre   S.t Barthélemy
Campan   S.t Bertrand-   Valcabrère   Aspet   Caumont   la Bastide
Sarrancolin   de-Comminges   Lorp   Montjoie   de-Serou
Mauléon   S.t Pé-d'Ardet   S.t Lizier   Vernajoul
Arreau   Fronsac   Montégut   S.t Girons   Foix
Jézeau   Saléchan   Audressein   Lacourt
Agost   Gouault   Marignac   S.t Béat   Luzenac   S.t Sernin
Vieille-Avre   Bourisp   Castillon-en-C.   Ourjout   Vic
Cazaux-   Mont   Seix
l'Arboust   Sentein
N   le Plan   Oô   S.t Aventin   E   E   S   la Garde
arnie   Castelvieil
Vénasque

l'intention d'Aliénor, des œuvres plus importantes, puisque c'est à elle qu'un clerc tourangeau, Benoît de Sainte-More, dédia le fameux *Roman de Troie* qui devait avoir un énorme succès. Ce genre littéraire, le roman, inconnu de l'Antiquité classique, allait prendre une importance prépondérante dans la littérature médiévale comme dans la littérature moderne. Le thème antique de la guerre de Troie s'y trouvait totalement renouvelé, et ce qui passait au premier plan, ce n'étaient plus les aventures guerrières, mais l'aventure psychologique, l'amour que se portent les héros.

Tel était le milieu dont s'était entourée Aliénor à la cour de France, non sans causer des inquiétudes à son époux. Lorsqu'en 1148, répondant à l'appel de saint Bernard, Louis VII était parti pour la croisade, il avait emmené son épouse avec lui comme le faisaient la plupart des seigneurs. Mal lui en prit, car la reine avait retrouvé à Antioche son jeune oncle, Raymond de Poitiers, devenu prince d'Antioche et l'un des principaux seigneurs d'outre-mer par son mariage avec l'héritière Alix. L'amitié — peut-être trop tendre — qui se noua entre eux mit le comble à l'exaspération du roi et ne fut pas moins funeste à la croisade : car, par dépit, Louis VII refusa d'écouter les sages avis de Raymond qui conseillait de s'attaquer à la ville d'Alep, menace permanente pour les États croisés, et s'entêta à vouloir assiéger Damas, dont le sultan était traditionnellement l'ami des Francs. Siège inutile, s'aggravant d'une faute politique ; le tout, ajouté aux dissentiments qui séparaient chaque jour davantage les époux, avait été à l'origine de leur rupture.

Or, quelques semaines seulement après cette séparation, Aliénor stupé-fiait l'Europe en annonçant qu'elle se remariait avec Henri Plantagenêt, comte d'Anjou, lequel venait d'hériter du duché de Normandie. Selon l'usage féodal, elle reprenait ses biens propres, c'est-à-dire toute cette France de l'Ouest que seul son mariage avait rattaché directement à la couronne de France. Le domaine du roi capétien se retrouvait tel que sous Louis VI, mais enserré cette fois par celui du puissant rival qui n'allait pas tarder à ceindre, pour comble, la couronne d'Angleterre ! On pouvait se demander ce qu'allait devenir la dynastie des lis.

Louis VII comprit le péril et ne tarda pas à se ressaisir. Sa femme lui avait donné deux filles, Marie et Alix. Il déclara que, en tant que tuteur de celles-ci, il prétendait garder la Guyenne, leur future dot. D'autre part, Henri Plantagenêt avait, contrairement aux coutumes féodales, contracté mariage sans l'assentiment de son suzerain, le roi de France, et pour cause, puisqu'il lui prenait sa femme. Louis cita donc le Plantagenêt devant la cour royale. On se doute qu'il s'agissait d'une citation de pure forme. Henri n'y répondit même pas. Louis VII déclara alors ses fiefs angevins confisqués : geste purement platonique, lui aussi, car il n'avait pas le pouvoir de mettre sa menace à exécution. Il y eut quelques opérations de guerre assez confuses ; après quoi, en août 1154, la paix fut conclue, Louis renonçant à ses prétentions contre une somme de deux mille marcs d'argent.

Cependant, les domaines du Plantagenêt ne cessaient de s'accroître. Henri installait son frère Geoffroi duc de Bretagne, puis héritait de lui en 1158. Pour tenter d'arrêter son expansion dans le Midi, Louis VII conclut une double alliance matrimoniale avec le comte de Toulouse, Raymond V : celui-ci épousait Constance de France, sœur du roi, tandis que Louis VII lui-même se remariait et épousait Constance de Castille, alliée de Raymond. Enfin, en 1158, promesse de mariage était ébauchée entre les enfants de France et d'Anjou : le fiancé avait trois ans, la fiancée six mois... La petite Marguerite, fille de Louis et de Constance, était promise en mariage à Henri, fils du Plantagenêt et de la duchesse Aliénor.

Semblable arrangement préservait les intérêts du capétien, car le Vexin normand et la forteresse de Gisors devaient être la dot du futur mariage. Mais, bientôt après, nouvelle offensive : Henri II, qui voyait d'un mauvais œil Toulouse échapper à sa suzeraineté, pénètre dans les États de Raymond V.

Et voilà qu'à nouveau la fidélité, conséquence du serment féodal, va retourner la situation. Louis VII est accouru pour aider son beau-frère Raymond. Il s'enferme avec lui dans Toulouse. Henri II n'a pas de peine à réunir une armée importante, alors que, dans sa hâte, Louis VII, qui ne dispose d'ailleurs que de ressources très inférieures à celles de son vassal, n'a réuni que des forces insignifiantes. Est-ce la défaite du roi de France ?

Non, car, apprenant que son suzerain se trouve dans la place forte qu'il se dispose à assiéger, Henri II déclare que ce serait trahir son serment que d'attaquer. Il se retire. Ainsi, l'onction du sacre (voir chapitre 3) qui a fait de Louis VII le roi de France a-t-elle été plus forte que les armes et sauve-t-elle la dynastie.

On a parfois donné le nom de « première guerre de Cent Ans » à ces quelques escarmouches mettant aux prises suzerain et vassal : rien de plus faux aux yeux de l'historien, d'abord parce qu'il ne s'agit pas d'une guerre de nation à nation ; Henri Plantagenêt est un Angevin, qui ne fera que quelques séjours dans son domaine anglais ; de plus, les coutumes féodales sont encore trop vivantes, on l'a vu, pour que l'on puisse imaginer une guerre à outrance : les hostilités se réduisent à quelques opérations locales — prise d'une ville, d'un château —, qui n'ont rien à voir avec la guerre telle qu'on la conçoit deux siècles plus tard, ni, à plus forte raison, avec ce que nous appelons aujourd'hui la guerre.

Aussi bien, tout montre l'immense prospérité dont jouit la France de l'Ouest comme celle du Nord à cette époque. Sous le gouvernement des Plantagenêts, rois en Angleterre mais vassaux du roi de France, pendant tout le XIIᵉ siècle, l'épanouissement de l'art roman atteste cette prospérité. A Poitiers, on reconstruit la cathédrale Saint-Pierre. L'église Notre-Dame-la-Grande — toujours à Poitiers — montre dans tout son éclat ce qu'est l'art roman à l'époque d'Aliénor, et sa magnifique façade du début du XIIᵉ siècle témoigne de la richesse, de l'exubérance de la sculpture du temps, toujours fidèle, cependant, à la ligne architecturale qu'elle ne fait que souligner. C'est l'occasion d'admirer, sur cette façade, la fidélité avec laquelle la sculpture de chaque pierre (chaque « claveau ») rayonne dans le sens même où cette pierre est placée et se détache, tout en formant avec les autres une frise continue. Si bien que, dans un ensemble étonnamment ajouré, rien ne trahit les lignes principales, et que la sculpture semble s'effacer devant l'architecture. Au contraire, dans les siècles suivants, on tentera de mettre en valeur les pièces sculptées, de porter au premier plan ce qui est purement décoratif, en reléguant au second plan les lignes utiles, « fonctionnelles ».

C'est sans doute ce qui caractérise l'époque romane, qu'on ne puisse y dissocier le beau de l'utile, que l'un et l'autre soient conçus d'un seul jet, la beauté ne faisant qu'animer les lignes essentielles : on sait, à l'époque, donner priorité à ce qui est nécessaire à l'homme — et une église apparaît alors comme tout aussi nécessaire que, de nos jours, une gare ou un bureau de poste.

Mais l'église, édifice utilitaire, doit refléter la splendeur de Dieu ; pour que l'homme y soit heureux, il doit pouvoir l'aimer : or, c'est la beauté du décor qui permet de l'aimer. C'est ainsi que les édifices du temps seront une synthèse géniale de l'utile et du beau.

Au palais de justice de Poitiers lui-même, a été reconstruite sous les Plantagenêts la grande salle qui a gardé leur nom. Non loin de Poitiers, c'est l'un des plus beaux ensembles de fresques romanes que présente l'église de Saint-Savin. Remontant au XIe siècle pour l'architecture, l'église est postérieure par ses fresques, peintes sans doute au début du XIIe. Elles se déroulent sur des teintes claires en bandes distribuées de façon à souligner l'architecture, et inspirées, quant au thème, principalement de la Bible, dont chaque scène préfigure celles du Nouveau Testament, le tout dans une grande économie de couleurs. On ne voit guère utiliser à Saint-Savin que le blanc, l'ocre jaune, l'ocre rouge et le vert. Ce sont les teintes principales ; elles se multiplient par les rapports de couleurs grâce à ce parti qui consiste à détacher les personnages sur des fonds de bandes colorées parallèles ; telle robe blanche, par exemple, s'enlève successivement sur fond ocre, rouge ou vert. Et la conception générale des personnages — dans lesquels, selon l'expression d'Albert Gleizes, il semble que ce soit le mouvement qui crée le corps — ajoute encore à l'aspect étonnamment animé de ces fresques.

Du reste, parcourir le domaine qui fut celui d'Aliénor, c'est faire un inoubliable circuit d'art roman. Non loin de Poitiers, à Chauvigny, c'est l'ensemble incomparable que domine la collégiale Saint-Pierre, construite au XIIe siècle, avec une série de chapiteaux éblouissants — qu'une couche de peinture moderne rehausse d'ailleurs maladroitement. Plusieurs châteaux hérissent la petite ville : château des évêques, dont certaines parties remontent à la fin du XIe siècle ; château d'Harcourt, qui ne paraît pas, lui, remonter au-delà du XIIIe ; château de Gouzon, qui dresse un donjon remontant, lui aussi, au XIᵉ siècle dans certaines parties ; enfin château de Mauléon, dont ne subsistent que des ruines, bien qu'une tour carrée ait encore belle allure : la tour de Flins, remaniée au XVᵉ siècle. Extraordinaire ensemble, l'un des plus typiques d'une cité féodale.

Les châteaux des environs, ceux de Touffou, par exemple, ou de Coussay, sont beaucoup plus récents, le premier seul offrant quelques parties du XIIIᵉ siècle.

A Montmorillon, c'est un souvenir du grand-père d'Aliénor qu'évoque la Maison-Dieu que le duc avait prise sous sa protection en 1113. Il reste d'ailleurs peu de chose de l'édifice de ce temps, sinon, dans la cour, cette étonnante chapelle sépulcrale qu'on appelle l'octogone de Montmorillon ; elle remonte à la fin du XIIᵉ siècle (1180 environ), tandis que la vieille tour, elle, existait déjà au temps de Guillaume le troubadour. Cet octogone est une ancienne chapelle inspirée par celle du Saint-Sépulcre de Jérusalem.

De nombreux exemples existent, du reste, du souvenir du Saint-Sépulcre et de sa rotonde qui abrite les lieux où le Christ fut enseveli et ressuscita. Au retour de Terre sainte, les seigneurs aimaient à en faire construire des répliques sur leur domaine. L'un des exemples les plus complets se trouve dans la basilique de Neuvy-Saint-Sépulcre, au nom significatif.

C'est dans le Berry, entre La Châtre et Argenton, que le seigneur Eudes de Déols, retour des Lieux saints, avait commencé la construction d'une rotonde à l'image de celle du Saint-Sépulcre. Elle fut achevée dans le courant du XIIᵉ siècle : onze colonnes reliées par des arcades en plein cintre, avec de magnifiques chapiteaux, forment la rotonde proprement dite, entourée d'une sorte de déambulatoire circulaire que limite une seconde colonnade de quatorze colonnes. Cette rotonde a été assez curieusement rattachée à l'église Saint-Jacques, construite aux environs de 1045 et de nos jours élevée au rang de basilique. Il est probable que dans la rotonde se trouvait quelque relique rapportée de Terre sainte. Des fouilles ont fait découvrir, en effet, une inscription qui l'indique.

On peut ainsi parcourir toute la région, que ce soit dans le Poitou même, avec les églises d'Airvault, de Parthenay-le-Vieux, de Sainte-Gemme, d'Aulnay, en Limousin avec Solignac, en Quercy avec Souillac, et jusqu'à la cathédrale de Cahors : l'art roman des XIᵉ et XIIᵉ siècles s'y épanouit dans l'étonnante diversité de ses arcades en plein cintre et de ses chapiteaux.

Il faut s'arrêter plus particulièrement à Périgueux et à Angoulême pour admirer ces églises à coupoles qui font l'un des attraits de la région.

A Périgueux, l'église Saint-Front, malgré les restaurations indiscrètes du XIXᵉ siècle, garde grande allure. C'était d'abord l'église d'un monastère fondé au XIᵉ siècle et dont on peut voir encore la façade. Il semble que ce soit au début du XIIᵉ siècle qu'ait été édifiée l'église actuelle, devenue cathédrale au XVIIᵉ siècle, après les mutilations subies du fait des guerres de religion par l'ancienne cathédrale, aujourd'hui église Saint-Étienne. Celle-ci aussi était couverte de coupoles. Il en reste deux, dont la plus ancienne, celle de l'ouest, est antérieure à 1120.

Saint Louis et ses compagnons s'embarquent pour la Terre sainte.
Les chevaliers portent la cotte de mailles sous un surcot léger et
sont coiffés du heaume : c'est la tenue du combattant au XIIIᵉ siècle.

Remarquez le gouvernail d'étambot que manœuvre le pilote,
et le château, chambre haute à l'avant et à l'arrière du navire.
Paris, Bibliothèque nationale.

On a souvent cru voir une imitation, une influence étrangère : arabe, byzantine, etc., dans ces églises à coupoles. En réalité, on sait que sur notre sol, les baptistères, dès le IVe siècle, en étaient généralement couverts. C'est avant tout une raison géologique qui explique dans la région ce mode de couverture, très pratique puisqu'il permet un éclairage par le haut ; le sous-sol est riche en un matériau léger (fourni par une couche remontant à l'époque du crétacé supérieur) qui convient particulièrement à la construction des coupoles.

Ainsi s'expliquent cette soixantaine d'églises. Les archéologues ont découvert que la carte monumentale du Périgord correspond exactement à sa carte géologique.

A Angoulême enfin, la cathédrale Saint-Pierre est, elle aussi, une église dont la nef unique est couverte de trois coupoles sur pendentifs, tandis que sa façade, malgré quelques restaurations, est un magnifique ensemble sculptural, aussi important ou presque que Notre-Dame-la-Grande de Poitiers, avec ses personnages sous arcatures ou dans des médaillons, figurant, comme toujours à l'entrée de l'église, le Christ du second avènement qui paraît au milieu des saints et des apôtres, entouré des symboles évangéliques.

Dans le Limousin, avec l'église du Dorat et ces beaux clochers carrés surmontés d'une flèche qui animent les petites villes d'Uzerche, de Collonges, de Saint-Junien, c'est toujours la même richesse d'architecture et de décor, comme à Moissac et à Souillac, tout le long de la vallée de la Dordogne avec Beaulieu et Ydes dans le Cantal.

Et l'on peut terminer ce tour d'art roman par l'abbaye de Fontevraud (Maine-et-Loire). L'église romane (couverte de quatre coupoles) est celle de l'abbaye, dont on voit encore des restes imposants, en particulier les curieuses cuisines du XIIe siècle, et les fameux « gisants », statues funéraires d'Aliénor auprès de son époux et de son fils, Henri et Richard, les uns et les autres enfin entrés dans la sérénité de l'histoire, après des existences passablement agitées.

Car Aliénor donna huit enfants à son nouvel époux : Henri, le « Jeune Roi », Richard, qui devait mériter le surnom de « Cœur de Lion », Geoffroi et Jean, qui est passé dans l'histoire avec le surnom de « Jean sans Terre », un fils mort jeune, Guillaume, et trois filles.

Richard, en 1169, recevait le comté de Poitiers ; un troubadour succédait à un troubadour. On connaît la belle histoire de la délivrance du « Cœur de Lion » grâce à une chanson qu'il aurait composée avec un autre trouvère, Blondel de Nesle : Richard avait été fait prisonnier, et Blondel, cherchant son maître captif, chantait ses chansons au pied de chacun des donjons qu'il trouvait sur sa route. Enfin, un soir, une voix répondit à sa chanson par la même chanson : c'était celle du roi Richard.

A son troisième fils, Geoffroi, l'époux d'Aliénor fit don du comté de Bretagne ; tandis que l'aîné, Henri, devait lui succéder sur le trône d'Angleterre et sur l'ensemble de ses fiefs.

Mais Henri II, qu'on a dit « despote dans sa famille comme dans son royaume » s'est heurté à la « contestation » de ses enfants. Henri le Jeune, à plusieurs reprises, tenta de se rebeller contre son père. Il était soutenu dans ses révoltes par plusieurs barons, et notamment par l'un d'entre eux, le fameux troubadour Bertrand de Born, qui fit plus d'une fois parler de lui et dont les chants sont autant de flèches contre le Plantagenêt, au point que Dante, lorsqu'il écrivit *La Divine Comédie,* plaça en enfer, personnifiant la colère, l'irascible troubadour. Cet esprit de révolte dura jusqu'au moment où Bertrand de Born écrivit la complainte peut-être la plus émouvante de toute la littérature provençale, le *planh :* ce fut lorsque mourut celui auquel il était toujours demeuré fidèle, le Jeune Roi, fils d'Aliénor.

Les châteaux construits durant cette période sont nombreux à attester le zèle de bâtisseurs des Plantagenêts. Citons l'un des principaux, celui de Niort. Construit à la fin du xiiᵉ siècle, il domine, dans cette ville, le quai de la Sèvre, avec ses deux énormes tours que devait réunir, au xvᵉ siècle, un corps de logis.

Les châteaux des Plantagenêts s'ajoutaient à ceux qu'avaient bâtis les précédents comtes de Poitiers, parmi lesquels la fameuse tour Mélusine, le donjon de Vouvant, dont la légende veut qu'il ait été construit en une nuit par la fée Mélusine, et qui s'élève dans une région admirablement évocatrice des temps féodaux, avec les anciennes murailles du bourg de Vouvant, son église romane aux sculptures fantastiques, son pont gothique dans le vallon de la Mère, les ruines du château qui s'élèvent sur les escarpements du Mervent, l'admirable forêt qui s'étend alentour, et les belles églises voisines, celles de Foussais et de Nieul-sur-l'Autise.

Le grand siècle des Plantagenêts n'en fut pas moins un temps troublé. Un royaume qui s'étendait de l'Écosse aux Pyrénées ne pouvait qu'être lourd à porter. Or, en lutte avec une partie du clergé d'Angleterre, Henri II ne tarda pas à voir se dresser contre lui la forte personnalité de Thomas Becket.

Becket, fils de marchands normands fixés à Londres, avait d'abord été le conseiller le plus écouté du roi, qui en avait fait son chancelier en 1155 et avait favorisé aussi, plus tard, son élection à l'archevêché de Cantorbéry. Mais voilà qu'à sa stupeur Thomas Becket, devenu primat d'Angleterre, se montra champion aussi obstiné des droits de l'Église qu'il avait été fonctionnaire dévoué au service du roi. La querelle entre le roi et l'ancien chancelier dura plusieurs années. Thomas Becket, quelque temps, se réfugia auprès du roi de France Louis VII. Il devait passer six ans en France. On avait cru les discordes apaisées. Thomas Becket regagna son siège de Cantorbéry. Alors, au scandale et à l'indignation de la chrétienté tout entière, quatre chevaliers du roi d'Angleterre vinrent assassiner le prélat qui fut poursuivi par eux jusque dans la cathédrale (29 décembre 1170).

La tombe de l'évêque martyr fut aussitôt révérée comme celle d'un saint, et les lieux où il avait passé son exil en France, l'abbaye de Pontigny, puis la ville de Sens, qui conserve toujours la chape de Thomas Becket, devinrent des lieux de pèlerinage.

Henri II, honni par la chrétienté, était vaincu par sa propre puissance. Ce n'est qu'en 1172, le 21 mai, lorsque, dans la cathédrale d'Avranches, il fit publiquement amende honorable, que l'Église consentit à l'absoudre. Mais son prestige resta ruiné et, au sein même de sa famille, une longue suite de désordres allaient éclater, qui le mirent aux prises avec ses enfants et avec sa propre femme Aliénor.

Celle-ci, outrée des infidélités d'Henri, qui affichait ses amours avec la belle Rosemonde, avait regagné sa chère Guyenne et les terres de son père. Elle n'allait pas tarder à remettre (1169) le comté de Poitiers à son second fils, Richard. Henri le Jeune, cependant, réclamait le pouvoir auquel, du reste, le jeune homme avait droit : son père ne l'avait-il pas fait sacrer roi d'Angleterre, imitant en cela l'usage capétien par lequel les rois associaient de bonne heure leur fils aîné à la couronne ?

En avril 1173, un vaste soulèvement se produisit. Les trois fils du roi avaient chacun quelque chose à revendiquer. L'aîné notamment exigeait le gouvernement de l'Angleterre, de la Normandie et de l'Anjou. Il n'avait pas eu de peine à trouver des alliances parmi les barons féodaux ; et, bien entendu, le roi de France Louis VII avait accueilli à bras ouverts les fils révoltés de son dangereux vassal. Aliénor elle-même, révoltée contre son second mari, cherchait refuge auprès du premier ; elle fut surprise alors que, habillée en homme, elle tentait de gagner l'Ile-de-France. Henri II la fit enfermer au château de Chinon.

Cependant, Louis VII accueillait avec affection Henri le Jeune, qui était du reste son gendre.

Le tout se termina par une entrevue « sous l'orme ». C'était en effet dans la plaine, entre Gisors et Trie-Château, en Normandie, là où se dressait l'orme fameux que huit hommes n'arrivaient pas à étreindre, qu'avaient lieu traditionnellement les entrevues entre roi de France et duc de Normandie. Bientôt après, la paix était conclue à Montlouis, entre Tours et Amboise (30 septembre 1174).

Henri II pouvait espérer enfin voir une période de paix. Il avait, peu auparavant, marié l'une de ses deux dernières filles, Jeanne, avec le roi de Sicile, et l'autre, nommée Aliénor comme sa mère, avec le roi de Castille. Ses alliances familiales et son énorme puissance (depuis qu'il possédait en fait la Bretagne par l'intermédiaire de son fils Geoffroi, ses domaines étaient l'équivalent de quarante-sept départements français) en faisaient le plus grand souverain de l'Occident, après l'empereur.

Quant à Aliénor, elle avait été transférée, sous bonne garde, dans un château anglais.

Mais la rébellion allait reprendre dès 1183. C'est que, dans l'intervalle, Louis VII était mort (septembre 1180) et que son fils Philippe, qui pour

l'histoire sera Philippe Auguste, n'avait ni le sens chevaleresque ni le profond amour de la paix qui animaient son père. Philippe fit tout ce qu'il put pour exciter les fils d'Henri II contre leur père.

Il y eut plusieurs entrevues sous le fameux orme de Gisors, dont la dernière tourna mal : le roi Henri II et sa suite s'étaient installés à l'ombre. Philippe Auguste dut rester au soleil, et la réconciliation n'eut pas lieu. Dans leur fureur, les Français allaient abattre l'orme fameux, et c'est de là qu'est née l'expression « Attendez-moi sous l'orme », qui veut dire « Vous attendrez indéfiniment ». Enfin, nouvelle entrevue, cette fois à Bon-moulins dans l'Orne (18 novembre 1188). Elle fut tragique pour Henri II : Philippe s'y rendit en compagnie de Richard Cœur de Lion. Il exigea qu'Henri donnât à son fils le Poitou, la Touraine, le Maine, l'Anjou, et le reconnût pour son héritier. Henri II refusa. Alors Richard, en présence de son père, s'agenouilla les mains jointes devant Philippe Auguste et se déclara son vassal, lui faisant hommage pour la Normandie, le Poitou, l'Anjou, le Maine, le Berry et le Toulousain. On imagine bien que l'affaire avait été arrangée d'avance entre les deux compères.

La guerre reprit. L'année suivante, Henri II, malade, abandonné par les siens, était traqué dans la ville du Mans, échappait à grand-peine à l'incendie de cette ville par les armées de Philippe Auguste et de Richard, et se voyait poursuivi par son propre fils, de si près qu'un de ses familiers dut tuer le cheval de Richard, ne voulant pas porter la main sur le fils de son roi.

Bientôt après, une entrevue avait lieu à Ballan, près d'Azay-le-Rideau. Le malheureux roi d'Angleterre, épuisé par la maladie et par le chagrin, consentit cette fois à tout ce qu'on voulut : il prêtait hommage à Philippe Auguste pour tous ses fiefs du continent, renonçait à la suzeraineté de l'Auvergne qu'il avait autrefois revendiquée, et désignait Richard comme l'héritier de toutes les possessions de la couronne.

Au cours de l'entrevue, les princes s'étaient promis de se remettre mutuellement la liste des seigneurs qui les avaient trahis. Henri II, rentré à Azay, se fit communiquer cette liste. Or, en tête, figurait son fils préféré, le dernier, Jean sans Terre, le seul dont il n'avait pas soupçonné la rébellion. Cette révélation lui porta le coup mortel. On le transporta, à demi inanimé, à Chinon. Il fit mettre son lit dans la chapelle devant l'autel et mourut deux jours plus tard (6 juillet 1189). Son corps fut transporté dans l'abbaye de Fontevraud, où Richard vint le voir et où il se borna, sans manifester nulle émotion, à ordonner que les obsèques de son père « fussent dignes d'un prince aussi puissant ».

La guerre désormais n'avait plus d'autre raison que le désir de Philippe Auguste de reprendre, l'un après l'autre, les fiefs continentaux du roi d'Angleterre. Jusqu'alors, pour soutenir les fils d'Henri II contre son vassal, il s'était fait le champion du droit. Lorsque, au contraire, le même Philippe Auguste porte ses armes contre Richard, c'est, de toute évidence,

Scène de vendanges. Paris, Bibliothèque nationale.

l'ambition qui parle. Et lorsque, contrairement à la loi religieuse et féodale, il met la main sur les terres de son vassal pendant que celui-ci est resté en Terre sainte, alors que lui, Philippe, a rapidement déserté la croisade, son cynisme se dévoile.

Mais le roi Richard s'était acquis en Terre sainte un énorme prestige par sa vaillance sans égale (« Il revenait du combat, disent les chroniqueurs, tout hérissé de flèches comme une pelote garnie d'épingles ») et, quand la guerre éclata, Philippe Auguste ne fut sauvé de justesse que par la mort inopinée de son adversaire, pendant le siège du château de Châlus, le 6 avril 1199.

On montre encore à Châlus, dans la Haute-Vienne, le beau donjon cylindrique qui se dresse sur la colline, non loin du bourg où s'élève l'autre donjon, la tour du Fort, seul reste — avec les vestiges d'une chapelle romane — de la forteresse qu'assiégeait le roi Richard. Et les touristes anglais ne manquent pas d'emporter quelques fragments du rocher de Maumont tout proche, où se tenait, dit-on, le roi d'Angleterre lorsqu'il fut frappé d'une flèche.

Désormais, dans la France de l'Ouest, la reine Aliénor, à qui Richard, son fils préféré, avait déjà remis le gouvernement du royaume lors de son départ pour la Terre sainte, et qui s'était, depuis, retirée à Fontevraud, reprend en main le pouvoir. Son dernier fils, Jean sans Terre, choisi pour roi par les barons normands et anglais, ne se montre guère digne de la couronne : tour à tour passionné et inconstant, coléreux et cruel, il est sujet à des dépressions nerveuses qui font douter de ses facultés.

Avec un sens politique très sûr, Aliénor s'applique à rallier la bourgeoisie des villes. Des franchises importantes avaient déjà été accordées à Rouen et à La Rochelle ; elles furent étendues à la plupart des villes normandes et aussi à des cités comme Bayonne, Niort, Saintes, Saint-Jean-d'Angély, à l'île l'Oléron, etc. Partout, les places fortes urbaines et les milices bourgeoises étaient acquises aux Plantagenêts. Les bourgeois français trouvaient en Angleterre un vaste marché, ouvert notamment aux vins du Bordelais. Le commerce des vins fait la prospérité de La Rochelle, Niort, Saint-Jean-d'Angély et bien entendu, de Bordeaux.

Cette politique de concessions aux bourgeois des villes devait porter des fruits durables, et la fidélité que par la suite une ville comme Bordeaux montrera à la couronne anglaise s'appuie sur de solides raisons économiques : on reste stupéfait de penser que, au début du XIVe siècle, les ports de la Gironde exportaient environ 83 000 tonneaux, soit 747 000 hectolitres de vin par an en direction des ports anglais ; pour avoir un point de comparaison, citons le chiffre d'exportation des vins français vers l'Angleterre au milieu de notre XXe siècle : 900 000 hectolitres. Et la population anglaise d'alors ne dépassait pas le dixième de celle d'aujourd'hui. L'Anglais du Moyen Age boit donc près de dix fois plus de vin de France que celui d'aujourd'hui.

En Angleterre aussi, Aliénor exerçait une énorme influence, notamment par son chancelier, l'évêque d'Ely, Guillaume Longchamp, homme à poigne, puis par Hubert Gautier, archevêque de Cantorbéry.

Pourtant, cette influence, qui subsista jusqu'à la mort de la reine (« une femme incomparable », disent les chroniqueurs anglais), [1er avril 1204], devait être impuissante à empêcher la levée de boucliers qui allait se produire contre Jean sans Terre de la part des barons poitevins. Aliénor, pour apaiser ce turbulent Poitou, avait tenté de rétablir la paix entre les principales familles et notamment reconnu les prétentions d'Hugues de Lusignan sur le comté de la Marche. La famille de Lusignan était en train de se couvrir de gloire en Terre sainte, où deux de ses membres se succédaient sur le trône de Jérusalem. On montre encore, dans la vieille bourgade de Lusignan, en Poitou, quelques débris des remparts et des maisons anciennes, dominés par la belle église romane, et, près de là, les restes de l'importante forteresse qui appartint à la famille et qui devait être démantelée aux XVIe et XVIIe siècles.

Comme ceux de Parthenay et ceux de Vouvant et Mervent, que nous avons évoqués plus haut, le château de Lusignan passait pour avoir été construit en une nuit par la fée Mélusine. C'est sans doute quelque reste des légendes celtiques que ce personnage d'une fée qui, de temps à autre, se transforme en serpent et dont les Lusignan avaient fait la fondatrice de leur dynastie.

Quant au comté de la Marche, c'était, en gros, notre département de la Creuse, avec en outre quelques villes comme Charroux et Bellac.

Or, Philippe Auguste avait promis ce même comté de la Marche au comte d'Angoulême, Audemar. Les deux maisons féodales s'opposèrent quelque temps. Puis un accord fut conclu, comme toujours, par un mariage : le jeune Hugues le Brun, de Lusignan, serait comte de la Marche et épouserait Isabelle, la fille et unique héritière du comte d'Angoulême. Mais voilà que de nouveau l'histoire se fait roman : profitant d'une absence d'Hugues le Brun, Jean sans Terre enlève la jeune Isabelle, qui avait quatorze ans, et l'épouse, le 30 août 1200.

Après ce coup de force, une prudence élémentaire commandait à Jean d'accorder tout au moins à son malheureux rival quelque compensation. Il n'en fit rien. Hugues prit patience pendant près d'un an ; puis il commença la guerre. Jean confisqua, en représailles, plusieurs châteaux, tant et si bien que les barons poitevins demandèrent l'arbitrage de Philippe Auguste.

Le roi de France semble d'abord avoir agi prudemment, et conseillé, comme c'était son devoir de suzerain, quelques concessions qui auraient pu ramener la paix entre Jean sans Terre et ses vassaux. Mais Jean se refusant à tout compromis, Philippe Auguste tint à Paris une cour solennelle, le 28 avril 1202. Jean, sommé d'y comparaître, fait défaut. « La cour de France, écrit une chronique anglaise, s'étant réunie, jugea que le roi d'Angleterre devait être privé de toute la terre que, jusqu'ici, lui et ses ancêtres avaient tenue du roi de France, pour la raison que, depuis longtemps, ils avaient négligé de faire tous les services dus pour ces terres, et ne voulaient presque en rien répondre aux invites de leur seigneur. »

Prétexte ou non, Philippe Auguste jugea qu'il avait désormais les mains libres et entreprit la conquête de la riche province détenue par les Anglais : la Normandie.

C'est à La Roche-aux Moines que Jean sans Terre fut enfin vaincu, en 1214, par le jeune Louis, fils de Philippe Auguste, qui y gagna son surnom de « le Lion ».

Les difficultés n'étaient d'ailleurs pas terminées pour le roi d'Angleterre. C'est à cette époque que ses barons insulaires lui imposent la Grande Charte, qui limitait singulièrement les droits du roi, et l'on vit Louis répondre à l'appel des barons. Il débarqua au large de Sandwich le 22 mai 1216. C'est alors que, une fois de plus, dans ce monde féodal, triomphe l'esprit chevaleresque. Jean sans Terre étant mort — très opportunément — quelques mois après le débarquement de Louis VIII en Angleterre, son fils Henri III lui succède. C'est un enfant de dix ans. On peut penser que tous les espoirs sont ouverts par cette mort au vainqueur français. La couronne d'Angleterre va-t-elle échoir au roi de France ?

Non, car dès l'instant où Jean sans Terre, qui avait seul attiré sur sa personne la haine et la rébellion, a disparu, son fils est pris sous la protection du Saint-Siège et voit se rallier à lui les barons les plus insoumis. Si bien que Louis n'a plus qu'à se retirer et qu'un nouveau règne commence en Angleterre avec la personne du petit Henri III.

L'apaisement ne gagna pas pour autant les provinces de l'ouest de la France qui, peu à peu, étaient tombées dans une complète anarchie. Après diverses péripéties, Louis VIII réussissait à s'emparer de la ville de La Rochelle et donnait en apanage à son quatrième fils, Alphonse, le comté de Poitiers et l'Auvergne. Ainsi le roi de France possédait-il un port sur l'océan et, après la reconquête de la Normandie, ajoutait-il à ses domaines une grande partie de l'ancien héritage d'Aliénor.

Anglais et Français se mesurèrent à nouveau. Mais la veuve de Louis VIII, Blanche de Castille (petite-fille par sa mère de la fameuse Aliénor) et son fils, Louis IX, victorieux successivement à Taillebourg et à Saintes, tinrent les Anglais en échec. La statue de Saint Louis sculptée au portail de l'église Saint-Pierre de Saintes à la fin du XVe siècle rappelle la victoire remportée par lui dans la région, tandis que subsistent deux des édifices qu'il put voir de ses yeux dans la même ville : l'église Saint-Eutrope avec son grand chœur roman (sa nef a été détruite au début du XIXe siècle), et surtout l'admirable crypte dont le plan reproduit exactement celui de l'église haute, et où se trouve le tombeau de saint Eutrope, premier évêque de Saintes ; et aussi l'église Sainte-Marie-des-Dames, ancienne abbatiale, depuis peu rendue au culte, avec son magnifique clocher carré du XIIe siècle et sa façade couverte de sculptures qui en font un des chefs-d'œuvre de notre art roman.

i.   g kl. S. matelin
       H kl. Samt patris
iv.   b kl. S. panthalm
      c kl. Samt signe
xvij. d kl. vigille
vi.   e kl. Saint mathieu
      f kl. Saint monce
xiiij. g kl. Saint tecle
iij.   H kl. S. hytede
      b kl. Saint firmin
xi.   c kl. S. cyprien
      d kl. Saint colme
xx.   e kl. Saint presme
viij. f kl. Saint michel
      g kl. S. jeronne

La vendange et le transport du raisin jusqu'au pressoir.
Mois de septembre. Heures de la duchesse de Bourgogne.
XVᵉ siècle. Chantilly, musée Condé.

Mais un état de guerre subsistait entre le royaume de France et le roi d'Angleterre, car celui-ci ne reniait rien de ses prétentions sur l'ancien héritage des Plantagenêts.

C'est un acte de Louis IX, le roi pacifique, qui mit fin à cette hostilité latente et rétablit la paix entre les deux royaumes : le 4 décembre 1259 était publié à Paris, en présence des deux rois, le traité peut-être le plus étonnant de toute notre histoire. Le roi de France rendait au roi d'Angleterre tout ce qu'il détenait dans les diocèses de Limoges, de Cahors et de Périgueux. De plus, tout ce que son frère Alphonse possédait en Agenais et en Saintonge, au sud de la Charente, serait rendu au roi d'Angleterre dans le cas où Alphonse mourrait sans enfants. En revanche, Henri III renonçait solennellement aux conquêtes de Philippe Auguste : la Normandie, le Maine, l'Anjou, la Touraine, le Poitou. Les uns et les autres faisaient désormais partie du domaine royal sans contestation, et l'Anglais rendait hommage au roi de France pour son duché d'Aquitaine.

Les contemporains furent stupéfaits d'une générosité qu'ils jugèrent excessive. Les historiens du XIXᵉ siècle n'ont pas été moins étonnés, jugeant cet acte selon la mentalité de leur temps, où la grandeur d'un pays consistait essentiellement dans l'étendue de ses conquêtes. Pour eux, l'acte de Saint Louis avait été une faute politique. Et c'est déjà ainsi que pensaient certains membres du conseil royal, comme nous le rapporte Joinville :

« Sire, nous nous émerveillons fort que votre volonté soit telle que vous voulez donner au roi d'Angleterre une si grande partie de votre terre que vous et vos devanciers avez conquise sur lui par sa défaite... Si vous entendez que vous n'y avez pas droit, vous ne faites pas bien de les rendre au roi d'Angleterre, ou alors rendez-lui toute la conquête que vous et vos devanciers avez faite ; et si vous entendez que vous y avez droit, il me semble que vous perdez ce que vous lui rendez. » A cela, répondit le saint roi de telle manière : « Seigneurs, je suis certain que les devanciers du roi d'Angleterre ont perdu à bon droit la conquête que je tiens ; et la terre que je lui donne, je ne la lui donne pas pour quoi que ce soit dont je sois tenu envers lui ou ses héritiers, mais pour mettre amour entre mes enfants et les siens qui sont cousins germains, et il semble qu'en la lui donnant je l'emploie bien, car il n'était pas mon homme et désormais entre en mon hommage. »

En fait, cet acte de générosité mettait fin à une tension qui durait depuis le début du siècle. Il eut pour résultat un demi-siècle de paix totale. Celle-ci ne devait être rompue que par la politique de conquête de Philippe le Bel, dont la conséquence fut un siècle de guerre, de malheurs et de désordres.

Pendant tout le siècle qui va être marqué par les désastres de la guerre de Cent Ans, la Guyenne demeure ce qu'elle a été précédemment : un domaine anglais. Domaine du reste très prospère. Bordeaux, dont nous

Chevet de l'église romane de Saint-Léon-sur-Vézère (Dordogne). XIᵉ siècle.

avons vu l'importance dans le commerce des vins avec l'Angleterre, était une vraie capitale, à laquelle, après Aliénor, Henri III avait distribué sans compter franchises et libertés, si bien qu'elle formait une sorte de république indépendante : même un Simon de Montfort (le troisième fils de celui qui mena contre le Midi la croisade des Albigeois dont nous vous parlons au chapitre suivant), nommé lieutenant du roi d'Angleterre en Gascogne en 1248, eut quelque peine à y maintenir son autorité.

De petites villes comme La Réole, Bayonne, Dax, Saint-Émilion, Blaye, étaient, elles aussi, largement indépendantes aux mains d'une bourgeoisie dont les membres, à Bordeaux, s'intitulaient Nobles hommes citoyens de Bordeaux. C'était dans la rue Neuve, qui, aujourd'hui, garde quelques maisons anciennes, que se trouvait alors le centre de leur existence et que résidaient la plupart de ces importants bourgeois enrichis par le commerce des vins et celui des épices.

Bordeaux sera l'une des résidences préférées du fameux Prince Noir, fils du roi Édouard III. C'est là que naît son fils Richard II qu'on appela Richard de Bordeaux ou encore le Roi gascon. La ville manifesta pendant tout le temps des hostilités avec la France une grande fidélité au roi d'Angleterre, tandis que, du comté d'Armagnac tout proche, sortait le soutien de la famille d'Orléans et de la dynastie française. Ce fut au point que le maire de Bordeaux fut désigné un temps comme représentant du roi d'Angleterre.

Il y eut aussi, en Saintonge, le romanesque tournoi de Montendre : dans cette petite ville de Charente, que dominent les restes d'un château du xiiᵉ siècle, le 19 mai 1402, le prince Louis d'Orléans, frère du roi, convia le roi d'Angleterre à désigner sept champions qui combattraient contre sept chevaliers français, tous de la maison d'Orléans, commandés par Arnaud Guilhem de Barbazan, homme que chroniqueurs et poètes du temps célèbrent comme le chevalier sans reproche :

Cœur d'argent fin, fleur de chevalerie.

Les chevaliers devaient combattre avec acharnement, toutes armes permises, à la lance, à la hache et à l'épée, et le vaincu pourrait racheter sa vie moyennant un diamant. Ils étaient tous vêtus de blanc. L'un d'eux, Archambaud de Villars, tua le chef de l'équipe anglaise, Robert Scales ; et les ballades célébrèrent à l'envi cet exploit, dépourvu d'ailleurs de toute utilité pratique, mais qui correspondait bien à l'esprit de cette fin du Moyen Age : celui d'une chevalerie se complaisant aux tournois.

L'année suivante, une vaste opération était entreprise devant Bordeaux : tandis que Louis d'Orléans attaquait Blaye, le comte d'Armagnac bloquait la ville et se rendait maître d'une soixantaine de forteresses, dont Port-Sainte-Marie, Aiguillon, au confluent du Lot, Caumont, entre Tonneins et Marmande, et Langon. Mais l'offensive échoua, et Bordeaux resta fidèle à la dynastie anglaise.

En fait, elle sera, à la fin de la guerre de Cent Ans, la dernière ville reconquise, après Paris, après Caen et Rouen. Et ce sera près de Bordeaux, à Castillon, qui se fait gloire aujourd'hui de s'appeler Castillon-la-Bataille, que se déroulera le dernier épisode des guerres franco-anglaises.

Le fameux Talbot, que jadis Jeanne d'Arc avait fait prisonnier, débarque à Bordeaux, déjà reconquise par les Français et alors que Dunois s'est emparé de tout le littoral jusqu'à Bayonne. Le vieil homme de guerre, âgé de quatre-vingt-un ans, va se faire tuer, le 17 juillet 1453, sur ce champ de bataille de Castillon. Et quelque temps après, de la place de Taillebourg, où jadis son ancêtre, Saint Louis, avait remporté la victoire sur le roi d'Angleterre, Charles VII promulgue des ordonnances destinées à régler le

Église romane de Planes (Pyrénées-Orientales).

sort du Midi revenu à la couronne de France. Il ne restait plus aux derniers Anglais de Bordeaux qu'à capituler, ce qu'ils firent le 19 octobre 1453. Ils durent repasser devant la tour de Notre-Dame de Cordouan, où se dresse aujourd'hui le phare du même nom, et que jadis leur Prince Noir avait fait construire pour protéger l'entrée de la Gironde.

Et la conclusion de ce chapitre nous ramène à Poitiers, dans l'église Saint-Hilaire. Charles VII y accomplit un pèlerinage d'action de grâces au cours duquel il fait à cette église et à celle de Sainte-Radegonde force présents, manifestant par là sa reconnaissance pour l'heureuse issue de cette guerre de Cent Ans dans laquelle il a miraculeusement reconquis sa couronne, et aussi pour l'accueil de la noble ville de Poitiers, fidèle qu'elle est restée à son roi, même au temps où il n'était que « le petit roi de Bourges ».

7

Le Languedoc
et la vie bourgeoise

LE LANGUEDOC
ET LA VIE BOURGEOISE

Lorsque nous parcourons le Midi languedocien (un Languedoc qui s'étend de la côte méditerranéenne à l'ouest du Rhône jusqu'à la Dordogne : c'est l'étendue qu'eut, à peu près, aux temps féodaux, le comté de Toulouse, dont les limites ont beaucoup varié suivant le temps et qui comprit même, à une certaine époque, l'Armagnac, avec Agen et l'Agenais), nous rencontrons souvent des enceintes fortifiées qui ne sont pas celles de châteaux forts, mais bien de villes entières.

Si, par exemple, on suit la vallée de la Dordogne, entre Bergerac et Souillac, dans cette région hérissée de châteaux qui surgissent à chaque détour et composent l'un des plus extraordinaires ensembles de la vie féodale en France, on ne distinguera guère les murailles de Lalinde ou de Domme de celles d'étonnantes forteresses comme les châteaux de La Fage, de Laroque, de Beynac, de Castelnaud-de-Paluel ou de Montfort, sans parler du château de Fénelon dont le nom n'a été célèbre qu'au XVIIᵉ siècle, mais qui existait depuis le XVᵉ. L'approche de Domme, notamment, est celle d'un château fort — que l'on arrive vers la porte Delbos (XIIIᵉ-XIVᵉ siècle) avec sa logette de guetteur qui domine la route de Cénac, ou par la porte des Tours, au-dessus de la route de Vitrac — avec ses deux tours dont les pierres sont taillées en bossage (avec au centre une partie arrondie, suivant un procédé imaginé au XIIIᵉ siècle pour mieux faire ricocher les projectiles).

Si l'on franchit ces portes, on n'est pas déçu, car, à l'intérieur des murailles, c'est toute une ville médiévale qui se révèle avec ses halles, où des piliers de pierre soutiennent la charpente et les vieilles maisons de la Grande Rue, et son hôtel de ville (XIVᵉ siècle) que surmonte une tour crénelée.

On peut d'ailleurs signaler plusieurs de ces petits ensembles urbains qui, mieux que les grandes villes — celles-ci ont été plusieurs fois agrandies et transformées pour les besoins de la population — nous révéleront ce que pouvait être une ville au Moyen Age : ainsi, Castelnaud, dans le Roussillon, Laressingle, dans le Gers, La Couvertoirade, dans l'Aveyron, ou encore, conservées en partie, la petite ville de Lalinde, déjà citée, ou celle

de Martel où subsistent quelques restes de l'enceinte du XIIIe siècle avec une
tour carrée, tandis que, dans la ville, s'élèvent toujours les grandes halles et
qu'on peut voir plusieurs maisons du XVe siècle ainsi qu'une église dont
l'ensemble est également du XVe, mais avec un portail remontant au XIIe et
comportant un beau tympan sculpté.

Ces enceintes, ces tours, ces créneaux nous rappellent l'étonnante
histoire des villes médiévales.

Car il s'agit là, presque toujours, de cités neuves, sans passé antique,
ayant surgi pendant l'ère de prospérité que furent les XIe, XIIe et XIIIe siècles.
Notre sol s'est alors couvert de villes dont la croissance n'est pas sans
évoquer les villes-champignons de l'Amérique du XIXe siècle. Pourquoi
cette floraison de villes nouvelles ? Tous les historiens n'expliquent pas le
fait de la même façon, mais on s'entend généralement pour reconnaître
qu'il s'agit d'un temps où les invasions — normandes dans le Nord,
sarrasines dans le Midi — ayant cessé, la sécurité est revenue et où d'autre
part a lieu un accroissement considérable de la population. Un grand
nombre de terres nouvelles sont aussi mises en culture. Dès lors est apparu
un mot, nouveau aussi, celui de *bourgeois,* qui désigne l'habitant d'un
bourg. *Bourg,* originairement, c'est la ville fortifiée comme celles que nous
avons énumérées et qui, dans le Midi, se nomment des *bastides* (en
provençal : lieu fortifié). Leur présence prouve que le château n'est pas,
aux temps féodaux, la seule unité de vie, mais que la ville compte aussi. A
côté des gens qui vivent dans un domaine seigneurial, il faut donc faire
place, cela dès la fin du Xe siècle, à ces bourgeois qui ne veulent plus
dépendre du seigneur et qui assurent eux-mêmes leur protection. De là ces
murailles fortifiées, à l'intérieur desquelles l'habitant de la ville se sent en
sécurité ; il pourra y entasser les denrées de son commerce — car la
renaissance des villes coïncide avec la renaissance du commerce et en
dépend peut-être — ou y exercer son métier, s'il est artisan. D'ailleurs, les
denrées circulent d'un pays à l'autre et l'on cesse de fabriquer sur place, à la
campagne, les vêtements, les chaussures, les outils, que l'on pourra se
procurer facilement en ville.

Comment se créent ces villes ? Plusieurs exemples, plusieurs cas
concrets, attestés par les documents, nous le racontent. On voit, en 1073,
des moines établis dans le Bourbonnais et dépendant de l'abbaye de
Saint-Denis fonder la ville neuve de La Chapelle-Aude. C'est-à-dire qu'ils
concèdent un terrain à tous ceux qui voudront s'y installer pour y exercer
métier ou commerce, en leur assurant des privilèges qui varient, mais qui,
la plupart du temps, comportent la liberté personnelle : il n'y a pas de serfs
dans les villes, et quelquefois leurs habitants ont liberté complète de
s'administrer comme ils l'entendent.

L'un des derniers exemples en date est la fondation d'Aigues-Mortes, au
milieu du XIIIe siècle.

En 1246, Saint Louis promulgue une « charte de franchise » qui promet à
tous ceux qui viendront s'installer à Aigues-Mortes qu'ils ne paieront ni

impôt ni péage pour faire entrer leurs marchandises, qu'ils ne seront soumis à aucune obligation militaire, que leurs biens seront garantis par l'autorité royale, laquelle entretiendra pour cela, dans une tour, un capitaine et une petite garnison de vingt-cinq sergents chargés de garder les portes de la ville. Enfin le roi promet que les habitants pourront s'administrer eux-mêmes, par des consuls qu'ils désigneront ; un marché hebdomadaire et une foire annuelle, pendant lesquels les marchands seront assurés de la sauvegarde royale, entretiendront le commerce.

Ces dispositions sont bientôt suivies d'effet, puisqu'on voit très rapidement des habitants s'installer nombreux à Aigues-Mortes. Ils viennent pour la plupart de la plaine du Languedoc, quelques-uns des ports voisins comme Agde, les Saintes-Maries-de-la-Mer, Montpellier ; certains sont étrangers au royaume, Génois, Catalans, etc. Nous vous reparlerons d'Aigues-Mortes au chapitre 11.

Ces villes neuves, avec les chartes de franchise qui donnaient leurs statuts à leurs habitants, permettaient à tous ceux qui le voulaient d'échapper à la tutelle seigneuriale, parfois même au servage ; un serf demeuré pendant un an et un jour dans une ville ne pouvait plus être réclamé par le seigneur. Ainsi, ceux qui n'étaient pas attirés par le travail de la terre avaient-ils l'assurance de pouvoir se livrer à d'autres activités, commerce ou industrie.

Pendant que surgissaient ces villes neuves, des villes anciennes s'émancipaient elles aussi de la tutelle seigneuriale. Elles réclamaient et obtenaient des libertés, très variables suivant les lieux. Un exemple typique est celui de Montpellier, dont les bourgeois, grands commerçants, obtiennent une charte de commune dès 1141 ; ou encore Marseille qui, au début du XIIIe siècle, achète aux comtes (les anciens seigneurs de la ville) les droits qu'ils possédaient sur le port afin de pouvoir commercer à son aise.

Dans quelques cas, d'ailleurs rares, surtout dans les villes du Nord, c'est par la force qu'il fallut arracher au seigneur de l'endroit la libération de la ville ; il y eut des troubles sanglants à Laon, à Saint-Riquier, au Mans, etc. Le résultat, c'est qu'il y eut en France autant de régimes, ou peu s'en faut, que de villes : ici, les habitants avaient seulement obtenu l'exemption d'impôts ou l'exemption de taxe et d'octroi pour leurs marchandises lorsqu'il y avait une foire ou un marché ; ailleurs, le représentant du seigneur, qu'on appelait généralement le prévôt ou viguier, gardait l'administration de la justice ou encore celle de la police ; ailleurs enfin, les villes s'administraient entièrement elles-mêmes, leurs habitants s'engageant les uns envers les autres par ce qu'on appelait le serment communal ; ils se juraient une fidélité réciproque, comme les vassaux nobles juraient fidélité à leur seigneur ; ils élisaient eux-mêmes leurs administrateurs, qu'on appelait, suivant le lieu, échevins, consuls ou encore jurats, ou, à Toulouse, capitouls.

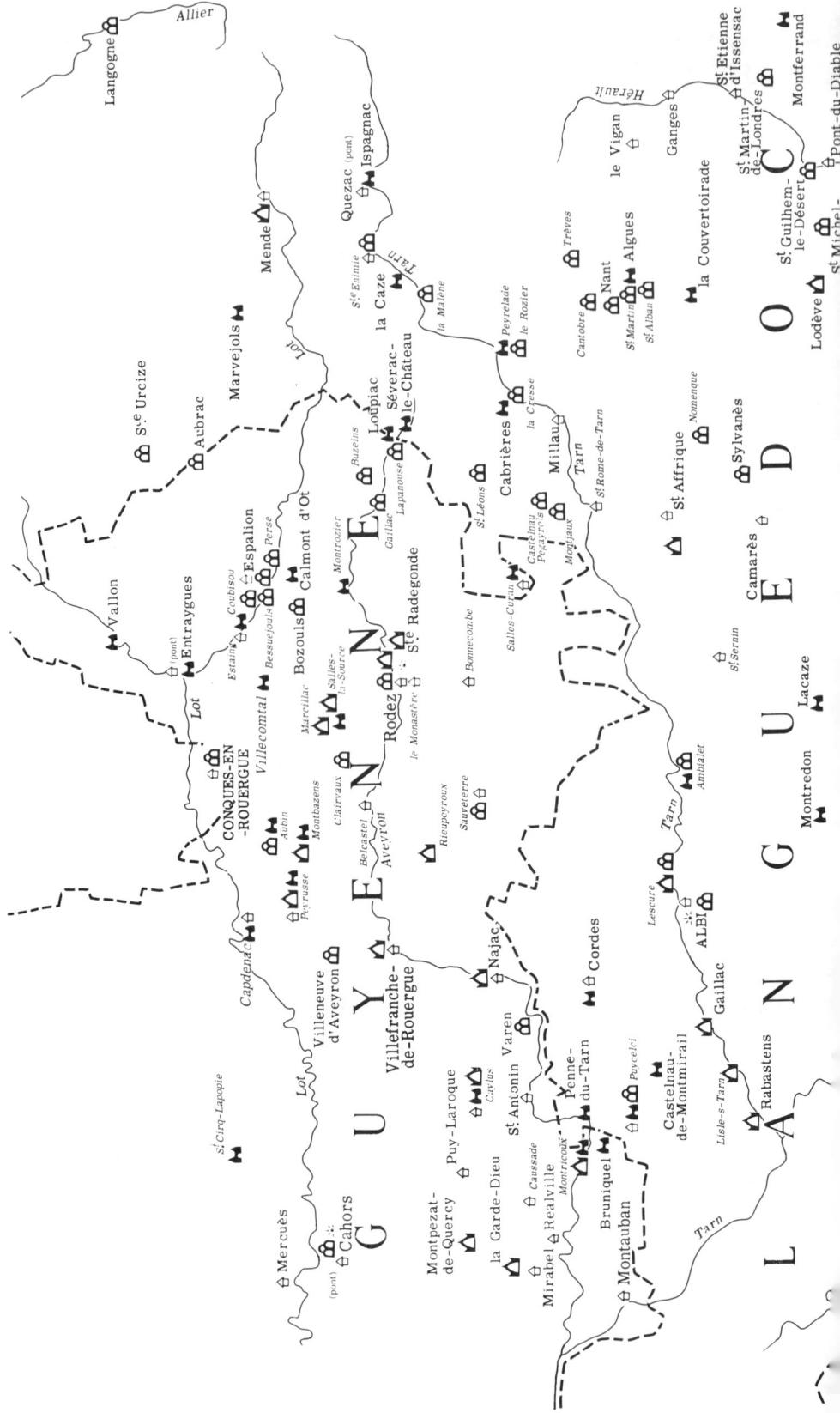

Allier

Langogne

Ste Urcize

Aubrac

Marvejols

Vallon

Entraygues (pont)

Estaing

Coubisou

Espalion

Bessuejouls

Perse

Calmont d'Ot

Bozouls

Marcillac

Salles-la-Source

Ste Radegonde

Rodez

le Monastère

Montrozier

Montbazens

Aubin

Clairvaux

Villecomtal

CONQUES-EN-ROUERGUE

Villeneuve d'Aveyron

Peyrusse

Belcastel

Rieupeyroux

Sauveterre

Capdenac

St Cirq-Lapopie

G U Y E N N E

Villefranche-de-Rouergue

Najac

Varen

St Antonin

Carlus

Puy-Laroque

Montpezat-de-Quercy

la Garde-Dieu

Caussade

Mirabel

Réalville

Montricoux

Bruniquel

Cahors

Mercuès

(pont)

Montauban

Penne-du-Tarn

Puycelci

Castelnau-de-Montmirail

L A N G U E D O C

Gaillac

Lisle-s-Tarn

Rabastens

Cordes

ALBI

Lescure

Gaillac

Ambialet

Tarn

Montredon

Lacaze

St Sernin

Camarès

St Affrique

Nomenque

Sylvanès

Salles-Curan

Castelnau-Pégayrols

Moutjaux

Tarn

St Rome-de-Tarn

Millau

la Cresse

Cabrières

St Léons

Lapanouse

Ruzeins

Loupiac

Sévérac-le-Château

la Caze

Ste Enimie

la Malène

le Rozier

Peyreladie

Cantobre

Trèves

St Martin

St Albau

Nant

Algues

la Couvertoirade

le Vigan

Ganges

St Guilhem-le-Désert

St Michel

Lodève

St Étienne d'Issensac

St Martin de-Londres

Montferrand

Pont-du-Diable

Hérault

Tarn

Ispagnac

Quezac (pont)

Mende

Lot

Bonnecombe

Aveyron

Mazès

Lot

LANGUEDOC

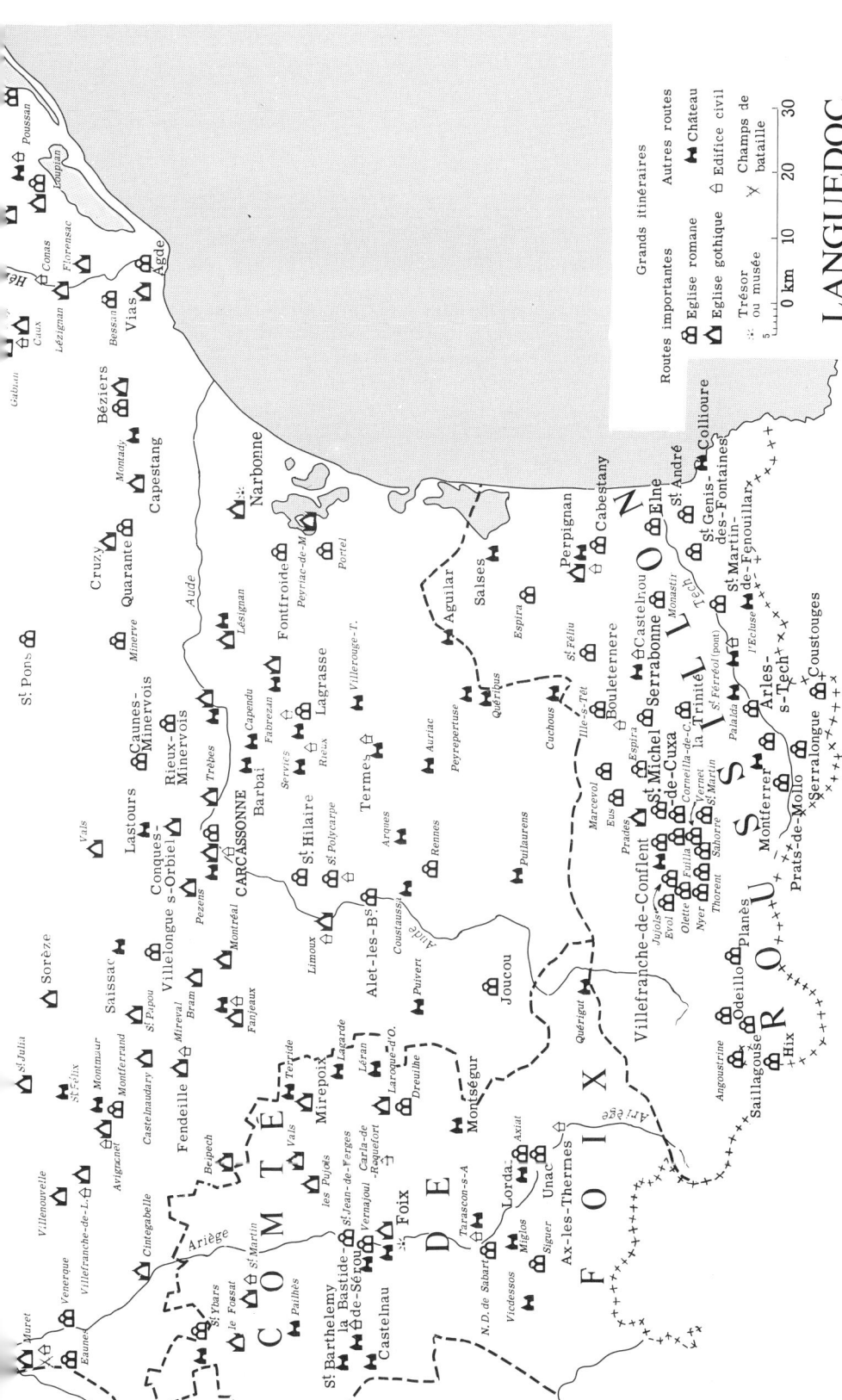

St Pons

St Julia
Sorèze
Villenouvelle
Venerque
Muret
Eaunes
St Ybars
Le Fossat
St Félix
Montmaur
Montferrand
Avignacet
Castelnaudary
Fendeille
Cintegabelle
St Barthelemy
la Bastide-de-Sérou
Castelnau
Palhès
St Martin
Ariège
Bepech
Mireval
Bram
St Pujou
Saissac
Conques-s-Orbiel
Lastours
Villelongue s-Orbiel
Pezens
Montréal
Fanjeaux
les Pujols
St.Jean-de-Verges
Vernajoul
Carla-de-Roquefort
Laroque-d'O.
Dreuilhe
Léran
Lagarde
Teride
Vals
Mirepoix
Foix
N.D. de Sabart
Vicdessos
Miglos
Siguer
Unac
Lordat
Axiat
Tarascon-s-A
Ax-les-Thermes
Montségur
Puivert
Joucou
Quérigut

COMTÉ DE FOIX
Ariège

St Hilaire
St Polycarpe
Arques
Rennes
Montréal
Limoux
Alet-les-B.
Coustaussa
Puilaurens

CARCASSONNE
Barbaira
Capendu
Fabrezan
Trèbes
Rieux-Minervois
Caunes-Minervois
Minerve
Vals
Cruzy
Quarante
Servies
Rieux
Termes
Lagrasse
Villerouge-T.
Lésignan
Auriac
Peyrepertuse
Quéribus
Cucheus
Aguilar

St Pons
Béziers
Capestang
Montady
Vias
Agde
Bessan
Florensac
Comas
Caux
Lézignan
Loupian
Poussan
Gabian

Narbonne
Fontfroide
Perriac-de-M.
Portel
Salses
Espira

Perpignan
Cabestany
Elne
St André
Collioure
St Genis-des-Fontaines
St Martin-de-Fenouillar
Monastir
l'Ecluse
St Ferréol (pont)
Palalda
Arles-s-Tech
Coustouges
Serralongue
Montferrer
Prats-de-Mollo
St Martin
Sahorre
Thorent
Vernet
Nyer
Olette
Evol
Jujols
Fuilla
Cornella-de-C.
Corneilla-de-C.
St Michel-de-Cuxa
Villefranche-de-Conflent
Prades
Eus
Marcevol
Ille-s-Têt
St Féliu
Bouleternere
Castelnou
Serrabonne
la Trinité
Espira
St Martin
Fenouillar

CONFLENT
ROUSSILLON

Planès
Odeillo
Angoustrine
Saillagouse
Hix
CERDAGNE

Le signe extérieur de cette indépendance, c'était les murs de la ville, considérés alors comme indispensables pour la défense de la cité. Chaque soir, les portes en étaient fermées, pour prévenir toute surprise et couper la route aux malandrins.

Toutes les villes ont ainsi dans leurs armoiries ce qu'on appelle une couronne murale, c'est-à-dire que la partie supérieure du blason représente l'une de ces enceintes fortifiées, symbolisant à la fois l'union des habitants et la sécurité qu'ils s'assurent à eux-mêmes.

En pénétrant dans une ville comme Villefranche-de-Rouergue, dans l'Aveyron, on a une idée assez exacte de la façon dont, au Moyen Age, on concevait l'urbanisme.

Il faut gagner la place Notre-Dame, toujours entourée de ces couverts, galeries sur arcades qui ont bordé à peu près toutes les places centrales dans les villes neuves. Les couverts servaient d'abri pour les passants en temps de pluie et pour les marchandises les jours de marché ; car c'est un caractère commun à toutes ces cités : il y a toujours, au centre, une place où les habitants pourront se réunir, et qui servira au commerce. Presque partout, cette place est, comme ici, dominée par le clocher de l'église : ici, un énorme clocher-porche, construit au XIVe siècle. A cette place aboutissent, aux quatre coins, les rues de la ville.

Les échevins — conseillers municipaux —
de Dijon se sont fait représenter sur le sceau de leur ville.
XVe siècle. Archives nationales.

Une rue commerçante au XVᵉ siècle : au premier plan, le tailleur, l'apothicaire ;
plus loin, le barbier occupé à raser un client.
Gilles de Rome : Le Gouvernement des Princes. *Paris, bibliothèque de l'Arsenal.*

Car les rues, dans les villes neuves, étaient toujours tracées au cordeau, exactement comme dans les cités américaines de notre temps, et l'on veillait avec soin à ce qu'elles débouchassent non au centre, mais aux angles des places, afin d'éviter aux charrettes un tournant supplémentaire. Ce plan régulier est très visible à Villefranche-de-Rouergue. Les rues principales, qu'on appelait les rues charretières, se coupent à angle droit ; entre elles, il y avait souvent de petites ruelles, qu'on appelait les rues traversières : on dirait aujourd'hui piétonnières, car elles ne servaient que pour les piétons.

Ajoutons que, témoignage des sentiments religieux dont les bourgeois de ce temps font preuve, l'ancienne chartreuse de Villefranche-de-Rouergue a été fondée en 1450 par un marchand de la ville, un nommé Vézian Valette.

C'est, pour le touriste, l'un des plus importants ensembles de ce genre qui subsistent en France.

On peut voir plus d'un exemple de ces bastides au plan régulier en se promenant dans la région languedocienne : il y a Montpazier en Dordogne, Gimont dans le Gers, Sauveterre en Gironde, et Villeneuve-sur-Lot, fondation du frère de Saint Louis, Alphonse de Poitiers, et qui a gardé de son enceinte une belle tour carrée avec créneaux et mâchicoulis, tandis que, non loin, la vieille ville de Pujols, elle aussi du XIIIe siècle, a conservé à peu près toute son enceinte.

Si l'on ne retrouve pas partout ce plan régulier, qui a pu disparaître dans la suite des temps, c'est dans toute la France que les noms des villes évoquent l'élan joyeux, et si étonnant, qui en fit construire partout aux siècles féodaux. Il suffit d'évoquer les noms de Villeneuve et Neuville, Villefranche ou Francheville, Neuchâteau ou Châteauneuf et, dans le Midi, Castelnau (château neuf) ou encore Grenade-sur-l'Adour ou Barcelonnette, et, bien entendu, toutes les Ferté (lieu fortifié) et toutes les Bastide.

Lorsqu'on fondait une ville, on commençait par planter au centre un pieu, ce *pal* dont la ville de Pau a fait son nom, à partir duquel on traçait le plan ; ou encore une simple pierre, et c'est l'origine de noms comme Pierre-Scize ou Pierre-Assise.

Parfois ce plan, au lieu d'être rectangulaire, était arrondi : la ville de Bram est très caractéristique de ce plan arrondi : dans les pays de vent, il évitait que celui-ci ne s'engouffre dans les rues droites.

Les principaux édifices de ces cités reflètent bien les préoccupations de leurs bourgeois. La place publique a elle-même nous l'avons vu, sa raison d'être : place de commerce et lieu de discussion ; car une ville, à l'époque, c'est toujours, plus ou moins, une communauté d'habitants s'administrant comme telle, ce qui suppose qu'on y discute.

Il y a, bien entendu, l'église, dont une société aussi profondément chrétienne ne saurait se passer, et il y a, mais souvent un peu plus tardif, l'hôtel de ville. Il n'est pas rare que l'église ait servi de lieu de réunion pour les élections de magistrats municipaux. Souvent, dans le Midi, un simple banc de pierre suffisait au tribunal pour siéger. Parfois aussi, on se réunissait dans les halles (qui, surtout dans le Nord, étaient couvertes). Nous avons déjà cité les halles de Martel, dans le Lot. Le petit village de Bassoues, dans le Gers, ou celui de Belvès, en Dordogne, ont également conservé les leurs. Il y a un hôtel de ville très caractéristique dans la petite ville de La Réole ; il remonte au XIIe siècle, et son rez-de-chaussée forme les halles de la cité. Dans le Nord, ces hôtels de ville seront des monuments souvent impressionnants, surmontés par de hauts beffrois, dont le plus célèbre, le beffroi d'Arras, a été reconstruit après la guerre de 1914 ; celui de Douai, qui ne mesure pas moins de 64 mètres, a gardé certaines parties des XIVe et XVe siècles. Nous vous parlerons des villes du Nord au chapitre 9.

Née du commerce, la ville soigne particulièrement ses points d'accès, et la région languedocienne montre quelques beaux ponts. Le plus fameux, à juste titre, est le pont Valentré de Cahors. Ses trois tours de fortification remontent au XIVe siècle ; on le retrouve, ce pont (ou plutôt celui qui l'avait précédé), sur le sceau de la ville. Car, pour bien manifester leur personnalité morale, les villes ne se contentent pas d'avoir des armoiries ; elles ont un sceau, que garde le corps consulaire et qui sert de signature pour tous les actes dans lesquels les officiers municipaux ont eu à intervenir.

La ville de Montauban, elle aussi, a gardé son ancien pont enjambant le Tarn et construit en briques entre 1303 et 1316 : magnifique ouvrage d'art, avec ses sept grandes arches aux piles ajourées, jeté sur une longueur de 205 mètres. Il était autrefois fortifié, car le pont était un point d'accès que l'on pouvait avoir à défendre ; et, d'autre part, c'était un véritable prolongement de la ville, puisque les maisons s'y entassaient.

Quant aux maisons elles-mêmes, on en trouve encore d'anciennes, surtout dans le Midi où on les bâtissait en pierres ou en briques. A Saint-Gilles, tous les touristes admirent la maison romane, d'ailleurs très restaurée, qui peut remonter au XIIe siècle ; on peut signaler d'autres maisons de la même époque à Périgueux et à Saint-Antonin. Du XIIIe siècle, il nous en reste plus encore ; elles utilisent généralement les matériaux de l'endroit, et, un peu partout, montrent une ossature en bois que l'on a remplie de pierres, de torchis ou de matériaux divers. Ces maisons à pans de bois apparents débordent généralement, au premier étage, pour gagner de la place. Ainsi en voit-on à Alet, dans l'Aude, à Peille, dans les Alpes-Maritimes, à Bonneval, en Eure-et-Loir, et dans plusieurs villes de Normandie comme à Verneuil, à Rouen, à Lisieux, etc. ; on peut même signaler des maisons entièrement en bois à Charroux.

On trouve d'ailleurs, un peu partout en France, de ces ensembles dans lesquels la vie médiévale peut être reconstituée ; quelques-uns sont déjà très connus des touristes comme ceux de Pérouges, de Salers, de Vitré. D'autres, moins connus, comme Collonges en Limousin, ou Port-Sainte-Marie dans le Lot-et-Garonne, offrent des rues entières dans lesquelles on n'a pas de peine à évoquer le bourgeois médiéval.

Telle maison au panneau sculpté a été une boutique d'apothicaire : l'enseigne en fer forgé qui se balance au-dessus de la porte figure un mortier. (Toutes les maisons ont leur enseigne à l'époque ; c'est par leur enseigne qu'on les désigne, et non, comme de nos jours, par leur numéro.) Si nous franchissons le seuil, nous nous trouvons au rez-de-chaussée dans la boutique. Sur des étagères sont rangés les pots d'onguents et les fioles de sirops, tandis que des herbes, étalées sur une table, achèvent de sécher non loin de la cheminée. Dans un coin, un apprenti pile, dans son mortier, une préparation que, tout à l'heure, viendra chercher, pour son malade, le médecin en longue robe violette, ganté de rouge. L'apothicaire lui-même est là, en train de ranger soigneusement, dans des pots d'argile cuite, les précieuses épices qui entrent dans la composition des électuaires : le sucre en est une, car on ne l'apporte encore qu'en petite quantité du Procne-Orient. C'est le miel qui, communément, fournit la saveur « sucrée ». Mais il y a d'autres épices plus rares, que les marchands rapportent à grands frais : le musc, le camphre, d'autres encore au nom bizarre comme le cinnamome ou le myrobolan. A cela s'ajoute, bien entendu, l'immense variété des plantes médicinales dont on fait grand usage : l'aigremoine, l'armoise, le mille-pertuis, la sauge, et combien d'autres qui sont la base de la pharmacopée médiévale.

Le rez-de-chaussée où nous nous trouvons sert à la fois d'officine et de boutique, et cela se retrouve partout au Moyen Age ; boutique et atelier se confondent, que ce soit chez le tailleur, le menuisier, l'orfèvre ou le fourreur. A l'étage, se trouve la salle familiale : une grande pièce qui sert à la fois de cuisine, de salle à manger et de chambre à coucher pour les parents. Les enfants et l'apprenti logent au grenier.

Le mobilier de la chambre est simple : un grand lit avec une paillasse, et, si notre homme est à son aise, une couette (édredon) de plumes par-dessus. Le tout garni de draps et de couvertures de laine, parfois de fourrures. Des coffres sont rangés le long des murs ; ils servent à la fois d'armoires à vêtements, de commodes à linge et de sièges ; pas de table à demeure : une simple planche qu'au moment des repas on dresse sur tréteaux, d'où l'expression « mettre la table ». A côté de la vaste cheminée, un évier dont l'écoulement s'en va rejoindre, à l'extérieur, le ruisseau de la rue. Au mur, sont rangés les divers ustensiles qui servent à la ménagère pour sa cuisine : écuelles, gobelets, pots et marmites, grils et poêles, sans oublier, pour l'eau que l'on va chercher à la fontaine, la cruche ou l'aiguière. Il y a aussi le cuvier, qui sert à faire la lessive, mais aussi à prendre des bains ; car chacun garde au fond d'un placard le morceau de couverture épaisse qu'on appelle le « fond de bain » et qui permet d'éviter les échardes. On peut préférer les bains publics : il y en a dans toutes les villes, et le Paris de Philippe Auguste n'en compte pas moins de vingt-six. Enfin, pour n'oublier aucun détail, il y a au grenier le petit coin que l'on appelle privé ou retrait, et dont le conduit se déverse dans une fosse aménagée dans la cour et sur laquelle, de temps en temps, on jette cendre et paille.

L'apothicaire est tributaire, dans son métier, de ce courant commercial que l'on voit s'animer dans le cours du XIe siècle, et auquel les croisades, en ouvrant la voie vers l'Orient, donnent, au siècle suivant, une impulsion considérable. Un immense circuit se dessine : circuit d'échange entre les produits d'Occident, dont l'essentiel est la draperie, et les produits d'Orient, surtout constitués par les épices.

Nous comprenons mal aujourd'hui l'importance que les épices ont pu avoir à l'époque. On s'en servait, bien entendu, dans l'alimentation, pour accommoder la viande : au point que ce mot viande, qui désigne étymologiquement « ce qui fait vivre », a été, finalement, réservé à la viande de boucherie. Dans le même ordre d'idées, on s'est étonné du grand nombre

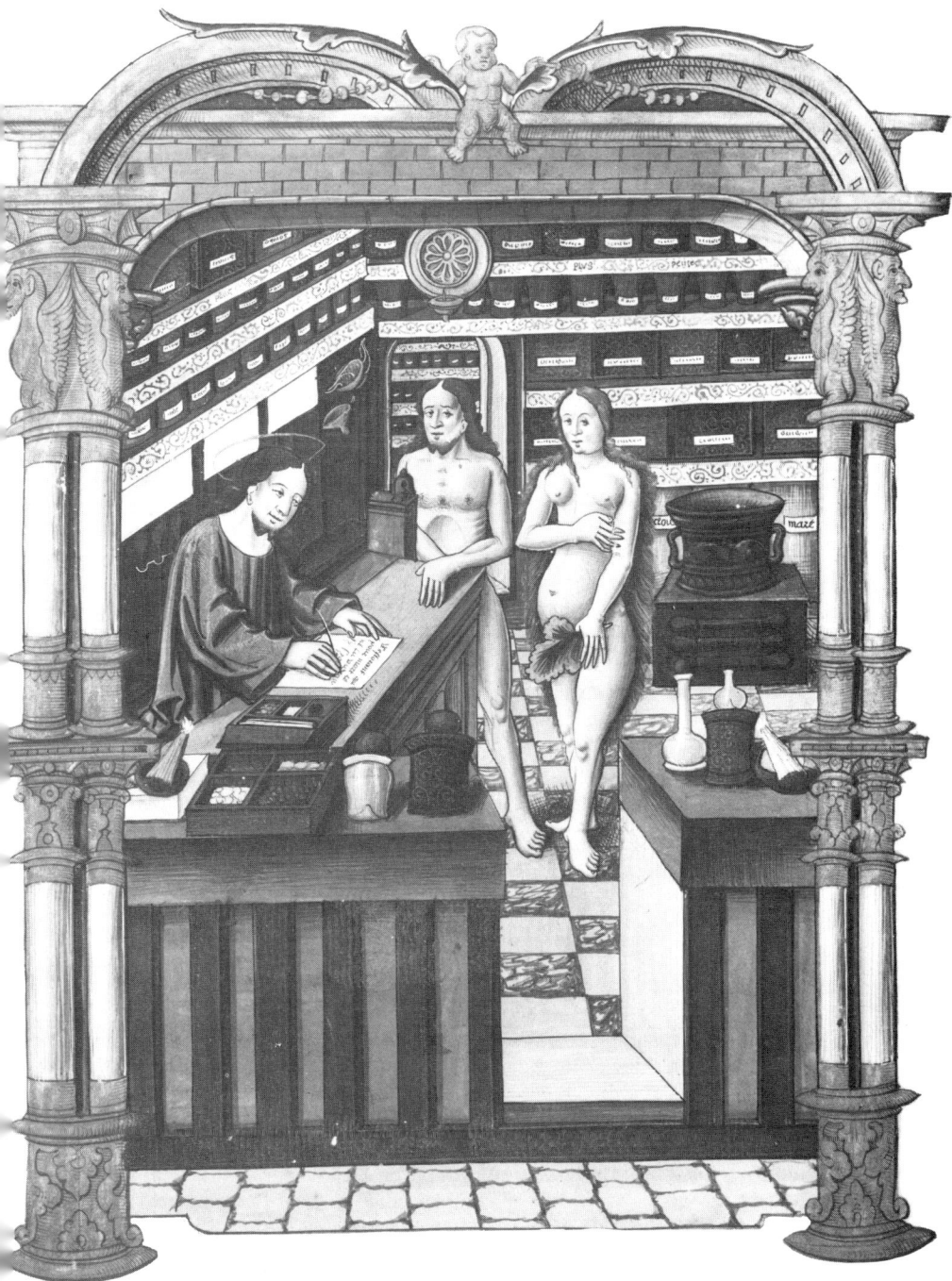

*Une boutique d'apothicaire, avec ses bocaux et ses fioles,
et les tiroirs remplis d'herbes séchées.
En réalité, composition symbolique : le Christ est venu guérir
l'humanité, représentée par Adam et Eve.
XVe siècle. Paris, Bibliothèque nationale.*

de moulins à moutarde qui existaient autrefois sur notre sol : c'est qu'on aimait les mets relevés : poivre, gingembre, cannelle, noix muscade ont été une marchandise des plus recherchées. Quant au poivre, au Moyen Age il est considéré comme une denrée précieuse, à tel point qu'on a vu des redevances payées en poivre, le poivre étant considéré comme une monnaie, dont il a du reste les caractéristiques : une grande valeur sous un petit volume.

Et puisque nous parlons poivre, jetons un coup d'œil en passant sur la cuisine médiévale :

Levé un peu avant le jour, notre ancêtre du Moyen Age prend son premier déjeuner vers six heures du matin en été, un peu plus tard en hiver. Il casse la croûte vers neuf heures, dîne à midi et soupe vers six heures du soir.

Son ordinaire est à base de soupe, c'est-à-dire de pain que l'on trempe dans le potage (qui a pris le nom de soupe). Dans les campagnes, c'est la soupe au lard, aux choux, etc. On ne connaît pas la pomme de terre, mais les pois et les fèves — que l'on mange en soupe ou en purée, ou accommodés comme de nos jours pour les petits pois frais — en tiennent lieu.

Avec la soupe, la base de l'alimentation est la viande : viande de boucherie comme la nôtre ; beaucoup de porc, beaucoup de volaille, en général rôtie à la broche ; parmi les volailles, les cygnes et les paons très nombreux dans les fermes figurent sur la table. Les lapins au contraire sont moins nombreux que de notre temps. Beaucoup de gibier : sangliers, cerfs, lièvres, etc., et beaucoup d'oiseaux : hérons, bécasses, poules d'eau, cailles, grives, becfigues.

Beaucoup de poisson aussi en raison des nombreux jours maigres prescrits par l'Église. Tous les châteaux et monastères ont leurs viviers. Parmi les poissons de mer, on fait une grande consommation de harengs — frais, salés, séchés ou fumés — et aussi de baleines, que l'on pêche très couramment dans le golfe de Gascogne.

Parmi les plats, le gratin dauphinois et le poulet à l'ail sont des recettes médiévales ; de même, la bouillabaisse en Provence est-il un plat typiquement médiéval.

Les civets, les farcis, les sauces, liées non à la farine ou à l'œuf, mais à la mie de pain trempée et passée à la passoire ou encore à la chapelure ; les sauces relevées de verjus, ou à base de vin (le coq au vin bourguignon) sont aussi des recettes du Moyen Age. De même, la matelote d'anguilles.

On aime beaucoup à l'époque les pâtés, les tartes. Certains pâtés (voir chapitre 12) atteignent dans les banquets d'énormes dimensions. On sait aussi depuis l'Antiquité celtique préparer les foies gras et les confits. On met toute viande en confit, y compris celle du loir. Les garbures dans le Midi nous viennent du Moyen Age. Les truffes du Périgord n'apparaissent en revanche qu'au milieu du XIVᵉ siècle. Mais les autres champignons sont utilisés en cuisine de toute antiquité.

Comme condiments et épices : le fenouil, le cumin, le safran, sont employés très couramment, ainsi que les herbes du Midi : thym, romarin, sarriette, marjolaine.

Presque toutes nos sauces à l'ail remontent au Moyen Age : on les vendait toutes prêtes dans les rues.

La soupe au pistou provençale est typiquement médiévale, à base de basilic.

Comme dessert, on mange des fruits ; surtout pommes, poires, sorbes et nèfles, ces dernières beaucoup plus répandues qu'aujourd'hui. Beaucoup de pâtes de coing ; des confitures de toutes sortes.

On fait des galettes, des brioches. Galettes et crêpes bretonnes remontent au Moyen Age. Il y a toutes sortes de tartes : aux fruits, à la crème, au fromage, etc. On fait également des beignets, des gaufres, des oublies, du pain d'épice. La pompe provençale au fenouil ou au cumin, les macarons, le raisiné, sont médiévaux. On termine souvent le repas par une dragée.

Nos recettes de Pâques à base d'œufs remontent au Moyen Age : citons le pâté de Pâques, à Montmorillon, et dans le Poitou le pâté à base de viande de porc et d'œufs durs. Ou encore la fameuse pogne de Valence ou de Romans, brioche dans laquelle on mettait quarante œufs à cause des quarante jours de carême.

Signalons qu'on vend couramment au Moyen Age des plats préparés. Le nom de charcutier vient du commerce de la chair cuite ou viande préparée. L'habitude de manger des sandwiches vient aussi de ce temps : la viande, en effet, se mange généralement sur une tranche de pain. Le gibier sur canapé en garde le souvenir. Le morceau de pain tenait lieu d'assiette.

Et la gastronomie médiévale ? Un livre de recettes va nous renseigner sur elle :

Un bourgeois de Paris, ayant épousé une très jeune femme, s'est mis en tête de rédiger à son intention un petit traité comportant tout ce que doit savoir une maîtresse de maison : ainsi, dit-il à sa femme avec une aimable philosophie, « l'homme que vous épouserez après moi pourra-t-il m'être reconnaissant ». Nous pouvons éprouver à son endroit le même sentiment, car, grâce à cet ouvrage — *Le Ménagier de Paris* —, nous connaissons en détail les préoccupations d'une ménagère de ce temps. Sur le chapitre cuisine en particulier, notre bourgeois s'étend avec la complaisance qui caractérise sur ce point tout Français bien né. Et nous comprenons, à lire les recettes qu'il donne, pourquoi le commerce des épices a été si actif au Moyen Age, au point d'avoir laissé son nom à toute une catégorie de commerçants : les épiciers. Pas une recette qui ne contienne de ces condiments venus souvent de très loin, d'Inde ou d'Asie Mineure. Ainsi la *cameline,* cette sauce que l'on prépare d'avance en hiver pour en accommoder viande ou poisson :

« Pour faire cameline, on broie gingembre, cannelle, safran et une demi-noix muscade ; arrosez de vin, puis ôtez du mortier ; puis ayez de la mie de pain blanc non grillé trempée d'eau froide, et broyez au mortier ; arrosez de vin, mélangez tout et mettez un peu de sucre roux. »

Cette sauce, qu'il est plus économique de faire chez soi que d'acheter chez le « saucier », accompagne les rougets grillés, la langue de bœuf, le lapin rôti, etc.

On semble très friand de sauces chez notre bourgeois parisien, et c'est souvent la sauce qui donne son nom au plat. Ainsi, pour rester sur le chapitre des épices, la recette de la « cominée de poulaille » — autrement dit de la volaille cuite au cumin :

« Mettez la volaille par morceaux cuire dans l'eau avec un peu de vin, puis la faites revenir dans la graisse. Puis prenez un peu de pain, trempé de votre bouillon. Et prenez du gingembre et du cumin, un peu de verjus, broyez, versez le bouillon de la volaille et donnez-lui couleur avec du safran. On peut faire de même cominée de poisson. »

Ce qu'il appelle « galimafrée », ou « sauce paresseuse », est encore à base de moutarde, gingembre et vinaigre.

Il y a aussi des épices plus familières, celles qui poussent dans le jardin. Lorsqu'on n'a pas sous la main les épices exotiques, on se rabat sur les fines herbes, si bien qu'une recette comme celle de la tarte au fromage devient pour nous surprenante :

« Prenez quatre poignées de feuilles de bettes, deux poignées de persil, une poignée de cerfeuil, un brin de fenouil et deux poignées d'épinards ; choisissez, lavez à l'eau froide et hachez bien menu. Puis pétrissez de deux espèces de fromage, du mou et du moyen ; mettez des œufs, jaunes et blancs, et mélangez au fromage. Puis mettez les herbes dans le mortier et broyez le tout ensemble. Faites faire une tarte, portez au four et la mangez chaude. »

Autre trait qui nous étonne : la consommation de verjus. Mais peut-être ce condiment n'a-t-il disparu que parce que nous l'avons remplacé par le citron. Toujours est-il qu'une maison qui se respecte doit avoir son tonneau de verjus. On le tire de l'oseille « bien broyée » ; ou encore du bourgeon et de la tige de vigne jeune et tendre. Quant à son utilisation, voici par exemple une sauce qui accompagne un chapon :

« Mettez tremper un petit peu de mie de pain blanc dans du verjus et du safran ; écrasez-le bien, faites griller, mouillez avec quatre parties de verjus et la cinquième de la graisse du chapon, faites bouillir et servez. »

Le repas, nous l'avons vu, commence généralement par le potage. Il y en a d'amusants. Ainsi ce potage d'hiver que le *Ménagier* appelle « gravé », terme qui est resté dans la cuisine britannique, *gravy* :

« Pelez des oignons et faites-les cuire bien hachés ; ayez votre volaille, passez au gril — ou du veau en morceaux — et mettez au pot avec les oignons. Puis mettez du pain blanc à griller, mouillez-le de bouillon, broyez gingembre, girofle et poivre long, ajoutez du verjus et du vin, mélangez au pain broyé et faites passer par une étamine sur votre brouet ; faites tout bouillir ensemble, et dressez. »

Les pains de sucre servant à la fabrication du sirop :
Tractatus de herbis. XVᵉ siècle. Modène, Bibliotheca Estense.

Cuisson des galettes sur le feu de bois :
Tractatus de herbis. XVe *siècle. Modène, Bibliotheca Estense.*

La cuisine anglaise a de même conservé le potage d'huîtres que nous ne faisons plus guère, mais auquel le *Ménagier* tient beaucoup. Il recommande de laver les huîtres à l'eau chaude et de les faire frire avant de les tremper dans un bouillon qui, comme beaucoup des bouillons de légumes qu'il utilise, est à base de pois ou d'oignons.

Les recettes de gibier sont souvent un peu étourdissantes. Ainsi le « rosé de lapereaux, d'alouettes et de petits oiseaux » , qui nous donne idée d'un amoncellement assez impressionnant ; la venaison de cerf ou d'ours ; le sanglier frais, qui paraît être un mets assez commun en hiver ; et bien entendu le civet de lièvre qui se fait absolument comme aujourd'hui. Prévoyant, le *Ménagier* donne des conseils pour faire « une pièce de bœuf sembler venaison de cerf ou d'ours ».

Comme les jours maigres sont beaucoup plus nombreux qu'en notre temps, la nourriture est aussi plus variée. D'autant que, n'ayant pas la ressource des chambres froides, on se nourrit au rythme des saisons. Aussi notre *Ménagier* fournit-il beaucoup de recettes de poissons ; il énumère les principaux poissons d'eau douce, et fait remarquer aussi que les Français préparent leurs carpes d'une façon très différente des Allemands, la faisant cuire beaucoup moins qu'eux, si bien que, dit-il, « les Allemands disent des Français qu'ils se mettent en grand péril de manger leurs carpes si peu cuites ».

Peut-être est-ce pour mieux conserver les aliments que l'on affectionne les pâtés. Le chapitre des gelées est très abondant aussi : « Pour faire quatre plats de gelée, dit le *Ménagier,* prenez un cochon, quatre pieds de veau, deux poulets et deux lapereaux… » Pour achever de faire prendre la gelée, le *Ménagier* indique qu'on se sert de gomme de cerisier, de graines de coing, et de philicon, qui est peut-être une espèce d'algue.

La récolte du miel : Tractatus de herbis. *XVᵉ siècle. Modène, Bibliotheca Estense.*

Mais il indique aussi des plats plus simples, avec lesquels nous retrouvons la cuisine du XXᵉ siècle : ainsi la recette des crêpes, semblable à celle de notre temps. Ou encore l'omelette aux herbes qui n'en diffère que par le choix des herbes, car on y trouve de la feuille d'ache, de menthe, de sauge, de fenouil, et, avec les épinards et la laitue, des feuilles de violettes et de marjolaine. Ajoutons qu'on ne conçoit pas une omelette de moins de seize œufs.

Lorsque le *Ménagier* indique à sa femme qu'il va lui donner la recette d'un repas rapide « quand gens surviennent au dépourvu », cela pique évidemment notre curiosité. Il suggère en ce cas la « houssebarre de viande » : des grillades, qu'il recommande de prendre dans le gîte de bœuf et qu'on passe à la poêle ; mais on ne saurait les servir sans sauce, qui sera faite de six œufs battus avec un peu de vin, le jus des grillades et un peu de verjus.

Il ne se contente pas d'indiquer des recettes, mais compose aussi des menus. En voici un pour jour gras. Il s'agit, disons-le, d'un dîner d'apparat. Le *Ménagier* prévoit six services ou « assiettes » comportant trente et un mets différents :

Première assiette : vin de grenache et rôties, pâté de veau, pâté de pinperneaux (petites anguilles), boudin et saucisses. Ce sont là les hors-d'œuvre.

Seconde assiette : civet de lièvre, pois.

Troisième assiette : rôtis de lapins, de perdrix, de chapons, bars, carpes, etc.

Quatrième assiette : oiseaux de rivière, riz, anguilles.

Cinquième assiette : pâté d'alouettes, rissoles, flan sucré.

Sixième assiette : poires et dragées, nèfles et noix pelées, hypocras et oublies.

Pour le souper, il y a en général quatre assiettes. Les repas de carême, eux, se réduisent à deux assiettes dans lesquelles on mentionne les « figues de Provence » qui paraissent en hors-d'œuvre, comme aujourd'hui encore en Italie.

Une ville comme Toulouse fournit un exemple bien typique de cité commerçante s'administrant par elle-même. Dès le début du XIIᵉ siècle, la ville était, en effet, régie par des prud'hommes formant une assemblée, un « chapitre » (*capitulum*, d'où le nom de « capitoul »). Une sorte de partage des pouvoirs s'était établi ; le comte de Toulouse est représenté dans la ville par un viguier, qui, traditionnellement, était aussi le premier des magistrats municipaux ; ce viguier est choisi parmi les capitouls, tandis qu'une partie de la cité restait ville de l'évêque. Chacune des deux parties de la ville : la cité, qui était la ville ancienne, et donc la résidence épiscopale, et le bourg, résidence des bourgeois, donc des marchands, élisait douze représentants. Ceux-ci étaient assistés d'un conseil. A Toulouse, le conseil comportait 128 membres.

La manière de désigner ces représentants chargés de l'administration de la ville variait suivant les lieux. A Marseille, chaque année, au jour de Saint-Simon et Saint-Jude (28 octobre), le son de la cloche de l'église de la Major rassemblait dans cette église les fonctionnaires municipaux sortants : conseillers, « clavaires » ou trésoriers — à Toulouse on les appelait « communiers » — et aussi les représentants des chefs de métiers, c'est-à-dire représentants de la population ouvrière qui, eux, avaient leurs élections à la Saint-Jean (24 juin). Cette assemblée choisissait, pour chacun des six quartiers de la ville, 2 prud'hommes par quartier. Ces 12 délégués, à leur tour, désignaient 71 conseillers qui formaient avec eux le nouveau conseil, comportant 83 membres. Ils élisaient aussi une commission de 7 membres, 4 chefs de métiers, 3 membres du nouveau conseil, à qui appartenait le soin de désigner les officiers municipaux : 2 « syndics » chargés de représenter et de défendre les intérêts de la commune, et 3 « clavaires ».

Chacun de ces officiers municipaux recevait un salaire de vingt livres par an. Enfin, on élisait un recteur, l'équivalent du maire actuel.

Parfois aussi était réunie l'assemblée générale des citoyens, avec des fonctions qui, du reste, n'étaient guère que consultatives. Dans les villes du Béarn, cette assemblée générale jouait pourtant un rôle actif. Presque partout ailleurs, surtout dans les villes importantes, on la réunissait surtout pour information. Elle comportait en tout cas, c'est chose notable, aussi bien des femmes que des hommes. Dans les villes béarnaises notamment, les statuts reconnaissaient formellement le droit de vote aux femmes, et l'on vit, un certain jour de 1316, à Cauterets, dans une assemblée qui avait été convoquée pour soumettre aux habitants un bail projeté avec l'abbé de Saint-Savin, une femme, une certaine Gaillardine de Fréchou, qui méritait bien son prénom, dire non au projet alors que tout le reste de l'assemblée votait oui.

Ainsi, suivant les cas, le gouvernement de la cité était-il plus ou moins démocratique. Mais en fait, surtout dans les villes marchandes — Toulouse est dans ce cas —, on s'aperçoit que, peu à peu, les familles les plus riches s'approprient les fonctions municipales. C'était d'autant plus grave que ces fonctions comportaient l'exercice de la justice. Dans plusieurs villes, comme à Toulouse, deux cours de justice fonctionnaient simultanément : celle du viguier, celle des consuls. Ce n'est qu'à la fin du XIIIᵉ siècle (1283) qu'une ordonnance royale supprima la cour du viguier et laissa l'exercice de la justice aux bourgeois. La même ordonnance, il est vrai, partageait le pouvoir électoral entre les habitants de la ville et le représentant du roi. Mais c'était à la demande des habitants eux-mêmes qu'avait été institué ce partage du pouvoir, car on s'était aperçu que le système pratiqué précédemment laissait ce pouvoir aux mains des plus riches bourgeois, qui ne se faisaient pas faute d'opprimer les autres. Un peu partout la même évolution s'était manifestée. Elle se traduisait, dans la deuxième moitié du XIIIᵉ siècle, par de véritables troubles sociaux : d'où le recours au suzerain

— tantôt le roi de France, tantôt quelque seigneur — comme à un arbitre supérieur capable de faire régner une meilleure justice que celle des bourgeois entre eux. Les pouvoirs municipaux avaient été, dans certains cas, très étendus, puisque, notamment dans les petites villes du Languedoc, à Castelnaudary par exemple, les consuls pouvaient juger même en justice criminelle.

*Un moulin à vent
et un moulin à eau.
1275. Bruxelles, Bibliothèque royale.*

Toulouse était fière du château Narbonnais qui s'élevait là où se dresse aujourd'hui le palais de justice, et aussi de la belle basilique Saint-Sernin, l'une de nos plus importantes églises romanes de pèlerinage. L'un et l'autre bâtiment figurent sur le sceau de la ville. On aurait pu aussi bien y faire figurer l'ouvrage d'art remarquable qui avait été bâti sur le fleuve, et dont l'actuelle chaussée du Bazacle n'est qu'un souvenir. Il y avait eu d'abord, sur la Garonne, une soixantaine de ces moulins flottants que l'on trouvait un peu partout sur les fleuves aux abords des villes, pour subvenir aux besoins en farine de la population. On les appelle moulins à nef. Ils sont comme montés sur des barques. Au XIIe siècle, les bourgeois allaient accomplir un magnifique ouvrage d'édilité en utilisant méthodiquement la force motrice du fleuve : les moulins flottants étaient remplacés par quarante-trois moulins terriers stables établis sur deux chaussées : la chaussée du Bazacle et une autre, celle du Château, qui, toutes deux, barraient la Garonne en biais. La chaussée du Bazacle mesure environ un demi-kilomètre de long. Elle élevait le plan d'eau de plus de deux mètres, ce qui produisait une force motrice très considérable. Si l'on songe que la profondeur de la Garonne atteint cinq à six mètres vers le milieu du lit et qu'il s'agit d'un fleuve de débit rapide dont les crues sont violentes (encore en 1875 une crue de la Garonne faisait trois cents victimes), on verra qu'il s'agit là d'un véritable tour de force. Lorsque, au début du XVIIIe siècle (1709), cette chaussée du Bazacle se détériora au cours d'un hiver particulièrement rude, il fallut plus de dix ans de travail pour remettre les moulins en marche. Il en coûta deux cent mille livres à la municipalité. Chose non moins remarquable, au XIIe siècle, ces moulins étaient exploités par des tenanciers qui en détenaient chacun une part ; ils versaient un cens au seigneur comme reconnaissance de son droit éminent sur la ville. Avec la renaissance du droit romain au cours du XIIIe siècle, la situation de ces tenanciers évolua, et l'on eut la première des sociétés par actions, faisant de chacun d'eux le véritable propriétaire d'une part des revenus des moulins ; cependant, à la différence des sociétés par actions modernes, il s'agissait pour eux non pas d'une véritable entreprise commerciale, mais, tout au moins jusqu'au XVe siècle, uniquement d'un statut leur permettant de subvenir à leur alimentation et à celle de leur famille.

Les réalisations des bourgeois n'ont pas eu partout pareille ampleur, mais il faut signaler dans toutes les villes médiévales les institutions charitables que sont maisons-Dieu et maladreries réservées aux lépreux. Car c'est un trait du bourgeois médiéval que sa charité. (Une petite ville comme Eu, pour une population qui n'a certainement pas dépassé dix mille habitants, possédait deux hôpitaux et une maladrerie. A Aurillac, il y avait trois hôpitaux et une maison de refuge.)

Toulouse bénéficiait, il est vrai, de sa situation sur la Garonne et du fait qu'elle était lieu d'étape pour les pèlerins et lieu de pèlerinage par elle-même, avec les reliques de saint Jude et de plusieurs apôtres et martyrs qui en faisaient, disait-on, le plus riche dépôt de reliques du monde après Rome. Les commerçants profitaient de ces passages de pèlerins, et aussi les changeurs. Si l'on songe que, à Saint-Gilles-du-Gard, autre lieu de pèlerinage méridional, on a pu constater la présence, pendant les trois jours que durait le pèlerinage annuel, de cent trente-cinq changeurs qui se tenaient dans le cloître de l'abbaye ou à la maison du Temple, et qui, d'après les évaluations modernes, pouvaient servir environ cinquante mille pèlerins, on verra l'importance de ces banquiers médiévaux. D'autre part, grâce aux ports de la Méditerranée, des villes comme Montpellier et Narbonne en particulier, puis Aigues-Mortes et Toulouse, voyaient affluer les précieuses denrées du monde oriental, en particulier ces épices dont il a déjà été question. Ces importations s'ajoutaient à une culture qui était une partie de la richesse de la ville : celle du pastel, lequel fournissait la couleur bleue dans les draperies (voir chapitre 9) et les enluminures. Avec les riches terres à blé du Languedoc, les oliviers qui couvraient les pentes de collines aujourd'hui plantées en vignes, et la vigne elle-même, cela faisait des contrées toulousaines l'un des fiefs les plus prospères de France.

Mais les marchands ne rapportaient pas qu'« épicerie » de leurs voyages en Orient. Dans la deuxième moitié du XIIᵉ siècle, se manifeste un certain malaise au sein de la société toulousaine. Des doctrines inquiétantes circulaient dans ces milieux bourgeois, répandues en particulier parmi ceux qu'on appelait indistinctement « Lombards » quelle que fût leur origine, et qui faisaient profession de manier l'argent. Pendant longtemps, on donnera ce même nom de « Lombards » aux hérétiques.

L'hérésie en question était renouvelée de ce vieux manichéisme dont, en des temps anciens, saint Augustin avait été l'adepte avant de se convertir à la foi chrétienne. Elle reposait sur le principe dualiste qui avait été, plus anciennement encore, la religion de la Perse : il y aurait un dieu bon, créateur du monde invisible, de la lumière, de l'esprit, de l'âme ; et un dieu mauvais, créateur de la matière, du corps, du mal. Aussi tout ce qui était corps et matière était-il nécessairement mauvais. La doctrine des hérétiques, qui se nommaient eux-mêmes « cathares » (les purs, en grec) est aujourd'hui mieux connue ; elle les amenait à combattre tout ce qui pouvait propager l'espèce humaine, à recommander même à celui qui se savait en état de grâce de se laisser mourir, par cette forme de suicide qu'ils appelaient l'*endura*, le refus de la vie, de la nourriture, etc. Le mariage était interdit, l'avortement encouragé. Le serment féodal était condamné. Au reste, les hérétiques distinguaient entre eux les « parfaits », qui s'engageaient à suivre étroitement la doctrine, à s'abstenir totalement de rapports sexuels, et ceux qui jugeaient trop difficile cette perfection et se contentaient d'obtenir toute rémission de leurs fautes en recevant, au moment de leur mort, le *consolamentum*, l'absolution donnée par un parfait. Rien d'autre ne leur était demandé entre-temps, si bien que l'on voyait se côtoyer, dans ces sociétés d'hérétiques, les désordres les plus flagrants et le genre de vie le plus austère, ce dernier mené par les seuls parfaits.

Les prédicateurs accusèrent les usuriers d'adopter le catharisme pour une raison facile à comprendre : tout prêt d'argent, à l'époque, selon la doctrine de l'Église, devait être gratuit. Celui qui percevait un intérêt était, par là même, qualifié d'usurier, et en confession l'absolution lui était refusée s'il ne restituait pas l'intérêt qu'il avait perçu. Or, les cathares avaient supprimé la confession ainsi que les autres sacrements. Donc, pour les usuriers cathares, l'absolution ne posait plus de problème.

Dès la date de 1177, le comte de Toulouse, Raymond V, écrivait au chapitre de Cîteaux pour se plaindre de l'énorme diffusion de la doctrine cathare : « Elle a pénétré partout, elle a jeté la discorde dans toutes les familles, divisant le mari et la femme, le fils et le père, la belle-fille et la belle-mère. Les prêtres eux-mêmes cèdent à la contagion. Les églises sont désertes et tombent en ruine. Pour moi, je fais tout le possible pour arrêter un pareil fléau, mais je sens mes forces au-dessous de cette tâche. Les personnages les plus importants de ma terre se sont laissé corrompre. La foule a suivi leur exemple et abandonné la foi, ce qui fait que je n'ose ni ne puis réprimer le mal. »

Deux voyageurs se présentent un jour à la porte du château Narbonnais : ce sont deux cavaliers montés sur des chevaux blancs. Une escorte de quinze hommes d'armes à cheval les suit. Les deux cavaliers portent tonsure et robe ecclésiastique. Il s'agit, en réalité, d'une ambassade que le roi de Castille, Alphonse VIII, a confiée à un évêque, l'évêque d'Osma, Diego de Azevedo, et à son prieur, Dominique de Guzman. Le roi de Castille, en effet, désire, pour son fils Ferdinand, la main d'une princesse de Danemark. Il a confié aux deux prélats mission d'aller la demander. Voilà pourquoi, en grand équipage — ils apportent les cadeaux de mariage, et les routes ne sont pas toujours sûres — ils ont franchi les cols et suivi la Garonne jusqu'à Toulouse, qui va être une étape de leur long voyage.

Après avoir salué le comte Raymond, les voyageurs ont fait halte dans une hôtellerie toulousaine. Le prieur, Dominique — il est jeune : trente-trois ans, d'une extrême beauté, et son sourire est si affable qu'il inspire immédiatement la sympathie —, confie son cheval à l'hôtelier qui, entre haut et bas, marmonne des paroles peu amicales contre le luxe de ces gens d'Église. Dominique l'a entendu. Il sursaute et comprend aussitôt qu'il a affaire à un membre de cette secte cathare dont il a si souvent entendu parler au-delà des Pyrénées. Et le voilà qui donne rendez-vous à l'hôtelier dans la soirée. Les deux hommes auront ensemble, en effet, assis auprès de la cheminée, une longue conversation au cours de laquelle, point par point, Dominique montrera à son interlocuteur les erreurs de l'hérésie. Le lendemain matin, tandis qu'on rassemble les chevaux dans la cour et que les hommes se mettent en selle, on verra accourir, tout ému, l'hôtelier qui tiendra à aider lui-même Dominique, lui tenant l'étrier, à se mettre en selle : la conversation lui a fait retrouver la vraie foi.

Cet accueil et cette conversation allaient marquer profondément l'âme du jeune chanoine d'Osma. On se trouvait alors en l'an 1202. L'ambassade au Danemark eut lieu. Les négociations furent menées à souhait, et la main de la jeune princesse accordée. Mais lorsque Diego et Dominique revinrent une seconde fois, chargés de présents, avec mission de ramener la jeune princesse en Espagne, ils furent accueillis, au Danemark, par une cour désolée : la petite princesse était morte...

Laissant leur escorte reprendre tristement la route du retour, les deux prélats décidèrent de pousser jusqu'à Rome, où ils allaient être reçus par le pape Innocent III. L'un et l'autre brûlaient de se donner à quelque œuvre d'évangélisation. Ils avaient appris qu'au-delà du Danemark il y avait des peuples encore privés de la lumière de l'Évangile : ils sollicitaient l'autorisation de se rendre chez eux. Or, Innocent III refusa.

Ce pape, un des plus fameux de la chrétienté médiévale, était angoissé de la faiblesse de son clergé devant les progrès de l'hérésie cathare. La déception dut être grande pour Dominique ; mais ce refus était providentiel. Sur la route du retour, les deux cavaliers gagnèrent Cîteaux (voir chapitre 2). L'évêque Diego s'y fit admettre dans l'ordre. Puis ils regagnèrent le Midi, accompagnés de l'abbé de Cîteaux, Arnaud Amalric, que le pape désignait comme son légat pour entreprendre enfin la lutte contre l'hérésie. Nombreuses étaient, dans ce Midi languedocien, les abbayes cisterciennes, en particulier celles de Grandselve et de Fontfroide (elles subsistent encore en partie).

C'est à Montpellier qu'eut lieu, au temps du carême de 1205, l'assemblée d'où devait sortir l'ordre des Frères prêcheurs, les dominicains. Arnaud Amalric et le légat du pape à Montpellier, frère Pierre de Castelnau, ne purent que constater l'insuccès des efforts faits pour contrecarrer l'hérésie. Prédications ou controverses demeuraient sans résultat. Même constatation le lendemain à Castelnau, où les religieux se rendirent. Un autre cistercien, Raoul, moine de Fontfroide, leur exposa la profondeur du mal. L'archevêque de Narbonne lui-même, Béranger, dont la réputation était scandaleuse, n'avait-il pas laissé les hérétiques tenir un véritable congrès dans sa propre cathédrale ? La décadence du clergé était certaine dans ces cités languedociennes : il se laissait gagner par la richesse et la vie facile ; aux yeux du peuple, les cathares, avec leurs « parfaits », paraissaient incarner l'esprit même de l'Évangile.

Alors intervinrent Dominique et l'évêque Diego. Lui et ses compagnons venaient de faire à Castelnau une entrée en grand apparat, montés sur des chevaux blancs au caparaçon doré. « Vous êtes venus évangéliser les hérétiques avec une suite nombreuse de valets, de chevaux, toutes choses qui nécessitent de grandes dépenses, dit-il à ses compagnons. Ce n'est pas ainsi, mes frères, ce n'est pas ainsi, je vous l'assure, qu'il convient d'agir. Il est assurément impossible de convertir, par la seule force des discours, des hommes qui n'attachent de prix qu'aux exemples. Voici que les ministres de l'hérésie se présentent sous les dehors de la pauvreté, de l'austérité, et, par là, persuadent les âmes simples... En venant, au contraire, faire étalage de vos richesses, vous édifierez peu, vous détruirez beaucoup et vous ne convaincrez personne. Chassez un clou par un autre clou. Repoussez la feinte sainteté en montrant les dehors de la véritable vertu. » Dès cet instant était esquissée ce qui allait être l'arme la plus efficace contre l'hérésie. Quatre missionnaires quittaient bientôt Castelnau et se dirigeaient vers Servian, bourg à quelques kilomètres de Béziers, qui présentait alors un aspect un peu semblable à celui qu'a gardé cet autre petit bourg fortifié de Bassan, tout proche, avec son enceinte et son église-forteresse. Les quatre hommes cheminaient à pied, sans suite ni bagages, besace au dos, bâton en main. C'étaient Pierre de Castelnau, Raoul de Fontfroide, Dominique et Diego. Arrivé devant la porte de la ville, Dominique s'agenouilla, imité par ses confrères : « Ô mon Dieu, je Vous en prie ! N'ayez point égard à mes péchés et, au moment où je vais entrer dans cette ville, ne faites point éclater Votre colère sur le peuple qui l'habite, ne l'éloignez pas de Vous à cause de mes iniquités. » Servian était un véritable foyer d'hérétiques. Les cathares prêchaient dans l'église et y avaient ouvert une école. On prit d'abord les quatre frères pour des parfaits, mais bientôt ils se firent connaître et invitèrent les ministres cathares à une controverse publique. Pendant huit jours, les discussions eurent lieu en plein air devant la foule. Au bout des huit jours, la foule escorta sur la route avec des acclamations les nouveaux frères prêcheurs. Leur deuxième étape fut Béziers, où les hérétiques étaient nombreux et où l'évêque était lui-même sympathisant. Puis Narbonne, où l'archevêque, on l'a vu, favorisait l'hérésie. Ensuite Fontfroide où, sur le conseil de ses trois compagnons, demeura Pierre de Castelnau que sa désignation comme légat exposait à la haine des cathares. Et certain jour, Diego, Dominique et Raoul se présentèrent devant Carcassonne, à la porte Narbonnaise.

Cette porte Narbonnaise est, aujourd'hui encore, l'entrée principale de la cité de Carcassonne, bien connue des touristes. Ville très caractéristique, avec son double territoire : la cité qui se dresse entourée de sa double enceinte ; le bourg étendu à ses pieds, tracé sur le plan régulier qui était celui des villes neuves, des bastides telles qu'on les concevait aux XIIᵉ et XIIIᵉ siècles. Ainsi, ville basse et ville haute donnent-elles les deux aspects d'une cité médiévale. Le bourg n'est d'ailleurs pas celui que virent Dominique et ses compagnons, car il était, au début du XIIIᵉ siècle, installé sur la rive droite de l'Aude ; ce n'est qu'en 1247, après la prise de possession de Carcassonne par les armées royales, que le bourg fut reconstruit de l'autre côté de l'Aude, selon le plan actuel.

En passant dans le bourg, nos voyageurs avaient été reçus par des cris hostiles, des injures, des coups de sifflet, des pierres même : on commençait à les connaître, et les cathares avaient dressé contre eux la population ; du reste, celle-ci était presque entièrement gagnée à l'hérésie. A Carcassonne, comme à Toulouse, c'est le bourg qui était hérétique, alors que la cité, résidence épiscopale où ne demeuraient pas les bourgeois, était restée à l'écart de l'hérésie. Mais ici, la cité de Carcassonne appartenait aussi bien au comte Trencavel qu'à l'évêque, et celui-ci soupçonnait le comte d'être favorable aux cathares.

En se plaçant devant la porte Narbonnaise, on a, en dépit des restaurations parfois indiscrètes (on ne comprend pas pourquoi Viollet-le-Duc a couvert en ardoise des toits qui devaient être couverts dans le matériau du pays, la tuile), un spectacle qui demeure à peu près tel qu'au début du XIIIᵉ siècle. Entre les deux énormes tours à éperons, la porte, défendue par une herse et dominée par un mâchicoulis, est précédée d'une barbacane. A l'intérieur de la double enceinte, se dresse toujours le château comtal. Il est flanqué, vers l'intérieur, des six tours, dont deux encadrent la porte d'entrée ; vers l'extérieur, il a trois autres tours dont l'une, la tour Pinte, a pu être vue telle par nos voyageurs.

Mais c'est plutôt vers la tour carrée de l'Évêque qu'ils se dirigèrent, et vers cette église Saint-Nazaire où, un siècle plus tôt, le pape Urbain II en personne avait béni le chantier où on la construisait. Le même pape avait prêché la croisade sur l'emplacement de l'actuelle chapelle de Sainte-Marie-du-Sauveur, où s'élevait alors la cathédrale.

Des colloques furent aussitôt organisés dans les deux églises des

Le grand « palmier » de l'église
des Jacobins (dominicains)
de Toulouse,
admirable réalisation fonctionnelle
et artistique soutenant
le chevet d'une double nef,
modèle d'une architecture
de la parole née de la vocation
des Frères prêcheurs.
Fin XIIIe siècle.

faubourgs : c'était des conférences contradictoires ; tour à tour, orthodoxes et hérétiques y prenaient la parole, développant leur théorie. A vrai dire, la méthode avait été inaugurée par les cisterciens, et des colloques de ce genre avaient lieu depuis longtemps. Mais ce qui était nouveau, c'était la manière dont se présentaient les tenants de la droite doctrine dont on ne pouvait plus suspecter le désintéressement : vêtu aussi pauvrement que les plus pauvres, on savait que Dominique pratiquait une ascèse aussi rigoureuse que celle des parfaits. « Si grande était sa frugalité, dit un témoin, qu'à part de rares occasions et par égard pour les frères ou les étrangers qui partageaient son repas, il ne mangeait pas autre chose que de la soupe et du pain ; jamais on ne lui a connu d'autre lit que l'église quand il y avait une église dans le voisinage ; s'il n'y en avait pas à proximité, il couchait sur le sol ou sur les planches du lit qu'on lui avait préparé et qu'il avait débarrassé de toute sa literie. »

Ils eurent pourtant peu de succès à Carcassonne. L'hérésie y était bien enracinée. Pas davantage à Verfeil, où ils se rendirent ensuite. C'est alors que le moine cistercien Raoul quitta Diego et Dominique pour revenir à son abbaye de Fontfroide. Pendant deux ans, les deux Espagnols allaient continuer leur apostolat dans cette région, parcourue en tous sens. Ils passent le carême de l'an 1206 à Carcassonne, pratiquant le jeûne le plus sévère et ne cessant de prêcher en public. Le 24 juin de cette année-là, ils se rendent à Montréal, dont la magnifique église (rebâtie au XIVᵉ siècle), vaste comme une cathédrale, domine toujours la région et le bourg devenu trop petit pour elle. L'ancienne voie romaine allait à peu près en ligne droite depuis la cité jusqu'à la petite ville circulaire de Bram. Un jour — nous disent ses biographes — qu'ils approchaient de cette dernière après avoir traversé Arzens, Dominique et son compagnon poussent un cri de stupeur : c'était la Saint-Jean et, dans les champs, les paysans fauchaient les blés déjà mûrs. Or, la Saint-Jean était partout fête chômée. Dominique entreprit de leur faire des remontrances. Les paysans hérétiques ricanèrent. Mais voilà que tout à coup, leurs rires se figent : de chaque tige coupée sortent des gouttes de sang. On montre encore aujourd'hui « le champ du miracle ».

Désormais, l'apostolat de Dominique et de Diego allait se déployer dans toute cette région entre Montréal et Fanjeaux, de l'un à l'autre de ces sommets battus tantôt par le cers, tantôt par le marin, les deux vents qui se partagent la région et qui faisaient, dès cette époque, tourner les moulins à vent dont quelques-uns subsistent encore sur les crêtes. Par deux fois, à Montréal puis à Fanjeaux, eut lieu le miracle du livre incombustible : Dominique, après avoir discuté avec quelques-uns des cathares les plus célèbres — Guillabert de Castres qui s'attribuait rang d'évêque, Benoît de Termes, Pons de Jourda, Arnaud d'Othon —, se soumit au « jugement de Dieu » ; il avait résumé les positions orthodoxes sur une feuille de parchemin qui, jetée au feu, en ressortit miraculeusement ; à Fanjeaux, on montre encore (chapelle de gauche de l'église, reconstruite à la fin du XIIIᵉ siècle) la poutre sur laquelle le parchemin rebondit tandis que celui des hérétiques était réduit en cendres. Ces miracles, confirmant la parole, ne tardèrent pas à gagner à Dominique une partie de la population. Bientôt, quelques jeunes filles de la noblesse vinrent le trouver : bouleversées par sa prédication, elles désiraient abjurer l'hérésie ; mais c'était encourir la haine de leurs familles. Quel refuge trouver ? Dominique y réfléchissait lorsque au soir de Sainte-Madeleine (22 juillet 1206), méditant au crépuscule sur le rempart de Fanjeaux, il vit descendre du ciel comme un globe de feu qui tomba lentement sur la plaine ; l'endroit où se produisit le signal de Dieu s'appelle le Seignadou. Quelque temps après, sur l'intervention de l'évêque de Toulouse, Foulques — un ancien troubadour, Folquet de Marseille, qui avait eu une vie passablement mouvementée avant d'être touché par la grâce et d'entrer dans les ordres —, Dominique pouvait, providentielle-ment, recevoir en donation ce lieu de Prouille sur lequel le signal était tombé. Il y installa les jeunes religieuses, hérétiques converties, qui allaient être les premières « dominicaines ». Citons leurs noms, car ils évoquent toute la saveur de la langue et de la poésie occitanes : Adalaïs, Raymonde, Massarine, Bérangère, Richarde de Barbaira, Jordane, Guillemine de Belpech, Curtolane, Clarette et Gentiane ; ainsi se nommaient ces premiè-res converties. Peu après leur installation, le pape Innocent III leur donna son approbation, tandis que cinq ou six frères, eux aussi convertis, venaient rejoindre Dominique, désormais prieur de Prouille.

Tous les espoirs semblaient désormais ouverts à un apostolat pacifique. L'évêque Diego, voyant son jeune disciple bien engagé dans cette voie, décida de regagner Osma qu'il avait abandonnée depuis deux ans. Après avoir pris part ensemble à un dernier colloque à Pamiers, ils se séparèrent, et Diego regagna la Castille, où il devait mourir peu après.

Rien ne semblait plus s'opposer à une reconquête pacifique, quand, dans les premiers jours de l'an 1208, une effarante nouvelle se répandit : le légat Pierre de Castelnau venait d'être assassiné.

La complicité du comte de Toulouse apparut certaine : le légat venait, en effet, de lancer contre lui l'excommunication, Raymond VI ayant été accusé d'avoir violé la paix imposée par l'Église pendant le carême et les jours de fête, et d'avoir entretenu des routiers qui ravageaient le pays. En fait, ce fut un de ses écuyers qui, voulant s'attirer les faveurs du comte, tua le légat d'un coup d'épieu.

A la violence allaient répondre d'autres violences qui devaient ensan-glanter pour longtemps le midi de la France.

Le pape Innocent III décida de prêcher une croisade contre les hérétiques. A son appel accoururent les barons du Nord sous la conduite de l'un d'entre eux, le fameux Simon de Montfort. Pendant tout le temps que devaient durer les hostilités, Dominique n'interviendrait que pour obtenir des mesures de clémence — notamment après la bataille de Muret — et continuer à recruter, de son côté, des soldats sans armes, ces religieux dont il avait besoin pour prêcher et donner l'exemple. C'est faussement qu'on lui a attribué l'initiative de l'Inquisition : elle prit naissance huit ans après sa mort.

A l'itinéraire tout pacifique de saint Dominique et des premiers frères prêcheurs, s'oppose l'itinéraire sanglant de la croisade dite des Albigeois (ainsi nommée parce que beaucoup d'habitants d'Albi étaient cathares). Pendant vingt années, les luttes vont se poursuivre, avec parfois des épisodes atroces, marquant l'incompréhension réciproque entre barons du Nord et barons du Midi, dont la langue comme les mœurs étaient fort différentes. Un mariage termina le conflit : Jeanne de Toulouse, fille unique de Raymond VII et petite-fille de ce Raymond VI auquel avait été attribué le geste brutal qui avait déclenché les hostilités, épousait Alphonse, frère cadet du roi de France (1229). Une brève tentative de rébellion, par la suite, en 1242, devait être la dernière. Désormais, France du Nord et France du Midi se trouveront réunies sous l'égide capétienne. Deux siècles plus tard, c'est le Midi qui sauvera la couronne royale en demeurant attaché à Charles VII au moment où tout le nord de la France est passé à l'Angleterre ou à ses alliés bourguignons. Et c'est alors un nom méridional, celui des Armagnacs, qui deviendra le cri de guerre de la couronne de France.

Le roi Philippe Auguste avait fait la sourde oreille lorsque avaient été lancés les premiers appels à la croisade contre les Albigeois. Celle-ci n'était encore qu'une cohue de petits seigneurs enrôlés en foule, mais que ne dominait aucun chef d'envergure capable de contrôler les forces et d'arrêter les pillages. Le premier objectif de cette armée sans chef devait être Béziers, dont le vicomte, Raymond Bérenger, était l'un des plus fermes soutiens de l'hérésie. Ce fut un affreux massacre, au cours duquel ne fut même pas épargnée la population réfugiée dans l'église de la Madeleine (seul reste, avec l'église Saint-Jacques, de l'art roman à Béziers, encore que ces deux édifices aient été, l'un et l'autre, littéralement rhabillés au XVIIIe siècle pour leur donner l'allure antique).

Les ouvrages d'histoire d'aujourd'hui ne citent heureusement plus le mot que leurs devanciers attribuaient au légat Arnaud Amalric, lequel se serait écrié, au moment où l'on venait le consulter sur le sort à réserver aux réfugiés de l'église de la Madeleine : « Tuez-les tous ! Dieu reconnaîtra les siens. » Cette exclamation est le type même du « mot historique » inventé après coup ; il est dû à un moine allemand, Césaire de Heisterbach, qui écrivait quelque trente ans après les événements et fut un grand amateur de mots historiques, où se manifeste volontiers son goût du merveilleux.

Sans doute les croisés entendaient-ils, par le massacre de la Madeleine, faire un exemple et terroriser les populations. Comme il arrive souvent en pareil cas, c'est exactement le contraire qui se produisit : les populations du Midi, tant chrétiennes qu'hérétiques, furent indignées et firent bloc contre l'armée du Nord. Notons que, contrairement à ce qu'on prétend, les croisés ne songeaient qu'à retourner chez eux une fois leur vœu de croisade accompli ; le temps du combat terminé, soit quarante jours, ils rentraient avec armes et bagages. Seul, Simon de Montfort, petit seigneur d'Ile-de-France, accepta de faire de la croisade l'entreprise de sa vie et fit main basse sur le fief du vicomte de Béziers, d'où il entendit diriger les opérations. Celles-ci conduisirent les croisés à Toulouse, après une conquête méthodique des fiefs toulousains. Dès la première rencontre, à Valence, Raymond VI avait entièrement capitulé et livré aux croisés ses châteaux, son propre fils et lui-même. Après Béziers, Narbonne avait capitulé, tandis qu'à Carcassonne le comte, Trencavel, avait tenté une résistance à laquelle la soif (le siège avait commencé le 1er août, et les citernes étaient sèches) mit bientôt fin ; les croisés pénétrèrent dans la cité le 15 août 1209. Puis ce furent Castres, Minerve, Termes qui tombèrent. A Castres ne subsiste qu'un clocher roman, celui de l'ancienne abbaye Saint-Benoît, comme témoin de ces heures sombres ; mais le site extraor-dinaire de Minerve, ses débris de remparts qui se confondent avec le rocher, et sa petite église romane composent un ensemble d'une grandeur tragique, propre à faire revivre ces événements dans l'imagination du spectateur. En 1211, c'est contre les châteaux de Cabaret que Simon de Montfort lance ses assauts. Les quatre forteresses qui, par deux fois, sous la conduite de Pierre-Roger de Cabaret, défièrent les croisés, se dressent toujours au-dessus des gorges abruptes du Cabardès, et la vue d'ensemble qu'on en a en prenant, du village de Lastours, la route de Villanière, donne une idée impressionnante de la lutte qu'il fallut mener contre ces fantastiques assises de pierre se découpant sur la Montagne Noire. Les forteresses étaient reliées entre elles par des souterrains, et la légende ajoutait qu'elles communiquaient directement avec la cité par d'autres souterrains. Au printemps de 1211, jugeant la résistance impossible, Pierre-Roger les rendit. Il reçut d'autres domaines en compensation. Ce fut ensuite la prise de Lavaur, où la cathédrale Saint-Alain ne conserve plus qu'une tour romane et une partie de la nef comme témoins de celle qui s'élevait avant la croisade ; le reste a été rebâti dans le style gothique du Midi. Dans le même temps, on remaniait les évêchés de la région, quelques-uns de leurs titulaires étant suspects d'hérésie. Successivement, trois évêchés furent offerts à Dominique, qui les refusa et n'accepta que pour un temps d'administrer l'évêché de Carcassonne dont Simon de Montfort avait fait sa résidence. A plusieurs reprises, Dominique intervint pour la paix ; ainsi à Penne-d'Agenais où il fit arrêter le combat. Et c'est probablement sous son inspiration que fut entrepris le premier essai de pacification, le traité de Pamiers (1212). Cependant, des renforts s'acheminaient vers Carcassonne tandis que le fils aîné de Simon de Montfort, Amaury, était fait chevalier à Castelnaudary en 1213. Il était temps, car le roi d'Aragon, Pierre II, indigné des désordres et des violences que les croisés avaient commis dans les terres méridionales, se préparait à la lutte et faisait à Toulouse la jonction de ses forces avec celles du comte Raymond VI, aidé des comtes de Foix et de Comminges. La bataille décisive devait se livrer à Muret le 12 septembre 1213. L'infortuné prince d'Aragon y trouva la mort et ses forces furent anéanties. Mais Toulouse devait résister longtemps encore. En fait, l'armée féodale, avec ses levées temporaires, ne permettait pas une occupation du territoire, et seuls les Montfort étaient à demeure dans un pays où la lutte contre l'hérésie se transformait en lutte entre barons du Nord et barons du Midi. Alors mourut Simon de Montfort, tué en tentant un nouveau siège de Toulouse (1218). Laissons la parole à un Toulousain témoin de l'événement :

« Tandis que Guy (Guy de Montfort, frère de Simon, blessé d'un trait d'arbalète) parle et gémit, il y a dans la ville une pierrière que fit un charpentier. La pierre est lancée du haut de Saint-Sernin et c'étaient des dames, femmes mariées ou jeunes filles, qui servaient l'engin. Et la pierre vint tout droit là où il fallait et frappa si juste le comte (Simon de Montfort) sur le heaume d'acier qu'elle lui mit en morceaux les yeux, la cervelle, les dents, le front, la mâchoire ; et le comte tomba à terre, mort, sanglant et noir... Or, à Toulouse vint un messager qui conta la nouvelle ; telle est l'allégresse que par toute la ville on court au moûtier (à l'église), on allume les cierges sur les chandeliers, on pousse des cris de joie... Cors et trompes, et la joie générale, les carillons, les volées, les sonneries de cloches, les tambours, les timbres, les menus clairons, font retentir la ville et le sol pavé. »

Ainsi un témoin a-t-il raconté la mort de Simon devant Toulouse. C'est l'auteur anonyme de la deuxième partie de la *Chanson de la croisade contre les Albigeois*. Né de la croisade, ce poème est curieux : sa première partie a été écrite par un croisé ennemi des hérétiques, Guilhem de Tudela ; il raconte les faits jusqu'à la bataille de Muret du 12 septembre 1213 — alors que son continuateur, au contraire, raconte, non sans verve, la suite des événements, mais est albigeois ou plutôt méridional, et animé d'une haine solide contre les croisés du Nord.

Cette rancune du Midi contre le Nord était bien naturelle chez ceux qui voyaient leurs terres dévastées et leurs compatriotes massacrés. Un troubadour a, mieux que tout autre, exprimé sa rancœur : Peire Cardenal. Il n'était pas toulousain mais natif du Puy ; comme les autres troubadours, il allait de château en château, et il résida probablement auprès de Raymond VII de Toulouse et de Jacques Ier d'Aragon. Témoin indigné des horreurs de la guerre albigeoise, il en accuse les « mauvais clercs » et notamment les frères prêcheurs : « Plus ils sont de haut rang, moins ils sont vaillants ; plus ils sont fous, moins ils sont sincères ; plus il sont menteurs, moins ils sont clairs ; plus ils sont pécheurs, moins ils s'aiment entre eux. C'est des mauvais clercs que je parle, car je n'ai jamais entendu dire qu'il y ait eu pires ennemis de Dieu depuis les plus anciens siècles... Ils ne font que quêter toute l'année ; puis ils s'achètent de bons poissons, bons pains blancs, bons vins savoureux, bons vêtements chauds contre le froid ; plût à Dieu que je fusse de tel ordre, si je pouvais être sauvé. » Ne croyons pas pourtant avoir affaire à un hérétique : Peire Cardenal est bon chrétien.

Aussitôt la mort de Simon de Montfort connue, partout les villes se révoltaient et accueillaient comme un héros le comte Raymond VII de

Toulouse, fils du comte légitime Raymond VI, que le concile de Latran (1215) avait proclamé déchu de ses droits. Lorsque le roi de France, Louis VIII, se décida à intervenir, il apparut à tous comme l'arbitre désigné pour trancher cette série de guerres et de violences qui semblaient sans issue. Tout le Languedoc se soumit au roi, à l'exception de Toulouse. Mais Louis VIII mourut au retour de cette campagne, à Montpensier en Auvergne (le château de Montpensier était la plus puissante forteresse féodale de l'Auvergne ; il fut complètement rasé par ordre de Richelieu en 1633 ; seule l'église romane du petit village garde le souvenir de ce temps ; elle a conservé même ses portes romanes à ferrures du XIIᵉ siècle). Il était réservé à la veuve de Louis VIII, Blanche de Castille, et à son fils, Louis IX, de mettre fin à cette lutte épuisante par un compromis où se marque déjà la justice de Saint Louis : tandis qu'Avignon était remise au Saint-Siège, le bas Languedoc, de Carcassonne à Beaucaire, revenait au roi de France ; le Toulousain et l'Albigeois restaient à Raymond VII ; enfin le dernier lot, qui comportait le Rouergue, l'Agenais et le Quercy, était remis en dot à Jeanne de Toulouse, fiancée à Alphonse, frère cadet du roi. Par la suite, Raymond VII n'ayant pas eu d'autre héritier, sa part, elle aussi, fit retour à la couronne, dont le domaine désormais s'étendit du nord au midi, couvrant la France entière.

Cette union du Nord et du Midi peut être symbolisée par les constructions gothiques — le gothique est né en Ile-de-France — qui désormais s'élèvent un peu partout dans les régions méridionales. Tandis que l'Inquisition, instituée en 1229, poursuivait l'extinction de l'hérésie, partout s'élevaient de ces constructions nouvelles dont Carcassonne elle-même est un témoin, puisque, nous l'avons vu, tout le bourg est une reconstruction du temps de Saint Louis. Les deux grandes églises du XIIIᵉ siècle, Saint-Michel et Saint-Vincent (celle-ci reconstruite après l'incendie provoqué par les armées anglaises), sont d'admirables exemples de ce style gothique méridional qui se caractérise par la nef unique et très large (20,50 m de large à Saint-Vincent), sur laquelle ouvre directement l'abside sans bas-côtés ni transept. Dans ces régions inondées de soleil, on n'avait pas à prévoir de ces vastes fenêtres qui affaiblissent les murs latéraux et obligent à les renforcer par des bas-côtés ou des contreforts extérieurs.

Mais l'exemple le plus typique de la reconstruction reste l'admirable cathédrale d'Albi, commencée en 1282 par l'évêque Bernard de Castanet, et dont la puissante armature symbolise assez les luttes dont avait été achetée la paix religieuse : c'est encore une forteresse, cet immense vaisseau dont la tour, avec ses soixante-dix-huit mètres de haut, se présente comme un donjon carré plutôt que comme un clocher, et dont l'entrée principale au sud est encore une porte fortifiée. A l'intérieur, c'est — caractéristique du style méridional — une nef unique, large de 17 mètres, haute de 28 ; entre les contreforts sont logées les chapelles latérales, et l'abside, là encore, s'ouvre, sans transept ni déambulatoire, directement sur la nef ; autrefois, l'abside et le côté sud étaient entourés d'un grouillement de vieilles maisons qui ont été, malheureusement, rasées au XIXe siècle. Du moins a-t-on, depuis la place, la vue qu'on pouvait avoir autrefois avec quelque recul : celle de cette masse de briques roses à laquelle répond, au nord, l'ancien palais épiscopal, ce palais de la Berbie, énorme donjon du XIIIe siècle avec ses tours rondes reliées par de grands arcs formant mâchicoulis. On voit encore, entre la cathédrale et le donjon, les restes de l'ancienne cathédrale, qui datait du XIIe siècle ; enfin, à l'intérieur de celle-ci, signalons le jubé qui fut élevé vers 1500. C'est le plus vaste de France. De la même époque ou environ datent les peintures de l'intérieur ; car Albi est l'une des rares églises de grandes dimensions qui aient conservé une partie de ses peintures ; bien qu'elles ne soient pas médiévales de facture, celles-ci donnent une idée de l'impression que l'on avait en pénétrant dans une église du Moyen Age où la couleur, qu'il s'agisse des vitraux ou des fresques, animait toujours l'architecture.

Il n'est guère de cité languedocienne qui ne porte la trace des reconstructions qui suivirent la croisade. A Narbonne, c'est l'énorme cathédrale Saint-Just, commencée en 1272 et qui ne fut jamais terminée. Elle ne se compose, en réalité, que du chœur, entouré d'un déambulatoire et de chapelles rayonnantes, couvert de voûtes immenses (40 mètres de haut) aux contreforts reliés les uns aux autres, à l'extérieur, par de vastes arceaux supportant un chemin de ronde que scandent les tourelles soutenues par chacun de ces contreforts ; on sait aujourd'hui que l'architecte de cette cathédrale de Narbonne fut le même que celui de la cathédrale de Clermont, Jean Deschamps. Le chapitre de la cathédrale aurait voulu, pour bâtir la nef, faire abattre une partie des remparts ; les consuls n'y consentirent jamais. Si bien que seules quelques travées purent être édifiées. A côté de cette cathédrale s'élève le palais des archevêques, monument fortifié lui aussi, avec un énorme donjon de la fin du XIIIe siècle ; il pouvait servir de défense à la ville et au port qu'il dominait et que surveillaient les quatre échauguettes d'angle placées au sommet. On considère que ce palais des archevêques a servi de modèle au palais des Papes d'Avignon.

De même le chœur de la cathédrale de Narbonne a-t-il servi de modèle à celui de la cathédrale Saint-Étienne de Toulouse, commencée en 1272. Les murs de la nef de Saint-Étienne remontent à la fin du XIe siècle ; vers l'an 1200, on avait supprimé les piliers qui partageaient en trois parties (une nef et deux collatéraux) l'ensemble du vaisseau, et jeté des croisées d'ogives sur une largeur de vingt mètres pour en faire un de ces édifices à nef unique qu'on trouve de préférence dans le Midi. En 1272, le nouvel évêque, Bertrand de l'Isle, entreprit une autre cathédrale qui, dans son esprit, devait se substituer à la première. Ce fut un vaste chœur, entouré d'un déambulatoire et de dix-sept chapelles rayonnantes. Mais on dut renoncer à reconstruire la nef : il fallut se contenter de raccorder ce chœur nouveau à l'ancienne nef, en dépit de la discordance de leurs plans ; d'où l'allure étrange de l'édifice.

*Les croisés devant Béziers. Gravure du XIXᵉ siècle, bien conforme
au mot issu de l'imagination ardente de Césaire de Heisterbach
quelque trente ans après l'événement :
« Tuez-les tous ! Dieu reconnaîtra les siens !... »*

Dans la même ville de Toulouse s'élève le couvent des Jacobins, c'est-à-dire la maison mère des dominicains. Elle fut fondée par saint Dominique, mais sur un autre emplacement. L'église actuelle, avec sa double nef, date du XIVᵉ siècle et a été consacrée en 1385. Témoin de la présence dans la ville des frères prêcheurs, champions de la résistance à l'hérésie, elle a quelque peu souffert de la Révolution, mais garde une belle allure avec les sept colonnes (22 mètres de haut) qui divisent l'édifice en deux parties, se rejoignant en une seule abside. On l'a de nos jours admirablement restaurée ; et de même la chapelle Saint-Antonin qui fait partie du même corps de bâtiment dont subsistent une partie du cloître, le réfectoire et la salle capitulaire, le tout datant des premières années du XIVᵉ siècle.

A Béziers, l'église Saint-Nazaire a été elle aussi reconstruite dès 1215. Sa nef, agrandie, devait être consacrée en l'an 1300. Une petite ville comme Capestang a eu sa nouvelle église, construite, elle, à la fin du XIIIᵉ siècle : une haute nef unique surmontée d'une de ces tours carrées d'allure presque guerrière, que l'on rencontre si souvent dans le Midi. La cathédrale de Lodève, elle aussi, présente ce caractère de forteresse, notamment par son énorme clocher construit au milieu du XIVᵉ siècle, une tour carrée de 57 mètres de haut que complète la façade avec ses deux tours à échauguettes réunies par une galerie à mâchicoulis.

Les invasions sarrasines d'abord, puis les désastres de la guerre des Albigeois, et, par la suite, les incursions anglaises, ont rendu familier, dans le Sud-Ouest, l'aspect défensif des églises, aspect qui se retrouve jusque dans de petits édifices comme cette église Sainte-Cécile de Loupian, au style si net, avec sa nef unique et large, et ses épais contreforts scandant un extérieur particulièrement austère, sans sculptures ni fenêtres, sinon celles en arc brisé qui éclairent une travée sur deux. Dans le même bourg de Loupian, l'autre église, Saint-Hippolyte, datant du milieu du XII⁰ siècle, montre, elle aussi, un véritable appareil défensif, avec les échauguettes en encorbellement disposées à l'abside et à la façade.

Ce style sévère est encore celui de la cathédrale Saint-Pierre de Montpellier, construite pourtant en un temps de paix, puisqu'elle fut élevée tout entière, en trois ans, entre 1364 et 1366, sous l'impulsion du pape Urbain V, natif de la ville. Le jour où l'on posa la première pierre, par un geste très significatif dans cette cité enrichie par son commerce, les consuls de la ville jetèrent une poignée de pièces d'argent sous la pierre qu'ils posaient. Cette pose de la première pierre, le 1ᵉʳ octobre 1364, fut d'ailleurs une cérémonie très symbolique puisqu'on posa non pas une, mais trois pierres, l'une placée au chevet de l'église par l'abbé du monastère bénédictin d'Aniane, Jean Gasc (primitivement, l'église était destinée à un autre monastère bénédictin) ; l'autre par les consuls représentant la ville du côté droit de l'abside ; une troisième pierre par les officiers royaux, du côté gauche de cette même abside, cela pour manifester le rattachement de Montpellier au domaine royal. C'est, là encore, une nef unique avec, sur les côtés, les chapelles qui s'ouvrent directement sur le vaisseau, sans transept ni déambulatoire autour du chœur ; les textes du temps la qualifient de bastide. Et la cathédrale de Montpellier est bien, en effet, une église-forteresse, avec les deux grandes tours carrées qui encadrent son portail, et le visage austère de tout l'ensemble.

Le siège de l'évêché était alors à Maguelonne. Ce n'est qu'en 1536 que, transféré à Montpellier, il reçut pour cathédrale l'église du monastère Saint-Benoît. L'édifice devait être d'ailleurs, moins de trente ans après, en 1561, ruiné par les huguenots qui n'y laissèrent, écrit un témoin du temps, ni tuilés, ni bois, ni fer, ni plomb, ni vitres tenant aux murailles de la grosseur du doigt ; elle a été restaurée au XVIIᵉ siècle et agrandie au XVIIIᵉ. Cependant, la vieille cathédrale, celle de Maguelonne, présente, de nos jours encore, dans son isolement, l'aspect imposant d'une église romane à nef unique d'une majestueuse ampleur, avec, elle aussi, son allure de forteresse : contreforts épais, étroites fenêtres percées comme des meurtrières. Il ne subsiste que les amorces des grands arcs qui bandaient la nef.

Mais c'est à Montségur que se joua le dernier acte du drame cathare. Une même région, au sud de Carcassonne, voit se dresser les ruines du château de Lagarde, résidence des Lévis-Mirepoix (dont le nom même évoque l'union du Nord et du Midi puisque Guy de Lévis, compagnon de

Simon de Montfort, épousa Constance de Foix et reçut la seigneurie de la petite ville de Mirepoix, toute proche), le château de Puivert attribué à Pons de Bruyères, autre compagnon de Montfort (Puivert a gardé ses tours d'enceinte et son magnifique donjon), et plus loin le piton portant le château de Montségur.

De nos jours, un descendant des Lévis-Mirepoix a raconté l'histoire du siège héroïque qui, en 1244, marqua la fin de la résistance albigeoise après six mois de lutte. Le site sévère convient bien aux derniers instants d'une hérésie qui admettait le suicide et visait à l'extinction de toute vie. Il faut trente minutes pour franchir, au-dessus de la vallée du Lasset, l'arête qui porte le château. Pour s'en rendre maître, l'armée des Français dut édifier d'énormes tours roulantes, dont l'une, la tour de la Chatte, traînée sur un chariot, mit cinq mois à franchir les cinq cents mètres, au bout desquels elle se trouva de niveau avec la citadelle. Auparavant, les troupes avaient fermé les vallées de l'Hers et du Lasset et occupé, en particulier, le château de Montferrier, qui existe encore, bien qu'en ruine. Les assiégés espéraient un secours du comte de Foix ou du comte de Toulouse avant que l'avance inexorable de la tour ne rendît leur situation désespérée. Ils évacuèrent les femmes, les enfants, les blessés, qui, par les pentes, gagnèrent la forêt et les rives de l'Ariège. Enfin un petit groupe d'assaillants, guidé par des montagnards de l'endroit, parvint à faire l'ascension à l'est depuis le ravin du Lasset, littéralement à pic au-dessus de l'abîme. Ils s'emparèrent de la tour est, tandis que la machine de guerre accrochait sur la citadelle un pont aérien. Ce fut la fin de Montségur. Ses défenseurs — deux cent cinq chevaliers sous la conduite de l'évêque cathare Bertrand d'En Marh — furent brûlés, dit-on, car ce n'est attesté que pour quelques-uns d'entre eux, dans le champ qui est situé en contrebas. Tel fut le dernier acte de la guerre albigeoise, en 1244, si l'on excepte, moins spectaculaire, la prise du château de Quéribus dix ans plus tard.

A notre époque, d'absurdes légendes se sont répandues sur un « trésor des cathares » que l'on a curieusement assimilé au Graal des romans de la Table ronde. Elles ne reposent sur aucun fondement, pas plus historique que littéraire. L'hérésie elle-même était en voie d'extinction au moment où flambait Montségur. Entre 1231 et 1234, les papes avaient confié aux frères prêcheurs les tribunaux de l'Inquisition ; certains historiens, et plus encore des romanciers à l'imagination ardente, ont vu partout des bûchers s'allumer dans notre Languedoc, et le mot même d'Inquisition en reste inséparable. Si le délit d'opinion n'est certes pas l'apanage du Moyen Age, il est hors de doute que l'Inquisition est injustifiable en regard de notre mentalité. Mais, dans une époque où spirituel et temporel étaient intimement mêlés, comme au Moyen Age, il était normal que les déviations religieuses fussent sévèrement punies, surtout lorsqu'elles entraînaient, comme dans le cas du catharisme, des infractions à l'ordre social ; condamner le mariage et le serment féodal, c'était, au-delà même des opinions religieuses, attenter à la vie même de la société.

Jean-Paul Laurens : Les Emmurés de Carcassonne. *1879.*
Belle composition née d'une erreur d'interprétation :
le « mur », c'est la prison ; emmuré signifie prisonnier.

Comment procédaient, à cette époque, les tribunaux de l'Inquisition ? Dans les lieux suspects de favoriser l'hérésie, on voyait arriver l'inquisiteur (il n'y en eut jamais plus de deux en France : inquisiteur de France et inquisiteur de Languedoc, mais ils pouvaient déléguer leurs pouvoirs à des vice-inquisiteurs), entouré de trois ou quatre compagnons. Ils entreprenaient, par équipe, une prédication solennelle, pressant la population d'abjurer et les rebelles de se repentir. Puis ils proclamaient deux édits : le premier, l'édit de foi, ordonnait à tout chrétien de signaler ceux qui étaient suspects d'hérésie ; le second, l'édit de grâce, proclamait pour tout hérétique un délai allant de deux à quatre semaines, pendant lequel il pouvait venir confesser sa faute et en recevoir l'absolution. Ce n'est qu'après ce délai que les suspects dénoncés étaient interrogés.

Pour cet interrogatoire, l'inquisiteur devait se faire assister d'assesseurs en nombre variable : prud'hommes, ecclésiastiques ou laïques, de deux à vingt par tribunal, qui constituaient le jury. C'est la première apparition du jury dans la justice. Il fut institué par Innocent IV, en 1252. Le même pape, hélas ! autorisait aussi la torture : elle revenait peu à peu dans les mœurs sous l'influence du droit romain qui s'imposait dorénavant à toute une partie de la chrétienté, notamment dans les pays germaniques : l'empereur Frédéric II, par ses constitutions de Melfi (1231), avait réintroduit comme peine légale le bûcher et l'usage de la torture.

Enfin arrivait le jour où le verdict devait être proclamé. C'est ce qu'on a appelé l'acte de foi : sur la grande place où la foule se pressait, des tribunes dressées étaient réservées à un membre de l'Inquisition qui, au cours de son sermon, prononçait la sentence et demandait aussi à la foule présente de faire « acte de foi » : affirmer sa foi en présence des hérétiques.

On possède les registres d'un inquisiteur, Bernard Gui, qui exerça ses fonctions de 1308 à 1323. Neuf cent trente accusés furent reconnus par lui coupables ; sur ce total, il y eut, en quinze ans, quarante-deux condamnations à mort. Les autres condamnations prononcées furent : trois cent sept peines de prison temporaire ou perpétuelle ; mais cent dix-sept condamnés à la prison à vie virent leur peine commuée en « imposition de croix », une croix de feutre jaune que l'on devait porter sur la poitrine ; cinquante et un d'entre eux furent totalement exemptés. Les autres peines prononcées se réduisirent à cent trente-deux impositions de croix et à des amendes et pèlerinages.

Quant à ceux que pourrait impressionner le grand tableau des *Emmurés de Carcassonne*, œuvre d'un de nos peintres d'histoire du XIXᵉ siècle, ils devront se rappeler que ce qu'on appelle « emmurement », au Moyen Age, c'est la peine de prison ; il y avait deux sortes de « murs » : le « mur large », simple résidence surveillée, et le « mur étroit », c'est-à-dire la peine de prison telle que nous l'entendons de nos jours.

Le premier inquisiteur nommé pour le royaume de France avait été un ancien cathare converti, Robert le Bougre, devenu dominicain (Bougre, de Bulgarie, pays où l'hérésie avait sévi avant de gagner le Midi languedocien, était l'équivalent de Cathare). Appelé en 1235, il ne devait pas tarder à être révoqué de ses fonctions pour en avoir abusé ; il fut suspendu et condamné à la réclusion : les fonctions d'inquisiteur n'étaient pas laissées, on le voit, à la libre fantaisie de leurs titulaires. Ajoutons enfin que seuls les « relaps » — ceux qui, après avoir abjuré, retournaient à leur hérésie — étaient passibles de la peine de mort, et que la torture ne pouvait être appliquée sans qu'il y eût commencement de preuve. En réalité, la confusion entre l'Inquisition du XIIIᵉ siècle, instituée par l'Église pour réprimer l'hérésie, et celle du XVIᵉ, instrument essentiellement politique entre les mains du roi d'Espagne, n'a pas manqué d'ajouter à sa sinistre réputation.

8

Champagne et Lorraine, terres de marchands et de poètes

L'amant approche la Rose.
Fin du Roman de la Rose, *dans la continuation donnée*
par l'universitaire Jean de Meung à l'œuvre,
laissée inachevée, de Guillaume de Lorris.
Londres, British Museum.

CHAMPAGNE ET LORRAINE,
TERRES DE MARCHANDS ET DE POÈTES

Sur les rives de la Meuse, deux armées sont rassemblées. Celle de la rive droite est à Ivoy, celle de la rive gauche à Mouzon. La première porte sur ses écus l'aigle noir du Saint Empire. C'est celle d'Henri II, l'empereur germanique. Ce monarque, le plus puissant de son siècle, est à l'Europe politique ce que le pape est à la chrétienté. A Mouzon, ce sont les fleurs de lis : le roi de France est là, avec une suite nombreuse. Mais qui est roi de France en cette année 1023 ? Robert, fils d'Hugues Capet, dont la dynastie toute neuve est encore bien chétive : son domaine d'Ile-de-France, nous l'avons vu (chapitre 3), représente matériellement peu de chose. Robert a même fort à faire pour desserrer l'étreinte de certains de ses vassaux, dont les domaines encadrent dangereusement le sien : tel par exemple cet Eudes de Blois qui vient de recevoir par héritage la majeure partie des contrées champenoises.

Sur l'une et l'autre rive de la Meuse, autour des armées étincelantes, on aperçoit des ombres : ce sont des paysans et des bourgeois des alentours qui contemplent la scène. Que va-t-il se passer, se demandent-ils, à ce tête-à-tête des deux souverains ?

Chacun pense que l'un des deux vient s'incliner devant la suzeraineté de l'autre : c'est le Français — le plus faible — qui évidemment devra plier le genou devant le Germain. Tout le laisse prévoir : comment, seul des souverains d'Europe, le roi de France se déroberait-il à l'hommage dû au descendant de Charlemagne ?

Nous nous trouvons ici devant l'un des grands suspenses de l'histoire. Plus grave, plus lourd d'avenir que nombre de sanglantes batailles des siècles suivants.

Les deux princes sont arrivés l'un et l'autre le 6 août. Pendant quatre jours, ils s'observent. Lequel des deux va faire le premier pas ?

Alors, dit la chronique, au bout des quatre jours, le 10 août, l'empereur se rappela le précepte du sage : « Plus tu es élevé, plus tu dois t'humilier en toutes choses. » Et c'est lui qui traverse la rivière, escorté seulement de quelques seigneurs, pour faire au roi de France une visite de courtoisie que celui-ci lui rendra le lendemain.

Il y aura désormais entre France et pays germaniques des relations de bon voisinage, dans une complète indépendance. Henri II, précisons-le, devait mourir peu après et être canonisé quelques années après sa mort. On trouve en lui ce désir de justice, cette humilité profonde qui, plus tard, chez nous, feront la grandeur d'un Saint Louis.

Le lieu où s'élève aujourd'hui la collégiale de Mouzon était alors une importante localité, située sur cette voie romaine qui joignait Reims à la ville de Trèves — capitale à l'époque romaine —, voie stratégique de haute importance. Dès l'époque mérovingienne, une abbatiale s'y était élevée, dont le rayonnement grandit sous les Carolingiens. Les reliques du martyr saint Victor y attiraient les pèlerins. Un incendie, en 1212, détruisit l'abbaye et son ancienne église romane. On la rebâtit dans le style du temps, l'art gothique. Elle fait partie aujourd'hui de ces chefs-d'œuvre que les touristes méconnaissent. Malgré les restaurations du XIXe siècle, c'est un imposant édifice, le plus bel édifice gothique des Ardennes, et qui s'apparente aux grandes cathédrales du domaine, à Laon et à Notre-Dame de Paris.

Au portail central, les sculptures sont demeurées à peu près intactes sur le tympan. Elles sont consacrées à la vie de la Vierge et au martyre de saint Victor. La ville a été quelque peu malmenée à travers l'histoire et a souvent subi des sièges, notamment au XVIe siècle ; mais de ses fortifications, démolies en 1671, elle a gardé tout au moins une ancienne porte, la porte de Bourgogne, remontant aux XIVe-XVe siècles.

La nuit qui suivit l'entrevue des deux souverains, le roi Robert le Pieux allait se voir offrir, soit pour lui, soit pour son fils aîné, que depuis 1017 il avait associé à la couronne, le royaume d'Italie. L'offre serait valable dès la mort de l'empereur Henri II. Mais Robert eut la sagesse de refuser. La France lui suffisait.

Cette offre pouvait lui faire prendre conscience du prestige que sa jeune dynastie — n'en était-il pas le deuxième représentant ? — s'était déjà acquis. Et l'on peut admirer à ce propos que les provinces de l'Est, et notamment la Lorraine, ne soient pas devenus un brandon de discorde et une source de guerres entre pays francs et pays germaniques. Ce ne sera qu'au XVIIe siècle, avec la politique de Richelieu reprise après lui par tous ses successeurs jusqu'à nos jours, que l'est de la France deviendra un champ de bataille.

Mais jetons un coup d'œil rétrospectif sur l'Europe du haut Moyen Age :

L'Europe s'était trouvée réunie tout entière sous l'égide de Charlemagne. Après sa mort, son immense empire fut fractionné entre ses trois petits-fils par le traité de Verdun qui dessina le visage de l'Europe moderne : à Louis la Germanie, à Charles la France, à Lothaire (l'aîné) la puissance impériale, l'Italie et une bande de territoire médiane entre Germanie et France qu'on appela Lotharingie, dont nous avons fait

Lorraine. Cette bande de territoire allait après le Moyen Age être sans cesse disputée entre les deux autres : revendiquée tantôt par la Germanie et tantôt par la France, subissant en tout cas l'influence de l'une ou de l'autre. La sagesse et la volonté de paix des Capétiens firent que l'entente régna entre France et Empire là où les occasions de guerre eussent pu être exactement les mêmes qu'à notre époque.

Lorsque au siècle suivant, en 1124, l'un des successeurs du Germain, l'empereur Henri V, tenta d'envahir la Champagne, il suffit au roi de France d'aller prendre sur l'autel de Saint-Denis l'oriflamme royale et d'appeler ses vassaux à l'aide pour que les armées de Henri V fissent volte-face. La cohésion du jeune royaume de France était déjà devenue assez forte pour que des vassaux, dont certains étaient pourtant en rébellion contre leur suzerain, vinssent se ranger derrière l'étendard royal afin d'empêcher l'invasion.

La Lorraine suivit sa destinée, indépendante de l'Empire germanique. Philippe Auguste eut à la défendre les armes à la main. Sa fameuse victoire de Bouvines est marquée aujourd'hui encore par un obélisque, à 12 kilomètres de Lille, sur la route de Saint-Amand-les-Eaux. Et, par un étrange retour des choses, lorsque après la mort de Frédéric II l'Empire se trouvera sans titulaire, c'est au roi de France qu'on viendra l'offrir. En vain, car, avec la sagesse solide qui les caractérise, les Capétiens directs jugent que leur devoir est ailleurs. Mais ils veillent sur l'indépendance de la Lorraine. Du jour où un beau-frère du roi de France (René d'Anjou, beau-frère de Charles VII) se trouve pourvu du duché de Lorraine (1431), cette province est de plus en plus attirée dans l'orbite de la France, à laquelle elle sera rattachée au XVIIIe siècle.

La Champagne, sa voisine, a, à bien des égards, connu le même sort que la Lorraine. C'était une « marche », une frontière, vouée à osciller entre France et Empire. Au début du Xe siècle, le comté de Troyes devient prépondérant dans la région ; au début du XIIe, celui qu'on appelle désormais le comte de Champagne, Hugues Ier, favorise l'œuvre de saint Bernard, son ami, qui fonde sur les bords de l'Aube l'abbaye de Clairvaux. Il n'est guère d'abbayes dans la région qui ne lui soient redevables, depuis Saint-Remi et Saint-Nicaise de Reims, Saint-Loup de Troyes, jusqu'à cette église de Montier-en-Der, dont la nef — reconstituée après les destructions de la dernière guerre — datait du Xe siècle, tandis que le chœur offre un superbe exemple de gothique champenois. Il ne subsiste que les murs d'enceinte de l'abbaye du Paraclet qui, entre Nogent-sur-Seine et Troyes, eut son heure de célébrité quand, en 1127, Abélard en fit don à Héloïse.

Une brillante période s'annonce pour la Champagne au temps des comtes dont la cour ne le cède en rien à celle du roi lui-même. La puissance capétienne sort fortifiée du mariage de Louis VII avec Adèle, sœur d'Henri Ier le Libéral. Puis Henri lui-même et son frère Thibaut, comte de Blois, épousèrent deux des filles du même Louis VII, qu'il avait eues

CHAMPAGNE

Légende :
- ⛪ Eglise romane
- ⛪ Eglise gothique
- ⛪ Edifice civil
- 🏰 Château
- ⚜ Trésor ou musée

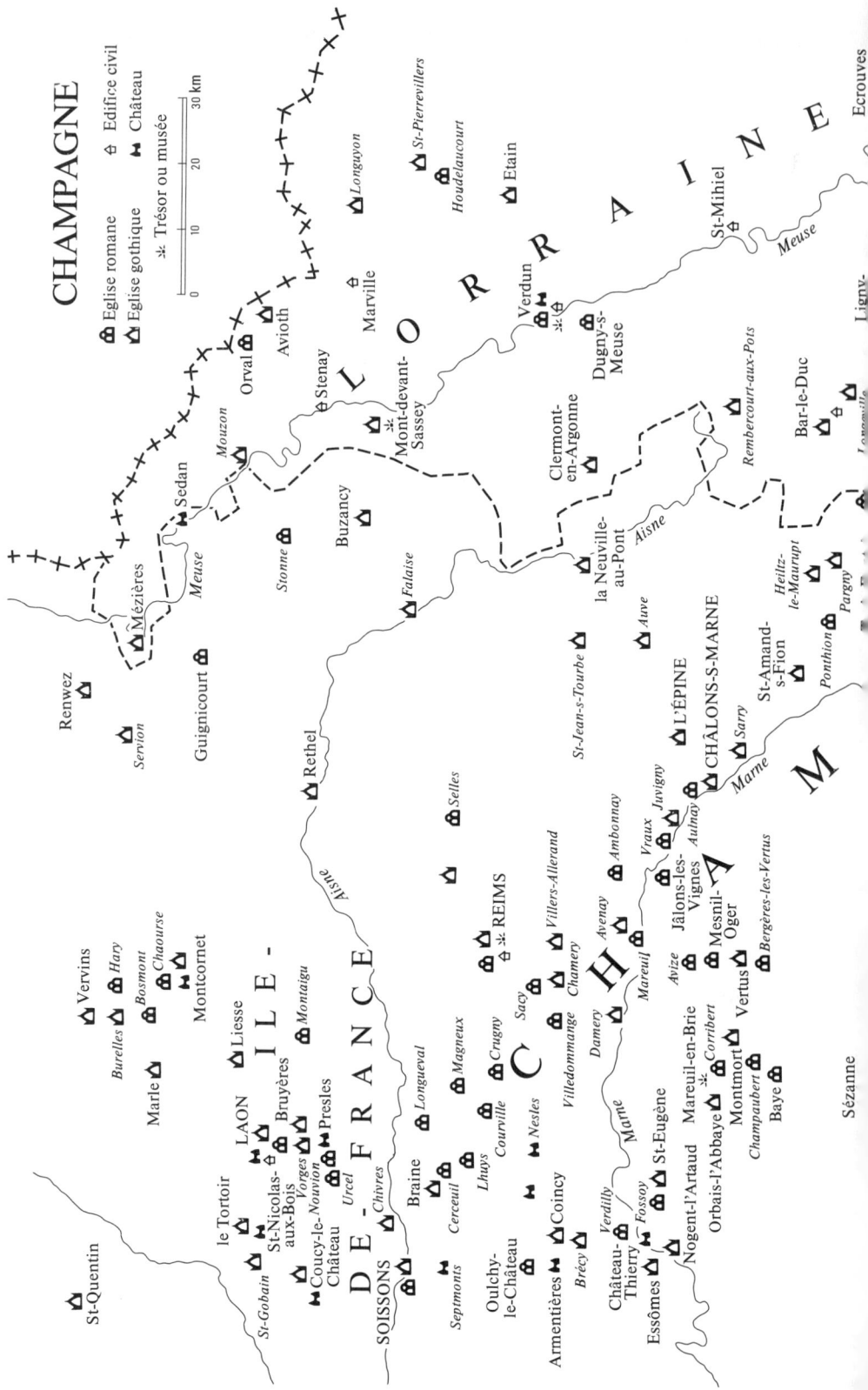

0 — 10 — 20 — 30 km

L O R R A I N E

I L E - D E - F R A N C E

Ecrouves

St-Pierrevillers
Longuyon
Houdelaucourt
Etain

Marville
Avioth
Orval
Stenay
Mont-devant-Sassey
Verdun
Dugny-s-Meuse
St-Mihiel

Meuse

Mouzon
Sedan
Buzancy
Clermont-en-Argonne
la Neuville-au-Pont
Bar-le-Duc
Rembercourt-aux-Pots
Ligny-
Longeville

Mézières
Stonne
Falaise
Aisne
Heiltz-le-Maurupt
Pargny
Ponthion
St-Amand-s-Fion

Renwez
Servion
Guignicourt
Rethel
Selles
St-Jean-s-Tourbe
Auve
Sarry
CHÂLONS-S-MARNE
L'EPINE

St-Quentin
Vervins
Burelles
Hary
Marle
Bosmont
Chaource
Liesse
LAON
Bruyères
Montaigu
Montcornet
Magneux
Longueval
Crugny
Sacy
Villers-Allerand
Chamery
REIMS
Villedommange
Damery
Avenay
Ambonnay
Vraux
Juvigny
Aulnay
Avize
Jâlons-les-Vignes
Mesnil-Oger
Bergères-les-Vertus

le Tortoir
St-Gobain
St-Nicolas-aux-Bois
Forges
Coucy-le-Château
Presles
Urcel
Chivres
Braine
Cerceuil
Lhuys
Courville
Nesles
Septmonts
Oulchy-le-Château
Armentières
Coincy
Brécy
Verdilly
Fossoy
Château-Thierry
St-Eugène
Essômes
Nogent-l'Artaud
Mareuil-en-Brie
Orbais-l'Abbaye
Corribert
Champaubert
Baye
Montmort
Vertus
Sézanne

SOISSONS
C H A M
Marne
Meuse
Aisne
Mareuil

Domrémy-la-Pucelle
Coussey
Neufchâteau
Pompierre
Beaufrémont
Lamarche
Robécourt
Rozières
Morimond
Fresnoy-en-Bassigny
Meuse

FRANCHE-COMTÉ

Corneux
Gray
Mirebeau
Bze
Tilchâtel
Is-s-s-Tille

Andelot
Sept-Fontaines
Chaumont
Langres

Vignory
Marne
Bret/enay
Wassy
en-Der
Ceffonds

G

Châteauvillain
Bussières
Bure-les-Templiers

N

E

D G O N E

Lentilles
Brienne-le-Château
Rosnay-l'Hôpital
Bar-s-Aube
Clairvaux
Chacenay
Aube
Vendeuvre-s-Barse
Fouchères
Châtillon-s-Seine
Seine

Flavigny
St-Seine-l'Abbaye
FONTENAY
Semur-en-Auxois
Bourbilly

Arcis-s-Aube
Droupt-Ste-Marie
Fontaine-Luyères
St-Lye
TROYES
Pavns
Ste-Savine
St-Pouange
Rumilly-les-Vaudes
Chaource
Mussy-s-Seine

Saviéres
Seine
Villemaur-s-Vanne
Vergigny

Epoisses
Montréal
St-Jean-des-Bonhommes
Avallon
Pontaubert
Saulce
Ménades
Chastellux

B O U R G O

Vausse
Noyers
Tonnerre
Serrigny
Viviers
Chablis
Courgis

le Paraclet
Seine
Villeneuve-l'Archevêque
Molinons
Villeneuve-s-Yonne
Joigny
Brienon
Portigny
Yonne
AUXERRE
Pourrain
VÉZELAY
Châtel-Censoir

St-Loup-de-Naud
Yonne
Armançon

de son précédent mariage avec Aliénor d'Aquitaine ; et l'on imagine quelle pouvait être alors en France l'influence des Champenois si l'on songe que le principal conseiller de la couronne est un autre frère, Guillaume aux Blanches Mains, évêque de Chartres, puis archevêque de Sens et finalement de Reims. C'est lui qui exerce avec la reine Adèle une sorte de régence pendant que Philippe Auguste se bat en Terre sainte.

Cour brillante que celle de Troyes ; et non pas seulement pour son administration et sa richesse (à laquelle, comme nous le verrons, contribuent pour beaucoup les fameuses foires de Champagne), mais aussi pour son activité littéraire.

Il faut relever ici l'influence des femmes, qui fut si vivante au Moyen Age et qui allait voir son plein épanouissement aux XIIᵉ et XIIIᵉ siècles. Alix, femme de Thibaut de Blois, et Marie, femme d'Henri Iᵉʳ de Champagne, étaient l'une et l'autre, nous l'avons vu, filles d'Aliénor d'Aquitaine ; de leur mère elles avaient hérité le goût des lettres, et c'est toute une vie culturelle qui s'épanouit avec elles. L'un des plus grands noms de notre littérature, Chrétien, est un clerc, et peut-être un chanoine de Troyes ; sa carrière d'écrivain — entre 1160 et 1185 — a été protégée successivement par Marie de Champagne et par son fils Henri Iᵉʳ ; on lui attribue des chansons courtoises, mais surtout il est le grand initiateur de ces romans de chevalerie qui vont créer des types inoubliables, comme celui de Lancelot et de Perceval. On lui en doit cinq : *Érec, Cligès, Yvain ou le Chevalier au Lion*, le *Conte de la Charrette* (Lancelot), et surtout *Perceval* ou le conte du Graal. Tous sont d'admirables créations poétiques, transposant dans le roman cette « quête de la Personne » qui fait le centre de la société chevaleresque. Un savant romaniste, Reto Bezzola, a montré de nos jours l'importance de ce premier roman d'*Érec*, qui commence où finirait un roman moderne : par le mariage des deux héros. Érec épouse Énide à la cour du roi Arthur. Tous deux sont parfaitement heureux, mais ils sentent obscurément que quelque chose manque à cet amour, qui les enferme dans un tête-à-tête. Et c'est le départ, la recherche de l'aventure, de l'épreuve qui « va mettre en valeur le sentiment héroïque de la vie » ; après quoi, ils pourront revenir prendre leur place dans la société, l'un étant le Chevalier, l'autre la Dame : ils ont mis leur amour au service des autres.

Tout roman de chevalerie est ainsi l'affabulation des grands thèmes qui composent l'idéal chevaleresque : la fidélité à la parole donnée, la générosité dans le don de soi, la recherche de la valeur qui s'affirme par des exploits — le tout à travers un langage symbolique où chaque détail possède sa signification. C'est ainsi que, pour le public qui écoutait déclamer ces poèmes, il n'était pas une notation de couleur qui fût indifférente : un chevalier qui revêtait une tunique rouge s'en allait au sacrifice, tel autre pourvu d'une armure blanche allait à la victoire ; à travers chacun d'eux surtout, vivait ce culte de la femme qui caractérise l'époque : l'amour qu'on lui voue se tempère de respect ; c'est l'amour « courtois ». Il allait être illustré en poésie lyrique par l'un des comtes de

Chevet de l'église à colombages d'Outines (Champagne).

Champagne, Thibaut IV, qu'on appelle le Chansonnier, poète délicat qui tomba amoureux de la reine en personne, Blanche de Castille. Il lui dédia ces vers :

> *Celle que j'aime est de tel seigneurie*
> *Que sa beauté me fait outrecuider...*
>
> *La grand beauté qui m'éprend et agrée*
> *Et sur toutes est la plus désirée*
> *M'a enlacé le cœur en sa prison...*

Blanche de Castille était de celles qui pouvaient inspirer respect autant qu'amour, et la passion du trouvère a joué son rôle dans l'histoire, puisque c'est elle qui permit le règlement d'une sorte de rébellion féodale née lors de la jeunesse de Saint Louis. Thibaut abandonna le parti des mécontents, ce dont ceux-ci ne se relevèrent pas. Par la suite, son fils Thibaut V devait épouser la fille de Saint Louis, Isabelle. Quant au Chansonnier, il était mort à Pampelune, ayant recueilli l'héritage de la Navarre à la mort de son cousin Sanche VII. Enfin, un autre mariage allait faire entrer la Champagne dans le domaine royal : celui de Jeanne, fille et unique héritière du dernier comte Henri III, frère de Thibaut V, avec Philippe le Bel.

On peut citer toute une pléiade de poètes champenois à l'époque : Gace Brûlé, Conon de Béthune, Huon d'Oisy. Plusieurs sont de grands seigneurs, comme Conon de Béthune, ou comme ce châtelain de Coucy qui, avec le comte de Champagne, fit entrer la croisade dans l'amour courtois : le poète s'exposait au mépris de sa Dame s'il refusait de partir pour cette grande aventure. S'il partait, c'était les tourments de la séparation. En fait, Guy de Coucy devait mourir en mer lors d'une croisade de barons.

C'est cette même croisade qui donna lieu à la première grande œuvre de prose écrite dans notre langue. Les chroniqueurs jusqu'alors ne s'étaient exprimés qu'en latin : Geoffroy de Villehardouin, l'un des chefs de l'expédition, la raconta en français dans une langue magnifique. Il faut aller voir, sur la route de Troyes à Nancy, entre Brantigny et Auzon, les restes du château où naquit notre premier grand historien de langue française, dans une région où les noms à chaque pas rappellent la croisade, puisque l'église (restes du XIIIe siècle) et le château de Villehardouin ne sont pas loin de Brienne, et qu'un seigneur Jean de Brienne devait être roi de Jérusalem.

C'est encore la croisade, et c'est encore un Champenois, qui devaient donner naissance à une autre grande œuvre de prose au milieu du XIIIe siècle : Joinville en effet accompagna, en 1248, Saint Louis à la croisade, et beaucoup plus tard, à la demande de Jeanne de Navarre, entreprit de raconter ses souvenirs personnels sur le roi qu'il avait appris à connaître, donc à aimer, au cours de cette croisade. Nous retrouvons le souvenir de Joinville dans la ville du même nom. Rien ne reste malheureusement du château, ni de l'autel qu'il y avait élevé au saint roi. Mais, à quelques kilomètres de là, on peut voir les ruines de l'abbaye bénédictine de Saint-Urbain, où le souvenir du chevalier rejoint celui de Jeanne d'Arc, qui y passa sa première nuit après le départ de Vaucouleurs. Et Vaucouleurs même est un souvenir de Joinville, sénéchal de Champagne pour le compte du roi : c'est Joinville qui a donné à la ville sa charte de franchise. Cette charte existe encore aux Archives nationales et porte au revers, de la main du chevalier : « Ce fut fait par moy. »

Quant aux comtes de Champagne eux-mêmes, c'est sans doute à Provins que l'on en retrouve le plus de souvenirs ; l'église Saint-Ayoul a été bâtie par le comte Thibaut III (1142), mais nombreux y ont été les remaniements par la suite : les trois portails de façade, en tout cas, datent du XIIe siècle, tandis que la nef est presque entièrement du XIIIe et que l'on retrouve l'art roman au transept.

L'église Sainte-Croix doit son nom à une relique de la Vraie Croix rapportée de la croisade par Thibaut IV le Chansonnier. Elle a été en grande partie reconstruite au XVIe siècle, mais sa nef est du XIIIe et son transept du XIIe.

Thibaut IV encore a fondé le monastère des Cordeliers, aujourd'hui l'hôpital général. De son temps reste la salle capitulaire, tandis que dans la chapelle (XIIIe siècle) se trouve le petit monument renfermant le cœur du comte Thibaut V, mort pendant la seconde croisade de Saint Louis.

Du temps des comtes encore date l'hôtel de Vauluisant (XIIIe siècle), qui servait de résidence aux abbés du même nom lorsqu'ils venaient à Provins. Le palais du comte de Champagne n'existe plus que par quelques murs (c'est à l'heure actuelle un collège) avec une salle souterraine remontant au XVIe siècle et une partie de la chapelle du XIIe. Dans un bâtiment (XIIIe siècle), on peut admirer encore une belle chapelle du XIIe. Mais il reste surtout le donjon, ce qu'on appelle aujourd'hui la tour de César, qui est peut-être la plus importante construction militaire du XIIe siècle ayant subsisté jusqu'à nos jours. Elle fut bâtie avant 1137. C'est une puissante forteresse carrée qui, à partir du troisième étage, présente huit pans, tandis que quatre tourelles s'élèvent sur les angles du carré ; lors des guerres franco-anglaises, en 1342, Provins ayant été pris par l'armée anglaise, le capitaine fit construire l'ouvrage de base qui emprisonne le donjon. Mais son allure générale n'en est pas compromise, ni l'intérieur, où l'on visite encore la salle des gardes avec sa grande cheminée et ses hautes voûtes d'ogives ; un escalier permet d'accéder au chemin de ronde qui fait le tour du donjon, puis, de là, au second étage, couvert d'une magnifique charpente.

Enfin, au pied du donjon de Provins s'élève l'église Saint-Quiriace, commencée par Henri le Libéral en 1160 ; son chœur est tout entier roman ; nef et transept datent du XIIIe siècle, avec une voûte refaite au XVIIe.

Deux fois l'an, au Moyen Age, cette ville de Provins connaît une animation extraordinaire : c'est l'époque des foires, qui fait de la Champagne le centre même de la prospérité européenne, le lieu où se boucle le circuit économique, où se rencontrent Orient et Occident ; car le commerce typiquement médiéval est le grand commerce, celui qui emmène les marchands jusqu'aux comptoirs d'Orient, assumant, personnellement ou par leurs associés, le transport des marchandises. Commerce périodique qui s'écoule dans les foires, dont la Champagne est le lieu privilégié, avec ses vastes fleuves, la Seine, l'Aube, permettant le transport facile des marchandises.

Une pièce de vers de l'époque, le *Dit des Marchands* de Phelippot, dresse un tableau assez complet du circuit qu'accomplit le marchand :

Marchands s'en vont de par le mond
Diverses choses acheter ;
Quand reviennent de marchander
Ils font maçonner leur maison,
Mandent plâtriers et maçons
Aussi couvreurs et charpentiers ;
Quand ont fait maison et cellier
Fêtes font à leur voisinage.
Puis s'en vont en pèlerinage
A Saint-Jacques ou à Saint-Gilles,
Et quand reviennent en leur ville
Leurs femmes font grande joie d'els (d'eux)
Et ils mandent les ménestrels,
L'un tamboure et l'autre vielle,
L'autre redit chansons nouvelles.
Et puis, quand la fête est finie,
Ils s'en revont en marchandie.
Les uns s'en vont en Angleterre
Laines et cuirs et bacons querre (chercher),
Les autres s'en vont en Espagne,
Et d'autres s'en vont en Bretagne,
Bœufs, porcs et vaches acheter,
Et s'efforcent de marchander
Et reviennent de tous pays...

L'Ile-de-France, elle aussi, a sa foire, la foire du Lendit ; et les villes flamandes (Lille en particulier) ont leurs foires périodiques. Mais nulle part les foires ne sont aussi courues qu'à Troyes, Provins et Bar-sur-Aube.

A Provins, le comte Henri le Libéral a, en 1164, confirmé les limites de la foire et assuré à cette occasion sa protection aux églises, clercs, chevaliers, bourgeois ou autres possesseurs de maisons situées dans les villes de la foire de mai. A cette occasion, il a assigné aux changeurs leur résidence au Vieux Marché, tandis que les « merciers » — marchands en gros — peuvent s'installer au Nouveau Marché. Le comte a tout intérêt, disons-le, à ce que ces foires soient prospères et à ce que les marchands puissent s'y rendre en toute tranquillité, puisqu'il perçoit la moitié du profit que réalisent ceux qui logent les marchands.

Deux fois l'an, au mois de mai et pour la Saint-Ayoul, en septembre, la population de Provins se gonfle donc de marchands venus de tous les coins du monde. Leur cohue arrive huit jours avant l'ouverture de la foire elle-même ; pendant ces huit jours, le « conduit » des foires (de là le terme de sauf-conduit) leur permet de jouir de la protection du comte : presque toujours, il s'agit d'une escorte armée qui voyage avec les marchands groupés, de manière à décourager les larrons. Ainsi de nos jours fournit-on

Marché aux Draps, dép
sur les étaux ou roulés en « trousse
Fin XVe siècle. Bologne, musée muni

la protection de la police, voire celle de l'armée, lorsqu'il s'agit de faire des transports d'or, de bijoux, d'œuvres d'art des principaux musées.

Arrivés sur le champ de foire, les gardes de foire indiquent à chacun les « loges » ou étals, c'est-à-dire leurs emplacements, comme de nos jours par exemple à la Foire de Paris. Les grandes caves taillées dans ce roc calcaire de Champagne, facile à extraire, voient s'entasser les marchandises de réserve, jusqu'au jour où retentit le cri de « haro », ou « clameur de hare », qui marque traditionnellement l'ouverture de la foire.

Ce jour-là, à Provins, le guet a lieu en grande pompe : la ville en a la charge pour les trois premiers jours, et ses trente-trois gardes de nuit défilent, portant des torches, accompagnés de ménestrels qui jouent de la cornemuse ou de la viole ; le guet prend une allure de fête, et, au retour, les hommes reçoivent des marchands force rasades. On peut visiter encore à Provins, s'ouvrant à l'angle de la rue Opoix et de la rue Saint-Thibaut, cette véritable ville souterraine où les galeries se superposent sur trois étages, et qui servait de magasins aux marchands, notamment aux drapiers. L'hôtel du Poids-des-Laines nous est un souvenir de la pesée qui se faisait en cet endroit pour les marchandises, matières premières de la draperie.

Le centre de la foire était au Vieux Marché, là où les changeurs tenaient leurs étals, tandis que le prévôt avait sa loge près de Notre-Dame-du-Châtel : la place du Châtel existe encore, et l'on y trouve un petit monument du XVe siècle que l'on appelle toujours la croix des Changeurs, avec un vieux puits.

C'est dans la maison du Petit-Plaids (la belle cave du XIIIe siècle a conservé ses ogives) que le prévôt rendait aux marchands une justice qui se faisait plus expéditive au temps des foires, sans attendre les assises du comte, lesquelles étaient, comme toujours à l'époque, périodiques.

Dans la rue Saint-Jean était le logement des marchands de Flandres : Ypres, Cambrai ; de même ceux des Provençaux et Languedociens, gens de Marseille ou de Toulouse, tandis que les Italiens, gens de Lucques en particulier, se tenaient au Vieux Marché. C'est dans cette rue Saint-Jean que l'on visite aujourd'hui la Grange aux dîmes, bâtiment remontant à la fin du XIIe siècle avec ses fenêtres à meneaux, qui abrite aujourd'hui le musée de la société archéologique ; cette même rue aboutit à la porte Saint-Jean, qui reste un exemple de porte fortifiée des XIIe et XIIIe siècles. Là se trouve, entre la porte Saint-Jean et la porte de Jouy, la partie la mieux conservée des remparts. On peut suivre le sentier qui conduit vers la tour aux Pourceaux, puis la tour de Luxembourg. Entre ces deux tours, au pied du donjon, le pinacle était la résidence des maires de Provins. Les tours sont alternativement rondes et carrées. Plusieurs d'entre elles ont conservé leur nom médiéval savoureux, notamment la tour du Trou au Chat, ainsi nommée à cause de son ouverture basse, sorte de poterne percée dans l'enceinte. Près de la rue de Jouy, on remarquera à gauche, à la base du rempart, l'hôpital de la Madeleine, du XIIIe siècle, du moins ce qu'il en reste : deux salles carrées et un escalier extérieur.

Dans la ville haute résidaient les marchands champenois, ceux de Troyes, Châlons, Reims, et aussi les Espagnols. Leurs logeurs, à l'époque, ne se contentent pas de recueillir des bénéfices. Ils sont responsables de ceux qu'ils hébergent, et le créancier d'un marchand qui serait parti sans payer ses dettes a le droit de se retourner contre l'hôtelier.

Dans la foire elle-même, les marchandises sont groupées, et c'est un usage qui a subsisté pour la commodité de l'acheteur jusqu'à notre Salon des arts ménagers.

Un fabliau, le *Dit du Lendit*, énumère les corps de métiers et de marchands rassemblés à la foire :

> *Au bout, par deçà regrattiers (revendeurs : l'actuel épicier)*
> *Trouvai barbiers et cervoisiers (brasseurs),*
> *Taverniers, et puis tapissiers ;*
> *Assez près d'eux sont les meuniers ;*
> *A la côte du grand chemin*
> *Est la foire du parchemin ;*
> *Et après trouvai les pourpoints*
> *Dont maint homme est vêtu à point ;*
> *Tiretaines dont simples gens*
> *Sont revêtus de peu d'argent...*
> *Puis m'en revins en une plaine*
> *Là où l'on vend cuirs crus et laines.*
> *Par devers la croix du Lendit*
> *M'en vins par la ferronnerie,*
> *Après trouvai la batterie (chaudronnerie),*
> *Cordouaniers et bourreliers,*
> *Selliers et freniers et cordiers...*
> *Martelliers et banquiers trouvai (fabricants de bancs),*
> *Tanneurs, mégissiers de bons cuirs,*
> *Chaussiers, huchiers et les changeurs*
> *Qui ne sont mie les meneurs (les moindres) :*
> *Ils se sont logés bel et gent.*
> *Après sont les joyaux d'argent*
> *Qui sont ouvrés d'orfèvrerie...*

Et l'auteur continue à énumérer un certain nombre d'industries, dont celle des drapiers, pour passer ensuite aux cités représentées et terminer sur un souhait bienveillant :

> *Je prie Dieu qu'en terre et qu'en mer*
> *Gard(e) tous marchands et veuille aimer ;*
> *Sainte Église est d'eux secourue*
> *Et la pauvre gent maintenue (soutenue).*

On y trouve en effet toutes les marchandises, celles d'Occident comme celles d'Orient. L'Occident fournit la draperie dans toute sa variété : draps de Châlons, étamines d'Arras, toiles de lin ou de chanvre qui proviennent surtout des cités du Nord, ou de Champagne (Reims), ou de Normandie ; draps rayés d'Ypres, de Saint-Quentin, de Douai, etc. L'Orient, lui, fournit tous les produits prestigieux dont on raffole, en particulier les épices : le gingembre, le cumin, le poivre, la cannelle ; les plantes tinctoriales : indigo, écarlate, et l'alun qui les fixera sur le drap à teindre. On vend aussi des parfums : musc, encens, myrrhe, santal, etc., des pierres précieuses ou du corail, et des tissus exotiques : soie, mousseline (tissu de Mossoul), armes « damasquinées », etc.

Généralement, les ventes portent pendant les douze premiers jours sur la draperie, puis pendant huit jours sur les cuirs, pelleteries et fourrures. Mais les marchandises « avoir-du-poids » — tout ce que l'on pèse —, en particulier les précieuses denrées orientales, peuvent être vendues tout le long de la foire ; enfin, généralement, les marchands restent quelque temps après les ventes afin de régler leurs comptes entre eux. Et l'on imagine le caractère international que pouvait avoir le commerce lorsqu'on voit le sire de Coucy, Raoul, qui accompagna Saint Louis à la septième croisade, régler aux foires de Lagny des dettes qu'il a contractées à Chypre envers des marchands siennois.

Comment les marchandises voyageaient-elles ? Les plus lourdes, en charrettes, les autres à dos d'âne ou de mulets. Un système d'assurances, créé par les entrepreneurs de transports eux-mêmes, garantissaient les risques. Les transporteurs, qui voyageaient en groupes, parcouraient de 25 à 30 kilomètres par jour. Mais le transport fluvial, par barques ou radeaux, était plus économique.

Toutes les villes de foires ont acquis leur caractère particulier du fait de ce grand commerce et de cet afflux périodique où se coudoient des gens de toutes nationalités. Pour donner une idée de l'extension du commerce, signalons qu'à Novgorod en Russie on offrait traditionnellement chaque année à l'évêque un drap d'Ypres le jour où il chantait la messe pour la confrérie des marchands de cire. Aussi bien, ces cités marchandes manifestent-elles des soucis d'urbanisme proportionnés à leur fonction d'accueil : dans les comptes de la ville de Provins, les bains communaux, qui étaient situés derrière l'Hôtel-Dieu, tiennent une grande place, et l'on voit, en 1309, les échevins faire l'achat d'une nouvelle maison pour y aménager des bains : il en coûte neuf cents livres à la commune.

L'entretien des routes, des ponts, des conduites d'eau, des fontaines était assuré par les échevins sous la surveillance des représentants du comte.

A Bar-sur-Aube, où les foires ont continué jusque dans le courant du XVIe siècle, on en retrouve plus d'un souvenir, bien que les remparts de la ville aient été remplacés par les vastes boulevards qui la ceinturent. L'hôtel du Commerce, autrefois hôtel des Gouverneurs, conserve une cave gothique ; les « alloirs » — galeries couvertes en bois — datent du XVe ou du

puella ttia
ɜ cbɜ sororib̅

aures asini

cap̅ ʒ enabra·

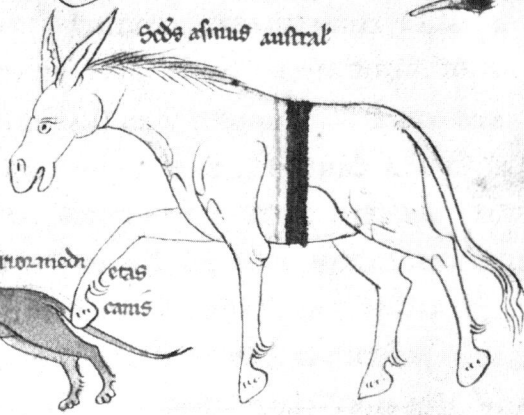
Sedɜ asinuɜ austral·

sim[...] scar[...]b̅ns

posteriorɜ medi̅
etas
canis

vir hab̅e
ang[...] ex

pedes simules
tartuco
tent̅

In dumta negociatoris

tinea
lini

panos

nauis illi̅ cu̅q̅ cogitat
ut negotiatu̅

m̅ɜupi̅
plenu̅

manu[...] dextra 7 pes castoris

aures cancri 7 oculi·

velu̅ nauis argo

caput urse mi̅noris

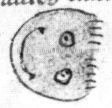

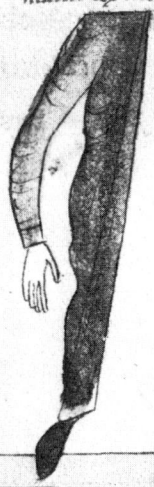

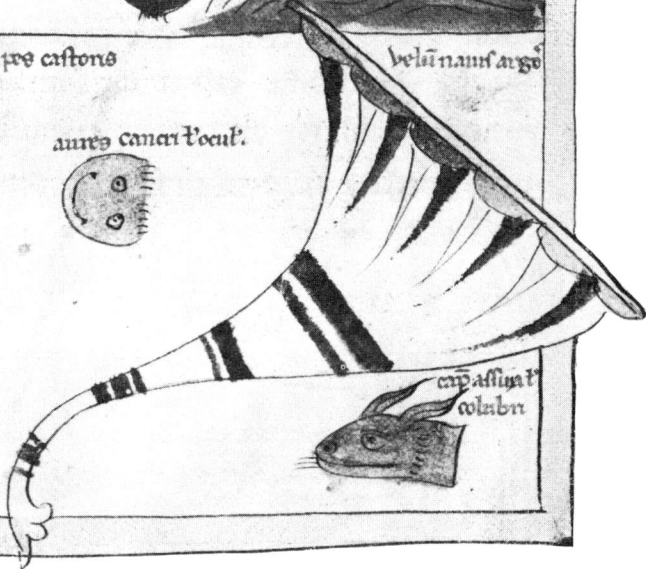

cap̅ asilua b̅
colubri

début du XVIᵉ siècle. Elles rappellent ces loges de marchands dont quelques-unes étaient permanentes, tandis que d'autres étaient édifiées spécialement pour l'occasion comme dans les foires d'aujourd'hui.

L'église Saint-Maclou, elle aussi, remonte à l'époque romane. C'était la chapelle du château des comtes de Bar ; et l'on y voit encore la tour carrée du XIIᵉ siècle, qui était alors une fortification et qui sert à présent de clocher.

Enfin la chapelle Saint-Jean, qui remonte aux XIᵉ-XIIᵉ siècles, a appartenu successivement aux templiers et aux chevaliers de Saint-Jean-de-Jérusalem — les hospitaliers — et nous rappelle que les foires voyaient d'importants arrivages de ce Proche-Orient où les États des croisés constituaient un établissement permanent à l'abri duquel les marchands s'étaient infiltrés dans le pays. La foire de Bar était la première de l'année, du moins la foire froide, celle de janvier.

A Troyes plus encore, les foires ont laissé leur trace. Elles s'y tenaient comme à Provins en deux fois, la première à la Saint-Jean, le 24 juin, la deuxième à la Saint-Remi (1ᵉʳ octobre). Dans cette ville si riche de vestiges du passé, l'église Saint-Jean-au-Marché, qui porte un nom significatif, voyait subsister il n'y a pas si longtemps les maisonnettes de bois et de torchis dont quelques-unes, replâtrées au cours des siècles, remontaient aux temps médiévaux et abritaient autrefois marchands et marchandises. Le goût déplorable de notre temps pour « dégager » les monuments

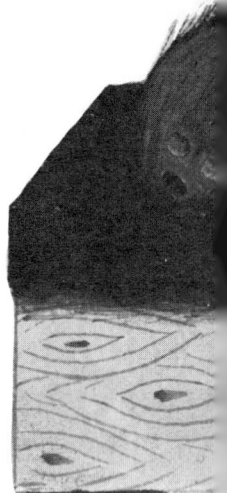

historiques — que nous avons déjà regretté à propos de Notre-Dame de Paris (chapitre 3) — a fait complètement perdre son caractère à cette vénérable église qui groupait autour d'elle, aux temps des foires, les loges des marchands, comportant leur tribunal de commerce et leur bureau des poids et mesures. L'église elle-même, dans son état actuel, date du XIVᵉ siècle, avec plusieurs parties du XVIᵉ.

Du reste, la rue Champeaux toute proche nous montre encore de ces maisons à pans de bois avec leurs étages en encorbellement, qui évoquent les temps médiévaux. De même la rue des Chats, avec ses vieilles maisons de bois, et ces ruelles aux noms savoureux comme la rue Corne-de-Fer. Beaucoup de ces maisons, il est vrai, sont des reconstructions du XVIᵉ ou du XVIIᵉ siècle ; mais leur style est archaïque et compose une atmosphère proche du temps des foires. Là encore, chaque marchand avait une résidence selon son origine : les maisons situées près de l'entrée de la Corderie sont réservées aux gens de Provins, Douai, Ypres ; rue Hardouin logent ceux de Châlons, Abbeville, Hesdin, Amiens, Eu et Corbie ; ceux de Douai rue des Huchettes, ceux de Lucques près du marché aux Poissons ; ceux de Sienne ont une maison, et ceux de Plaisance une loge ; ceux de Besançon habitent le quartier de l'épicerie ; les Allemands ont une maison entre le Temple et le quartier des changeurs. Enfin, dans la Grand-Rue se tenaient les gens de Lille et de Saint-Quentin ; ailleurs encore ceux de Sens, Arras, Lagny, Rouen, etc.

Clerc chez le marchand d'encens, marchand de noix muscade, marchand de pains de camphre : Tractatus de herbis. *XVᵉ siècle, Modène, Bibliotheca Estense.*

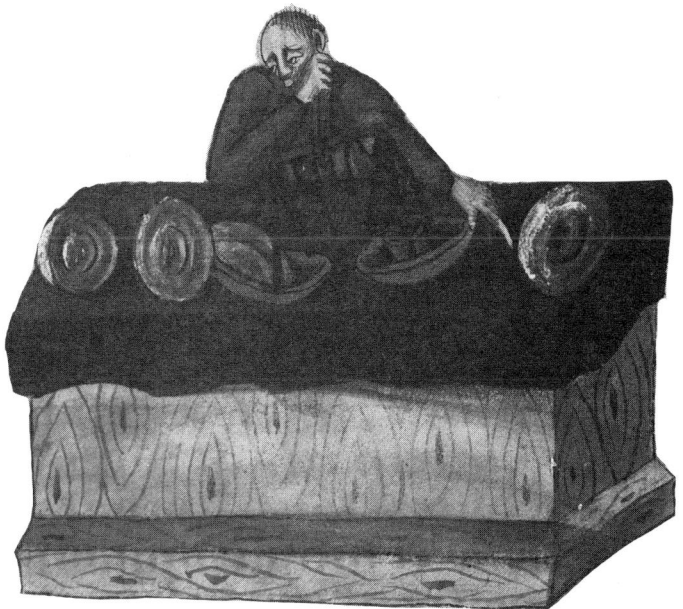

La foire elle-même se trouvait ainsi répartie : près de Saint-Jean, c'étaient les travailleurs et les marchands du cuir, les fourreurs, les orfèvres, les drapiers ; fèvres et lormiers (ce sont les forgerons et ouvriers du métal) dans la Grand-Rue ; les épiciers rue Moyenne et rue Notre-Dame ; les merciers étaient également près de Saint-Jean, tandis que le quartier du Bourg-Neuf rassemblait les sauniers (marchands de sel), les charrons, les maquignons (marchands de chevaux) et les marchands de bois ; enfin, tannerie et cordonnerie étaient installées aux parties basses de la ville, et le marché aux grains se tenait près de l'église Saint-Nicolas, avec, un peu plus loin, du côté de Saint-Jean, la boulangerie.

Bien entendu, il y avait aussi sur place une industrie. Ainsi certains drapiers de Troyes firent-ils des fortunes qui ont pu être comparées à celle de Jean Boinebroke à Douai. Vers 1250, le drapier Thibaut d'Acenay et sa femme possédaient des maisons et des terrains non seulement dans le quartier de la draperie mais aussi vers la « saunerie », dans la rue du Temple, près de Notre-Dame-aux-Nonnains et de l'Hôtel-Dieu. En plus de leurs maisons de Troyes, ils avaient deux dépôts de draps, l'un à Provins, l'autre à Bar-sur-Aube. En maintes circonstances, ce Thibaut d'Acenay, qui s'était attiré la faveur du comte, le représente en tant que procureur, et on le voit aussi assurer la fonction de garde des foires. Grand bourgeois donc. Nous le retrouvons agissant comme procureur du pape en 1262 pour mener à bien la construction de l'église Saint-Urbain.

Le pape était alors Urbain IV. Fils d'un pauvre savetier de Troyes, il avait eu la pieuse pensée d'élever une église là où se trouvait dans sa ville natale la modeste échoppe de son père. Mort en 1264, il ne put voir que le chœur de l'église. Mais son successeur Clément IV eut à cœur de continuer l'entreprise, ce qui n'allait pas sans quelques difficultés, car il fallait pour cela se procurer les terrains qui appartenaient à l'abbaye attenante de Notre-Dame-aux-Nonnains. Or, fière de l'ancienneté de la plus belle abbaye de la ville, l'abbesse refusait d'accéder au désir du pape : ses religieuses allèrent jusqu'à user de violence, fracturant les portes du chantier et enlevant les outils des charpentiers qui travaillaient aux échafaudages ! L'église s'éleva pourtant. Elle a subsisté pour le bonheur du touriste, car bien peu d'églises ont autant d'élégance, avec l'immense fenestrage dans lequel on a pleinement tiré parti des ressources de la voûte d'ogives et évidé les murs avec plus d'aisance encore qu'à la Sainte-Chapelle de Paris ; avec les trois vaisseaux qui composent une nef assez courte, son transept que prolongent deux porches à l'extérieur, son abside d'une incroyable légèreté, ajourée sur toute la hauteur, avec de minces faisceaux de colonnettes qui montent d'un seul élan jusqu'aux voûtes. L'ensemble est d'une grande hardiesse. La décoration sculptée est très sobre : comme à la fin de l'art gothique, les chapiteaux présentent seulement une double rangée de feuillage ; c'est ce qu'on voyait déjà au milieu du XIIIe siècle à la cathédrale de Reims, où pourtant, de temps à autre, un dragon, une sirène, évoquaient d'assez loin le souvenir des chapiteaux romans. A l'extérieur, on voit apparaître ce qui deviendra une décoration courante aux XIVe et XVe siècles : les gâbles, c'est-à-dire le double rampant en forme de pyramide, semblable à l'amorce d'un toit. Ces gâbles recouvrent soit les grandes arcades des fenêtres, soit celles des portails. Décor certes, mais aussi artifice utilitaire, car la pluie s'écoulait mieux sur ce bâti pyramidal que sur l'ovale des voussures ordinaires.

Troyes est l'une des villes dans lesquelles on peut le mieux étudier cet âge du gothique auquel on a donné le nom d'art flamboyant. Déjà, à l'abside de l'église Saint-Jean-au-Marché et dans certaines fenêtres de la cathédrale, nous avions pu remarquer l'allure nouvelle des lignes, qui s'adoucissent, et qui, au lieu de former le dessin traditionnel de l'ogive, s'allongent, se multiplient, donnent à l'ensemble d'un fenestrage cet aspect de flammes qui justifie le nom de « flamboyant ».

Dans l'église de la Madeleine, le chœur et le déambulatoire qui l'entoure, avec ses deux chapelles, ont été construits aux environs de l'an 1500, mais encore avec cette facture toute médiévale qui n'est à vrai dire qu'une évolution du style et n'implique pas de changement architectural. On est frappé, en contemplant voûte et fenêtres, de l'exubérance de ces lignes qui se multiplient en courbes et contre-courbes et annoncent ce que pourra être (bien que sur des données très différentes) l'art baroque. Déjà, la ligne architecturale, à laquelle les sculpteurs de l'âge roman étaient si attentifs, se perd au milieu de toutes les lignes adventices. Levons les yeux vers les voûtes : au lieu de la simple croisée d'ogives, nous avons tout un réseau de nervures secondaires qui garnissent l'ensemble de la voûte et la découpent en une multitude de losanges. Ces nervures secondaires, on les appelle liernes et tiercerons. Si on les examine en détail, on s'aperçoit qu'elles ont le profil d'un prisme, ce qui caractérise les arêtes du XVe siècle. L'ogive, au lieu d'être arrondie, est creuse, concave au lieu d'être convexe, et les colonnes qui soutiennent les voûtes s'étirent, montent d'un jet sans chapiteau ; ou alors le chapiteau n'est plus qu'un simple renflement garni de feuillage au point de départ de la voûte. Peut-être faut-il voir dans le style flamboyant quelques souvenirs d'un style qui a fleuri particulièrement en Angleterre et qu'au-delà de la Manche on appelle style perpendiculaire.

A la Madeleine encore, nous pouvons admirer l'un des rares jubés qui aient été conservés. C'est à la fin du XIIIe siècle que l'on commença à élever des clôtures non seulement autour du chœur, mais du côté de la nef, séparant le clergé des fidèles, de véritables barrières comme on en voit encore à la cathédrale d'Albi, semblables à l'iconostase des églises grecques ; surmontant ces barrières, une galerie courait pour permettre aux prêtres d'aller lire l'Évangile devant le peuple : d'où le nom de jubé donné à ces galeries, puisque l'annonce de la lecture de l'Évangile se faisait par les mots : *Jube, Domine, benedicere* (Veuillez, Seigneur, bénir...). Presque partout les jubés furent démolis au XVIIe ou au XVIIIe siècle. Celui de la Madeleine de Troyes nous a été conservé, comme à Paris celui de l'église

Saint-Étienne-du-Mont, et c'est heureux, car, bien qu'élevé lui aussi au début du XVIᵉ siècle, entre 1508 et 1517, par l'architecte Jean Gailde, il est de facture entièrement médiévale ; il se compose de trois arcades recoupées de festons au-dessus desquelles des figures en haut relief sont abritées sous des dais également flamboyants. L'ensemble est très riche ; l'œil se perd dans cette foison de lignes où s'épanouissent les feuillages frisés qui caractérisent l'art flamboyant. C'est encore un moyen de se reconnaître dans les époques, ce feuillage si caractéristique qui court le long des portails et sous les arcades, et qui anime fenêtres ou tympans. Le simple fleuron de l'art gothique est devenu une végétation tourmentée : feuilles d'artichauts, feuilles de choux frisés, qui constituent comme le décor de cet art automnal et impliquent de la part de l'artiste une virtuosité à fouiller la pierre, à la forer, à lui donner l'extraordinaire souplesse d'une végétation vivante. A cette époque, un outil a fait son apparition, dont les tailleurs de pierre usent et abusent : la ripe. C'est un outil recourbé, en dents de scie, qui permet cette extraordinaire aisance à tailler la pierre et à la transformer en cette dentelle que nous admirons au jubé de la Madeleine.

Et il ne faut pas quitter cette église sans contempler, dans l'une des niches du jubé, sur le pilier sud-ouest de la croisée, la fameuse statue de sainte Marthe qui est la plus célèbre de toute l'école troyenne. Une jolie tradition voudrait qu'elle ait été offerte par un groupe de servantes de la ville ; ce n'est peut-être qu'une légende, mais elle est touchante à l'égal de la statue elle-même, admirable de souplesse avec son buste un peu penché : la sainte est représentée au moment où elle va vaincre la Tarasque ; le visage a une expression faite à la fois de pitié et de résolution, et toute l'attitude exprime l'humilité à l'instant même où va s'accomplir le miracle. C'est la statue la plus caractéristique d'un ensemble qui comporte d'innombrables figures, presque toujours, comme celle-ci, d'assez petites dimensions, d'un raffinement extrême et d'une tristesse poignante.

Car tel est l'art de la fin du Moyen Age : un art qui s'amenuise, se raffine et, reflet d'une époque tragique, semble baigné de mélancolie. C'est à cette époque qu'apparaissent en grand nombre les Vierges de pitié, les Christs sanglants et torturés ; et la dévotion du temps s'appesantit avant tout sur les douleurs de la Passion.

Nous allons d'ailleurs retrouver dans cette Champagne, qui subit plus que d'autres le contrecoup des tragiques luttes franco-anglaises des XIVᵉ et XVᵉ siècles, et souffrit à peu près autant que la Normandie, des témoignages de cette dévotion douloureuse : tels les « sépulcres » que conservent tant d'églises de la région. Il faut se transporter à Saint-Nicolas de Troyes pour voir l'une des constructions les plus étonnantes de ce genre.

L'ensemble de l'église appartient à la Renaissance, sauf le portail nord et quelques fenêtres basses du chevet ; elle a subi d'ailleurs plusieurs remaniements au cours des siècles. Lorsqu'on entre par le bas-côté sud, on se trouve devant un escalier monumental qui mène à la chapelle du

Calvaire. Cette chapelle faisait jadis partie d'un ensemble qui reconstituait dans cette église le pèlerinage de Terre sainte avec le Calvaire et le Saint-Sépulcre. C'est le vicaire Jacques Collet qui, de retour des Lieux saints, eut l'idée de faire édifier cette chapelle montrant les souvenirs de la Passion, dans l'église Saint-Nicolas, laquelle attirait déjà les pèlerins par sa chapelle dédiée à Notre-Dame-de-Lorette (à droite du chœur). Ce qu'il en reste, la chapelle du Calvaire, est devenu dans la suite des temps un véritable musée de la statuaire. Cela dans un cadre architectural qui évoque toujours le Moyen Age, avec les voûtes découpées de liernes et de tiercerons à la façon flamboyante et munies de grandes clés pendantes. On remarque, dans la travée sud, la fameuse statue du Christ à la colonne, et, dans le fond de la chapelle, dans la petite loggia qui s'ouvre là, une statue de sainte Madeleine.

Le touriste qui parcourt la région pourra voir aux environs quelques-uns de ces sépulcres qui font honneur eux aussi à la statuaire troyenne. En particulier, il y a celui de Chaource. Lorsqu'on pénètre dans ce petit bourg qui ne comprend plus guère qu'un millier d'habitants, on est étonné des dimensions de l'église Saint-Jean-Baptiste. Elle s'élève non loin des maisons anciennes, sur piliers de bois, qui garnissent la halle et comportent des galeries couvertes — les « alloirs », nous l'avons dit — comme on en ménageait sur la plupart des places au Moyen Age. La paroisse de Chaource n'hébergeait pas moins de vingt-neuf prêtres au début du XVIe siècle. Son chœur date du XIIIe siècle, mais la nef a été presque entièrement rebâtie au XVIe, selon les habitudes du gothique flamboyant. Elle comporte trois vaisseaux de hauteurs inégales, et une annexe ; il s'agit ici d'une Mise au tombeau groupant autour du Christ, dans le tombeau, les principaux personnages de la Passion : la Vierge d'abord, Marie-Madeleine, saint Jean, une autre sainte femme et deux vieillards qui sont sans doute Nicodème et Joseph d'Arimathie. Ces figures, qui ont une expression poignante, ont été exécutées par l'atelier du « maître de sainte Marthe » dont on a vu à la Madeleine de Troyes l'œuvre la plus émouvante.

L'habitude s'était ainsi répandue de représenter l'ensevelissement, scène finale du chemin de la croix, qui est aussi une dévotion de l'époque. On le considérait un peu comme l'accomplissement du pèlerinage même des Lieux saints, et pour ceux qui ne pouvaient se rendre en Palestine, en un temps où les Turcs avaient de nouveau arraché cette terre à la chrétienté, le chemin de croix remplaçait le pèlerinage.

On verra un autre sépulcre du même genre à Villeneuve-l'Archevêque, qui est l'une de ces villes neuves bâties selon un plan régulier en 1163 par l'archevêque de Sens et le comte de Champagne. Le sépulcre, datant du début du XVIe siècle, est attribué au même sculpteur que celui de Chaource, ce maître de sainte Marthe dont un autre chef-d'œuvre est conservé dans l'église de Bayel : une admirable Pietà.

Presque toutes les églises de Champagne, on le voit, portent la marque du Moyen Age finissant. Certes, il y a quelques églises romanes : citons

celles de Savières, Droupt-Sainte-Marie, Semoine, Villers-Herbisse, Herbisse, Poivres, qui toutes ont gardé au moins une partie romane et parfois, comme à Droupt-Sainte-Marie, d'admirables chapiteaux dignes des premiers temps du Moyen Age. Mais presque toujours aussi une partie au moins de l'église a été reconstruite après les troubles de la guerre de Cent Ans et montre ce style flamboyant par lequel se termine l'évolution de l'art gothique. A Ceffonds — village natal du père de Jeanne d'Arc — le clocher roman a été conservé, mais les croisées d'ogives de la nef et des bas-côtés montrent le profil du prisme, qui indique la fin du XVe siècle. Ces croisées d'ogives se prolongent directement dans les piliers qui les soutiennent sans chapiteau, ce qui indique aussi leur date tardive. Et le contraste est curieux à l'extérieur entre ce puissant clocher roman, carré, aux arcades en plein cintre recoupées de colonnettes médianes, et les fenêtres de l'abside et du transept, montrant les lignes allongées de l'art flamboyant. Cette église de Ceffonds comporte également un sépulcre datant du milieu du XVIe siècle ; les personnages en sont groupés sur deux plans autour du corps du Christ qu'ils sont en train d'oindre : en tout, dix statues de pierre polychrome en grandeur naturelle.

Les églises des Riceys, cette curieuse agglomération de quatre villages, sont elles aussi caractéristiques de l'art flamboyant. Enfin, à Villemaur, dans l'étonnante église au clocher de bois couverte d'une charpente, on peut admirer un très beau jubé de bois, le plus beau sans doute qui ait subsisté jusqu'à nos jours. Mais sa facture est plus Renaissance que Moyen Age. Si le dais qui surmonte chacune des scènes sculptées est encore flamboyant, les costumes, à n'en pas douter, sont d'un autre âge. Et l'on trouvera comme une synthèse de l'art champenois, tel qu'il s'épanouit de Reims à Troyes, en visitant le surprenant édifice dressé seul sur la plaine champenoise, à quelques kilomètres de Châlons, dans une grandeur totalement disproportionnée avec le minuscule village qui l'avoisine : Notre-Dame-de-l'Épine. Ce sanctuaire dédié à la Vierge — évoquée sous la figure du Buisson ardent qui symbolise son « immaculée conception » — fut commencé au moment même où s'engageaient les guerres du XVe siècle, vers 1410, pour être terminé au début du XVIe (1524). La jolie statue de Notre-Dame qui s'élève sous l'arcade, à droite du jubé, remonte sans doute au XIVe siècle ; et le style de l'édifice, dans son ensemble, est plus gothique que renaissant. La façade montre, dans tout son épanouissement, l'art flamboyant, avec ses lignes qui ondulent, ses gâbles pointus et la richesse de son décor terminé par les deux flèches ajourées, dont l'une, la flèche nord, avait été abattue en 1798, mais a été fidèlement restaurée.

L'une des gloires de la Champagne réside dans ses vitraux. A Reims, à Châlons, à Troyes, et aussi dans des édifices modestes comme l'ancienne église de l'abbaye d'Orbais, on peut avoir un panorama étonnamment riche de l'art du vitrail dans sa belle époque, aux XIIe et XIIIe siècles.

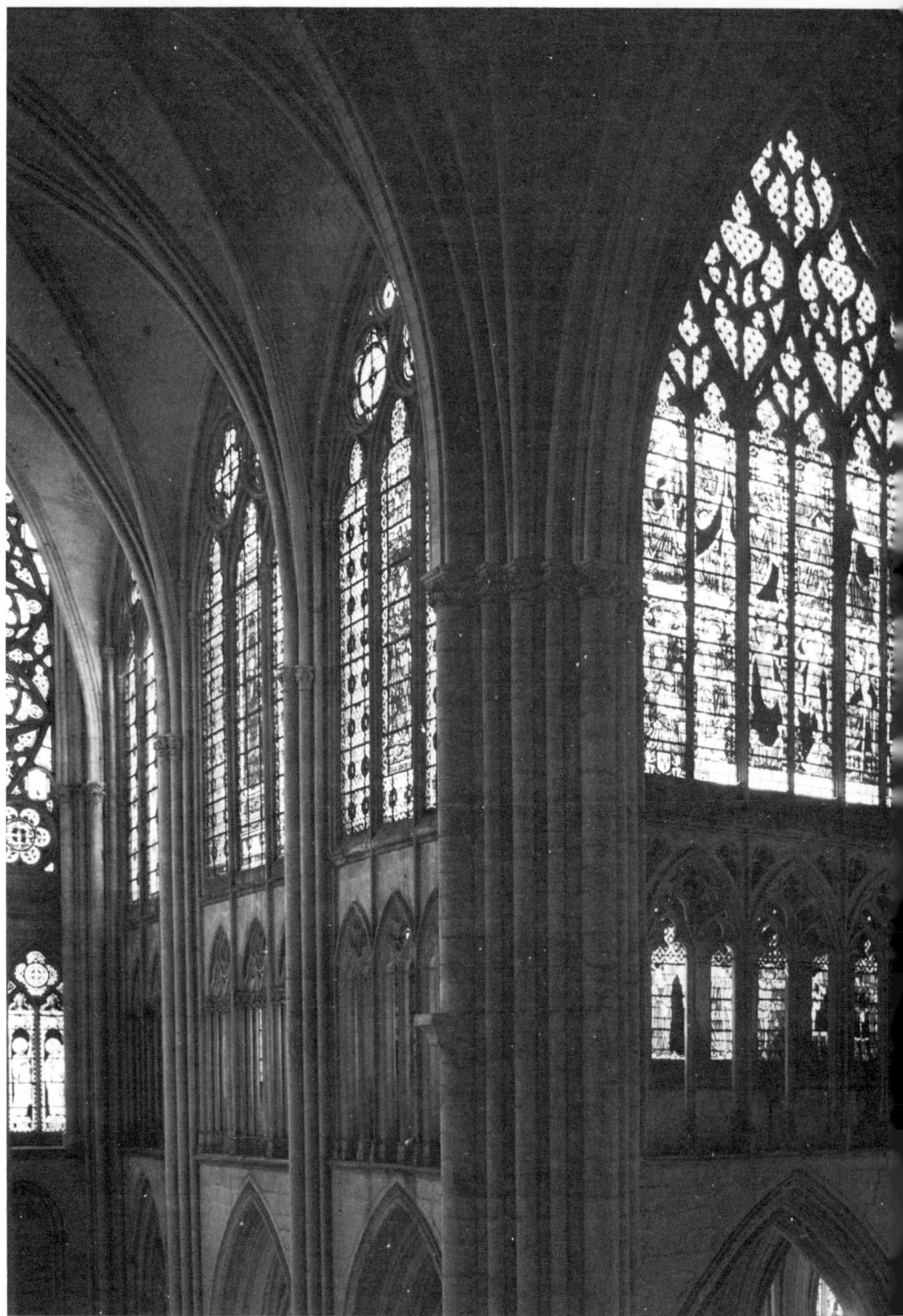

Élévation des bas-côtés de la cathédrale de Troyes (Aube). XIIIe siècle.

A Saint-Urbain de Troyes, c'est le vitrail du XIVe siècle avec ses grisailles. Cette grisaille — seul élément de peinture proprement dite, tant que la technique du vitrail s'est apparentée à celle de la mosaïque — était passée au pinceau, avant cuisson, sur les verres colorés : elle soulignait, par exemple, les traits d'un personnage, son visage, sa silhouette ; c'était un liquide noir et brun sombre, généralement à base d'oxyde de cuivre ou d'oxyde de fer. Lorsque la grisaille domine dans un vitrail, comme à Saint-Urbain, il est facile de saisir que le rôle du peintre l'a emporté sur celui du verrier proprement dit : le verrier, en effet, assemble des morceaux de verre pour former des figures. Dans l'église Saint-Pantaléon (bas-côté nord, chapelle Saint-Jacques), on voit une magnifique verrière en grisaille retraçant les actes de l'apôtre saint Jacques, l'un des chefs-d'œuvre du genre. De même, dans l'église Saint-Étienne, de Bar-sur-Seine, les grisailles du chœur (elles datent du XVIe siècle) représentent les scènes de la Passion, et celles du croisillon sud la vie et le martyre de saint Étienne.

Encore les vitraux champenois sont-ils sauvés de la monotonie qu'engendrerait l'excès de la grisaille par les teintes très vives de leurs figures, et les artistes troyens — beaucoup sont connus, comme Jean Verrat, Liévin Varin, Balthazar Godon, qui ont aussi travaillé à Sens — ont su nuancer leurs grisailles en en tirant des effets étonnants, encore que leurs procédés fussent quelque peu industriels : ils en garnissaient uniformément la vitre et appliquaient un pochoir en brossant la grisaille avant qu'elle ne soit sèche ; il en résultait des arabesques qui se détachaient en clair sur un fond de grisaille. Parfois encore, avec le manche du pinceau, on « égratignait » la grisaille — c'était ce qu'on appelait l'éclaircir — pour faire apparaître le verre dans sa teinte pure ; ou encore, à l'aide d'un pinceau très dur — le « putois » —, on grattait la peinture fraîche pour produire des dégradés. Les œuvres les plus célèbres de ce genre ne se trouvent pas en Champagne, mais à Rouen, à l'église Saint-Ouen, avec la légende de saint Étienne : mais l'on n'aura pas de mal à déceler, dans les verrières du XVIe siècle, à Troyes, l'usage de la même technique.

C'est d'ailleurs à Troyes que l'on peut le mieux suivre l'évolution de l'art du vitrail de la fin du XIIIe siècle au XVIe siècle. Les vitraux, ici, sont l'œuvre d'un artiste hardi qui renouvela cet art qui a produit tant de chefs-d'œuvre en France, jusqu'à la fin de la période médiévale. Sur chacun de ces vitraux, les bordures ont pris une grande importance, et sur ces grisailles très claires que nous avons signalées jouent seulement, çà et là, quelques touches de couleurs. Les grandes figures, à la partie supérieure des baies, sont surmontées de dais en couleur ; ce procédé se remarque aussi à Beauvais à peu près à la même époque, et un peu plus tard à la cathédrale de Sées. A Saint-Urbain de Troyes, il se présente dans un accord parfait avec l'architecture. Cette rangée unique de grandes figures qui se développe comme un bandeau aux fenêtres hautes est mise en valeur par le reste du fenestrage qui dispense une grande clarté. De plus, au lieu de rester dans la gamme des rouges et bleus qui est habituelle dans les vitraux du

XIIIe siècle, avec les touches de jaune qui les rehaussent, nous nous trouvons ici devant des pourpres, des verts, des bruns, produisant sur ce fond de grisaille des oppositions parfois inattendues.

On voit apparaître, au XIVe siècle, un procédé qui entraîne plus encore cet art à devenir de la peinture sur verre : il s'agit du « jaune d'argent ». C'était une couche d'ocre et de chlorure d'argent que l'on passait, avant cuisson, au verso de la verrière ; on brossait ensuite le verre cuit, et le jaune se trouvait fixé par le chlorure qui avait pénétré dans le verre. Ainsi la couleur pouvait-elle imprégner par simples touches un même fragment de verre.

Nous retrouverons à Évreux l'emploi du jaune d'argent dont les ateliers champenois n'ont pas fait grand usage et qui a d'ailleurs produit des chefs-d'œuvre célèbres, comme, à Bourges, l'Ève de la sacristie, en grisaille et jaune d'argent.

Autre procédé qui, lui, est largement employé par les verriers de Troyes : le rouge « Jean Cousin », nommé d'après celui qui l'aurait inventé. Il s'agit d'une sorte de sanguine : elle permettait, en particulier, d'animer les visages en leur donnant une teinte rosée, et imprégnait le verre à la façon du jaune d'argent. Les vitraux de la Madeleine de Troyes, qui remontent au XVIe siècle, montrent tout un éventail de ces techniques de la fin des XVe et XVIe siècles, avec, dans le déambulatoire, la vie de Saint Louis et, dans la chapelle absidale, la Création, la vie de saint Éloi, l'Arbre de Jessé, toutes verrières, d'ailleurs, chargées en figures et qui, réparties en panneaux carrés, déroulent toute une imagerie, souvent fort poétique, comme dans le vitrail de la Création ; ne manquons pas non plus de regarder, dans la chapelle sud du déambulatoire de cette église, la légende de sainte Marie-Madeleine — sainte à laquelle l'église est dédiée —, verrière offerte par le métier des chaussetiers de Troyes, l'un des plus prospères d'une ville restée célèbre pour sa bonneterie.

Nous trouverons résumées à la cathédrale les différentes techniques du vitrail. Le XIIIe siècle y est représenté par les fenêtres hautes du chœur, avec l'histoire de sainte Hélène et les nombreuses scènes tirées de la Bible, depuis l'Annonciation jusqu'à la Mise au tombeau, tandis que les figures des prophètes de l'Ancien Testament garnissent le triforium. Remarquons le vitrail du côté sud. Il raconte comment l'évêque de Troyes, Garnier de Trainel, qui avait participé à la croisade champenoise de 1204, rapporta de Constantinople des reliques dont il fit don à sa cathédrale.

Dans les chapelles de la nef, le XIVe siècle est représenté par des figures d'apôtres, placées sous des arcatures décorées de feuillages ; la rose du croisillon nord, dans le transept, remonte à la même époque avec ses fonds blancs. Dans la nef toujours, les verrières des fenêtres hautes, qui représentent des scènes de l'Ancien Testament, remontent au XVe siècle et au début du XVIe. En particulier, l'histoire de la Vraie Croix, la légende de saint Sébastien, l'histoire de Job (côté nord).

Enfin, signalons ce thème de la fin du Moyen Age, quoique ici représenté

...uittons pas ces régions de l'Est
avoir tout au moins adressé
...lut à la très fameuse cathédrale de Strasbourg,
...oquée par l'Ange du Jugement dernier.
...r de la cathédrale. Milieu du XIIIᵉ siècle.

par un vitrail du XVIIᵉ siècle dans l'une des chapelles de la nef (côté nord) : le pressoir mystique. Ce thème représente, par un symbole, les souffrances de la Passion et le sang du Sauveur répandu pour la Rédemption.

Et c'est dans l'église Saint-Nizier, si caractéristique de l'époque, avec ses belles tuiles vernissées (elle est la seule qui ait conservé la couverture de son temps), que nous irons contempler le dernier mot de la technique du vitrail : il s'agit de la verrière du chœur, dans la fenêtre haute, au sud, représentant des scènes de la Passion en douze panneaux ; elle est datée de 1522. Là, ce qui retient le regard, c'est la perfection du dessin, l'habileté avec laquelle la grisaille a été étalée à la brosse, éclaircie au putois, puis renforcée sur quelques traits, de manière à obtenir des modelés ou les cassures des plis. Nous y remarquerons aussi ces incrustations en « chef-d'œuvre » qui sont le dernier mot de la virtuosité : dans un morceau de verre, le verrier pratiquait une ouverture et encastrait, à la place du minuscule fragment ainsi détaché, un autre morceau de verre qu'il parvenait à sertir avec un plomb fin : ainsi, les yeux du dragon, les bijoux des costumes dans la scène de la descente de croix. Ici, le vitrail jette ses derniers feux. Il ne sera plus ensuite que monotones exercices de peinture sur verre, tandis que, au XVIIIᵉ siècle — la cathédrale de Troyes en porte malheureusement des traces —, on ne pensera qu'à démolir ces verres de couleur, pour les remplacer par des vitres blanches.

9

Le Nord et la vie
des métiers

LE NORD ET LA VIE
DES MÉTIERS

Plus encore que les villes du Languedoc, celles du Nord montrent de façon frappante l'importance, au Moyen Age, de la vie urbaine. Une ville comme Toulouse existait déjà dans l'Antiquité, alors que des cités comme Lille ou Douai, Arras ou Saint-Omer, n'ont pas de passé antique, et sont pourtant devenues au Moyen Age des villes de première importance. Et cela en utilisant les ressources du lieu, ce qui implique une intense activité.

La Flandre dut être asséchée pour pouvoir se révéler propice à l'agriculture et à l'élevage. L'activité commerciale du Nord utilisa cette admirable ressource naturelle que forme le réseau des fleuves, Rhin, Meuse, Escaut. On importa d'Angleterre la laine qui donna naissance à l'industrie textile, à ces belles draperies du Moyen Age que reproduisent les miniatures et les tableaux de ces peintres qu'on appela naïvement les « primitifs ».

L'esprit hardi et inventif de nos ancêtres se manifesta pendant l'essor des villes. Une ville n'est aucunement conçue comme un grand domaine [1]. Dans le domaine, où subsistait une sorte de régime autarcique, on s'efforçait de produire sur place tout le nécessaire. Dans la ville, on a compris que les échanges étaient indispensables. Les cités, très tôt, se spécialisent : Douai vit surtout de la draperie ; Lille est la cité des brasseurs et aussi du textile, comme la plupart des villes de Flandre ; Amiens, en dehors du textile, vend la *guède* (c'est le nom donné dans le Nord au pastel, la plante qui fournit la couleur bleue), qui pousse dans les plaines de Picardie comme dans celles du Languedoc ; Tournai se fait une spécialité de la taille de la pierre. (On retrouvera jusqu'en Angleterre des cuves baptismales qui y ont été sculptées.) Dinan, elle, est la cité du cuivre et du

---

1. Rappelons ici la physionomie particulière que revêt l'agriculture dans le Nord, avec les champs ouverts et allongés qui s'opposent aux champs carrés et clos du paysage d'outre-Loire. Voir à ce sujet les ouvrages de Marc BLOCH : *Les Caractères originaux de l'histoire rurale française*, et Roger GRAND : *L'Agriculture au Moyen Age*, classiques, mais non dépassés.

laiton, à tel point que l'on appelle dinanderies tous ces ustensiles, poêles, chaudrons, chandeliers, que réclame la vie quotidienne.

C'est pourtant le textile, la fabrication de la draperie et aussi, mais sur une moins vaste échelle, le tissage du lin et du chanvre, qui feront la fortune des cités industrielles du Nord. Au départ de ce développement de la draperie, il y a une invention : celle du métier à tisser médiéval. Pendant toute l'Antiquité, le métier à tisser avait été limité par la largeur des bras : au Moyen Age, on imagine un métier dans lequel deux hommes se renvoient la navette. Les actuelles dimensions, en 70 et en 140, viennent encore de ces mesures usuelles déterminées par les anciens métiers. On imagine aussi le système des pédales qui permet d'introduire la variété dans les tissus. Une autre invention, du début du XIIIe siècle, est celle du rouet, qui permet de filer beaucoup plus rapidement qu'à la main (la quenouille) ; et déjà certains protestent contre ce développement des techniques, et, le fil étant moins fin que lorsqu'il est tordu à la main, trouvent que le rouet introduit une décadence dans la profession.

La ville de Saint-Quentin, que la draperie enrichissait comme les autres villes du Nord, a pu conserver son hôtel de ville. Il fut commencé en 1331. Sa construction se poursuivit aux XIVe et XVe siècles, si bien que sa façade est dans ce style flamboyant qui caractérise la dernière partie du Moyen Age.

Mais la vie municipale, à Saint-Quentin, avait commencé bien auparavant. C'est même l'une des premières villes qui se soient donné une administration autonome, et sans doute la plus ancienne commune de France. Sa charte rappelait l'origine des libertés octroyées aux bourgeois qui s'étaient groupés autour de la collégiale Saint-Quentin — aujourd'hui l'une des plus belles églises gothiques, remontant en partie au XIIIe siècle — et qui se trouvaient assez nombreux pour juger le moment venu de se défendre par eux-mêmes, au lieu d'avoir recours au seigneur. « Lorsque, pour la première fois, dit la charte donnée par Philippe Auguste pour confirmer les privilèges de Saint-Quentin, la commune (la liberté communale) eut été accordée, tous les principaux seigneurs de Vermandois et tous les clercs, et tous les chevaliers jurèrent de la maintenir fermement. » La commune fut établie de telle sorte que les hommes qui en faisaient partie demeurassent quittes et libres avec tous leurs biens, et que personne ne pût poursuivre quelqu'un de la commune si ce n'est par le jugement des échevins, c'est-à-dire de la municipalité.

Or, en 1151, les habitants de la ville d'Eu, voulant à leur tour se faire octroyer des franchises, s'adressèrent aux habitants de Saint-Quentin pour leur demander de quels statuts ils jouissaient : la réponse, les *Établissements de Saint-Quentin*, envoyée par les bourgeois de la ville à ceux de la ville d'Eu, est un des documents les plus vivants que nous possédions sur l'origine des communes médiévales : « Tous les habitants, écrivent-ils, jurèrent commune aide à leurs jurés et commun conseil (...), et commune défense. » La porte était ouverte à tous : « Quiconque voudra, de quelque part qu'il vienne, s'il n'est pas larron, en la commune vivre pourra, et dès qu'il sera en la ville entré, nul ne pourra mettre main sur lui ou par violence le traiter. » Il jouira donc de la paix de la ville et relèvera de la justice du maire et des jurés nommés par les habitants. Ce sont encore les bourgeois qui désignent leurs propres juges, et ce sont eux qui se défendent, d'eux-mêmes, sans recourir à la protection du comte ni des chevaliers des environs. Dans la ville de Soissons, qui jouissait d'une semblable autonomie militaire, le maire s'est fait représenter armé de pied en cap avec casque, cotte de mailles, bouclier et épée, pour mieux affirmer cette indépendance ; et les bourgeois marquent ainsi qu'ils comptent essentiellement pour se défendre sur l'aide et la protection qu'ils se sont mutuellement jurées. Ainsi, parmi eux, le serment communal remplace-t-il le serment féodal.

Si nous pénétrons dans une cité comme celle de Douai au XIIIe siècle, c'est pour entendre partout résonner le cliquetis des navettes que se renvoient les tisserands. Rien de semblable pourtant à nos usines actuelles. S'il y a concentration, à l'époque, c'est à l'échelle de la ville. Mais la pratique du métier, elle, est restée à l'échelle humaine : nos tisserands du Moyen Age travaillent par petits ateliers familiaux comportant le maître, le compagnon et l'apprenti. Mais, pour faciliter l'approvisionnement en matières premières, les tisserands habitent le même quartier, qui couvre, dans une cité comme Douai, plusieurs rues de la ville. Ce n'est pas un hasard si l'ancienne halle aux Draps, que l'on peut toujours visiter à Douai, avec ses voûtes reposant sur une colonne de grès, se trouve à l'intérieur même de l'hôtel de ville. Douai est d'ailleurs l'une des rares cités du Nord qui ait pu conserver à la fois son hôtel de ville du XVe siècle et son beffroi (XIVe et XVe) avec le grand lion de cuivre doré qui les surmonte. Au premier étage de ce beffroi (64 mètres de haut) se trouve encore, dans la salle des gardes, une cheminée du XIIIe siècle. Le tout aura survécu aux destructions dont la ville a été victime, d'abord au début du XVIIIe siècle (1710-1712), puis surtout en notre temps, au cours des deux guerres.

Avant d'être vendu dans la halle aux Draps, le textile subissait toutes sortes d'opérations préliminaires, dans lesquelles se manifeste la spécialisation très poussée du métier au Moyen Age. Il y a d'abord les tondeurs, car la laine arrive généralement sous forme de toisons, expédiées d'Angleterre, surtout depuis que les couvents cisterciens ont multiplié là-bas les zones d'élevage. On sait que la laine est au départ de la prospérité anglaise, et la tradition veut qu'à la Chambre des communes le président soit assis sur un « sac de laine ». C'est par ballots entiers que ces toisons arrivaient dans les ports de la Manche, à Boulogne notamment. Les tondeurs étaient armés de grands ciseaux, qu'on appelle « forces » et que représentent les miniatures. La laine, une fois lavée, était l'objet d'un tri. Les ouvrières qui opéraient ce tri étaient appelées les *éliseresses :* elles « élisent », choisissent et répartissent les différentes espèces de laines. Il y a la laine fine, la laine grosse, l'entre-deux et ces résidus que l'on appelle laine à

Yser

Calais

Ardres

Watten

Marquise

Casset

St-Omer

F

Boulogne

Esquerdes

A

Hardelot

Samer

Aire-s-la-Lys

Guarbecque

Neufchâtel

R

Hani

L

Lillers

Alette

Chocques

Béthune

Azincourt

Fressin

Ohlain

Montreuil

Canche

Wavrans

T

Tortefontaine

Auchy

la Comté

Camblain

Dommartin

O

Rue

Authie

Cercamps

Arras

Bernay

Crécy

I

le Crotoy

Lucheux

St-Valéry-s-Somme

Abbeville

St-Riquier

Acheux

Caubert

Domart

Moyenneville

Somme

Eu

Longpré

Villers-Bocage

Neuville-sous-la-Corbie

Péro

Rambures

Picquigny

Corbie

Bresle

Arques-la-Bataille

P

I

C

A

F

AMIENS

Boves

Béthune

Neufchâtel-en-Bray

E

Poix

Moreuil

Conty

N

O

R

M

A

N

D

I

Folleville

Beaubec

Andelle

Epte

Ou

St-MARTIN-AUX-BOIS

Gournay

Marissel

Margn

Fontaine-Guérard

BEAUVAIS

Compiègne

St-Germer

Mortemer

Allonne

Clermont

St-Jean-aux-B

ARTOIS

Eglise romane
Trésor ou musée
Champs de bataille
Eglise gothique
Château
Edifice civil

0   10   20   30 km

Escaut

uvines

en-Pévèle

Orchies

Flines

allaing

Pecquencourt

Sebourg

Bouchain

Escaut

Cambrai

Carnières

Sambre

Hierges

Mohlain

Meuse

Beaurevoir

D R E S

Guise

St-Michel

Laval-Dieu

Renwez

I E

Vervins

Servion

Mézières

St-Quentin

Burelles   Hary

Bosmont

Sedan

Marle   Chaource

Montcornet

Oise

le Tortoir

Liesse

Guignicourt

St-Gobain

LAON

St-Nicolas-
aux-Bois

Bruyères   Montaigu

Stonne

erzy

Coucy-
le-Château

Vorges

Presles

Rethel

Urcel   Nouviou

C H A M P A G N E

LE - DE - FRANCE

e

Chivres   Aisne

SOISSONS

nds   Braine   Dangeval

barat, avec laquelle on ne fait rien de bon sinon des étoffes qui trompent l'acheteur : le « barat », c'est la fraude ; les règlements interdisent de s'en servir, si bien que cette laine ira, tout au plus, gonfler coussins et matelas.

Puis la laine passe entre les mains des batteurs qui séparent le fil du « flocon », autre matériau inférieur dont on ne doit pas se servir si ce n'est pour fabriquer les tiretaines, ou tissus bon marché. Puis elle est graissée (et il est stipulé par les règlements qu'on ne doit employer pour graisser que du beurre, et non du suif ou du saindoux), peignée, cardée ; toutes ces opérations sont faites par des femmes.

Au Moyen Age, la femme travaille à peu près autant que l'homme, mais non dans les mêmes opérations. D'après les comptes de drapiers, on s'aperçoit que, par exemple, sur quarante et un ouvriers nommés, il y a vingt femmes pour vingt et un hommes. Ce que l'on interdit, ce sont les métiers jugés trop fatigants pour elles. Ainsi du tissage : tant qu'il a été pratiqué de façon artisanale, il a été œuvre de femme, notamment dans l'Antiquité ; au Moyen Age, il est ouvrage d'homme. De même, dans la tapisserie, défendait-on aux femmes la tapisserie de haute lisse, jugée trop fatigante pour elles puisqu'elle oblige à tenir les bras étendus. Les règlements précisent qu'elles doivent être munies d'un tablier de cuir, cela afin de protéger leurs vêtements et de garantir aussi la netteté de leur travail.

Saint-Valéry-sur-Somme. Ruines de la porte Guillaume. Lithographie.
XIXe siècle. Bibliothèque nationale.

Travail du boucher (détail). Vitrail des drapiers et bouchers,
église Notre-Dame. Semur-en-Auxois.

Après avoir passé par les fileresses, la laine est tissée. Les tisserands d'aujourd'hui qui emploient un métier à main utilisent à peu près le même métier que celui qui est décrit à Douai au XIIIᵉ siècle, ce métier qu'on appelle l'*ostille ;* le seul perfectionnement est dans le dispositif qui permet à un seul ouvrier de manier la navette, renvoyée automatiquement. Il y a les lisses dans lesquelles passent les fils de chaîne, les lames, l'ensouple autour de laquelle on enroule le drap, etc.

Le drap était teint — avant ou après tissage —, car il arrivait que l'on teignît la laine au lieu du produit ouvré. A Douai, tout un quartier, compris entre la Scarpe et sa dérivation, voit passer des canaux qui tantôt circulent sous les maisons, et tantôt coupent les ruelles ; c'est le quartier aujourd'hui visité par les touristes, le quartier pittoresque : au Moyen Age, c'était le quartier des teinturiers et des tanneurs. Ils avaient là, à leur disposition, l'eau indispensable à leur métier.

La teinturerie aussi est un métier d'homme. Dans les cuves, ils versent les matières colorantes : la garance qui produit la teinte rouge ; le pastel ou guède, la teinte bleue ; le safran qui colore en jaune ; ou encore de ces produits venus de terres lointaines comme l'indigo ou le kermès qu'on appelle la graine d'écarlate, ou bien, pour produire le rose, de ce bois de teinture qu'on appelle le brésil et qui donnera, beaucoup plus tard, son nom à toute une vaste contrée de l'Amérique latine, parce que les premiers navigateurs y avaient découvert en abondance de ce « bois de brésil » que l'on importait autrefois du Proche-Orient. Ils y ajoutent une autre matière d'importation, l'alun, qui sert de mordant.

Avec de grandes « fourchettes », ils remuent laine ou drap dans les cuves. Après, il y aura les opérations de l'apprêt, du foulage. Les foulons ont formé dans toutes les villes d'industrie textile des métiers importants. On foulait le drap au chardon, puis on le tendait sur des rames pour l'étirer ; enfin, plié en *toursel* — en trousseau —, le drap était acheminé vers les marchés et les foires, soigneusement muni d'une « enseigne » qui indiquait sa qualité. Chaque ville se fait une spécialité différente : les draps souples, les draps rayés, les tiretaines, les draps légers qui ne peuvent être utilisés que pour les doublures, etc.

Les règlements du métier déterminent soigneusement les normes auxquelles le drap doit répondre, faute de quoi le drapier coupable sera exposé au pilori avec sa mauvaise marchandise. Ils précisent aussi comment on doit empêcher l'accaparement, et fixent les tarifs. L'un des textes les plus complets à ce sujet est un chapitre des statuts de la ville de Marseille qui concerne les tailleurs : la confection d'un manteau de dame est fixée à 16 deniers, un manteau d'homme coûte plus cher : 2 sous (on sait qu'un sou vaut 12 deniers). Pour un sou, on peut avoir une tunique de dame ou encore une chape — pèlerine arrondie sans manches —, mais il faut payer 20 deniers pour un tabard — sorte de veste — doublé et bordé, et 2 sous pour un bliaut ou blouse. Pour coudre un chaperon, il en coûtera de 3 à 6 deniers, suivant qu'il est doublé ou non. Le tailleur se rendait avec son client chez le drapier, et il ne devait pas y avoir entente entre eux, sous peine d'amende. Une tarification minutieuse réglait ainsi la qualité et les prix de tout ce dont on pouvait avoir besoin : vêtements, alimentation, bois de construction, etc.

L'historien de Lille a pu écrire : « La moindre ménagère faisant son marché était efficacement protégée. » Protégée aussi bien contre la fraude, qui atteint toujours davantage les petites gens, que contre la vie chère, provenant des abus de l'intermédiaire. Car, à l'époque, le consommateur direct a priorité absolue sur le revendeur. Ainsi, à Paris — qu'il s'agisse de n'importe quel achat : blé, œufs, fromages, vins —, le consommateur qui intervient avant que le denier à Dieu (les arrhes) ait été remis par l'acheteur ou même pendant qu'il le remet, au moment où on ferme le sac, a le droit de se faire céder la marchandise. Partout, on règle sévèrement le lieu où les revendeurs doivent se tenir pour être facilement distingués de ceux qui vendent le produit de leur propre travail. Ainsi, à Marseille, les revendeurs de poisson ne pouvaient se tenir qu'au grand marché ; à la poissonnerie, l'acheteur était sûr de ne rencontrer que des pêcheurs vendant le produit de leur pêche. De plus — et cela se retrouve dans des villes aussi éloignées que Provins et Marseille —, le revendeur ne peut acheter qu'à partir de midi. Toute la matinée est réservée à celui qui achète pour sa consommation familiale.

C'est, on le voit, le contraire de ce qui se passe de nos jours, où l'acheteur privé ne peut se servir directement chez le marchand de gros, encore moins chez le producteur.

Pour les matériaux les plus chers, comme les matériaux de construction, bois, tuiles, etc., les obligations allaient plus loin encore : pendant quinze jours, lorsque avaient été débarqués sur le port de Marseille des bois de charpente, seuls avaient le droit d'acheter les acheteurs privés ; et pendant huit jours encore, ceux qui avaient laissé passer les délais pouvaient se faire rétrocéder au prix coûtant la marchandise acquise par le revendeur.

Les métiers sont groupés au Moyen Age : cela facilite l'organisation du travail, permet de s'approvisionner à meilleur compte et simplifie aussi l'observation des règlements municipaux, qui défendent l'accaparement par les uns au détriment des autres ; cette répartition par métiers s'est en quelque sorte inscrite dans les rues de nos villes ; partout où leurs anciens noms ont survécu jusqu'à nos jours, on en retrouve la trace ; il en subsiste quelque chose à Douai, mais l'une des cités dans lesquelles elle se révèle le mieux, aujourd'hui encore, est celle de Chartres.

Les métiers du bois y sont groupés, occupant plusieurs rues : les charpentiers dans la rue du Bois-Merrain (on appelait et on appelle encore, dans certaines régions, *merrain* le bois de charpente) ; à côté se trouve la rue de la Tonnellerie, où s'affairaient autrefois tonneliers et charrons, tandis que les tourneurs, qui travaillaient le bois à l'aide d'un tour actionné avec les pieds, étaient leurs proches voisins.

Pour le travail des métaux, il se faisait dans la rue des Fabres : on considère le forgeron comme le « travailleur » par excellence (« fabre » signifie travailleur) ; dans la même rue qu'eux se trouvaient les armuriers, et, faisant suite, la rue de la Poêle-Percée rappelle le souvenir des potiers d'étain qui façonnaient les aiguières, les pichets, les mesures à huile et à vin.

Un autre centre important de métiers, groupés en raison de leur approvisionnement commun, était celui qui se trouvait en contrebas de la ville, le long de la rivière : d'abord la rue du Massacre, qui rappelle que là se trouvaient les abattoirs ; c'était le domaine des bouchers, proche de la rue de la Corroierie et de la Tannerie, groupant les métiers du cuir, qui avaient ainsi à leur portée les matières premières de leur industrie ; à Paris, le quai de la Mégisserie (autre nom de la tannerie) montre que les tanneurs étaient, là comme ailleurs, groupés le long de la rivière dans laquelle ils lavaient leurs peaux et les rinçaient après le tannage, tandis que le même cours d'eau actionnait les moulins à tan ; ainsi, de l'abattoir à l'échoppe du cordonnier ou de celui qu'on appellerait de nos jours le maroquinier, il y a là toute une « chaîne de travail ».

Plus loin encore, la rivière fait tourner les moulins à foulon et alimente la cuve des teinturiers, au point que l'on a donné le nom de « bourgeois de la rivière » à tous ceux qui s'occupent de draperie, depuis les tondeurs et cardeurs de laine jusqu'aux tisserands, teinturiers, foulons et drapiers.

Organisation rationnelle, on le voit, et dans laquelle, remarquons-le, chacun a réussi à garder son autonomie, chaque maître ne pouvant avoir, selon les règlements, plus d'un seul ouvrier et un seul apprenti : la concentration ne s'est pas faite, au Moyen Age, sous une forme capitaliste. Les rares cas (on verra celui de Boinebroke) de concentration ont fait scandale, ce qui prouve qu'ils tranchaient sur le cours normal des choses.

Pathelin chez le drapier.
La Farce de Maître Pathelin. *Gravure sur bois. 1489.*
Paris, Bibliothèque nationale.

Telle est l'économie médiévale qui a bien mérité son nom d'économie bonne et loyale. L'historien Pirenne la déclare « digne des cathédrales dont elle est contemporaine » ; et d'énumérer ses caractères : « Elle a assuré aux bourgeois le bienfait de la vie à bon marché ; elle a impitoyablement poursuivi la fraude, protégé le travailleur contre la concurrence et l'exploitation, réglementé son labeur et son salaire, veillé à son hygiène, pourvu à l'apprentissage, empêché le travail de la femme et de l'enfant [1]. »

Il faut ajouter que c'est précisément dans ces cités industrielles de la France et spécialement en Flandre (comme, en Italie, dans la cité industrielle qu'était alors Florence) que l'on voit d'abord agir les éléments qui détruisent cette harmonie intérieure.

A Douai même, il faut évoquer le personnage de Jean Boinebroke : c'est l'un de ces drapiers qui, par l'accaparement, sont parvenus à une fortune tranchant sur celle des autres bourgeois ; il fait partie de ces accapareurs qu'à la même époque le théologien Raymond de Peñafort traite de bêtes féroces : il achète de la laine et il est lui-même producteur, car il a un élevage de moutons ; il la fait teindre, la fait tisser ; il a lui-même des ateliers de teinture et de tondage, notamment près de cette abbaye Notre-Dame-des-Prés dont une rue porte encore le nom à Douai. Si bien que le bénéfice des opérations, qui était autrefois réparti entre plusieurs maîtres d'atelier, revient à lui seul.

C'est que, par sa nature, la grande draperie se prêtait mal aux contrôles en usage : on pouvait contrôler ce qui arrivait sur place même, par ballots répartis entre les ateliers ; mais il était beaucoup plus difficile de régler des achats qui roulaient sur de grosses quantités, certaines fois par navires entiers. Aussi constate-t-on, à la fin du XIIIe siècle, un déséquilibre des conditions sociales dans la plupart des villes industrielles. Le déséquilibre fera naître les premières guerres sociales, celles qui vont ensanglanter la France du Nord et la Flandre dans les dernières années du XIIIe siècle et au début du XIVe. Une première révolte de tisserands a eu lieu en 1280 à Douai. Or, Jean Boinebroke faisait précisément partie des échevins, car son activité de gros marchand se doublait de fonctions dans la ville ; son argent, il le plaçait volontiers en achats immobiliers. Non seulement il possédait plusieurs maisons à Douai, mais encore, à la campagne, des propriétés : l'une près d'Amiens, l'autre dans le village d'Hélemmes, toujours célèbre par le pèlerinage de Saint-Ghislain. Si bien qu'il réussit à être échevin pendant près de quarante ans, de 1243 à 1280. Après sa mort, ses méthodes d'enrichissement furent connues, car, saisi de remords, il avait déclaré par testament vouloir réparer toutes les injustices qu'il avait commises. Aussi les juges de la ville procédèrent-ils à une enquête qui fit

---

1. On se reportera avec fruit aux deux volumes qu'Henri PIRENNE a consacrés à la question, sous le titre *Les Villes au Moyen Age.*

apparaître de criantes injustices en effet : il avait refusé de payer ses petits créanciers, vendu de la laine avariée pour de la bonne laine, mis sur la paille de petites gens, teinturiers, tondeurs ; et sa situation dans la ville lui avait permis d'exercer tranquillement le droit du plus fort. Il reste que la vie religieuse était assez vivante à l'époque pour provoquer des regrets tardifs. Les enfants de Jean Boinebroke ne purent entrer en possession des biens qu'il leur avait laissés qu'après réparation faite par voie de justice.

Boinebroke et ses semblables conduiront les villes à la perte de leur indépendance. Car, las d'être opprimés par des riches qui répartissent les impôts à leur fantaisie, ceux qu'on appelle les « menus », les « maigres » — c'est-à-dire les petites gens — s'adresseront aux autorités, tantôt — comme dans les villes de Flandre, à Bruges, à Gand, etc. — à leurs anciens seigneurs, tantôt, et c'est le cas de bon nombre de communes en France, au roi. Déjà, sous Saint Louis, leurs réclamations amènent celui-ci à obliger certaines communes à déposer leurs comptes pour contrôle : premier pas vers la perte de leur liberté. C'est ainsi qu'à Bapaume, à Hesdin, les habitants préfèrent renoncer à leurs libertés communales et, au début du XIVᵉ siècle, se remettent entre les mains de leur seigneur.

Ailleurs, en Flandre, une véritable guerre s'ensuivra, le roi de France Philippe le Bel ayant pris le parti des riches bourgeois qui, à Ypres notamment, s'étaient rendus maîtres du sol de la ville et repoussaient hors des remparts les travailleurs manuels, ceux qu'ils appelaient dédaigneusement les « ongles bleus », à cause du métier de la plupart d'entre eux, la teinturerie. C'est à cette occasion que la chevalerie française subira, sur le champ de bataille de Courtrai, sa première grande défaite, d'autant plus humiliante qu'elle leur était infligée par les petites gens, la piétaille de Flandre (1302). Et ce premier incident pèsera sur la sombre période qui va suivre, celle de la guerre de Cent Ans.

Peu de souvenirs nous restent de ces bourgeois rentés, ceux qu'on appelait les « gras » par rapport aux « maigres », le menu peuple. Ils formaient de véritables dynasties, les « lignages » d'Arras ou de Douai, les « paraiges » de Metz. Les destructions dont la région a été victime ne permettent guère de retrouver les vestiges du passé ; Bapaume avait conservé jusqu'à la guerre de 1914 son ancien hôtel de ville qui datait en partie du XIIIᵉ siècle. Arras a vu le sien reconstruit. Une ville comme Cambrai avait gardé, jusqu'à la fin du XIXᵉ siècle, d'anciennes fortifications. Ce qui en subsiste, la fameuse citadelle, ne date que du XVIᵉ siècle et a été remanié au XVIIᵉ. Seule, la porte de Paris est un souvenir médiéval, avec l'ancien château de Selles, du XIIIᵉ siècle, occupé à présent par l'hôpital militaire. A Lille même, on ne trouve guère que la chapelle de Notre-Dame-de-la-Réconciliation pour nous rappeler le Moyen Age, puisqu'elle date du XIIIᵉ siècle et fut construite par le comte de Flandre, Baudouin IV ; et, bien entendu, la vénérable statue de Notre-Dame-de-la-Treille datant du XIᵉ siècle, qu'abrite la cathédrale moderne. C'est plutôt la maison du

Maçons consolidant un
à l'intérieur d'une
sous la direction d'un contrem
Chants royaux sur la conception couronnée du puy de Rc
Début XVIᵉ siècle. Paris, Bibliothèque natio

Lombard qui évoquerait pour nous le souvenir des trafics commerciaux de la ville, laquelle d'ailleurs eut une histoire moins troublée que celle des autres cités flamandes, car il ne semble pas qu'elle ait connu ces inégalités entre familles permettant à l'une ou à l'autre de dominer le reste de la ville tant par ses propres possessions que par ses alliances.

Le cas d'Arras, au contraire, est typique. On y a vu une famille, celle des Lanstier, occuper un poste dans l'échevinage depuis le début du XIIᵉ siècle jusqu'au XVᵉ. Arras était du reste surtout une ville de prêteurs d'argent, de banquiers ; mais elle comportait aussi une importante industrie textile, ce que, sur les bords de la Scarpe, le nom même de la rue des Foulons nous rappelle. Mais cette ville d'Arras est aussi celle qui vit s'établir l'une des plus anciennes confréries de prières ; elle est attestée dès le début du XIᵉ siècle, en 1023 : car ces marchands, ces banquiers même, qui font un commerce réprouvé alors (celui de l'argent), ont des préoccupations spirituelles. Si bien qu'on verra parfois parmi eux des conversions retentissantes comme celle d'un des plus riches « usuriers » (entendons banquier) du XIVᵉ siècle, Baude Crespin, qui abandonna tout à coup sa banque et son commerce pour se faire moine et faire, par conséquent, vœu de pauvreté.

Ces confréries de prières, qui groupaient dans un but pieux les marchands ou gens de métiers, généralement par profession, ont joué un grand rôle dans les villes médiévales et notamment dans le Nord. Plusieurs d'entre elles ont eu pour point de départ la procession du Saint-Sacrement : on s'associait pour porter une « chandelle » à cette procession. L'entretien, le port du cierge, étaient à la charge des confrères, qui mettaient aussi en commun une partie de leurs gains pour constituer une sorte de société de secours mutuels. Et leur cortège se reformait pour la fête du saint patron de leur métier, ou encore en diverses occasions dans l'église, car souvent — et cela n'était pas toujours du goût des autorités ecclésiastiques — la confrérie obtenait d'avoir, à l'église paroissiale, son autel particulier. Parfois encore, on allait jusqu'à fonder un hôpital. A Arras, l'église Notre-Dame-des-Ardents est un souvenir de la confrérie qui se créa au lendemain d'une épidémie sévissant au XIIᵉ siècle et qu'on appelait le mal des Ardents ; suivant les récits du temps, elle aurait été apaisée par la Vierge qui remit à deux ménestrels un cierge miraculeux, dont quelques parcelles se trouvent encore conservées dans un reliquaire du XIIIᵉ siècle ; l'église elle-même a été entièrement rebâtie à notre époque, et de même on chercherait en vain quelques restes de l'ancienne cathédrale détruite à la Révolution, ou de la fameuse abbaye de Saint-Vaast autour de laquelle s'était formée la ville, et qui fut reconstruite entièrement au XVIIIᵉ siècle.

Les confrères se réunissent aussi pour ensevelir leurs morts : leurs statuts, dans telle confrérie, précisent que, à chaque enterrement, on portera quatre cierges, la croix et l'insigne de la confrérie, et que l'on assistera la veuve et l'orphelin. Pour donner une idée de leur activité, citons le nombre des confréries du diocèse de Rouen : il y en a 1 220, groupées autour de 750 paroisses, chapelles ou communautés — cela encore au XVᵉ siècle.

Et le sens religieux du bourgeois s'affirme aussi dans la construction des cathédrales. Pour apprécier l'effort fourni à Amiens par exemple, il faut se rappeler que cette cathédrale pouvait vraisemblablement contenir la totalité de la population de la ville (voir chapitre 3). C'est, il est vrai, la plus vaste de nos cathédrales. Sa sculpture est un véritable répertoire de l'art gothique des XIIIᵉ et XIVᵉ siècles. La statue du « Beau Dieu » au portail central, le tympan du Jugement dernier, les grandes figures des apôtres qui s'animent de chaque côté de ce portail, représentent l'un des ensembles les plus beaux et les plus complets de notre XIIIᵉ siècle ; et le charme d'Amiens vient aussi des petites scènes sculptées aux soubassements, qui nous font revivre tous les personnages de la campagne et de la ville dans leurs occupations familières, un peu à la manière des vitraux de Chartres ; il est parfaitement révélateur de la piété médiévale, ce trait qui consiste à grouper dans sa cathédrale tous les éléments de la vie. Il est vrai que la religion imprégnait alors les moindres actes de la vie quotidienne, et le paysan qui tue son porc pour les festivités de Noël trouve sa place dans les sculptures de la cathédrale à côté du clerc qui prie, du saint qui subit le martyre, du docteur qui enseigne, etc. Au transept sud, c'est la sculpture du XIVᵉ siècle avec la ravissante Vierge dorée et les douze apôtres au bas du tympan (le reste des figures est du XIIIᵉ) : leurs traits s'amenuisent, mais gardent un charme exquis. Avec la grande rose du transept sud, nous approchons de l'art flamboyant, tandis que les stalles fameuses datent, elles, du début du XVIᵉ siècle.

eurs de verre.
atus de herbis. XVᵉ siècle.
ne, Bibliotheca Estense.

La chapelle de l'abside s'appelait autrefois chapelle de Notre-Dame Drapière, ce qui nous rappelle que la draperie amiénoise était l'une des principales ressources de la cité, car Amiens était une véritable cité autonome qui, même du point de vue judiciaire, s'administrait par elle-même ; les halles ont disparu, où avaient lieu autrefois les élections, et aussi le souvenir des anciennes « bannières », confréries réunissant des gens de métier.

Mais une confrérie du moins a laissé un souvenir encore visible : la confrérie du Puy Notre-Dame, qui avait son siège à la cathédrale (c'est attesté depuis la date de 1388). Nous avons là un exemple de ces associations littéraires qui ont été très actives dans les villes du Nord comme dans certaines villes du Midi ; et le musée d'Amiens montre encore plusieurs des peintures du Puy Notre-Dame (elles s'échelonnent de 1439 à 1666) offertes chaque année à l'association en l'honneur de la Vierge par le président annuel de la confrérie, celui qu'on appelait le maître.

Chaque peinture illustrait un *palinod* : ainsi appelait-on le thème d'un poème proposé en concours. Notre littérature, celle du XVe siècle surtout, garde le souvenir de ces *concours* littéraires dont le plus fameux fut celui qui vit concourir à la fois un grand seigneur, prince du sang, Charles d'Orléans, et ce truand, échappé au gibet par miracle, qu'était François Villon. Le concours avait pour thème : *Je meurs de soif auprès de la fontaine*. Les palinods étaient de ces vers formant à la fin de chaque strophe une sorte de refrain (*En la forêt de longue attente...*) fixant le thème du concours. A Amiens, la série des peintures qui les illustraient était demeurée complète jusqu'en 1723, époque à laquelle les chanoines les firent détruire. Et bien avant la Révolution les destructions s'étaient accumulées : les chanoines ne laissèrent qu'une vingtaine de ces peintures de palinods, de même qu'à Reims ils ne conservèrent qu'une partie des vitraux ; les autres furent remplacés par des vitres blanches, le XVIIIe siècle ayant apparemment horreur de la couleur dans les églises.

Le puy d'Amiens n'a pas été le seul de son espèce. A Douai, il y avait le puy de l'Assomption, groupant des confrères qui cotisaient, dit le texte, « pour faire récréation ensemble, boire ensemble, à condition qu'ils soient tenus de prier pour l'âme des morts le jour où ils feront leur service ». Une des activités de ce puy de l'Assomption consistait à entretenir ceux des Douaisiens qui étaient écoliers, c'est-à-dire étudiants, à Paris ; ils créaient donc ce qu'on appellerait aujourd'hui des bourses d'études en leur faveur.

Mais le plus célèbre de ces puys est évidemment le puy d'Arras. Les habitants d'Arras — ils ne nommaient eux-mêmes les « rats », par jeu de mots, et firent figurer des rats sur le sceau de la ville — avaient formé, dès le XIIe siècle, cette association, à la fois religieuse et littéraire, où se réunissaient tant les bourgeois que les jongleurs. Au XIIIe siècle, elle allait prendre une importance extraordinaire : réunions et concours ont lieu sous la présidence du prince, ou « roi » du puy, et les riches bourgeois y font figure de mécènes. On connaît près de cent quatre-vingts poètes qui s'y produisirent dans les œuvres les plus diverses : chansons, pièces de théâtre ou de ces poèmes que l'on appelaient des « jeux-partis », où les strophes se répondaient sur les thèmes les plus divers, allant de la prière à la satire. On y trouve des poèmes courtois ; on y trouve aussi des fabliaux d'une verve souvent truculente et d'une verdeur de langage qui va parfois jusqu'à l'obscène. Le puy d'Arras a été illustré au début du XIIIᵉ siècle par un trouvère de grande valeur, Jean Bodel, qui devait mourir lépreux en 1210. Son œuvre comporte des pastourelles, des fabliaux, une chanson de geste, les *Saisnes* racontant les luttes de Charlemagne contre les Saxons, mais surtout l'une de nos premières grandes œuvres dramatiques écrites en français : *Le Jeu de saint Nicolas*. Cette pièce fut jouée à Arras, l'an 1200, peut-être à la veille de la fête du saint, le 5 décembre.

Un peu partout, la fête de saint Nicolas, patron des écoliers, donnait lieu, dans les écoles — donc aux alentours des monastères et des cathédrales — à ces divertissements où le théâtre tenait toujours une large place. Jean Bodel, mettant en scène la légende du saint, l'un des plus populaires de ce temps, a fait se succéder des situations hautes en couleur, qui nous transportent tantôt au palais du roi sarrasin, tantôt dans une taverne de la ville, sur un champ de bataille où les chevaliers qui meurent sont accueillis par les anges, ou parmi des joueurs de dés qui se disputent après boire, le tout avec une verve étonnante. Il faut se représenter ces diverses scènes sur une estrade où elles sont jouées dans une mise en scène simultanée que le théâtre moderne a redécouverte, devant un public bruyant, qui retrouve avec bonne humeur des personnages familiers, et qui passe sans la moindre gêne des morceaux édifiants aux situations et aux personnages les plus burlesques. Après les chœurs des anges, l'argot des coupeurs de bourses : tout le théâtre médiéval est fait de ces contrastes. On les retrouve dans une pièce d'un autre auteur, qui nous situe encore à Arras : une sorte de dialogue dramatique, *Courtois (d'Arras)*, qui est la mise en scène de la parabole de l'enfant prodigue. Cet enfant prodigue, en l'occurrence, est un paysan de l'Artois qui se rend dans une taverne d'Arras où il boit et joue, et ne tarde pas à se faire dépouiller par les filles. Ainsi la parabole évangélique est-elle transposée dans la vie quotidienne de la cité médiévale.

Enfin, Jean Bodel devait inaugurer un genre littéraire promis, au Moyen Age, à un grand avenir, avec son *Congé*. C'est un monologue écrit au moment où, devenu lépreux, il va se retirer dans une maladrerie : il fait ses adieux, sur un ton tour à tour plaisant ou grave. Le *Congé* est le premier de ces « Testaments » que François Villon allait porter à leur plus haut point de perfection.

Arras a vu naître nombre de trouvères : Simon d'Authie, Gilles le Vinier, Audefroi le Bâtard, et le nommé Moniot, moine défroqué, qui fut aussi un délicat poète d'amour et un musicien doué. Il y eut aussi Jean Bredel, riche marchand qui fut prince du puy pendant plusieurs années

Ruines du château de Folleville (Somme).
Lithographie XIXᵉ siècle. Bibliothèque nationale.

après 1244 et qui nous a laissé une dizaine de chansons. Enfin, autre poète fort doué, Adam de la Halle : nous avons conservé de lui des jeux-partis et de nombreuses chansons d'amour. C'était aussi (il est vrai que les deux vont de pair à l'époque) un grand musicien, l'un des premiers — dit un savant musicologue — « à avoir introduit l'harmonie comme telle dans la pratique du contrepoint ». Il nous a légué *Le Jeu de Robin et Marion* qui met en scène le thème de la pastourelle : un chevalier rencontre une bergère. Mais *Le Jeu de Robin et Marion* est aussi une véritable opérette, avec ses intermèdes musicaux, ses chansons et ses danses. Adam de la Halle devait innover aussi avec *Le Jeu de la Feuillée* qui est une véritable revue de music-hall : une succession de scènes (nous dirions de nos jours de sketches) tantôt féeriques et tantôt burlesques, qui représentent les habitants même d'Arras et font allusion à des événements d'actualité, le tout entrecoupé de refrains, de chansons, etc. Adam de la Halle devait connaître une gloire considérable ; en 1288, lorsqu'on reprit *Le Jeu de Robin et Marion*, on ajouta un prologue dramatique composé en son honneur : *Le Jeu du Pèlerin*.

C'est dans ce milieu des villes, grouillantes de vie et d'activité, qu'il faut replacer des genres comme celui du fabliau : conte en vers, toujours d'inspiration bourgeoise et populaire, débité par le jongleur sur la place publique et racontant des histoires qui, très souvent, sont de veine et de langage assez lestes. Il nous reste environ cent cinquante de ces fabliaux : *Estula, le chien qui parle, Le Vilain Mire, Le Vilain qui conquit le*

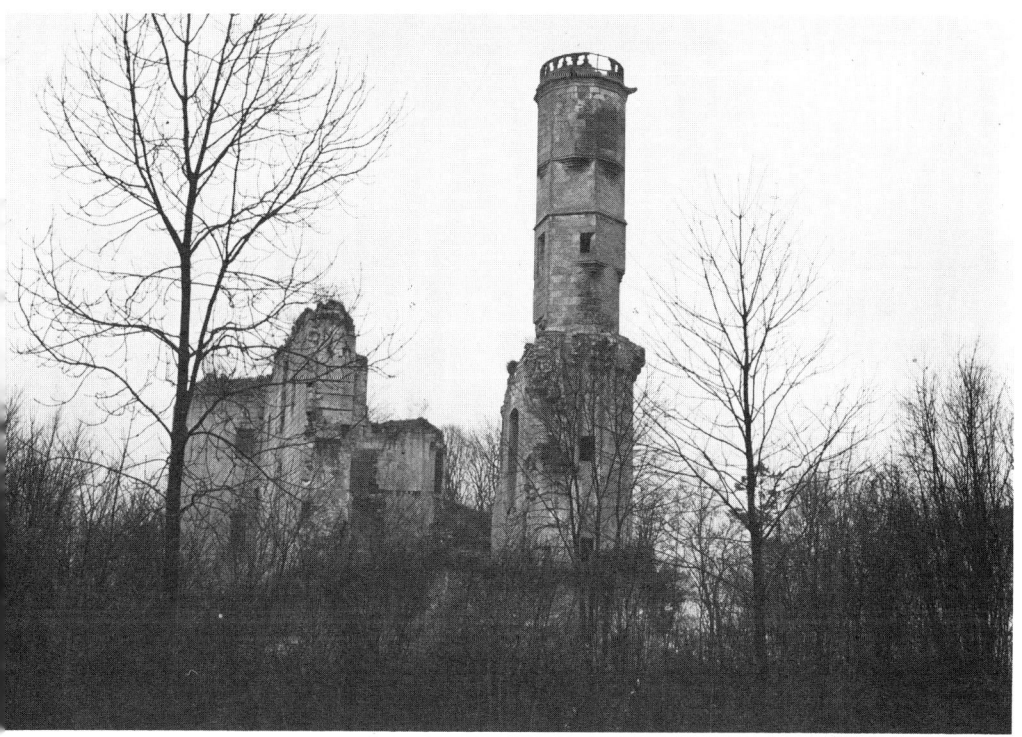

Ruines du château de Folleville (Somme).
État actuel.

paradis par plaid, et bien d'autres. Mais aucun n'a eu autant de vogue que le *Roman de Renart*, sorte d'épopée animale qui était, à l'origine, œuvre de clerc, mais qui devait se développer extraordinairement sur le thème du renard rusé et de sa victime Isengrin, le loup : au point que nous ne nous doutons plus que ce terme de Renart que nous utilisons aujourd'hui n'était dans le roman que le surnom du goupil, nom véritable du renard. Ses démêlés avec Chanteclair, le coq, avec Brun, l'ours, portés devant la cour de Noble, le lion, ont eu une telle importance dans le folklore qu'au XIXᵉ siècle un écrivain comme Goethe n'a pas craint d'y appliquer son talent pour en faire l'adaptation. Dès le Moyen Age, Renart avait servi plus d'une fois à la verve satirique des bourgeois : sous son personnage se cachaient des visées politiques ou anticléricales ; dans *Renart le Bestourné*, Rutebeuf attaquait, sous une forme déguisée, les ordres mendiants ; encore au début du XIVᵉ siècle était composée une vaste compilation des aventures de Renart, *Renart le Contrefait*, dans laquelle celui-ci — c'est bien significatif de l'importance que prend le marchand — se faisait marchand d'épices.

La farce aussi est née dans les villes. Elle met en scène bourgeois ou vilains — bourgeoises aussi, dont les traits ne sont pas flattés, témoin celle qui, dans *La Farce du Cuvier*, traite sans ménagement son mari, l'oblige à balayer, laver, frotter, tant et si bien que le pauvre homme lui a demandé d'inscrire sur un rollet, un rouleau de parchemin, tout ce qu'il doit faire dans la journée ; après quoi elle tombe tête la première dans le cuvier, le supplie de l'en tirer, et celui-ci lit l'une après l'autre les mentions portées sur

Représentation d'une farce populaire. Début du XVIᵉ siècle.

le rollet, pour conclure chaque fois : « Ce n'est pas à mon rollet. » L'une de ces farces n'a pas disparu de notre répertoire comique : c'est *La Farce de Maître Pathelin*. Elle fait encore partie de ces pièces de patronage ou de collège qui remportent toujours leur succès. Et n'est-il pas bien significatif d'y voir les principaux rôles tenus par ceux qui animaient la vie des villes : le tondeur, le drapier et aussi l'avocat, né dans la société bourgeoise et devenu inséparable des affaires, qui ont toujours été source de discordes et de procès. Dans *Pathelin*, l'avocat finit par être berné par le paysan. Douce revanche, on l'imagine, pour nombre d'entre eux. C'est assez dire que, par toutes ses fibres, le théâtre comique du Moyen Age tient à la vie populaire.

Le théâtre n'est pas l'unique divertissement des bourgeois et du peuple des villes. Les divertissements sportifs ont leur place. Aux jours de fête (et nous avons vu que les fêtes chômées sont nombreuses), on dresse sur les places des mâts de cocagne dûment savonnés, auxquels il faut grimper pour

Divertissements populaires. La soule à la crosse (ancêtre du golf).
Mois de novembre. Heures de la duchesse de Bourgogne. *XVᵉ siècle.*
Chantilly, musée Condé.

Joute sur l'eau. Mois de juillet. Heures de la duchesse de Bourgogne.
xvᵉ siècle. Chantilly, musée Condé.

trouver, suspendus tout en haut, un jambon ou une oie que l'heureux
vainqueur emportera. Ou encore on fait cercle autour des jongleurs.
Parfois même, le spectacle est donné par les écoliers : ce sont des mimes ou
tableaux vivants. Le *Journal d'un Bourgeois de Paris* en signale au
xvᵉ siècle. Ou encore ce sont des compétitions : « Vint à Paris, raconte
l'auteur du même ouvrage, une femme, nommée Margot, assez jeune,
comme de vingt-huit à trente ans, qui était du pays de Hainaut, laquelle
jouait le mieux à la paume que jamais homme n'eût vu ; et avec ce, jouait
devant main, derrière main (en direct ou en revers) très habilement,
comme pouvait le faire un homme, et peu venaient d'hommes à qui elle ne
gagnât si ce n'étaient les plus puissants joueurs. » La paume, c'est la
première version de notre tennis. Elle donnait lieu à des compétitions
sportives, exactement comme on en voit de nos jours. Les plus célèbres
compétitions sportives ont été les concours d'archers. Dans toutes les villes
du Nord, surtout à partir de la fin du xiiiᵉ siècle, il y avait des compagnies
d'archers formées par les habitants et qui, de temps en temps, concouraient
entre elles, comme de nos jours l'équipe de Reims contre Sochaux. On
mesure la passion que l'on y mettait lorsqu'on sait qu'une véritable « guerre
interurbaine » éclata à ce propos entre Douai et Lille. C'était en 1284 : la

Montreur d'ours.
XIIIᵉ siècle. Décret de Gratien.
Laon, bibliothèque municipale.

ville de Douai donne une fête traditionnellement pour le 1ᵉʳ mai, la fête du
« Blanc Rosier ». De partout les gens s'y rendent, pour, dit le texte,
« jouter et esbanier » (concourir). Il y avait eu, notamment, des bourgeois
de Lille et de Tournai qui devaient prendre part au concours de tir à l'arc.
La fête dura deux jours. Dans l'après-midi du 2 mai, les joueurs étant sans
doute passablement échauffés, voilà qu'une dispute éclate entre gens de
Lille et gens de Douai. Ceux-ci refusent de participer aux joutes, on ne sait
pour quel motif. Les habitants prennent fait et cause pour les uns ou pour
les autres, et le soir c'est tumulte et désordre dans les tavernes et dans les
rues. Or, trois jours après, le 5 mai, voilà qu'un marchand de Douai, de
passage à Lille, reconnu par les habitants, est malmené. La lutte devait se
répercuter partout où se rencontraient gens de Lille et gens de Douai, à
Arras devant les tables des changeurs, dans les foires de Champagne, à
Paris, etc. Et si les bouchers de Douai, selon leur habitude, se rendaient au
marché d'Orchies, c'était « armés bien jusqu'à trente » par crainte des gens
de Lille. Finalement, le 21 mai, les gens de Douai envoyèrent des
messagers de paix. Le comte de Flandre, Guy de Dampierre, intervint et
réconcilia les deux villes.

10

La Bretagne
de Du Guesclin

Ses contemporains n'auraient certainement pas reconnu le gentilhomme breton à la laideur proverbiale en cet élégant Portrait de Du Guesclin *dû à Langlois d'après Jacquand. Gravure XIXᵉ siècle.*

LA BRETAGNE DE DU GUESCLIN

S'il faut en croire une tradition peu aimable, le mot « baragouin » viendrait des deux termes bretons *bara,* pain, et *gwin,* vin, et traduirait l'étonnement des campagnards angevins devant le langage étrange des soldats bretons qui, au XIᵉ siècle, avaient envahi leur terre et cherchaient à se ravitailler. Tout en laissant aux philologues la responsabilité de cette étymologie, on peut en conclure que ce n'est pas d'aujourd'hui que la Bretagne aura étonné ses voisins : c'est naturel, car son histoire fut longtemps aussi singulière que l'est sa physionomie.

Cette région qui ne ressemble à aucune autre, modelée comme elle l'est par la mer, sillonnée par ses fameux chemins creux, terre à la fois rude et nostalgique, peuplée de pêcheurs et de pasteurs, sort de la nuit des temps lorsque les premiers textes qui la concernent, aux IXᵉ et Xᵉ siècles, permettent d'en retracer l'histoire. Encore les chroniques ne nous apportent-elles rien que de fort vague pour cette époque, pendant laquelle la Bretagne est la proie des invasions normandes.

Tout ce qu'on peut savoir, c'est que, à l'époque précédente, la presqu'île aura été peuplée de Bretons venus de ce que nous appelons maintenant la Grande-Bretagne, et qui fuyaient les invasions germaniques, celles des Angles et des Saxons. Ces émigrants, ainsi que les missionnaires irlandais qui affluèrent ensuite, renforçaient encore le caractère original de la population, composée de Vénètes, qui furent sans doute, de tous les peuples celtiques, ceux qui tinrent le plus farouchement tête à César.

Ainsi la Bretagne semble-t-elle émerger directement de la légende dans l'histoire féodale. La forêt de Paimpont, située dans l'Ille-et-Vilaine, non loin de Gaël, au nom bien significatif (les gens du pays de Galles nomment l'Irlande Gwydels ou Gaëls), est le lieu élu des amateurs de légendes. C'est elle que les romans de chevalerie célèbrent sous le nom de Brocéliande ; c'est là qu'on situe l'enchanteur Merlin et la fée Viviane, là que les compagnons du roi Arthur viennent chasser le cerf blanc ou répandre sur le perron de Merlin les quelques gouttes d'eau puisées à la fontaine de Barenton toute proche (au hameau de la Folle Pensée, sur la route D 141), gouttes d'eau qui déchaîneront enchantements et prodiges. Les légendes celtiques des chevaliers de la Table ronde reprennent vie dans ce décor (quelle que soit leur origine : les historiens en discutent encore), car il est merveilleusement approprié à leurs exploits. Le thème de ces exploits, transposé dans notre langue par un poète de génie, Chrétien de Troyes, et par nombre d'autres après lui, est celui de la Quête du Graal.

Un chevalier, Galaad, part à la recherche d'une coupe mystérieuse, faite de lumière : le Graal, qui doit mettre fin aux sortilèges de l'enchanteur Merlin et de la fée Viviane, hôtes mystérieux de la forêt de Brocéliande. Contre ces sortilèges se sont battus, avant Galaad, tous les chevaliers du roi Arthur. Ceux-ci se réunissent autour d'une Table ronde, dont la forme exclut les préséances.

Ces chevaliers se nomment Gauvain, Lancelot, amoureux de la reine Guenièvre, Perceval, qui inspirera à Wagner l'opéra de *Parsifal*. Leurs histoires forment ce qu'on appelait « la matière de Bretagne ». Le nom désigne non seulement notre Bretagne, mais aussi la Grande-Bretagne et l'Irlande, où les vieilles épopées celtiques restaient vivantes.

A côté de la légende profane, voici la légende sacrée, avec le cortège étonnant de ces saints bretons que leur peuple a canonisés sans chercher autrement la consécration de Rome. Quelques-uns du reste ont été assimilés par le calendrier romain : ainsi saint Lauron est-il devenu saint Laurent ; saint Sulien, saint Julien ; saint Rien, saint Adrien, etc. Et quel Breton oserait mettre en doute l'existence des sept saints qu'invoquent les sept églises épiscopales : saint Brieuc, saint Malo, saint Samson à Dol, saint Tudual à Tréguier, saint Pol de Léon, saint Paterne à Vannes, et le bon saint Corentin à Quimper, celui que, traditionnellement, on représente avec un poisson parce que, vivant en ermite au bord d'un étang, il se serait nourri de la chair d'un poisson qui venait complaisamment s'offrir, lorsque le saint avait faim, et dont la chair repoussait aussitôt que coupée.

Chose assez curieuse, c'est un roi Arthur qui donne à l'histoire de Bretagne sa première teinte. Une teinte tragique. La Bretagne avait fait partie du domaine d'Henri Plantagenêt et avait été donnée par lui à son fils Geoffroi. Après la mort de Geoffroi, elle revenait de droit au fils qu'il avait eu de sa femme Constance, c'est-à-dire au jeune Arthur. Les barons bretons se groupèrent donc avec fidélité autour d'Arthur. Lorsque Richard Cœur de Lion (il était, on s'en souvient, le frère aîné de Geoffroi) voulut les forcer à lui livrer son neveu, ils refusèrent. Pour plus de sûreté, le jeune Arthur fut confié à son suzerain légitime, Philippe Auguste, roi de France.

Or, trois ans plus tard, Richard lui-même mourait sans laisser d'enfant. Les droits du jeune Arthur sur l'Angleterre se trouvaient désormais en balance avec ceux du quatrième fils d'Henri Plantagenêt, Jean sans Terre. Mais les barons anglais ne se souciaient pas de mettre à leur tête un jeune seigneur élevé à la cour de France ; ils firent choix de Jean, choix qui ne devait pas être heureux.

Le roi de France fit don à Arthur de Bretagne du comté d'Anjou et du duché de Guyenne. Il avait quinze ans et venait d'être fiancé à Marie de France, fille de Philippe Auguste. En juillet 1202, il faisait hommage à son futur beau-père pour la Bretagne, l'Anjou, le Maine, la Touraine et le Poitou. Très populaire en Bretagne, le jeune homme voyait les espérances de sa mère aboutir et se croyait lui-même à la veille d'un glorieux destin. Hélas ! au cours de la campagne menée par lui en Poitou contre les Anglais, il fut fait prisonnier à Mirebeau, puis envoyé au château de Falaise (la Normandie était alors anglaise). Enfermé dans le donjon fameux, le jeune homme fut commis à la garde de Hubert de Bourg avec ordre à celui-ci de l'aveugler et de le châtrer. Mais, pris de pitié, son gardien refusa d'exécuter l'ordre. Alors Arthur fut transporté à Rouen, enfermé dans la tour du donjon qui dominait la ville, et désormais âme qui vive n'entendit parler de lui.

C'est beaucoup plus tard, vers 1210, qu'on sut l'horrible dénouement de toute l'histoire, quand un nommé Guillaume de Briouse, jadis ami intime et confident de Jean sans Terre, devenu son ennemi mortel, se réfugia à cette date à la cour de France et raconta les événements dont il avait été le témoin oculaire. Tête faible, instable, peut-être en partie irresponsable, Jean sans Terre était sujet à des accès de cruauté. Un jour, il avait mandé son homme de main, Geoffroi Fitz Pierre, avait eu avec lui de longs conciliabules. La nuit suivante, tous deux se rendaient à Rouen ; Jean se faisait lui-même livrer Arthur, l'emmenait en bateau hors de la ville, l'égorgeait et jetait son cadavre dans la Seine.

La Bretagne passa entre les mains de la sœur d'Arthur, Alix. Elle épousa Pierre de Dreux, arrière-petit-fils de Louis VI, et donc parent du roi de France. Désormais, la Bretagne entrait dans l'orbite de la couronne.

De l'époque des Plantagenêts, les monuments qui subsistent sont peu nombreux. La Bretagne n'attire pas les amateurs d'art roman. Pourtant, les souvenirs de ce temps ne sont pas aussi rares qu'on le croyait [1]. Beaucoup de monuments ont disparu, pour des causes diverses, dont les guerres et les incendies sont comme toujours les principales. Du temps même d'Henri Plantagenêt, la turbulence des barons bretons l'avait contraint à lancer plusieurs expéditions punitives ; l'une d'elles, dirigée contre le baron Eudes de Porhoët, en 1168, se termina par la destruction complète du château de Josselin. Henri Plantagenêt fit symboliquement semer du sel sur ses ruines pour affirmer qu'elles ne reprendraient jamais vie. En quoi il se trompait, puisqu'on le visite, de nos jours, à peu près tel qu'il fut reconstruit au XIIIᵉ siècle, bien que son donjon ait été détruit par ordre de Richelieu en 1629. Dans l'intervalle, le connétable Olivier de Clisson, à qui il appartint, avait fait reconstruire la courtine avec ses quatre tours rondes. Dans le village même de Josselin, la basilique Notre-Dame-du-Roncier conserve encore quelques parties de son architecture romane, bien que, dans l'ensemble, le style gothique flamboyant qui y règne témoigne de l'époque

---

1. Voir à ce sujet le livre de Roger GRAND : *L'Art roman en Bretagne,* Paris, 1959.

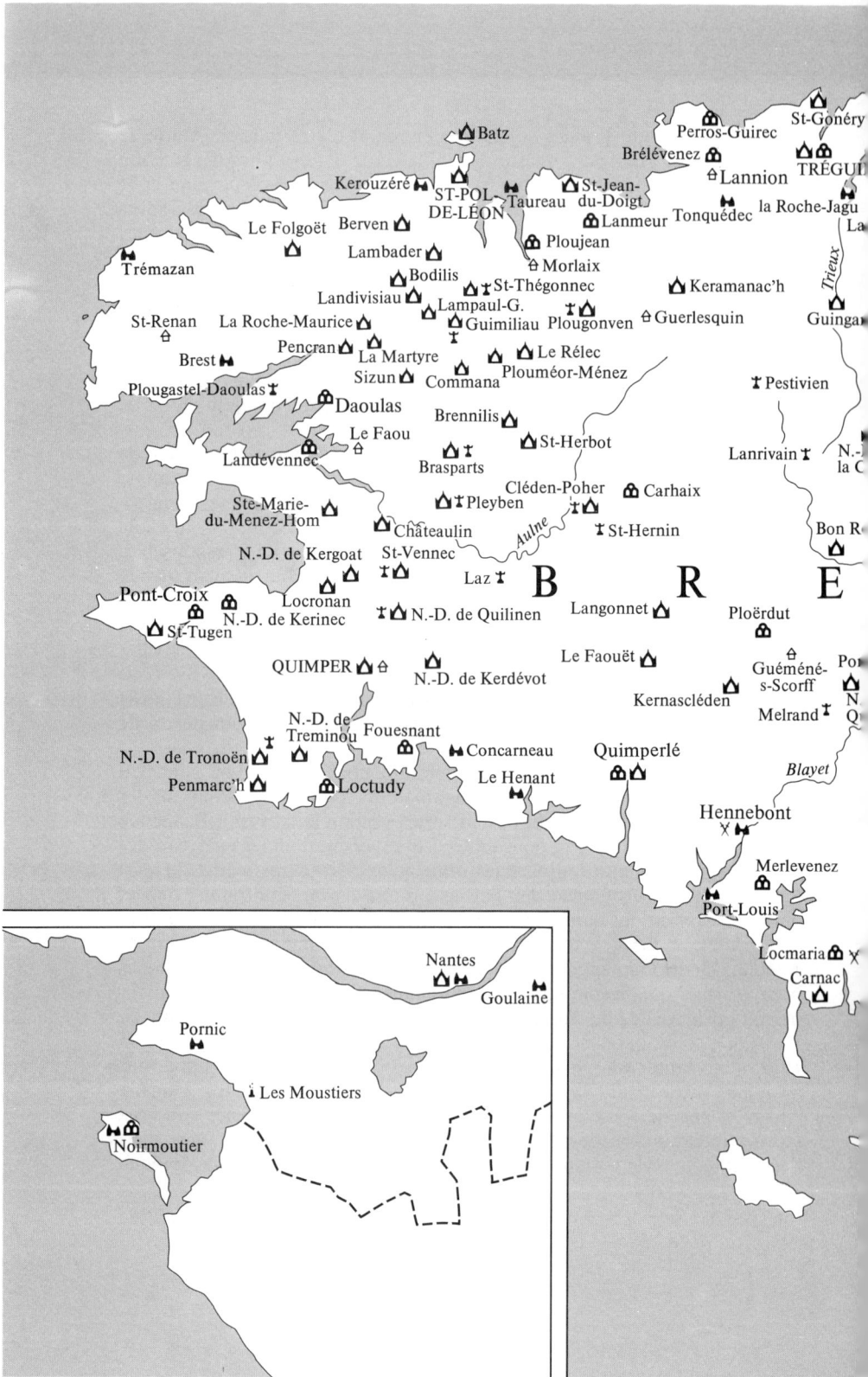

Batz
Perros-Guirec
St-Gonéry
Brélévenez
Lannion
TRÉGUI
Kerouzéré
ST-POL-DE-LÉON
St-Jean-du-Doigt
Taureau
Tonquédec
la Roche-Jagu
La
Le Folgoët
Berven
Lanmeur
Trémazan
Lambader
Ploujean
Morlaix
Trieux
Bodilis
St-Thégonnec
Keramanac'h
Landivisiau
Lampaul-G.
Landernau
St-Renan
La Roche-Maurice
Guimiliau
Plougonven
Guerlesquin
Guinga
Pencran
La Martyre
Le Rélec
Brest
Sizun
Plouméor-Ménez
Plougastel-Daoulas
Commana
Pestivien
Daoulas
Brennilis
Le Faou
St-Herbot
Landévennec
Brasparts
Lanrivain
N.-
la C
Cléden-Poher
Carhaix
Ste-Marie-du-Menez-Hom
Pleyben
St-Hernin
Bon R
Châteaulin
Aulne
N.-D. de Kergoat
St-Vennec
Laz
B R E
Pont-Croix
Locronan
N.-D. de Quilinen
Langonnet
Ploërdut
N.-D. de Kerinec
St-Tugen
QUIMPER
Le Faouët
Guéméné-s-Scorff
Po
N.-D. de Kerdévot
Kernascléden
Melrand
N Q
N.-D. de Tréminou
Fouesnant
N.-D. de Tronoën
Concarneau
Quimperlé
Blayet
Penmarc'h
Le Henant
Loctudy
Hennebont
Merlevenez
Port-Louis
Locmaria
Nantes
Carnac
Goulaine
Pornic
Les Moustiers
Noirmoutier

BRETAGNE

Eglise romane
Eglise gothique
Trésor ou musée
Edifice civil
Château
Calvaire
Lanterne des morts

0   10   20   30 km

ria-an-Isquit

Latte

St-Malo
St-Servan

MONT-ST-MICHEL

Le Guildo

Dol

t-Brieuc

La Hunaudaye

DINAN

Combourg

FOUGÈRES

N.-D. du Haut

Boquen

Montmuran

St-Aubin-
du-Cormier

A   G   N   E

oyale
al-Pontivy

Meu

Rennes

Vilaine

VITRÉ

Les Rochers

JOSSELIN

Plœrmel

Châteaugiron

Guehenno

Malestroit

Vilaine

Elven

Langon

Châteaubriant

Pouancé

Vannes

Rochefort-
en-Terre

Redon

Don

La Motte-Glain

Surzur

Vilaine

La Meilleraye

ucinie

as-
ys

La Bretêche

Blain

Erdre

Guérande

Le Croisic

Nantes

Loire

à laquelle eurent lieu les premières reconstructions, la fin du Moyen Age.

C'est sans doute dans les anciennes abbayes que l'on retrouve le mieux la Bretagne du XIIᵉ siècle. Les Bretons se sont volontiers groupés autour de leurs monastères, et le fait se retrouve dans tous les pays celtiques : en Irlande en particulier, les grandes abbayes ont exercé une influence décisive sur la vie spirituelle du peuple. Ainsi de cette abbaye de Boquen, sur la commune de Plénée-Jugon, dans les Côtes-du-Nord, qui fit quelque temps revivre en notre siècle la règle de saint Bernard. De celle du XIIᵉ siècle restent surtout des ruines : la salle capitulaire et l'ancienne église, qu'éclairaient les grandes fenêtres en plein cintre et que couvrait une charpente. Près de la salle capitulaire, dans ce qui subsiste du cloître, on remarque, creusées dans le mur, les niches de l'ancien *armarium*, armoire dans laquelle les moines rangeaient probablement leurs livres d'étude.

Une autre abbaye, Saint-Gildas de Rhuys, dans le Morbihan, est célèbre par le séjour qu'y fit le fameux Abélard. Celui-ci — il était breton, né au Pallet, dans le pays de Nantes — fut élu abbé de Saint-Gildas en 1125, après avoir fui Paris et la rancune du chanoine Fulbert, oncle d'Héloïse. Il ne devait d'ailleurs pas garder un bon souvenir de l'accueil que lui firent ses compatriotes ; et l'on peut se demander ce que cet intellectuel tout hérissé

Héloïse et Abélard,
tels qu'ils sont évoqués dans le Roman de la Rose.
XIVᵉ siècle. Chantilly, musée Condé.

de dialectique pouvait espérer d'une retraite dans une abbaye située dans un lieu sauvage et dont les moines, à l'entendre, étaient plus occupés à chasser l'ours et le sanglier qu'à discuter philosophie. Aussi son séjour à l'abbaye fut-il orageux. Finalement, craignant, dit-il, d'être empoisonné par ses moines, il préféra s'enfuir clandestinement dans une barque de pêche. De Saint-Gildas, fortement restaurée au XVIIe siècle, il ne nous reste guère que le plan pour nous rappeler ce qu'en vit Abélard. Pourtant, une partie du chœur et la chapelle s'ouvrant du côté de l'abside nous en donnent l'idée, et, plus encore, quelques chapiteaux et deux bases de colonnes décorées de ces motifs géométriques chers à l'art celtique et, par la suite, à tout l'art roman : tresses, entrelacs, motifs en losanges et en cercles concentriques ; tandis que, au-dessus d'une fenêtre du chevet, se trouve curieusement encastrée une pièce sculptée qui montre deux cavaliers au tournoi. Une inscription de la chapelle nous donne le pourquoi de cette sculpture : Priez Dieu pour le comte Geoffroi, y lit-on *(Pro Gosfredo Deum orate)*. Ce comte Geoffroi, c'est le fils d'Henri Plantagenêt, tué dans un tournoi à Paris en 1186 : sa femme, Constance, avait fait un pèlerinage à Saint-Gildas peu après, et il est probable que la chapelle fut élevée en souvenir de son époux par les moines qui avaient été l'objet de sa munificence et aux prières desquels elle confiait le défunt.

A Landévennec, comme à Boquen, les moines sont aujourd'hui revenus. Ils ont élevé une abbaye nouvelle. De l'ancienne, il ne nous reste guère que quelques pans de murs ; comme beaucoup d'autres, elle a été détruite sous le premier Empire et a servi de carrière de pierres pour le plus grand bénéfice des marchands qui l'avaient acquise lors de la vente des biens nationaux. Là encore, on peut voir de ces curieux chapiteaux décorés de spirales, de losanges ou d'entrelacs, notamment celui qui surmonte une colonne à la hauteur du premier étage du petit édifice appelé Tombeau du roi Grallon. Il représente, très stylisée, la figure d'un roi couronné qui se détache des ornements « abstraits » et remonte, à n'en pas douter, au XIIe siècle. Près de ce tombeau se trouvait la chapelle dédiée à saint Guénolé, l'un des saints bretons, dont la légende veut qu'il ait été l'ami et le conseiller de Grallon. On pourrait citer beaucoup d'autres de ces abbayes : Saint-Sulpice-la-Forêt, l'église d'Arbrissel qui fut un prieuré de l'abbaye de La Roë et fut le lieu d'origine du fameux Robert d'Arbrissel, fondateur de l'abbaye de Fontevraud ; elle remonte probablement au XIe siècle et nous offre le type d'édifice le plus simple avec sa nef rectangulaire et son chœur en demi-cercle ; ou encore Saint-Philbert-de-Grandlieu, d'où partirent les moines qui devaient fonder, un demi-siècle plus tard, Saint Philibert de Tournus (voir chapitre 2). Elle conserve encore quelques restes de l'église carolingienne. Enfin, et surtout, Saint-Sauveur de Redon où subsiste le plus beau clocher roman de la Bretagne, avec ses trois étages rehaussés d'arcades en plein cintre, tandis que ses chapiteaux offrent, eux aussi, des motifs « abstraits » avec l'ornement celtique très caractérisé : dents de scie, volutes, losanges.

Les chevaliers de la Table ronde, tous égaux et sans préséance,
voient apparaître le Saint-Graal.
Le nom de chacun d'entre eux est inscrit au-dessus de sa tête ou sur son siège.

Perceval est à la gauche de Lancelot assis sous le dais.
Le Roman de Lancelot du Lac.
XIIIe siècle. Paris, Bibliothèque nationale.

Cette église Saint-Sauveur a été le théâtre d'une étonnante cérémonie de « réconciliation » au XIIe siècle : deux seigneurs en révolte, Olivier de Pontchâteau et Savary de Donges, avaient été poursuivis par le duc de Bretagne, Conan III, jusque dans le sanctuaire et tués par lui dans l'église, au mépris du droit d'asile. Cette profanation devait être solennellement réparée le 23 octobre 1127 ; un légat du pape Honorius II, Girard d'Angoulême, entouré des évêques de Bretagne, de l'archevêque de Tours, des abbés de Saint-Sauveur et de Saint-Melaine, procéda à la cérémonie, en présence d'une foule immense, et consacra en même temps le nouveau maître-autel de l'abbaye.

Commise à la garde de Pierre de Dreux, la Bretagne devait subir de plus en plus l'influence française. En fait, on trouve au XIIIe siècle de nombreux Bretons en France. A Paris en premier lieu, où les étudiants de Bretagne forment un groupe compact. On y comptera saint Yves, fameux avocat de Tréguier qui toujours plaida la cause du pauvre et devint un saint très populaire, que l'on célébrait par une chanson peu aimable pour ses confrères :

> *Sanctus Yvo erat Brito,*
> *Advocatus et non latro,*
> *Res miranda populo* [1].

Les étudiants bretons se retrouvaient aussi aux écoles d'Angers et d'Orléans. Dans cette dernière ville, la paroisse Saint-Paterne, la rue de la Bretonnerie rappellent leur souvenir ; partout où ils s'établissent, les Bretons aiment ainsi à se retrouver. Dans certaines villes, comme à Chartres, des groupes de Bretons chassés depuis fort longtemps de leur pays par les invasions normandes se perpétuaient dans le quartier dit de la Bretonnerie. Ceux qui y demeuraient tinrent à prendre part à l'édification de la cathédrale en traînant eux-mêmes un gros charroi de pierres depuis les carrières de Berchères-l'Évêque d'où était extrait le matériau.

L'histoire de la Bretagne n'est jamais très paisible. Pierre de Dreux, son protecteur, a été surnommé le Mauclerc : le mauvais clerc. Il était certainement lettré, d'où son surnom de clerc, mais n'en mena pas moins une lutte fort dure contre le clergé breton. Il prétendait, pour fortifier les villes, abattre les églises ; il s'opposait aux levées de dîmes dont vivaient les curés ; et le bruit courut qu'un prêtre avait été par lui enterré vivant. Le clergé se plaignit au roi de France, tout autant que les seigneurs, lesquels n'étaient pas moins opprimés que les évêques. En 1235, Blanche de Castille

---

1. « Saint Yves était un Breton, avocat mais non voleur, ce qui étonnait le peuple. »

recevait une liste imposante de griefs présentés par les barons bretons contre le Mauclerc. Celui-ci pourtant devait accompagner Saint Louis à la croisade. Il mourut en mer au retour, en 1250.

Son fils, Jean le Roux, avait été couronné comte dès 1237. Le successeur de Jean le Roux, Jean II, devait être élevé au rang de duc et pair en 1297 par Philippe le Bel. En cette fin du XIIIe siècle, la Bretagne n'était pas encore française : elle était l'un des quatre fiefs toujours autonomes sous la suzeraineté du roi de France (avec la Bourgogne, la Guyenne et la Flandre). Elle devait sauvegarder cette indépendance longtemps encore, jusqu'au XVIe siècle, mais à travers une histoire des plus troublées. En 1341, en effet, le duc, Jean III, était mort sans enfant. Qui devait lui succéder ? Sa nièce, Jeanne de Penthièvre, fille d'un frère, Guy, mort avant Jean ? Ou son frère plus jeune, Jean de Montfort ?

La question fut portée devant la cour du roi de France. Assez paradoxalement, elle prit parti pour Jeanne. Cette décision semble avoir été quelque peu intéressée : Jeanne de Penthièvre était mariée à Charles de Blois, neveu du roi de France par sa mère Marguerite de Valois, sœur du roi régnant Philippe VI de Valois.

Jean de Monfort eut aussitôt pour lui toute la Bretagne bretonnante : les diocèses de Saint-Pol-de-Léon, de Quimper, une partie du diocèse de Vannes prennent pour lui fait et cause, et bientôt la succession de Bretagne se greffe sur la rivalité qui vient d'éclater entre France et Angleterre pour le trône de France. Si Jeanne de Penthièvre est soutenue par les Valois, il est normal que Jean de Montfort cherche secours du côté des Anglais et de leur roi Édouard III, qui, trop heureux de l'occasion, reçoit avec joie son hommage.

Une guerre atroce allait s'ensuivre, dont Froissart a raconté les principaux épisodes. L'un des premiers s'était déroulé auprès du château de Josselin, évoqué plus haut : entre Josselin et Ploërmel avait eu lieu le combat des Trente et le siège du château d'Hennebont :

Jean de Montfort a été fait prisonnier. Sa femme, réfugiée avec son fils au château d'Hennebont, voit arriver les Français conduits par Charles de Blois. Ils viennent assiéger le château.

« Quand elle entendit que les seigneurs de France venaient pour l'assiéger et qu'ils étaient assez près de là, elle fit commander qu'on sonnât la bancloche (cloche du beffroi) et que chacun s'allât armer et allât à sa défense comme il était ordonné. Ainsi fut fait sans contredit. Quand messire Charles de Blois et les seigneurs de France furent approchés de la ville d'Hennebont et qu'ils la virent forte, ils firent leurs gens loger ainsi que pour faire siège ; certains jeunes compagnons génois, espagnols et français allèrent jusqu'aux barrières pour escarmoucher (...). Il y eut là plusieurs combats et perdirent plus les Génois qu'ils y gagnèrent, ainsi qu'il advient souvent quand on s'abandonne trop follement... Le lendemain, les seigneurs eurent conseil qu'ils feraient assaillir les barrières fortement pour voir la contenance de ceux de dedans et pour voir s'ils pourraient rien conquêter ; le troisième jour, ils assaillirent au matin vers l'heure de prime et ceux de dedans sortirent et se défendirent si vaillamment qu'ils firent durer l'assaut jusqu'à l'heure de none [midi], que les assaillants se retirèrent un peu en arrière, et laissèrent foison de morts et ramenèrent quantité de blessés. Quand les seigneurs virent leurs gens se retirer, ils en furent courroucés : ils firent redonner l'assaut plus fort que devant ; et ceux d'Hennebont s'efforcèrent de se très bien défendre. Et la comtesse, qui était armée de corps et était montée sur un bon coursier, chevauchait de rue en rue par la ville et exhortait ses gens de bien se défendre, et faisait les femmes, dames, demoiselles et autres défaire les chaussées et porter les pierres aux créneaux pour jeter aux ennemis, et faisait apporter bombardes et pots pleins de chaux vive pour jeter sur les assaillants.

« Encore fit cette comtesse de Montfort une très hardie entreprise que l'on ne doit pas oublier et qu'on doit bien raconter comme hardis et courageux faits d'armes. Elle montait parfois en une tour très haut pour voir mieux comment ses gens se maintenaient. Elle regarda et vit que tous ceux de l'armée [ennemie], seigneurs et autres avaient laissé leurs logis [campement] et étaient presque tous allés voir l'assaut. Elle s'avisa d'un grand fait et remonta sur son coursier, tout armée comme elle était et fit monter avec elle environ trois cents hommes d'armes, avec elle à cheval, qui gardaient une porte que l'on n'assaillait point, elle sortit de cette porte avec toute sa compagnie et se jeta très vaillamment sur les tentes et les logis des seigneurs de France, qui furent tous brûlés (...).

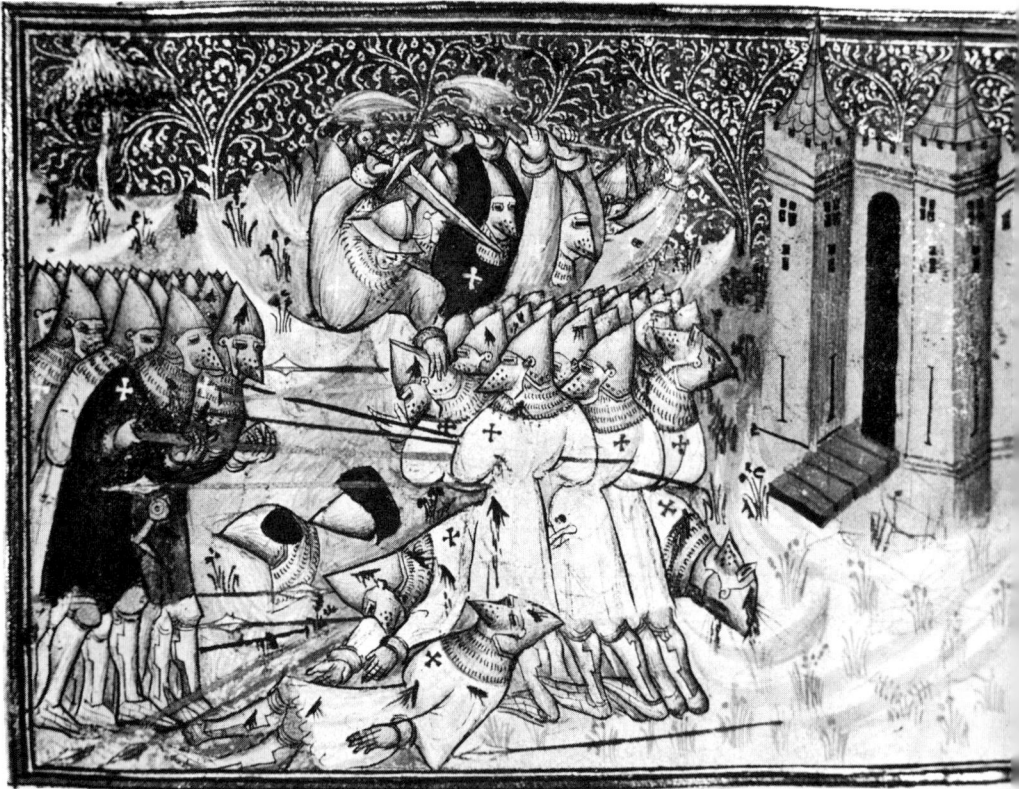

« Quand les seigneurs virent leurs logis brûlés et ouïrent le bruit et le cri qui en venaient, ils furent tout ébahis et coururent vers leurs logis en criant : « Trahis ! Trahis ! » Et alors nul ne demeura à l'assaut. Quand la comtesse vit l'armée émouvoir et les gens courir de toutes parts, elle rassembla tous ses gens et vit bien qu'elle ne pouvait rentrer en la ville sans trop grand dommage ; elle s'en alla d'un autre chemin droit vers le châtel de Brest, qui est à trois lieues près de là, où elle fut reçue et fêtée à grand joie de ceux de la ville et du châtel très grandement. »

Mais déjà, à Rennes, avait eu lieu le tournoi dans lequel s'était illustré un chevalier breton à la laide figure qui devait s'immortaliser par ses exploits :

> *Estoc d'honneur et arbre de vaillance,*
> *Cœur de lion épris de hardiment,*
> *La fleur des preux et la gloire de France,*
> *Victorieux et hardi combattant,*
> *Sage en hauts faits et bien entreprenant...*

Autrement dit : Bertrand Du Guesclin.

Le futur connétable, qui allait devenir si populaire en France que, lorsqu'il fut fait prisonnier par les Anglais, toutes les filles de notre pays filèrent de la laine pour payer sa rançon, Du Guesclin, donc, était né à La Motte-Broons, petit village situé au sud-ouest de Dinan, sur la route de Rennes à Saint-Brieuc.

Son père prétendait descendre d'un Sarrasin, un roi de Bougie, établi en Armorique. Une branche aînée des Du Guesclin était puissante, et les ruines du château du Plessis-Bertrand qu'habitaient les Du Guesclin riches sont encore imposantes. Mais la Motte-Broons n'était qu'un de ces manoirs, moitié gentilhommière, moitié ferme, comme on en trouve encore dans la campagne et qui ne se distinguent des maisons de paysans que par deux ou trois tourelles et un colombier.

Bertrand était d'une laideur presque repoussante : visage basané, nez camus, cou de taureau, démarche gauche.

A l'époque du tournoi de Rennes, Bertrand avait dix-sept ans. Des centaines de gentilshommes étaient venus de tous les points de la Bretagne et des provinces avoisinantes. Bertrand s'y rendit monté sur l'un des chevaux de labour de son père, « dont on n'eût pas donné, raconte un trouvère, quatre florins petits ». Tout honteux de se trouver en pareil équipage, il contemplait une foule de nobles dames revêtues de leurs plus beaux atours et « blanches comme fleurs de lis », échangeant des sourires avec les chevaliers couverts d'armures étincelantes, montés sur des coursiers généreux qui piaffaient d'impatience en attendant l'ouverture des barrières.

le pied au combat ; ils portent l'armure et le bassinet
re en forme de groin, percée de trous pour la respiration,
ristique de la seconde moitié du XIVᵉ siècle.
du poème de Cuvelier sur la vie de Du Guesclin.
bibliothèque de l'Arsenal.

Bertrand Du Guesclin armé chevalier par le roi Charles V.
XVᵉ siècle. Paris, bibliothèque Sainte-Geneviève.

Cependant, le son des trompettes annonce que le tournoi va commencer. Les chevaliers brandissent leurs lances ; les coursiers hennissent ; les dames agitent leurs écharpes pour encourager leur favori. Enfin les barrières s'ouvrent et les champions s'élancent dans l'arène. Un nuage de poussière s'élève, et bientôt l'on n'entend plus que le fracas des lances qui se brisent, des heaumes qui volent en éclats et des chevaux qui s'abattent par terre. Le père de Bertrand, Robert Du Guesclin, prend part aux joutes. Mais ce n'est pas lui que le jeune homme regarde : c'est l'un de ses cousins, du même âge que lui, et qui appartient à la branche riche des Du Guesclin. Plus heureux que Bertrand, il a pu se mêler aux joutes ; il est revêtu d'une armure complète et monte un cheval de prix. Lorsque ce champion a fourni le nombre de courses fixé par le règlement du tournoi, Bertrand l'aborde : Pourrait-il lui prêter son armure et son cheval ? « Comment donc, cousin Bertrand, avec le plus grand plaisir ! Je vais vous armer moi-même. » Du Guesclin, ravi, se précipite dans la lice. Aussitôt qu'il a franchi la barrière, un chevalier vient à lui et le provoque. Bertrand fait signe qu'il accepte le défi.

Les deux jouteurs s'élancent au galop l'un contre l'autre, la lance en arrêt. Lorsqu'il est à portée de son adversaire, notre jeune champion pointe se lance avec tant de justesse que le fer, pénétrant droit dans le défaut de la visière, fait sauter le heaume du chevalier. Cheval et cavalier roulent dans la poussière. Le cheval est tué du coup et le chevalier reste étourdi par sa chute. « Voilà un bon écuyer ! » s'écrient les hérauts d'armes. Mais ils ne peuvent crier son nom à l'assistance, car Bertrand garde sa visière baissée.

Revenu à lui, le chevalier dit à l'un de ses gens : « Cours demander à cet écuyer son nom et sa famille ! » Le servant fait la commission et revient dire à son maître : « Sire, vous ne saurez quel est cet écuyer que s'il est déheaumé par vous ou par quelqu'un d'autre ; alors seulement vous le saurez. — Qu'on m'amène une autre monture, reprend le chevalier. Je n'aurai de cesse que je ne sache par qui j'ai été désarçonné. J'ignore qui il est et quelle est sa famille, mais assurément c'est un gentilhomme de haut lignage. »

Le coup si adroit du jeune écuyer, le mystère dont il s'entoure piquent au jeu les plus braves champions : ils veulent se mesurer avec le vainqueur. Mais ils ne sont pas plus heureux que le premier, et Bertrand les met hors de combat après quelques passes. Vient le tour de Robert Du Guesclin, père de Bertrand : il pique des deux et se met en mesure de l'attaquer.

Mais au moment où il se dispose à soutenir le choc, Bertrand reconnaît les armoiries de son père. Il abaisse alors la pointe de sa lance avec beaucoup de courtoisie et regagne sa place. Un autre champion, croyant que le jeune écuyer refuse le combat par crainte, le provoque. Bertrand assène un tel coup de lance à ce nouvel adversaire qu'il fait voler son heaume à dix pieds de là ; et les hérauts s'écrient une fois encore : « Victoire à l'aventureux nouvellement venu ! »

Bertrand fournit ainsi quinze courses où mainte lance est rompue, sans trouver son maître. Enfin, au seizième assaut, un chevalier normand réussit à faire sauter la visière du mystérieux écuyer. On reconnaît Bertrand, à la grande joie de ses amis, et c'est à qui le comblera de félicitations. Robert Du Guesclin, tout rayonnant, vient à son fils et lui dit (et ainsi se termine le récit du trouvère Cuvelier [1]) :

« Beau fils, soyez sûr que désormais vous aurez chevaux de prix et pourrez vous mettre en état d'aller partout acquérir de la gloire. J'engagerai s'il le faut ma terre, puisque aujourd'hui vous m'avez tant fait honneur. »

La guerre bretonne dont Du Guesclin fut le héros, l'un des épisodes saillants des luttes franco-anglaises, où sans cesse l'horreur côtoie le courage, devait se terminer par le traité de Guérande où, en 1365, Jeanne de Penthièvre, veuve de Charles de Blois, renonça à ses droits au duché de Bretagne moyennant le comté de Penthièvre qu'on lui reconnaissait, une forte rente et la promesse que son fils aîné épouserait la sœur de Jean de Montfort. A celui-ci était reconnu le duché de Bretagne pour lequel il fit hommage au roi de France. Et désormais, tandis que Du Guesclin combattait pour Charles V, la Bretagne allait connaître une ère de paix. C'était assez paradoxal si l'on songe que commençait alors pour la France la plus sinistre période de la guerre de Cent Ans, qui allait ravager la Normandie et le Nord (voir chapitre 12). De ce destin séparé résulta l'épanouissement, en Bretagne, d'un art gothique, un peu tardif, déjà marqué par le style flamboyant qui règne partout ailleurs. Il parsème tout le pays de ses merveilleux clochers ajourés.

Il faut aller en chercher le prototype à Saint-Pol-de-Léon, avec le fameux clocher du Kreisker. Il s'élève au-dessus d'une chapelle construite en majeure partie sous le duc Jean IV de Montfort (1345-1399), tandis que le clocher fameux est un peu postérieur (début du XVe siècle). Il domine de toute sa hauteur (77 mètres) le carré du transept. Entièrement ajourée, la flèche, flanquée de quatre clochetons aux angles, est une merveille de légèreté et de hardiesse. Nous le retrouverons, ce clocher du Kreisker, souvent imité, mais non surpassé, dans la plupart des villes de Bretagne. Il donne à la région son allure originale autant que la pierre du pays, le sombre granit, quelque peu rebelle à la sculpture, auquel les édifices doivent leur allure sobre, un peu austère.

Très avant dans le temps, jusqu'au milieu du XVIe siècle, la Bretagne restera fidèle à ce gothique flamboyant que dominent quelques répliques du Kreisker. Ces clochers sont à juste titre l'une des fiertés de la Bretagne. Ils semblent faits pour qu'y joue librement le vent de la mer. Non loin de Saint-Pol-de-Léon, au Folgoët, l'église Notre-Dame a ainsi repris ce type

---

1. Mis en français moderne par Siméon Luce.

de clocher en y ajoutant une rangée d'arcatures qui contient la galerie des cloches (façade ouest, tour nord). C'est l'une des beautés de l'église avec le magnifique jubé flamboyant, l'un des plus beaux qui nous aient été conservés. En Cornouaille, de petites églises le reprennent plus modestement, simples flèches ajourées qui souvent s'élèvent sur la croisée du transept et qui parfois ont été refaites telles quelles à des dates très postérieures, jusqu'au XVIIIe siècle, par exemple à Notre-Dame de Kerdévot. Beaucoup de ces édifices ont gardé jusqu'à l'époque gothique un souvenir des motifs romans et, par-delà, de ces têtes celtiques que l'on voyait déjà dans des monuments du début de notre ère. Leurs clochers sont plus trapus, mais très ajourés aussi avec la galerie rayonnante. Ils ne remontent d'ailleurs qu'à la fin du XVIIe siècle, comme à Sainte-Anne de Fouesnant ; ou à Pleyben, au milieu du XVIe. A Quimper, à Pont-Croix, à Plouhinec, les clochers sont gothiques, même lorsqu'ils ne sont, comme pour les flèches de Quimper, que des reconstructions du XIXe siècle d'ailleurs semblables aux modèles antérieurs. A Ploaré, les architectes ont ainsi élevé une immense tour qui fait contraste avec la petite église assez basse sur la façade de laquelle s'élève ce clocher où les quatre clochetons d'angle sont très caractéristiques.

Aussi bien faut-il aller chercher le Moyen Age jusqu'au milieu du XVIe siècle et plus tard encore dans cette Bretagne si déconcertante pour l'archéologue comme pour le simple touriste. Un exemple bien frappant en est fourni par les fameux calvaires. A Saint-Thégonnec, à Guimiliau, à Plougastel-Daoulas se dressent de ces calvaires aux multiples personnages (il y en a 200 à Guimiliau) qui illustrent les scènes de la Passion. Le plus ancien, celui de Tronoën, ne date que de la fin du XVe siècle. On en a élevé jusqu'au XVIIIe ; les costumes des personnages s'en ressentent d'ailleurs : la plupart évoquent le XVIe ou le XVIIe siècle. Pourtant, c'est dans un esprit entièrement médiéval qu'ont été conçus ces calvaires. Et leur clé, si l'on peut dire, se trouve, plus encore que dans le Nouveau Testament, dans les mystères médiévaux.

Si l'on observe le groupement des scènes, la distribution des personnages, on s'aperçoit que ce sont les mystères qui ont inspiré les premiers sculpteurs des calvaires, et que leurs successeurs, humbles tailleurs de pierre issus sans doute du village même, à l'art fruste et souvent saisissant, ont continué une tradition qui a survécu en Bretagne alors que les mystères n'étaient plus que des souvenirs fort lointains dans la littérature et dans les mœurs. Il reste que c'est là, dans ces calvaires, que se transmet l'une des grandes traditions de notre théâtre médiéval. Au XVe siècle, en effet, s'est répandue la coutume de représenter la Passion du Christ dans sa succession dramatique. En fait, il s'agissait d'une coutume plus ancienne, puisque, dès le XIe siècle, on voit que, à la nuit de Pâques, était dramatisée la Résurrection du Sauveur. Le théâtre médiéval devait sortir de ces « paraliturgies » qui se faisaient alors dans l'église même. Sorti de l'église parce qu'il n'y trouve plus la place d'évoluer : c'est toute l'histoire du Christ qui désormais est évoquée, de sa naissance à sa résurrection, formant le grand mystère de la Passion que déjà des poèmes narratifs, les anciennes Passions, nous conservent. Elles étaient peut-être récitées seulement par des jongleurs ou déjà jouées sur la place publique. Au xv siècle, ce sont d'immenses compositions qui sont interprétées sous le porche et sur la place de l'église et ont pour acteurs le peuple chrétien lui-même. Quelques auteurs composent alors de vastes compilations et mettent en vers les mystères joués antérieurement. Ils rassemblent ainsi ce que leur fournissait une tradition déjà ancienne et, par-delà, les textes mêmes de l'Évangile. Ce sont d'abord Eustache Marcadé, puis, le plus grand de tous, Arnoul Gréban, enfin Jean Michel. En particulier, la *Passion* de Gréban est une véritable « cathédrale dramatique », suivant le mot d'un critique moderne. Elle se déroule à la fois sur plusieurs plans, montre le ciel avec le chœur des anges, les enfers avec les anciens justes qui attendent leur délivrance ; et ces scènes simultanées accompagnent ce qui se passe sur la terre, où la Croix du Seigneur vient d'être dressée pour le salut du monde. Avec cela, comme Arnoul Gréban est un poète délicat, il sait passer tantôt d'une scène toute de fraîcheur (ainsi, les bergers qui dialoguent entre eux au moment où les anges vont leur annoncer la naissance du Christ) aux passages les plus pathétiques (lorsque les saintes femmes et Notre-Dame se tiennent au Calvaire), ou remplies d'une grandeur toute religieuse : ainsi dans la prière des mages au pied de l'Enfant-Dieu, ou lorsque Jésus confie à Pierre sa mission auprès des apôtres et dans l'Église. Et, comme toujours au Moyen Age, le comique se mêle au tragique : lorsque les saintes femmes, par exemple, vont acheter les onguents et les baumes qu'elles destinent à l'ensevelissement du Christ, on assiste à de déconcertants marchandages, ou encore aux plaisanteries des soldats qui vont tirer au sort la tunique du Crucifié.

C'est tout cela qui revit sur les calvaires bretons. Il n'y manque même pas cette mise en scène simultanée qui est l'originalité du théâtre médiéval, puisque toutes les scènes sont là, fixées dans la pierre. C'était à la fois une prédication mise constamment sous les yeux du peuple et le plus bel ornement de ces « enclos paroissiaux » si typiques, qui font l'un des charmes de la Bretagne.

Dans ces enclos, on trouve traditionnellement l'église, le calvaire et l'ossuaire. L'ossuaire est une chapelle dans laquelle, périodiquement, pour faire de la place au cimetière, on entassait les ossements anciens.

On trouve de ces enclos, très typiques, en dehors de ceux déjà nommés, à Sizun, à Bodilis, à La Roche-Maurice. Et souvent — comme à Sizun ou à Roscoff (dans l'ossuaire et dans l'église), une architecture et un décor gothiques se parent d'ornements imprévus, tels que coquilles ou colonnes cannelées : en plein Moyen Age, c'est déjà la Renaissance.

11

Provence, Lyonnais, Dauphiné, Savoie
L'empereur et le pape

PROVENCE, LYONNAIS, DAUPHINÉ, SAVOIE
L'EMPEREUR ET LE PAPE

Pendant longtemps, les bateliers qui sillonnaient le Rhône appelèrent l'une des rives « empire » et l'autre « royaume ». C'est qu'en effet, jusqu'à la fin du Moyen Age, la rive gauche du Rhône resta hors de France (du moins en partie) : c'était terre d'Empire. Et, comme l'empereur germanique était loin, une terre à peu près indépendante.

En fait, la Provence avait fait partie, lors du traité de Verdun de 843, du lot intermédiaire attribué à l'aîné des petits-fils de Charlemagne, Lothaire, lequel gardait seul le titre d'empereur. Le royaume de Lothaire s'étendait de la mer du Nord à l'Italie avec la « Lotharingie » : entre autres, Bourgogne et Provence.

Il s'agissait d'une période pendant laquelle l'état de cette terre ne pouvait tenter personne, car la Provence aux IXe et Xe siècles fut la proie des pillards arabes. Par cette Méditerranée où, comme devait le dire pittoresquement un chroniqueur arabe, les chrétiens ne pouvaient plus « faire flotter une planche », des vagues incessantes de pirates lui arrivaient. Quelques-uns avaient établi à demeure, au bord du golfe de Saint-Tropez, au lieu dit Le Freinet, un repaire d'où ils menaient leurs dévastations très loin, jusqu'en Suisse. Certain jour, ils s'emparèrent, dans le Valais, de l'abbé de Cluny, saint Mayeul en personne. Les abbayes, auparavant très prospères, établies dès l'évangélisation de la Gaule, à Lérins et à Marseille, étaient alors complètement en ruine. Ce n'est qu'une fois les Sarrasins repoussés que la vie reprit sur les bords de la Méditerranée, notamment lorsque le comte de Provence Guillaume eut détruit leur repaire du Freinet, vers 972 ; il en garda le surnom de Guillaume le Libérateur et le titre de marquis de Provence (le marquis, rappelons-le, était celui qui défendait une marche, c'est-à-dire une frontière). On voit alors les anciennes abbayes relever leurs murs et de nouvelles abbayes se fonder, ainsi à Montmajour et à Ganagobie. La population augmente. Des villes se créent en Provence comme partout ailleurs, tandis qu'à la campagne les manses (l'endroit où l'on demeure : c'est de ce mot, désignant la terre confiée à des paysans et qu'ils exploitent moyennant redevance au seigneur du lieu, que viendra le provençal « mas ») deviennent prospères et que les cultures s'améliorent,

... e de l'église des Saintes-Maries-de-la-Mer
... hes-du-Rhône).
... e entre 1140 et 1180.
... âchicoulis qui ajoutent à l'aspect de forteresse de l'édifice
... ent que du XIVe siècle.

notamment celles de la vigne et de l'olivier, qui ont une place privilégiée sous le ciel provençal.

Ici, comme partout en France, ce sont les seigneurs qui exercent pratiquement le pouvoir : ils défendent la terre sous l'autorité du marquis de Provence. Celui-ci relève lui-même du roi de Bourgogne, car la Bourgogne, ancien héritage de Lothaire, s'était rendue peu à peu indépendante. Mais, en 1032, l'un de ces rois de Bourgogne suzerains de Provence, Rodolphe III, lègue son héritage à l'empereur germanique, si bien que la Provence redevient terre d'Empire. D'autre part, le marquisat de Provence ne tarde pas à échoir au comte de Toulouse et à se diviser entre plusieurs héritiers. En 1112, l'arrière-petite-fille de Guillaume le Libérateur, Gerberge, marie sa fille, qui portait le prénom de Douce, à Raymond Bérenger, comte de Barcelone. Ainsi, toutes sortes d'influences se croisent-elles en Provence. Et aussi, il faut bien le dire, toutes sortes de rivalités. Finalement, un accord devait être conclu entre la maison de Toulouse et celle de Barcelone. La première gardait la rive droite du Rhône et le pays au nord de la Durance : ce fut ce qu'on appela le marquisat de Provence. La seconde obtenait le pays compris entre le Rhône, la Durance, les Alpes et la mer. Ce fut le comté de Provence proprement dit. Avignon et sa région demeuraient entre eux deux comme un bien indivis.

La Provence est donc désormais attirée vers la Catalogne, et son histoire devient celle des petites guerres féodales par lesquelles le suzerain met à la raison un vassal insoumis. Ce sont les seigneurs des Baux et les comtes de Forcalquier qui devaient donner du mal à Raymond Bérenger et à ses successeurs. Les Baux ne sont plus aujourd'hui qu'un lieu d'excursion pour les touristes ; mais, en parcourant cet extraordinaire ensemble où l'on ne distingue guère ce qui est rocher de ce qui est fortification, on imagine assez bien la puissance de ces seigneurs. Les seigneurs des Baux prétendaient descendre du roi mage Balthazar ; peut-être est-ce ce rappel de la Nativité qui fait célébrer encore aux Baux la messe de minuit avec une splendeur incomparable, les bergers de Provence y assistant dans leurs grandes capes brunes, les bergères dans leurs châles multicolores et leurs coiffes de dentelle, et avec eux leurs moutons, tandis que, dans un chariot de bois coloré, on apporte l'agneau nouveau-né, symbole du Sauveur. Toujours est-il qu'on peut avoir, aux Baux, quelque idée de l'allure qu'avait autrefois une cité qui comptait pour le moins quatre mille habitants, bien que ses forteresses soient aujourd'hui désertes et que ses belles vieilles maisons n'abritent plus que les marchands de souvenirs. On y voit non seulement les églises anciennes — l'église Saint-Vincent a gardé son portail roman — mais aussi les fours communaux où, pendant des siècles, la population est venue faire cuire son pain. Et du haut de la tour, c'est toute la Provence que l'on contemple, jusqu'à la Camargue, jusqu'à Arles et Montmajour, jusqu'aux Saintes-Maries-de-la-Mer, et, dans le fond, Aigues-Mortes, splendide paysage qu'il faut seulement imaginer beaucoup plus boisé si l'on veut l'évoquer tel qu'il fut au temps des seigneurs des Baux. La Provence a été victime de déboisements massifs, effectués soit pour alimenter les fours à chaux, soit pour fournir l'arsenal de Toulon. Le pin maritime, qui y pousse de préférence aujourd'hui, n'y a été introduit qu'au début du XIXᵉ siècle ; on y voyait auparavant le pin parasol, fournissant ces pignons qui restent à la base de l'exquise pâtisserie d'Aix-en-Provence (en particulier les fameux calissons), et aussi le chêne, et ces essences qu'on ne trouve plus aujourd'hui que dans la forêt de la Sainte-Baume.

Le XIIᵉ siècle est une époque d'extraordinaire prospérité pour tout le pays. L'empereur germanique, nous l'avons dit, est loin. En réalité, Frédéric Barberousse éprouva tout de même le besoin de venir se faire couronner roi d'Arles en juillet 1178. A cette occasion il octroya, le 18 août, une charte à l'église Saint-Apollinaire, sur le terroir de la commanderie des Hospitaliers de Puimoisson ; on a entrepris la restauration de cet édifice en notre temps, huit cents ans plus tard ! Mais de leur côté, les Provençaux ne restaient pas inactifs : ils profitaient de l'établissement des royaumes latins en Terre sainte (conquêtes des croisés) pour se livrer à un commerce fructueux. A Marseille, on voit ainsi les bourgeois étendre leur ville bien au-delà des anciens remparts et se faire céder par les vicomtes, qui étaient précédemment seigneurs de la ville — les seigneurs des Baux étaient de ce nombre — tous leurs droits, si bien que Marseille est une véritable « république » indépendante au début du XIIIᵉ siècle.

A cette époque, le comte de Provence est Raymond Bérenger V, qui réunit encore une fois Catalogne et Provence sous sa domination. Il n'avait que cinq ans à la mort de son père. Aussi son oncle, Pierre II, roi d'Aragon, le prit-il sous sa tutelle. Il revint en Provence en 1216, et il allait avoir un règne des plus prospères, entouré qu'il fut d'excellents ministres dont l'un surtout, Romée de Villeneuve, devait administrer la Provence pendant près de vingt ans avec tant de sagesse qu'une légende finit par l'auréoler. On racontait (l'origine de la légende est peut-être son nom de Romée, par lequel on désignait les pèlerins de Rome) qu'il avait été un pauvre pèlerin, recueilli par charité par le comte Raymond Bérenger et qui, peu à peu, s'était révélé le meilleur, le plus sagace des conseillers. Il avait prédit au comte, qui se désolait d'avoir quatre filles et pas un seul fils pour recueillir son héritage, que de ses quatre filles il ferait quatre reines. Effectivement, l'une, Marguerite, devait épouser le roi de France Louis IX, la seconde le roi d'Angleterre Henri III, la troisième Richard de Cornouailles, futur roi des Romains ; enfin sa quatrième fille, Béatrice, à laquelle il laissait la Provence, devait épouser le frère de Saint Louis, Charles d'Anjou, plus tard roi de Sicile. Ainsi se trouvaient réalisées les prédictions du « Romée », tandis qu'un peu partout, dans les villes comme dans les comtés vassaux, son autorité se trouvait reconnue. D'autre part, montrant une étonnante aptitude à régulariser son administration, Raymond Bérenger V établit partout des « bailes » (baillis) qui étaient de véritables fonctionnaires, agents comtaux rétribués par lui, et qui avaient à exercer la justice,

Largogne

Boulogne

Cruas

Crest

D A

Aubenas
Rochemaure

Soyans
St Marcel-lès-
Sauzet
Bour

Montélimar

Comps

Largentière

Mélas
Allan
Aiguebelle

Thines

Viviers
Donzère

la Garde
Adhémar
la Baume-
du-Transit

Valréas
Nyon
(canal)

Chambonas

Bourg
St Andéol

St Paul
trois-Châteaux

Visan

St Restitut
Suze-la-Rousse

Vaison

Pont-St Esprit
(canal)

Mornas

Séguret
Malau

Camaret

Montmirail
le Barroux
Caron

N. D. d'Aubugne

Châteauneuf
du-Pape

Carpentra

Monteux
St Did

Roquemaure

Entraigues
Vé

Saumanes

Uzès

Thouzon

Pernes

Fontaine
-de-V.

AVIGNON
Montfavet
le Thor

Gord

Ganges

Barbentane
Noves
Caumont

St Etienne d'Issensac
St Martin-de-Londres

Boulbon
St Michel
-de
Frigoret

st-Andiol

Ménerb

Montferrand

Tarascon

Evragues
Lagoy

Cavaillon

Beaucaire

St Remy

Oppède
-le-Vieux

St Gabriel

les Baux

Sénas

St Gilles

Montmajour

Aile

Vignogoul

Montpellier

Arles

Salon

AIGUES-MORTES

Albaron

Etang
d'Entressen

Miramas
le-Vieux

Cornillon

Méjane

Bera

Poussar.
Maguelone
Vic-la-Gardiole

P
St-Blaise

St-Mitre-
les-Rempar

Fos

LES SAINTES-
MARIES-DE-LA-MER

Port
St Louis

Légende

* Trésor ou musée
▲ Eglise gothique
Château

Eglise romane
Edifice civil

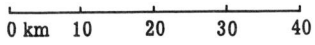

0 km   10   20   30   40

PROVENCE

P H I N É

Guillestre

la Bâtie-Neuve

Montmaur

Embrun

Boscodon

S.t Pons

Seyne-les-Alpes

COMTÉ

DE NICE

Bayons

Allos

Lagrand

Barret -le-Bas

Chardavon

Ribiers

Lachau

Isola

le Vieux-Noyer   Sisteron

Thoard

S.t Martin d'E

Roubion

tbrun
Bains

Sourribes

Guillaumes

Volonne   Courbons

Digne

Château-Arnoux

S.t Donat

Thouët-
s-Var

Cruis

S.t Christol

Ongles

Annot

Pont
S.te Pétronille

Simiane

Ganagobie
Forcalquier

Barreme

S.t Benoît

Sigale

Valsaintes

S.t Michel
-l'O.   Mane

Senez

Vergons

Briançonnet

Gars

Viens   Lincel

Dauphin

Puimoisson

Moustiers-
S.te Marie

le Mas

Coursegoules

gnon   Montfuron

Manosque

Riez

Castellane

Gréolières

curon   la Bastide
-aes-Sourdans

.a Palud

Gréoux
-les-Bains

Bargème

Gourdon

Tourettes

la Tour-
d'Aigues

S.t Vallier

Bar

Opio

us   P.t de Mirabeau

Cadarache

Comps-s-Artuby

Grasse

is

N. D. de Consolation

Seillans   S.t Cézaire

Valbonne

Peyrolles   Jouques

Esparron

la Verdière

Bargemon

Fayence

le Cannet

Villecroze

Salernes

Vauvenargues

Barjols

Flayosc

Draguignan

Cannes

S.t Ser

Cotignac

Entrecasteaux

S.t Hermentaire

la Napoule

St-Raphaël

St-Honorat

Lorgues   les Arcs-s-A.

Trets

LE THORONET

Fréjus

Peynier

S.t Maximin

Roquebrune

el-Air

Brignoles

Vieux-Cannet

S.t Zacharie

Rougiers

la Celle

le Luc

Allauch

Parc de
S.t Pons

Ferme du
Grand Loou

Puget-Ville

Grimaud

Aubagne

Cogolin

Ramatuelle

rseille

Ceyreste

le Beausset

Solliès
-Ville

Cassis

Evenos

la Valette

Bormes

Ollioules

Hyères

Sanary

Toulon

la Garde

Reynier

I. des Embiez

tandis que les revenus des comtés étaient perçus par des juges et des « clavaires », nous dirions trésoriers ; c'est la première fois que l'on constate cette spécialisation des pouvoirs. Auparavant, les délégués du comte le représentaient dans toutes ses attributions, aussi bien judiciaires que financières. La plupart de ces agents étaient des Catalans, comme Romée de Villeneuve lui-même. Et la Provence nous fait assister à l'une de ces surprises dont l'histoire de France est riche : au XIIIᵉ siècle, on aurait pu penser qu'un royaume groupant Catalogne et Provence était la voie de l'avenir ; on ne pouvait guère prévoir que la Provence ferait quelque jour partie du domaine des rois de France.

On pourrait d'ailleurs faire la même remarque à propos de toute cette région alors soumise à l'Empire et qui longtemps cherche sa voie. Ainsi, le Dauphiné reste un État indépendant jusqu'au XIVᵉ siècle. Il représente l'un des États féodaux les plus importants de cette terre d'Empire, puisqu'il comporte nos départements de l'Isère, des Hautes-Alpes, une partie de la Drôme, une partie de l'Ain, le tout aux mains du prince Humbert II, sorti de la maison de la Tour du Pin. Humbert II est veuf, sans enfant, et, qui

plus est, couvert de dettes. C'est en 1343 qu'il se résigne à céder ses États à la France, moyennant finance : on lui versa cent vingt mille florins d'or et une pension viagère de dix mille livres. Le Dauphiné fut remis, non pas au roi de France, mais à son fils. Ce fut d'abord son second fils (il se nommait alors Philippe, second fils de Philippe VI) ; mais, dès l'année suivante, c'était le fils aîné du roi, héritier présomptif du royaume — « dauphin » — qui recueillait solennellement ce Dauphiné dont il aurait désormais l'apanage, un peu comme, en Angleterre, le fils aîné du roi porte traditionnellement le titre de prince de Galles. Mais cette cession du Dauphiné n'était pas universellement reconnue : les ducs de Savoie mirent plusieurs siècles à se résigner à l'abandon des ambitions qu'ils nourrissaient depuis longtemps sur ce riche comté. Sous Henri IV encore, le duc de Savoie Charles-Emmanuel émit des prétentions sur ce qu'on appelait le Dauphiné de Viennois. Plus tard, la Savoie tournera ses regards vers l'autre versant des Alpes, avec plus de bonheur puisque au XIXᵉ siècle un duc de Savoie en viendra à être proclamé roi d'Italie.

De ces prétentions de la Savoie sur le Dauphiné, et de la rancune qu'en

Deux Arabes jouant aux échecs sous une tente :
Livre des Jeux, *Alphonse le Sage. 1282.*
Madrid, Bibliothèque royale de l'Escurial.

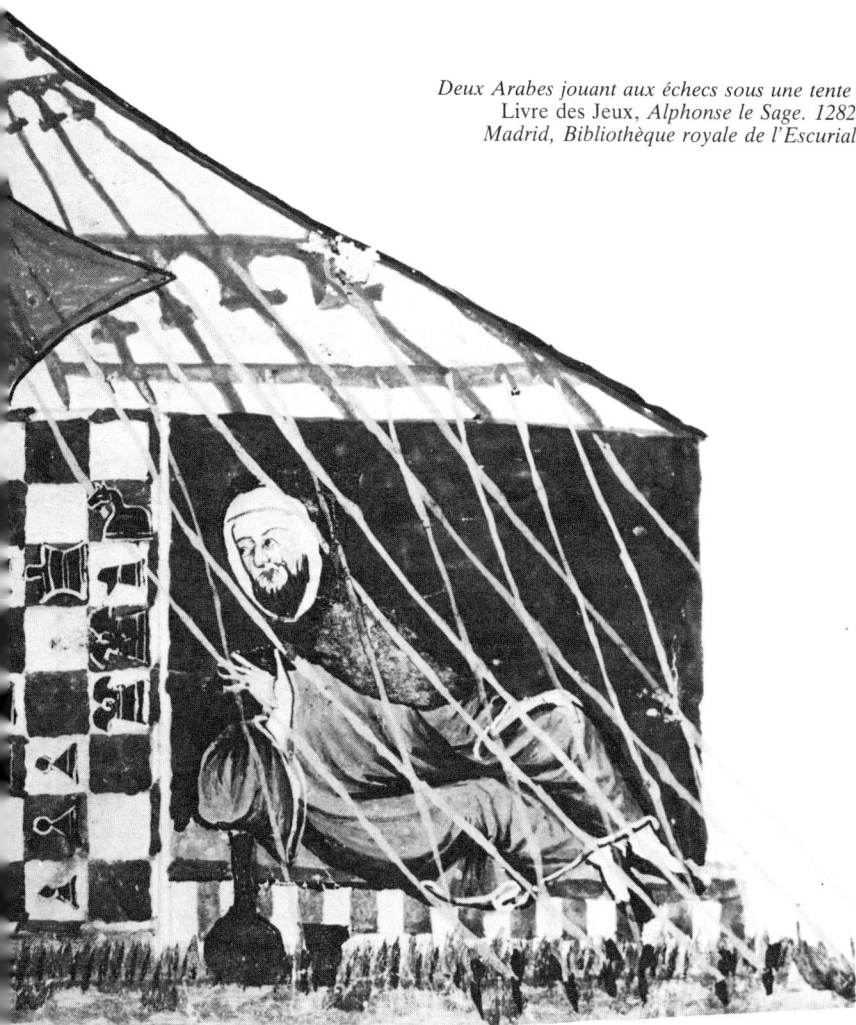

DAUPHINÉ-SAVOIE

Eglise romane
Eglise gothique
Château
Edifice civil
Trésor ou musée

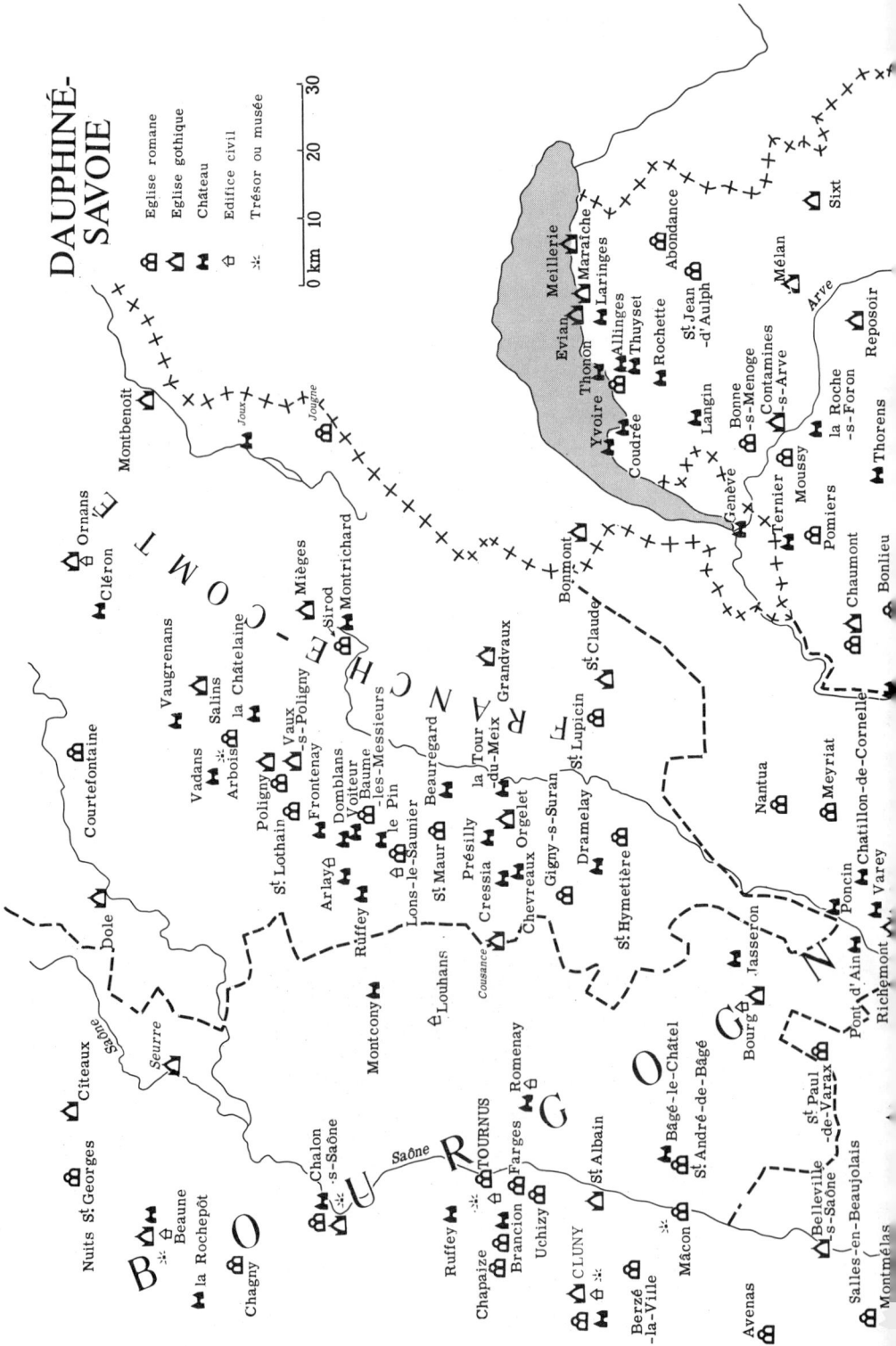

0 km 10 20 30

Belleville

pt St Bernard

Conflans
Chantemerle
Aime
Moutiers–Tarentaise

St Martin
-de-Belleville
Ste Marie-de-
Cuines
St Jean-de-Maurienne
St Michel-de-
Maurienne
Avrieux
N.D. de Charmaix

VANOISE

MAURIENNE

Le Monêtier
-les-Bains

Vallouise
les Vigneaux
l'Argentière
St Martin
de Queyrières
Fort-Queyras
Guillestre

PELVOUX

Beauvivier

Miolans
Châtillon
le Bourget
-du-Lac
Chambéry
St Béron
Hautecombe
Vienne
St Hugon
Montmélian
Château
–Bayard
Grande
Chartreuse

Isère

Grenoble
Son Repos

Château
des Disguières

Drac

SAVOIE

BELLEDONNE

Beauretour
Belley
Lhuis
Groslée
Reyrieu
Pont-de-
Beauvoisin
Serrières
St Chef

Crémieu
la Verpillière
Vaulx-Milieu

Voureÿ

Isère

Beauvoir

DAUPHINÉ

Lyon
Chandieu
Vienne

Rhône

Bressieux
Marmans
le Grand
–Serre
St Antoine

Hauterives
Ville-sur-Anjou
Salaise
Albon
Mantaille
St Donat
L'Herbass?
Serves

Rochechinard
Chateauneuf
Roman3
Valence
Crussol

Rhône

Montrond
Crest

Léoncel
Monteynard
Chabeuil

Die

VERCORS

Rhône

garda ce dernier, on retrouve des traces curieuses qui ont subsisté jusqu'à notre époque : ainsi les mésententes séculaires entre gens du Dauphiné et gens de Savoie sont-elles restées inscrites dans la petite ville de Pont-de-Beauvoisin que traverse le Guiers, rivière marquant la limite du Dauphiné et de la Savoie : deux églises s'y élèvent, l'une pour les Savoyards, l'autre pour les Dauphinois. Le pont, reconstruit sous François Ier, supportait autrefois l'obélisque aux armes de France et de Savoie qui, situé au milieu du pont, marquait la limite entre les deux provinces ; il a été détruit lors de la dernière guerre, et il ne subsiste plus d'ancien qu'une seule pile et les maisons à galeries, si typiques, qui s'accrochent au-dessus de la rivière. Pendant des siècles, et jusqu'à une époque assez récente, les habitants côté Savoie ont dit, lorsqu'ils traversaient ce pont : « Je vais en France », tandis que pour les habitants du côté Isère, les Savoyards étaient des « étrangers ». Le trafic était pourtant incessant entre les deux, puisque cette petite cité a joué un rôle économique important, étant la seule « étape des soies », avec Aigues-Mortes, autrement dit, la seule place par laquelle les étoffes de soie pouvaient régulièrement pénétrer en France. Certaines places provençales, comme la ville de Berre sur l'étang du même nom, ont par ailleurs appartenu aux ducs de Savoie jusqu'à la fin du XVIe siècle.

Pour en revenir à la Provence et à Raymond Bérenger, son règne trop court — il mourut en 1245, à peine âgé de quarante ans — a marqué pour la Provence une ère de prospérité sans égale. Accueillante aux troubadours, regorgeant de ressources naturelles comme la vigne et l'olivier, enrichie par le commerce, qui fait de Marseille une cité méritant déjà son nom de « porte de l'Orient », la Provence témoigne, par la beauté de ses abbayes et de ses églises, de son épanouissement artistique autant qu'économique. A Marseille, il y a Saint-Victor, l'abbaye vénérable entre toutes, témoin des premiers pas du christianisme en Gaule puisqu'elle remonte au début du Ve siècle et fut fondée par saint Cassien vers le temps où saint Honorat bâtissait, toujours sur ces rivages méditerranéens, l'abbaye de Lérins. Avant les destructions sarrasines, plusieurs centaines de moines s'y étaient pressés. Il ne reste que peu de chose de l'église, qui fut consacrée en 1040, sinon le mur latéral nord. La croisée d'ogives qui couvre le porche, avec son profil simple, en rectangle, date du milieu du XIIe siècle. C'est sans doute la plus ancienne abbaye qui ait été bâtie en Provence. Les fouilles de 1965 ont fait redécouvrir le *martyrium,* la tombe de celui qu'on honore sous le nom de saint Victor, de la fin du IIIe siècle, et les diverses parties de la crypte ont été remises en état avec érection d'un autel dû au maître Jean Bernard et aux compagnons du Devoir. La nef elle-même (première moitié du XIIIe siècle) reste romane, avec sa voûte en berceau brisé, tandis qu'on a utilisé la croisée d'ogives à la même époque dans les bas-côtés.

Chaque année, à Marseille, le 2 février, une foule énorme se presse dès avant l'aube au monastère de Saint-Victor. On y voit traditionnellement toutes les poissonnières de la ville : elles ne veulent pas manquer la processeion de la Chandeleur. Partout dans Marseille, ce jour-là, on vend de petits gâteaux en forme de barque qu'on appelle les navettes : cette tradition rappelle l'arrivée sur les rivages de Marseille de saint Lazare, qui aurait été le premier évêque de la ville, avec ses deux sœurs, Madeleine et Marthe, et les deux « Maries », Marie Jacobé, sœur de la Sainte Vierge, et Marie Salomé, mère des apôtres saint Jacques et saint Jean, ainsi que leur servante Sarah. Les uns et les autres, montés sur une barque, auraient atterri aux Saintes-Maries-de-la-Mer où se dresse l'admirable édifice roman à nef unique, à l'allure de forteresse, austère et nue, qui fut élevé entre 1140 et 1180.

L'allure guerrière de ce santuaire a été renforcée encore lorsque au XIVᵉ siècle on a ajouté les mâchicoulis qui l'entourent ; mais, dès l'origine, il offrait ce double caractère d'église et de forteresse ; et dans la nef elle-même, on trouve un puits qui pouvait, en cas d'attaque, ravitailler les gens des alentours réfugiés dans leur église.

L'abside est surmontée d'une tour qui renferme les châsses des reliques ; traditionnellement, on fait descendre ces châsses par un câble lors du grand pèlerinage annuel du 24 mai ; elles sont transportées en procession dans les rues de la ville le lendemain après la messe, et on les remonte par le même moyen. Disons d'ailleurs qu'il ne s'agit là que de traditions tardives : la découverte des reliques date de 1448 ; elle est consignée dans un procès-verbal dont l'original est conservé dans le presbytère de l'église. La légende date de la même époque, et le fameux pèlerinage des gitans, lui, ne doit guère remonter en réalité qu'au XVIIIᵉ siècle. Les gitans se réunissent aux Saintes-Maries ces 24 et 25 mai, passent la nuit entière dans l'église, et l'on dit que tous les trois ou quatre ans a lieu l'élection de leur reine.

Race étonnante que celle de ces errants perpétuels qui n'apparaissent d'ailleurs pas en France avant le XVᵉ siècle ; le Moyen Age proprement dit ne les a pas connus. La première fois que l'on a vu des bohémiens à Paris, ce fut en 1427. Le *Journal d'un Bourgeois de Paris* a raconté cette arrivée en faisant part pêle-mêle des légendes qui couraient sur eux : « Le dimanche 17 août, douze penanciers (pénitents, comme ils disaient) vinrent à Paris. C'était un duc, un comte et dix hommes, tous à cheval, qui se disaient chrétiens et natifs de la basse Égypte. Ils prétendaient avoir autrefois été chrétiens et ce n'était que depuis peu qu'ils l'étaient redevenus, sous peine de mort. Ils expliquaient que les Sarrasins les avaient attaqués et leur foi avait chancelé ; ils s'étaient peu défendus, s'étaient donc rendus à l'ennemi, avaient renié Notre-Seigneur et étaient redevenus sarrasins. » Et d'ajouter que ces hommes s'étaient confessés au pape, qui leur avait donné pour pénitence « d'errer par le monde pendant sept ans sans coucher en un lit... ». La description qu'en fait l'auteur du *Journal* vaut mieux que les explications qu'il donne : « Le commun, cent ou cent vingt hommes, femmes et enfants, n'arriva que le jour de la décollation de saint Jean 29 août)... Les hommes étaient très noirs et leurs cheveux crépus. Les femmes étaient les plus laides et les plus noiraudes qu'on pût voir. Toutes

CORSE-NICE

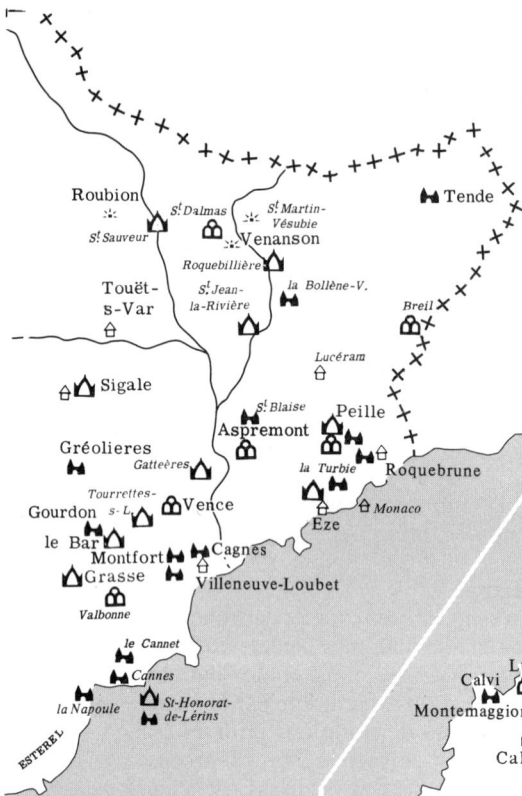

Château 🏰
Eglise gothique ⛪
Eglise romane ⛪
Edifice civil ⌂
Trésor ou musée ⁑

Roubion
S.t Dalmas
S.t Sauveur
S.t Martin-Vésubie
Venanson
Tende
Touët-s-Var
Roquebillière
S.t Jean-la-Rivière
la Bollène-V.
Breil
Lucéram
Sigale
S.t Blaise
Gréolieres
Gatteères
Aspremont
Peille
la Turbie
Roquebrune
Gourdon
Tourrettes-s-L.
Vence
Eze
Monaco
le Bar
Montfort
Cagnes
Grasse
Villeneuve-Loubet
Valbonne
le Cannet
Cannes
la Napoule
St-Honorat-de-Lérins
ESTEREL

Canari
Sisco
Brando
St Florent
Bastia
Suerta
Calvi
Lumio
Montemaggiore
Calenzana
S.te Restitute
Aregno
Col de Tenda
Col San Cesareo
Sorio
Pieve
S.to Pietro-di-Tenda
Rapale
Murato
la Canonica
Mariana
Bigorno
Castellare-di-Casioca
Valle-di-Rostino
Morasaglia
Castello-di-Rostino
S.ta Maria Figaniella
Castirla
S.n Lorenzo
Cambia
Sermano
Sn-Nicolao
Valle-di-Campotoro
Corte
Novale
Erbajolo
Favalello
Aleria

Cauro
S.te Marie-Sicche
Sollacaro
Poggio-di-Tallano
Corbini
Sartène
Tour de Figari
Montilati
Bonifacio

avaient des plaies au visage [tatouages], et les cheveux noirs comme la queue d'un cheval. Elles étaient vêtues d'une vieille flaussaie [étoffe grossière] attachée sur l'épaule par un gros lien de drap ou de corde ; leur seul linge était un vieux rochet (blouse) ou une vieille chemise ; bref, c'étaient les plus pauvres créatures que de mémoire d'homme on eût jamais vues venir en France. Malgré leur pauvreté, il y avait dans leur compagnie des sorcières qui, en regardant les mains des gens, dévoilaient le passé et prédisaient l'avenir... Leurs enfants étaient d'une incomparable adresse ; la plupart, presque tous même, avaient les oreilles percées et portaient à chacune d'elles un ou deux anneaux d'argent ; c'était, disaient-ils, la mode dans leur pays. » Et d'ajouter que cette adresse se manifestait surtout par leur dextérité à « vider dans leur bourse celle de leurs auditeurs ». On sait que les ethnologues se perdent encore en conjectures sur cette race énigmatique demeurée jusqu'à nos jours errante et marginale.

Tout près des Saintes-Maries s'étend la Camargue, et l'on se trouve transporté en un autre monde, dont le paysage a traversé les siècles sans changer : vaste plaine marécageuse où il n'est pas rare d'apercevoir des troupeaux de chevaux et de taureaux, voire, dans le lointain, des flamants roses qui s'y multiplient en même temps que les races plus familières des aigrettes et des courlis, depuis que la Camargue est devenue une réserve où la chasse est interdite.

En remontant l'un des bras principaux du delta du Rhône, on se trouve à Arles où l'église Saint-Trophime, jadis cathédrale, nous montre, dans sa nef, le plus haut vaisseau roman qui subsiste en Provence (20 mètres). Cette nef si haute et si étroite est épaulée par des bas-côtés voûtés en demi-berceaux. C'est là que fut couronné roi d'Arles l'empereur germanique Frédéric Barberousse, en 1178. Quant au cloître qui l'avoisine, il est pour moitié roman et pour moitié gothique, avec de magnifiques chapiteaux parmi lesquels on remarque (galerie ouest, datant du milieu du XIVᵉ siècle) sainte Madeleine au pied du Christ et sainte Marthe avec la Tarasque. Le magnifique portail sculpté rappelle celui d'une autre abbaye célèbre des environs, Saint-Gilles du Gard, qui a donné son nom à une branche des comtes de Toulouse, celle à laquelle appartenait Raymond de Saint-Gilles, lequel fit vœu, en partant pour la croisade dont il fut le premier adepte, de ne jamais retourner dans ses États, afin de se vouer entièrement à la reconquête de la Terre sainte. Le pape Urbain II, qui prêcha cette première croisade, avait lui-même fait le pèlerinage de Saint-Gilles, l'un des plus fréquentés du temps.

A Arles, le cimetière des Aliscans a une résonance épique ; il a donné son nom à une chanson de geste qui raconte les exploits du fameux Guillaume d'Orange, grand pourfendeur de Sarrasins. Lorsqu'on visite cette étonnante allée des Tombeaux où l'on voyait, au Moyen Age, les sépultures des douze pairs de Charlemagne et des héros tombés à Roncevaux, il faut se dire que l'on n'en voit qu'un débris : au XIIIᵉ siècle, il y avait là dix-neuf églises ou chapelles ; le cimetière a été littéralement saccagé à partir du XVIIIe siècle, et de nouveau au XIXe pour l'établissement de la voie ferrée.

De même, plusieurs de ces abbayes arlésiennes, datant de l'époque romane, sont-elles aujourd'hui désaffectées ou à l'état de simples vestiges : ainsi l'ancienne abbaye Saint-Césaire, l'église Saint-Blaise aux nefs romanes, et l'église Saint-Honorat avec son beau portail roman qui, de nos jours, a été l'objet de fouilles au cours desquelles sont apparus de nombreux sarcophages. En revanche, l'église Notre-Dame-la-Major subsiste, avec sa belle nef romane et aussi la statue en bois de saint Georges, patron des gardians, datant de la fin du XVIe siècle.

On ne peut quitter Arles sans voir, aux proches environs, l'abbaye de Montmajour, qui se dresse dans un décor tout médiéval avec le donjon qui la domine, reste du château fort des comtes de Provence ; la chapelle Sainte-Croix-du-Castellet, qui remonte au XIIe siècle, en faisait partie, ainsi que la chapelle Saint-Pierre qui, elle, peut remonter au Xe siècle et se trouve en partie sous terre, au pied du donjon. L'abbaye elle-même a gardé son église romane du milieu du XIIe siècle et son cloître dont une galerie au moins, celle située à l'est, a conservé ses chapiteaux romans.

D'autres abbayes encore ont été élevées par les cisterciens et en portent la marque dans l'admirable simplicité de leurs lignes. Nous les avons évoquées à propos de saint Bernard (chapitre 2) : Silvacane, Sénanque et surtout l'incomparable ensemble du Thoronet. Il faudrait en signaler beaucoup d'autres, parfois méconnaissables, comme la petite abbaye Saint-Eusèbe auprès du village entièrement médiéval de Saignon ; c'est aujourd'hui une grange, et il faut escalader le foin pour découvrir d'admirables chapiteaux romans. Ou encore, non loin de Mane, Notre-Dame-de-Salagon, avec son pont du XIIe siècle qui subsiste à quelques mètres de là.

Avec la ville d'Aigues-Mortes, dont les remparts se dressent dans le delta du Petit-Rhône, non loin des ruines de l'abbaye de Psalmodi, nous nous trouvons devant un témoin de la pénétration française en Provence. Lorsque Saint Louis projeta de partir pour la croisade, il s'avisa, en un temps où la voie de mer s'était révélée la plus pratique pour les pèlerins, qu'il ne possédait aucun port sur la Méditerranée. Marseille était terre d'Empire, Montpellier dépendait des comtes de Toulouse. C'est alors qu'il eut l'idée audacieuse d'aménager en port cette baie qui n'était utilisée que par quelques pêcheurs, et où ne se trouvaient, selon un témoin du temps, ni tours ni pierres. Dès 1241, il faisait entreprendre les premiers travaux et élever cette tour de Constance qui subsiste de nos jours. En 1246, il édicte une charte de franchise accordant à tous ceux qui viendront résider dans la ville nouvelle la protection royale et l'exemption de tous impôts ; et aussitôt, avec ce dynamisme joyeux qui caractérise la période féodale, les maisons s'élèvent, distribuées en « îles » qui correspondent aux « blocs » des cités américaines de nos jours, et groupées autour de l'église, à laquelle, en raison des dunes de sable qui s'étendaient à cet endroit, on

Types de bateaux comme ceux qui ont sillonné la Méditerranée,
emportant les pèlerins vers la Terre sainte, aux XIIe et XIIIe siècles,
et qui changeront considérablement à la fin du XVIe siècle.
Ici, ils évoquent la navigation vers l'île Fortunée où se trouve l'Arbre de Vie.
Chants royaux sur la Conception couronnée du puy de Rouen.
Début du XVIe siècle. Paris, Bibliothèque nationale.

donna le nom de Notre-Dame-du-Sablon. Les remparts ne devaient être entrepris que plus tard, en 1268, et furent terminés sous le fils de Saint Louis, Philippe le Hardi. Comme ils n'ont pas subi de siège, et, par conséquent, n'ont pas eu à être restaurés, ils sont aujourd'hui l'image la plus exacte de l'enceinte d'une cité médiévale. Aigues-Mortes ne tarda pas à devenir un port actif, et c'est là qu'en 1248 le roi de France et son épouse, Marguerite de Provence, prirent la mer à destination de Chypre, qui devait être la première étape sur la route de la croisade.

Au même moment, un autre croisé s'embarquait, mais à Marseille. Il nous a laissé le récit coloré d'un embarquement au Moyen Age. Il s'agit de Jean, sire de Joinville, qui n'allait pas tarder, au cours de cette croisade, à devenir l'ami et le compagnon fidèle du roi de France, dont il devait, par la suite, retracer les exploits.

« Au mois d'août nous entrâmes dans nos vaisseaux à la Roche de Marseille.

« Le jour que nous entrâmes dans nos vaisseaux, l'on fit ouvrir la porte du vaisseau, et l'on mit dedans tous nos chevaux que nous devions mener outre-mer, et puis l'on referma la porte et on la boucha bien, comme quand on noie un tonneau, parce que quand le vaisseau est en mer toute la porte est dans l'eau.

« Quand les chevaux furent dedans notre maître nautonier [pilote] cria à ses nautoniers [matelots] qui étaient à la proue du vaisseau et leur dit : " Votre besogne est-elle prête ? " Et ils répondirent : " Oui, sire. Que les clercs et les prêtres s'avancent. " Aussitôt qu'ils furent venus, il leur cria : " Chantez, de par Dieu ! " Et ils s'écrièrent tout d'une voix : " *Veni Creator Spiritus.* " Et le maître cria à ses nautoniers : " Faites voile, de par Dieu ! " Et ainsi firent-ils.

« Et en peu de temps le vent frappa sur les voiles, et nous ôta la vue de la terre que nous ne vîmes que ciel et eau, et chaque jour le vent nous éloigna des pays où nous étions nés.

« Et par là je vous montre que celui-là est un fou bien hardi qui s'ose mettre en tel péril avec le bien d'autrui ou en péché mortel ; car l'on s'endort le soir là où l'on ne sait si l'on ne se trouvera au fond de la mer au matin. »

D'autres personnages étaient fort affairés à Marseille, à la même époque. Non moins évocateur que le récit de Joinville est un recueil dépourvu de toute prétention littéraire : celui des notes du notaire marseillais Giraud Amalric. Ce notaire exerçait sa charge en cette année 1248 qui vit un trafic intense, car les pèlerins furent nombreux. En même temps qu'eux s'embarquaient les marchands avec leur cargaison. Dans la journée du 27 mars — c'est l'époque des grands départs, car on ne voyage guère avant le printemps par crainte des tempêtes — il enregistre vingt et une « commandes » : ce sont les contrats maritimes du temps. Un commerçant confie à un autre, qui est souvent son associé, une pacotille : draps de laine, toiles de chanvre ou de lin, vaisselle d'étain, etc., que celui-ci négociera dans les ports du Proche-Orient d'où il rapportera les précieuses épices, les parfums, les tissus d'or ou de soie. On vendra ensuite celles-ci aux foires de Champagne ou à celles de la région. Le 30 mars, Giraud Amalric dresse trente-sept actes pour les seuls transports maritimes : il enregistre la cargaison du navire *Saint-Esprit*, qui fait voile pour Acre, du *Saint-Gilles* à destination de Messine, du *Saint-Nicolas* et de la *Bonne Aventure* qui iront vers Bougie et Ceuta, car le commerce est prospère aussi avec l'Afrique du Nord ; du *Cerf,* du *Saint-Antoine,* du *Gerfaut,* qui iront à Naples. Les départs s'échelonnent ainsi de mars à juillet. Généralement, les commerçants résidaient la moitié de la saison en Orient et revenaient pour l'automne en Occident. Quelques autres, au contraire, partaient en automne, les derniers départs ayant lieu à la Saint-André (30 novembre) ; ils résidaient l'hiver en Orient pour revenir au printemps.

En ce qui concerne les pèlerins, si les plus importants, comme Joinville, louent, pour eux et leur suite, un navire, souvent en s'associant avec d'autres seigneurs, le simple petit pèlerin prend place sur un bateau qui transporte aussi des commerçants. La cité de Marseille se préoccupait de leur sort : elle avait fixé dans ses statuts les modalités de l'embarquement, tandis qu'elle déléguait des inspecteurs pour vérifier la manière dont ces règlements étaient observés. Chaque pèlerin se faisait inscrire par le notaire (on l'appelait l'écrivain de navire). Celui-ci lui remettait une carte sur laquelle étaient inscrits ses nom et prénoms, et le numéro de sa place. Le notaire devait reporter sur un registre les mêmes mentions ; registre tenu en double pour plus de précaution, et dont il devait délivrer un exemplaire à la commune pour vérification. Comme on le voit, ces formalités ne diffèrent guère de celles d'aujourd'hui. En même temps, l'écrivain de navire mettait le nom du *cargator,* c'est-à-dire de celui qui devait se charger de l'entretien des passagers pendant la traversée. Personnage contrôlé, non sans raison si, comme le pensent les philologues, le mot a donné naissance à celui de gargotier. On a quelque idée de ce qu'on embarquait à bord en fait de vivres par les données que nous possédons sur la nourriture des matelots : un texte, d'origine sans doute catalane, ordonne de leur donner de la viande trois fois par semaine, le dimanche, le mardi et le jeudi ; ils doivent avoir chaque jour de la soupe avec du fromage et du poisson, et du vin deux fois par jour ; et l'on remarque que, dans les cargaisons, on embarque du biscuit de mer, des poissons salés, du vin, du fromage et de la chair salée qui, de toute évidence, sont destinés à leur nourriture. Pour éviter que le cargator ne soit tenté de rogner sur la ration des passagers, il était obligé de jeter à l'arrivée tous les vivres qui restaient sur le bateau. Les grands personnages, ceux qui étaient logés sur ce qu'on appelait le château, l'étage supérieur du navire situé au-dessus des ponts, disposaient parfois de plusieurs pièces. On voit ainsi l'évêque d'Acre louer le quart du château, comportant cinq pièces, pour lui et ses serviteurs. Il destine l'une de ces pièces à son travail pendant le jour, une autre pour y dormir avec ses compagnons, une autre pour y mettre vêtements et vivres de la semaine, une autre encore où ses serviteurs dormiront et feront la cuisine, enfin, un emplacement pour les chevaux. Mais le petit pèlerin, lui, qui ne peut que louer une place sur l'entrepont, doit se contenter pour dormir d'un espace de 0,62 sur 1,76 m : de quoi y étendre une natte ou un tapis — dont il se munit généralement pour éviter de se salir sur le pont —, et s'enrouler dans sa couverture. Il emporte souvent quelques provisions personnelles : un petit tonnelet d'eau ou de vin, des figues ou des raisins secs ou des amandes, de la viande salée et du fromage, pour compléter le menu du cargator.

On imagine assez bien ce que pouvait être la cohue des jours d'embarquement en voyant deux Marseillais passer contrat pour s'en aller durant le mois d'août aux îles de Marseille — c'est en effet aux îles situées en avant du port qu'avaient lieu les grands départs, ce que Joinville appelle la Roche de Marseille — afin d'y vendre vin, poisson et viande à l'équipage et aux passagers des navires en partance. On imagine la foule de revendeurs et de marchands à la criée se pressant dans la rade, marchands de sandwiches, de figues et de raisins secs, harcelant pèlerins et équipage jusqu'au moment où l'on hissait la voile et où le pèlerin voyait peu à peu s'éloigner la terre, puis gagnait pour dormir la place qu'on lui avait assignée, ne sachant « s'il ne se trouverait au fond de la mer au matin ».

Aigues-Mortes n'est pas la seule ville où se manifeste en Provence l'influence française. Joinville nous raconte comment, à son retour de Terre sainte, le roi Saint Louis fit le pèlerinage de la Sainte-Baume. La grotte fameuse où, suivant la tradition, sainte Marie-Madeleine se serait retirée pour y vivre dans la pénitence, était déjà vénérée. Mais de ce que put voir Saint Louis, il ne reste que le paysage, et le roi était mort depuis vingt-cinq ans déjà lorsque fut élevée, non loin de la grotte, la basilique de Saint-Maximin, qui est l'un des plus beaux témoins, en Provence, de notre art gothique : un art gothique transposé dans ce mode sévère qui est celui de la région. La façade, du reste, n'a pas été achevée, mais la nef a grande allure, et son ordonnance : chapelle, bas-côtés, nef, est très harmonieuse. On trouve, exposé dans l'un des bas-côtés, un précieux souvenir avec la chape de Saint Louis, évêque de Toulouse, datant du début du XIVe siècle. C'est ce que l'époque appelait un orfroi : une bande de tissu d'or brodé. Les dominicains, installés à Saint-Maximin en 1295 — au moment où l'on commença la basilique —, y firent construire cloître, salle capitulaire et chauffoir au cours des XIVe et XVe siècles.

Le saint roi fit aussi station à Aix-en-Provence. Il put voir non pas la cathédrale Saint-Sauveur tout entière telle qu'elle se présente aujourd'hui (elle ne fut commencée qu'après sa mort, en 1285), mais son bas-côté sud qui était alors la nef d'une église romane dont subsiste le portail, à droite du portail principal. Il put voir aussi le baptistère, englobé dans ce bas-côté sud

*Cœur éveillé au lever du soleil déchiffre l'inscription de la fontaine,
tandis que dort Désir.*
Le Livre du Cœur d'amour épris, *dû à René d'Anjou,
avec ses seize merveilleuses miniatures,
constitue l'un des trésors de la Bibliothèque de Vienne, XVe siècle.*

et qui remonte aux premiers temps de l'évangélisation en Gaule, au
Ve siècle. Enfin il put parcourir le petit cloître roman remontant à la fin du
XIIe siècle, avec ses admirables chapiteaux et ses colonnettes entrecroisées.
Lors de son passage dans la ville, on terminait l'église Saint-Jean-de-Malte,
un témoin de l'art gothique, dont le beau clocher ne devait être achevé
qu'au XIVe siècle.

Il faut revenir dans la cathédrale pour voir le portrait de ce roi René qui
fut, de tous les souverains de Provence, celui qui a laissé le plus aimable
souvenir. Il figure dans l'admirable triptyque du *Buisson ardent* de Nicolas
Froment, sur le volet gauche, faisant face à sa femme, Jeanne de Laval.

En effet, Béatrice, dernière fille et héritière de Raymond Bérenger, avait
épousé, rappelons-le, Charles d'Anjou, frère de Saint Louis, un an après la
mort de son père, en 1246. Charles n'avait pas, il s'en faut de beaucoup,
l'admirable droiture de son frère, ni son esprit religieux. En revanche, il
était animé d'une ambition sans limites. Bientôt, les villes de Provence,
l'une après l'autre, durent reconnaître son autorité. En vain, quelques-unes

d'entre elles, comme Arles, Avignon, Marseille, formèrent-elles de véritables ligues défensives. Elles durent s'incliner, non sans avoir tenté plusieurs rébellions. A Marseille, il y en eut trois consécutives. Disons d'ailleurs que l'autorité de Charles d'Anjou restait assez débonnaire. On s'aperçoit que, par exemple, l'obligation de parler telle ou telle langue n'existe pas au Moyen Age. La population garde sa langue, ses mœurs, et, si le comte manifeste son autorité, c'est dans les limites qu'implique n'importe quelle administration : il y a un viguier dans la ville (tel est le nom qu'on donne en Provence à celui qui dans le Nord s'appelle prévôt ou bailli) ; celui-ci s'occupe de lever les impôts dus au comte, notamment celui de la gabelle, impôt sur le sel, qui n'existe alors qu'en Provence et qui sera imité au XVe siècle dans toute la France : la Provence était riche en salines, et le paiement de l'impôt n'y offre pas le même caractère d'abus qu'il aura beaucoup plus tard, sous l'Ancien Régime, dans des régions qui en sont totalement dépourvues. Administration certainement efficace et dotée d'un des budgets les plus étonnants que l'on puisse imaginer : les dépenses sont de vingt-deux à vingt-trois mille livres, les revenus, de quarante-trois mille livres !

Hélas ! Charles d'Anjou n'était pas homme à jouir en paix de revenus aussi impressionnants. Il commence par briguer le royaume de Naples et de Sicile ; il espérait recueillir l'empire latin de Constantinople et même le royaume de Jérusalem. Mais la Sicile ne tarda pas à se révolter, soutenue qu'elle était par le roi d'Aragon, qui avait, lui aussi, des ambitions en Méditerranée. Cette révolte coupa court aux projets du remuant prince d'Anjou, mais non aux malheurs des Italiens, car il légua ses ambitions à ses successeurs, et nous les retrouverons beaucoup plus tard dans la politique italienne des derniers Valois, qui, à la fin du XVe siècle et au début du XVIe, s'efforcent, l'un après l'autre, de conquérir l'Italie.

Son fils, Charles II, avait été fait prisonnier par le roi d'Aragon lors d'une bataille livrée dans la baie de Naples en 1285. Il ne devait être libéré que trois ans plus tard. Dans l'intervalle, ceux qui administraient la région prirent une décision qui devait être importante pour l'avenir de la Provence : ils réunirent des représentants de tous les ordres de la région : ce furent les états de Provence. Ils se tinrent pour la première fois en 1286. De même fut installée à Aix une cour des comptes, qui vérifia la comptabilité publique et qui devait avoir un grand avenir. Aix, peu à peu, devenait une capitale.

A la même époque, un pape français, Clément V, effrayé des troubles qui divisent Rome, fixe sa résidence en Avignon. Résidence provisoire mais destinée à durer soixante-dix ans, avec de lourdes conséquences pour la chrétienté entière.

La descendance de Charles d'Anjou devait finir avec la reine Jeanne. Celle-ci a laissé un souvenir populaire qui est un des paradoxes de l'histoire, car rarement réputation a été moins méritée. Son règne est d'un bout à l'autre marqué par la tragédie. L'avant-veille du couronnement, à

Naples, de son mari, André de Hongrie, celui-ci était étranglé (dans la nuit du 18 au 19 septembre 1345). La reine — elle avait alors dix-neuf ans — fut soupçonnée, non sans de solides raisons, d'avoir trempé dans l'assassinat, et les soupçons se confirmèrent lorsqu'elle épousa assez rapidement son cousin Louis de Tarente, en qui l'on voyait son complice. Menacée par son ex-beau-frère, le roi de Hongrie, elle s'enfuit à Aix. Ce fut pour voir s'y déchaîner la peste noire qui lui fit regagner Naples en toute hâte ; entre-temps, elle avait vendu Avignon au pape pour une somme de quatre-vingt mille florins. On ne devait plus la revoir en Provence. Elle allait mourir étranglée par son compétiteur au royaume de Naples, son cousin Charles de Duras (1382).

N'ayant pas d'héritier légitime, bien que mariée quatre fois, la reine Jeanne avait adopté le duc Louis d'Anjou, frère de Charles V. Celui-ci ne fit que traverser la Provence pour aller combattre en Italie. Il mourut dès 1384.

Le roi René était son petit-fils. Lorsqu'il accéda au comté de Provence, il trouva le pays dans un état lamentable, subissant le contrecoup des guerres qui ensanglantaient la France en cette première partie du XVᵉ siècle, l'une des plus terribles périodes de notre histoire. Les campagnes étaient désertes et les côtes pillées par les corsaires tant génois qu'aragonais. Lui-même, René d'Anjou, avait été fait prisonnier par le duc de Bourgogne en juillet 1431 lorsqu'il combattait en Lorraine, dont il venait de recueillir la succession du chef de sa femme, Isabelle de Lorraine. Après avoir suivi la politique assez brouillonne de ses prédécesseurs et combattu inutilement à Naples, où il fut définitivement vaincu par le roi d'Aragon, il revint se fixer en Provence. Il y demeura jusqu'à sa mort, préférant à tout autre cet aimable domaine.

Du moins constate-t-on un relèvement économique certain pendant le règne du roi René. Il ne craignit pas d'appeler des cultivateurs italiens à venir repeupler la campagne provençale, et en installa de véritables colonies à Saint-Laurent-du-Var, à Carnoules, à Saint-Tropez, ailleurs encore, surtout dans le centre et l'est de la Provence. De là nombre de Provençaux tirent leur physique italien, dont beaucoup croyaient pouvoir attribuer l'origine à la domination romaine.

C'était du reste un prince lettré, peut-être peintre (on lui attribue les ravissantes miniatures du fameux livre du *Cœur d'amour épris*, et la tradition veut qu'il ait fait le portrait de Jeanne d'Arc), certainement en tout cas un poète.

Voici, de lui, un rondel adressé au duc d'Orléans. Il fait allusion à leurs confidences amoureuses :

> *Pourtant, si vous plaignez d'amours,*
> *Il n'est pas temps de vous retraire (retirer) ;*
> *Car encore, il vous pourra faire,*
> *Tel bien que perdrez vos doulours...*
> *Vous connaissez assez ses tours,*
> *(Je ne dis pas pour vous desplaire...)*
> *Pourtant, si vous plaignez d'amours*
> *Il n'est pas temps de vous retraire.*

Après le roi René, la Provence n'allait pas tarder à revenir entièrement à la France. Son fils Charles ne passa que seize mois sur le trône. En 1481, il avait par testament légué son royaume au roi de France. Les états, rassemblés à Aix par l'agent officieux de Louis XI, Palamède de Forbin, votèrent les chapitres par lesquels ils approuvaient cette réunion.

L'arrivée à Avignon par la route a été depuis peu dégagée, débarrassée des horreurs qui masquaient une partie des remparts et des monuments, si bien que l'on peut jouir à nouveau de ce site admirable de la ville dominant en à-pic au-dessus du Rhône la campagne provençale de ses deux principaux monuments : le rocher des Doms et le palais des Papes, auxquels répond, sur l'autre rive du Rhône, le merveilleux ensemble de

Villeneuve-lès-Avignon. Du séjour de la papauté reste ce souvenir grandiose qu'est le palais des Papes, qui de nos jours est le cadre de festivals d'art dramatique et de spectacles « son et lumière ». Comme beaucoup de monuments de Provence, c'est une forteresse autant qu'un palais. Du temps des papes est restée aussi l'habitude de dire « en Avignon » comme on dit « en France », car il s'agissait d'un État.

Le palais des Papes avait été autrefois le palais épiscopal, et Jean XXII (Jacques Duèze) l'avait une première fois fait agrandir. Son successeur, Benoît XII, fit démolir tout ce qu'il avait trouvé pour rebâtir un ensemble qui constitue aujourd'hui le Palais vieux. Il se dresse à même le rocher qui lui tient lieu de fondations. C'est la partie nord du palais actuel, couronnée par les tours : tour des Anges, tour de la Glacière, tour Saint-Jean, tour de la Campane (la cloche, en provençal) et tour Trouillas. Par la suite, on ajouta d'abord deux corps de bâtiments voûtés d'ogives délimitant la cour d'honneur, puis la partie orientale avec la tour Saint-Laurent. L'une des curiosités du Palais vieux est la vaste cuisine avec sa hotte énorme, ainsi que le puits (19 mètres de profondeur) qui alimentait le palais. L'immense salle des festins (35 mètres de long), restaurée dans son état ancien, est l'une des pièces les plus impressionnantes de ce Palais vieux. Dans la petite chapelle Saint-Martial qui s'ouvre sur elle, on voit encore des fresques du XIVᵉ siècle dues à un artiste italien, Matteo Giovanetti. D'autres fresques célèbres, dont plusieurs ont été restituées de nos jours par François Enaud au peintre siennois Simone Martini, décorent la tour de la Garde-Robe dans le Palais neuf, près de la grande chapelle située au-dessus de la salle principale, ou salle de la Grande Audience. Dans cette chapelle pontificale se trouve une pierre d'autel qui passe pour être l'étalon de la *canne*, la principale mesure provençale avec la *paume*, ou *pan*. La canne mesure environ 2 mètres (exactement 1,975 m ; le pan représente environ 0,25 m).

Auprès du palais des Papes se dressait déjà l'église Notre-Dame-des-Doms qui remonte aux tout premiers siècles de l'Église et qui avait été rebâtie vers le milieu du XIIᵉ siècle. La tour-lanterne qui la surmonte est romane, ainsi que la nef en berceau brisé. On lui a ajouté des chapelles au cours des siècles, à partir du XIVᵉ. Au temps des papes également, on commença à reconstruire l'église Saint-Pierre en style gothique, à construire l'église Saint-Didier (1325-1359), l'une des plus grandes églises gothiques de Provence. Et, peu après qu'ils eurent regagné Rome, le couvent des Célestins s'élevait sur la tombe du cardinal Pierre de Luxembourg, mort en odeur de sainteté. Du XIVᵉ siècle également datent l'église Saint-Agricol et l'ancien couvent bénédictin de Saint-Martial.

Mais surtout l'ensemble des remparts de la ville a été élevé entre 1349 et 1370. Seuls, les mâchicoulis ont été ajoutés par la suite, au XVᵉ siècle. Le plus bel aspect qu'on puisse en voir est le côté nord de la ville, celui qui longe le Rhône. De ce côté, les remparts n'ont pas été restaurés ni défigurés comme ils le sont ailleurs du fait que les fossés ont été comblés, ce qui diminue leur hauteur.

Les papes ont dû emprunter bien souvent le fameux pont d'Avignon, ce pont Saint-Bénezet dont il ne reste plus aujourd'hui que quatre arches ; le pont primitif, dont on attribue la construction à saint Bénezet (il en aurait, sur ses épaules, porté à lui seul les immenses dalles), avait été construit au milieu du XIIᵉ siècle. Au XIIIᵉ, il fut surélevé, tandis que la chapelle Saint-Nicolas, qui s'élevait sur ce pont (rappelons que les ponts sont couverts de maisons à l'époque), était elle aussi surélevée et divisée en deux étages voûtés d'ogives. A la tête du pont Saint-Bénezet se dresse toujours une tour, élevée en 1302 sous le règne de Philippe le Bel.

C'est là, de l'autre côté du Rhône, que l'on visite les magnifiques souvenirs de la chartreuse de Villeneuve-lès-Avignon. Elle aussi date de ce XIVᵉ siècle qui vit dans la ville une animation extraordinaire. Cette chartreuse fut fondée en 1356 par Innocent VI, qui s'y fit enterrer ; mais la plus grande partie en a été reconstruite au XVIIIᵉ siècle, à l'exception de

Le palais des Papes d'Avignon. Il fut commencé par Jean XXII en 1316,
puis démoli et reconstruit par Benoît XII (1334), complété par Clément VI,

l'église elle-même et de l'ancienne chapelle pontificale. Sur la place de Villeneuve, l'église Notre-Dame est, elle aussi, un exemple du gothique méridional du XIVᵉ siècle, et contient surtout deux vierges du XIVᵉ siècle, l'une en pierre, l'autre en ivoire polychrome, l'un des plus beaux ouvrages de ce genre.

Dans l'ancien hospice attenant, on va admirer ce chef-d'œuvre qu'est le tableau représentant le *Couronnement de la Vierge* d'Enguerrand Quarton, et déplorer que le musée du Louvre en ait enlevé la fameuse *Pietà*. L'un et l'autre provenaient de la chartreuse et sont parmi les chefs-d'œuvre de la peinture française du XVᵉ siècle. Enfin Villeneuve est dominé par le fort Saint-André, qui a gardé sa porte fortifiée et une partie de son enceinte avec les tours, et aussi la petite chapelle Notre-Dame-de-Belvezet qui remonte à l'époque romane.

enfin terminé par Urbain V vers 1362. Converti en caserne après la Révolution, il a été magnifiquement restauré de notre temps.

Il faut imaginer tout cela animé par la foule qu'a entraînée la cour pontificale : non seulement les prélats, mais aussi leurs serviteurs, leur famille souvent, et les clercs qui s'occupent des innombrables services : tribunaux, cour fiscale, etc., lesquels, dès cette époque, prennent une importance envahissante autour du souverain pontife. L'Église de ce temps se défend mal contre sa richesse, qui la mine plus sûrement que les persécutions. Le pape est un souverain temporel, et, en tant que tel, doit protéger militairement ses États, tantôt contre les entreprises des empereurs, tantôt contre les grandes familles romaines comme celle des Colonna. Devant cet envahissement du temporel, les soucis d'ordre spirituel ne vont pas tarder à passer au second plan. L'exil d'Avignon semble avoir précipité cette décadence de la papauté qui la menaçait dès le milieu du XIIIe siècle. L'ensemble des cardinaux parut prendre brusquement conscience du danger lorsque, en 1294, ils firent choix (après un conclave qui avait duré vingt-sept mois !) d'un saint ermite, fondateur de l'ordre qui s'appellera les Célestins d'après le nom qu'il prit alors : Célestin V. Symboliquement, le pape-ermite voulut faire son entrée à Rome monté sur un âne. Mais, soit incapacité réelle, soit crainte devant les décisions énergiques qu'il eût fallut prendre, Célestin, au bout de quelques mois, se déclarait impropre à gouverner l'Église et se retirait. Dante devait, par la suite, stigmatiser ce qu'il nomme le « grand refus ».

Quoi qu'il en soit, Avignon aura été pendant ce séjour des papes (1305-1377) le centre d'une vie bourdonnante et particulièrement bénéfique aux artistes. Les beaux livres, les beaux tableaux trouvent amateurs. Avignon est alors une ville d'art où affluent les Italiens, et le commerce qui en résulte s'ajoute à l'une des industries les plus florissantes de la ville, qui était un centre d'armurerie en un temps précisément où l'armement allait se compliquer par suite de l'invention de la poudre à canon.

On voit accourir en Avignon les marchands de Barcelone, de Montpellier, de Lyon, et surtout de Milan, de Gênes, de Pavie, etc. Beaucoup d'ouvriers étrangers sont installés dans la ville, notamment ces armuriers dont plusieurs sont allemands, d'autres florentins, milanais ou français. Quant à l'état d'esprit qui domine tout ce monde, il s'exprime d'un mot : l'argent. Écoutons seulement comment s'exprime un marchand de tableaux écrivant à un correspondant italien :

« Vous dites que vous ne trouvez pas de peintures au prix où nous le désirons parce qu'il n'y en a pas à si bas prix. Si vous ne trouvez pas de bons articles à un bon prix, n'en achetez pas... Ce sont des articles qu'il faut acheter quand l'artiste a besoin d'argent. Si un jour en cherchant vous trouvez un bon article de valeur et que l'artiste ait besoin d'argent, alors achetez-le. »

Chose étonnante, c'est en Avignon que l'on trouve la plus ancienne mention de presses d'imprimerie. Dès la date lointaine de 1444, en effet, un matériel d'impression, avec presse et caractères mobiles en métal, y existait. Deux ans plus tard, on voit un orfèvre de Prague — il s'appelait

Procope Waldfoghel — qui enseigne en Avignon à des disciples, entre autres un juif de la ville, « l'art d'écrire mécaniquement ». Ils devaient jurer de n'en révéler le secret à personne.

Cette cour papale d'Avignon, avec ses préoccupations toutes mondaines, sa fiscalité envahissante, les goûts artistiques qui se développent dans un sens fort éloigné de tout art sacré, ressemble donc fort peu à ce qu'on peut attendre d'une réunion d'hommes d'Église. Déjà, dans son séjour d'Avignon, la papauté préfigure au XIVe siècle ce qu'elle sera au XVIe. On ne peut sans doute l'accuser d'être aussi dissolue qu'elle le sera au temps d'un Alexandre Borgia ou d'un Jules II, mais déjà elle est loin d'être édifiante.

Un jour, un petit groupe d'hommes et de femmes s'arrête devant le palais des Papes ; les femmes portent pour la plupart la robe blanche et le manteau noir de celles qu'on appelle en Italie les *mantellate :* les membres du tiers ordre de saint Dominique. Parmi les hommes il y a des clercs, mais aussi des laïcs. Tous se tiennent autour de celle qui les entraîne, une étrange fille vêtue de noir et de blanc, au visage presque transparent à force de maigreur et dans lequel brillent deux yeux de feu, plus accoutumés aux extases qu'au spectacle de la vie quotidienne.

Catherine Benincasa, âgée alors de vingt-trois ans, est probablement l'un des personnages les plus étranges de cette étrange époque, et l'une des saintes les plus étonnantes du calendrier. Tout enfant, rien ne distinguait des autres membres de la famille la dix-neuvième fille d'un ménage de teinturiers de Sienne. Un jour — elle avait six ans — elle aperçut, au-dessus de l'église des Dominicains située sur une colline qui dominait la ville, le Christ sous l'aspect du pape : couronné de la tiare et revêtu des ornements pontificaux, tandis qu'auprès de lui se trouvaient les apôtres Pierre, Paul et Jean. La fillette était demeurée figée dans son extase, tandis que son frère, qui était avec elle, poursuivait sa route. Étonné de ne plus voir sa sœur auprès de lui et revenu en arrière, l'enfant se demandait pourquoi Catherine restait ainsi sur place, le visage transfiguré. La vie de Catherine après cette vision n'avait plus été que charité et prière. Elle n'était pas entrée dans un cloître : son existence s'écoulait dans cette ville de Sienne qui l'avait vue naître. Elle avait seulement pris, à seize ans, la robe blanche et noire des tertiaires de saint Dominique et bientôt avait vu s'assembler autour d'elle des hommes et des femmes qui venaient la voir et l'entendre. Ainsi s'était formée une escorte, ce qu'elle appelait la *bella brigata ;* il y avait là d'autres tertiaires, quelques pères dominicains de Sienne, dont son confesseur, Raymond de Capoue, et aussi des jeunes gens de cette haute société de Sienne pourtant tout accaparée par les plaisirs et par les luttes que la cité menait contre sa rivale Florence. Parmi eux, Catherine avait choisi le jeune poète Neri di Landoccio pour préparer son grand projet : un voyage en Avignon.

Depuis que les papes étaient en Avignon, considérée par eux comme un séjour provisoire, de multiples tentatives avaient été faites pour les

Catherine de Sienne est reçue par le pape en Avignon.
Elle porte l'habit des mantellate, filles spirituelles des dominicains.
Giovanni Di Paolo. XVᵉ siècle. Collection Thyssen.

ramener à Rome. Beaucoup de hauts personnages avaient pris le chemin d'Avignon pour les décider, parmi lesquels cette Suédoise qui à son haut rang joignait toute l'autorité d'une sainte : sainte Brigitte de Suède. Mais il était dit que la fille du teinturier de Sienne aurait seule la parole assez persuasive pour mettre fin à ce que l'on appellera la « captivité de Babylone ». Arrivée en Avignon le 18 juin 1376, Catherine fut admise deux jours plus tard à une audience auprès du pape Grégoire XI. Elle le convainquit : le pape s'embarqua pour regagner la Ville éternelle.

Le voyage devait être particulièrement pénible, marqué de tempêtes qui contraignaient la flotte pontificale à des arrêts inattendus. Grégoire XI dut relâcher à Gênes ; là les cardinaux qui l'accompagnaient vinrent le mettre au courant de très mauvaises nouvelles : à Rome grondait l'insurrection, à Florence une nouvelle révolte avait éclaté. De toute évidence, le moment était mal choisi. Le souverain pontife, ne sachant que faire, alla, dit-on, consulter la jeune Siennoise. Cette seconde entrevue l'aurait décidé à reprendre la mer. Et, le 17 janvier 1377, une foule enthousiaste saluait à Rome le retour du souverain pontife.

Avignon n'en resta pas moins ville pontificale pendant plusieurs siècles encore : ce ne fut qu'à la Révolution que fut décidé son rattachement à la France.

12

Sur les traces
de la guerre de Cent Ans

Cy parle de la bataille de crecy entre le roy dangletere et le roy de france

Bataille de Crécy, 1346. Les Anglais sont munis de l'arme nouvelle, l'arc long, tandis que les Français restent fidèles à l'arbalète à traits, dont le tir est beaucoup plus lent.
Froissart, Chroniques. *Paris, Bibliothèque nationale.*

SUR LES TRACES
DE LA GUERRE DE CENT ANS

Lorsqu'on quitte Abbeville par la nationale 28 en se dirigeant sur Hesdin, on ne tarde pas à trouver, sur la gauche, la forêt de Crécy. Elle s'étend sur cinq mille hectares. Pour nos ancêtres médiévaux, c'était avant tout le lieu de retraite de saint Riquier qui, venu de la lointaine Irlande, s'y fit ermite après avoir fondé l'abbaye qui porte son nom, autrefois monastère de Centula. Cette abbaye, superbe édifice de style flamboyant, s'élève à huit kilomètres d'Abbeville. Elle nous conserve, dans sa magnifique architecture — celle du Moyen Age finissant et (façade ouest) du début de la Renaissance —, de saisissantes peintures murales, illustrant le *Conte des Trois Morts et des Trois Vifs,* très caractéristique de la dévotion du XVe siècle. Elle garde aussi dans son trésor de splendides pièces d'émail et d'ivoire, dont un beau christ byzantin du XIIe siècle. Près de l'abbaye, on montre encore (c'est aujourd'hui simple dépendance d'une cour de ferme) le cachot où Jeanne d'Arc passa une nuit sur la sinistre route qui la conduisait vers Rouen, surveillée par l'escorte anglaise à laquelle elle avait éé remise à Arras, l'étape précédente. Dans ce cachot, elle fut, dit-on, réconfortée par le prieur de Saint-Riquier, qui vint la voir avec l'un de ses moines.

A trois kilomètres et demi environ du village de Crécy-en-Ponthieu, au nord-est, près du croisement de la route de Fontaine-sur-Maye et du chemin de l'Armée, s'élève une croix. Elle marque l'emplacement du champ de bataille où pour la première fois tonna le canon (les bombardes), et qui est, pour l'histoire, la seconde grande défaite de la chevalerie française.

La première avait eu lieu dans les Flandres, à Courtrai, quelque quarante ans auparavant ; simple prélude aux désastres qui allaient suivre.

Suprême honte : la victoire à Courtrai avait été remportée par les petites gens des Flandres sur la chevalerie la plus éprouvée d'Europe, et la plus glorieuse. Tel était l'effet de la politique de Philippe le Bel qui, cherchant à annexer la Flandre, soutenait, dans les villes, la riche bourgeoisie des lignages contre les petites gens, ceux que, nous l'avons vu au chapitre 9, elle appelait les « ongles bleus », tisserands et teinturiers, que la bourgeoisie avait refoulés hors des remparts des grandes villes, à Ypres, à Gand et à Bruges notamment, après s'être assuré la possession de tout le sol de ces villes comme elle s'était assuré leur administration. Poussé à cette extrémité, le petit peuple avait fait appel à ses anciens comtes : les princes Jean et Guy de Namur et le jeune Guillaume de Juliers ; ils avaient infligé aux armées du roi de France, sur le champ de bataille de Courtrai, une défaite totale. Après quoi, une série d'expéditions françaises s'étaient inutilement succédé dans ces régions, épuisant le trésor, saignant une armée dont ces événements tendaient de plus en plus à faire une armée permanente, enfin pesant sur la politique de la France en éveillant l'hostilité de l'Angleterre. Il y avait, en effet, un arrière-plan économique dans l'alliance de la Flandre et de l'Angleterre : celle-ci, nous l'avons vu, était un pays exclusivement agricole et devait le rester jusque dans le courant du xve siècle. Or la laine de ses moutons avait pour principal — sinon pour unique — débouché les villes flamandes, qui, de leur côté, ne pouvaient se passer de l'apport des laines anglaises : chaque bateau détourné signifiait l'arrêt d'un certain nombre de métiers de tisserands à Ypres, à Gand ou à Bruges. Si bien que l'on verra, pendant toute la série des guerres franco-anglaises qui vont suivre, l'alliance Flandre-Angleterre s'opposer constamment à la politique de conquête inaugurée par Philippe le Bel.

Le même Philippe le Bel avait mené quelques opérations contre la Guyenne, sans le moindre prétexte valable d'ailleurs — au point que les historiens modernes en sont réduits à se demander quel a pu être le motif d'une semblable hostilité. Cependant, lorsque ses trois fils moururent sans héritiers et qu'il fut question de savoir qui lui succéderait sur le trône de France (Édouard III d'Angleterre était, par sa mère Isabelle, le petit-fils de Philippe le Bel), la succession passa sans encombre à Philippe de Valois, neveu du même Philippe le Bel par son père, Charles de Valois. Édouard III vint lui rendre hommage, en 1328, et ce n'est que beaucoup plus tard, à l'instigation des Flamands, en particulier du fameux tribun de Gand, Jacques d'Artevelde, et poussé à bout aussi par les maladresses de Philippe de Valois, qu'Édouard III d'Angleterre prendra, en 1340, le titre de roi de France et revendiquera pour sien l'héritage capétien.

On verra désormais s'affronter, sur le champ de bataille comme dans les menées diplomatiques, cet Édouard III qui est un esprit positif, réaliste, mettant de son côté toutes les chances, et s'assurant toutes les ressources de la technique, et Philippe VI de Valois qui représente un esprit de chevalerie vieilli et dégénéré, qui cherche les actions d'éclat individuelles, et considère la guerre comme un tournoi : Crécy illustre parfaitement le choc de ces deux mentalités.

Tout d'abord, en stratège consommé, Édouard III a développé une manœuvre destinée à lui servir de paravent : en 1345, il envoie l'un de ses lieutenants, Henry de Derby, mener en Guyenne une action militaire destinée à faire diversion. Aussitôt le roi Philippe, comme l'espérait

Édouard, envoie ses meilleurs chevaliers en Guyenne, sous la conduite de son propre fils Jean, duc de Normandie, ce qui permet à l'Anglais d'opérer un débarquement à Saint-Vaast-la-Hougue, dans le Cotentin. Dévastant au passage plusieurs villes de Normandie, Édouard s'empare de Caen, rend visite à la tombe de Guillaume le Conquérant, entre en fureur lorsqu'on lui apporte, retrouvé dans des archives, un projet d'invasion et de partage de l'Angleterre qui date de quelques années à peine. La ville de Caen est alors entièrement dévastée par les Anglais, et le projet d'invasion, traduit en anglais, est lu dans toutes les paroisses d'Angleterre.

Édouard III continue ensuite sa marche en direction de la Flandre et gagne d'abord le Ponthieu, qui lui appartient, en traversant la Somme au gué de Blanquetaque. C'est alors que Philippe de Valois et son armée, qui avaient inutilement battu la campagne entre Paris et Rouen, parviennent à joindre l'armée anglaise. « Quand le roi Philippe vint jusque sur la place où les Anglais étaient arrêtés et ordonnés, et qu'il les vit, le sang lui mua, car il les haïssait et ne se fût donc nullement retenu de combattre, et il dit à ses maréchaux : " Faites passer nos Génois devant et commencez la bataille, au nom de Dieu et de Monseigneur Saint Denis. " »

Ces Génois étaient des arbalétriers — environ quinze mille, dit Froissart à qui nous empruntons le récit des événements — qui firent remarquer que la position ne se prêtait guère au combat. « Ils étaient durement las et fatigués d'aller à pied ce jour plus de six lieues tout armés et de leurs arbalètes porter. Et ils dirent donc à leur connétable qu'ils n'étaient pas ordonnés (prêts) à faire grand exploit de bataille... Or descendit une pluie du ciel si grosse et si épaisse que merveille, et un tonnerre et un éclair fort grand et horrible. Et avant cette pluie, par-dessus les batailles, tant d'un côté que d'autre, avaient volé si grands oiseaux de corbeaux qu'ils paraissaient sans nombre et faisaient le plus grand vacarme du monde et disaient certains sages chevaliers que c'était là signe de grande bataille et de grande effusion de sang. »

C'était le 26 août 1346. Le corps d'archers anglais disposait d'un arc perfectionné qui lançait trois flèches pendant que les arbalétriers génois, mercenaires au service du roi de France, en lançaient une. D'autre part, la pluie avait détendu leurs cordes, si bien que le désordre se mit dans leurs rangs et qu'ils commencèrent à fuir... « Quand le roi de France, par grand mécontentement, vit qu'ils se déconfisaient ainsi, il commanda et dit : " Or ça, tuez toute cette ribaudaille, car ils nous empêchent la voie sans raison. " » Et de lancer ses chevaliers sur sa propre infanterie, tandis que les Anglais, comme l'écrit Froissart, « ne perdaient rien de leurs traits ».

Le roi d'Angleterre se tenait sur une butte au sommet de laquelle s'élevait un moulin. C'est l'emplacement exact de la table d'orientation qui a été disposée de nos jours, et d'où la vue s'étend sur le champ de bataille. On vint lui dire, à un certain moment, que son fils, le prince de Galles (celui qu'on devait appeler le Prince Noir, à cause de la couleur de son armure), qui menait un corps d'armée avec le comte de Warwick et d'autres

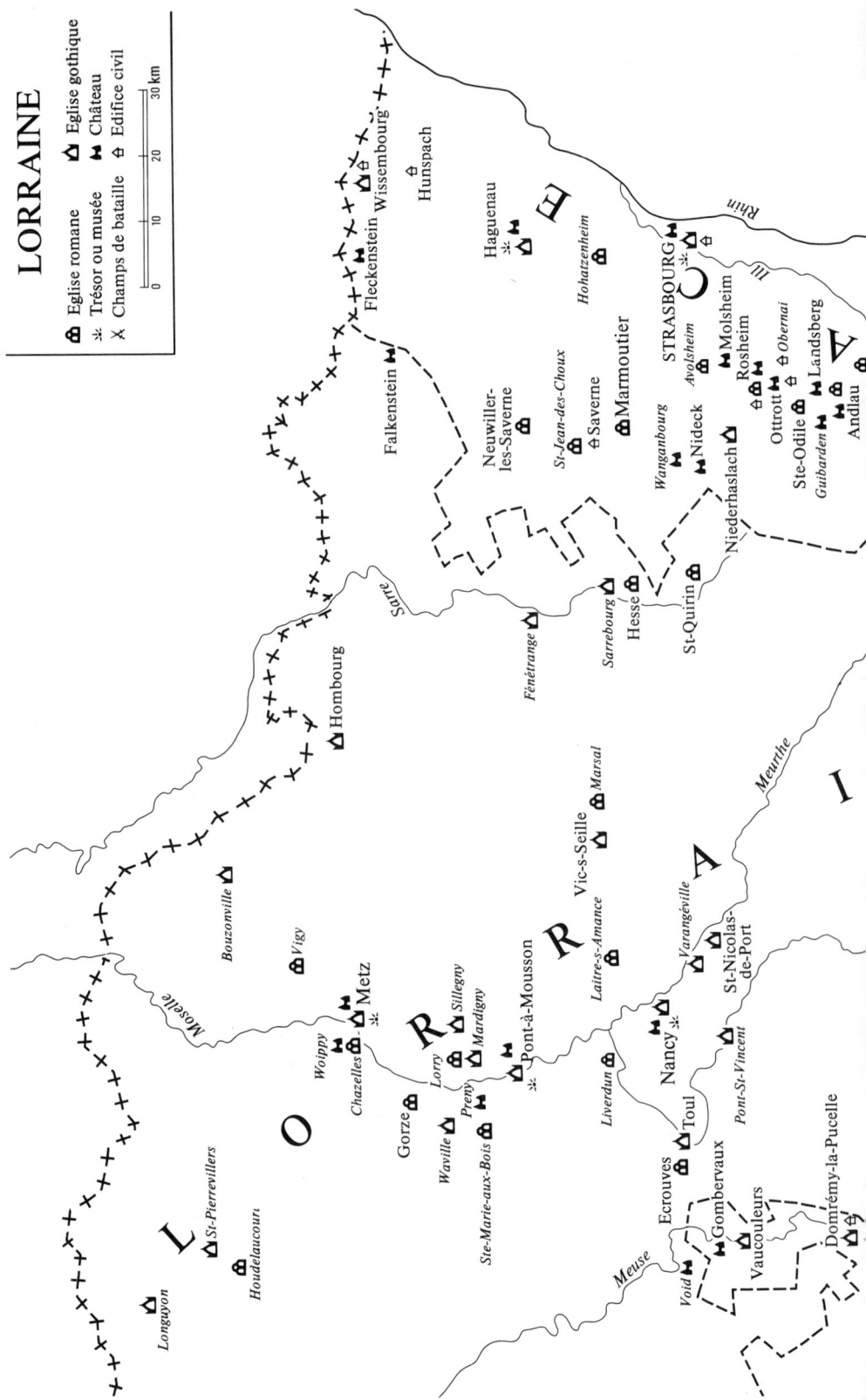

LORRAINE

- ♙ Eglise romane
- ♙ Eglise gothique
- ⚒ Trésor ou musée
- ⚔ Champs de bataille
- ⚓ Château
- ⊕ Edifice civil

0 10 20 30 km

Fleckenstein Wissembourg
⊕ Hunspach

Haguenau
Hohatzenheim

STRASBOURG
Avolsheim
Molsheim
Rosheim
Ottrott Obernai
Ste-Odile Landsberg
Guibarden Andlau

Falkenstein

Neuwiller-les-Saverne
St-Jean-des-Choux
Saverne
Marmoutier
Wanganbourg
Nideck
Niederhaslach

Sarre

Fénétrange

Sarrebourg
Hesse
St-Quirin

Hombourg

Marsal

Bouzonville

Vigy

Vic-s-Seille

Meurthe

Woippy
Chazelles
Metz
Lorry
Sillegny
Mardigny
Pont-à-Mousson
Preny
Gorze
Waville
Ste-Marie-aux-Bois

Laître-s-Amance
Varangéville
St-Nicolas-de-Port

Liverdun
Nancy

Toul
Ecrouves
Pont-St-Vincent

Moselle

St-Pierrevillers

Houdelaucourt

Longuyon

Gombervaux
Vaucouleurs
Domrémy-la-Pucelle

Void

Meuse

L O R R A I

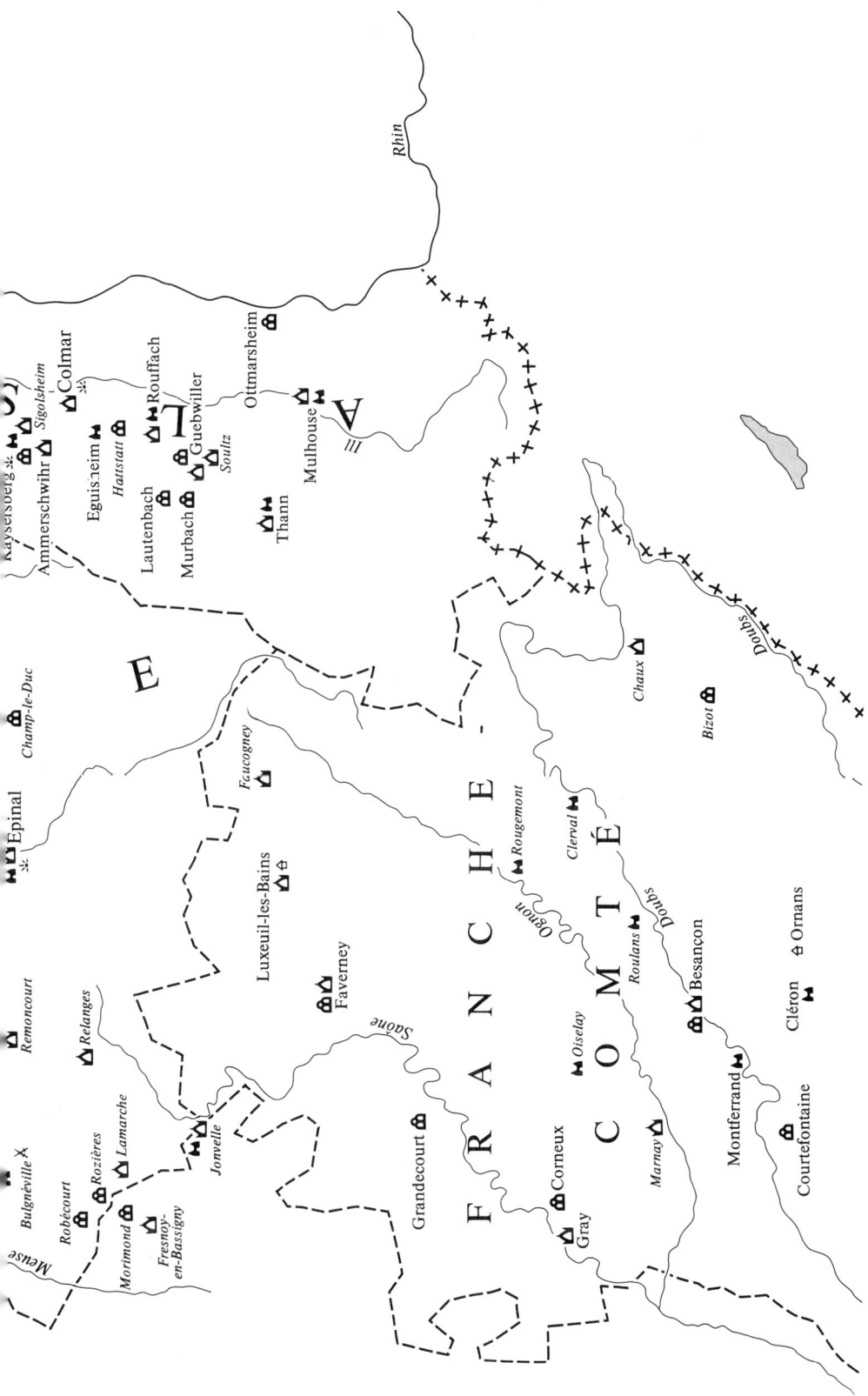

Rhin

Colmar
Sigolsheim
Rouffach
Kaysersberg
Ammerschwihr
Eguisheim
Hattstatt
Guebwiller
Soultz
Ottmarsheim
Lautenbach
Murbach
Thann
Mulhouse

A L S A C E

Champ-le-Duc

E

Épinal

Faucogney

Chaux

Bizot

Luxeuil-les-Bains

FRANCHE-

Clerval
Rougemont

Ognon

Remoncourt
Relanges

Faverney

Saône

Roulans
Doubs

Besançon

COMTÉ

Ornans

Lamarche
Rozières

Jonvelle

Oiselay

Cléron

Meuse
Bulgnéville
Robécourt
Morimond
Fresnoy-
en-Bassigny

Grandecourt

FRANCHE

Corneux
Gray

Marnay

Montferrand

Courtefontaine

seigneurs anglais, se trouvait en mauvaise posture : « Mon fils est-il mort ou renversé, ou si blessé qu'il ne se puisse aider ? » demanda-t-il. Le messager répondit : « Non, monseigneur, s'il plaît à Dieu, mais il est en dure partie d'armes et aurait bien besoin de votre aide. — Messire Thomas, dit le roi, retournez vers lui et vers ceux qui vous ont envoyé ici et leur dites de ma part qu'ils ne m'envoient pas chercher pour quelque aventure qui leur advienne tant que mon fils sera en vie ; et dites-leur que je leur mande qu'ils laissent à l'enfant gagner ses éperons, car je veux, si Dieu l'a ordonné, que la journée soit sienne et que l'honneur lui en demeure. »

Pendant ce temps, dans les rangs de l'armée française, le vieux duc Jean de Luxembourg, roi de Bohême, allié du roi de France, et qui était aveugle, se faisait renseigner sur l'évolution du combat. Lorsqu'il sut que la partie était perdue, il se fit attacher à quelques-uns de ses chevaliers, et tous ensemble foncèrent sur l'ennemi et se firent tuer vaillamment.

« A la vêprée, tandis que le jour tombait, partit le roi Philippe tout déconforté... Il chevaucha tout lamentant et plaignant ses gens jusqu'au château de la Broye. Quand il vint à la porte, il la trouva fermée et le pont levé, car il était toute nuit et il faisait fort brun et sombre. Alors fit le roi appeler le châtelain, car il voulait entrer dedans. Il fut appelé et vint avant sur les guérites et demanda tout haut : " Qui est là qui erre à cette heure ? " Le roi Philippe, qui entendit la voix, répondit et dit : " Ouvrez, ouvrez, châtelain, c'est l'infortuné roi de France ! " Le châtelain sortit aussitôt qui reconnut la parole du roi de France et savait déjà que les siens étaient déconfits, par quelques fuyards qui étaient passés vers le château. Il abaissa le pont et ouvrit la porte. Alors entra le roi dedans et toute sa troupe. Ils furent là jusqu'à minuit et le roi n'eut conseil d'y demeurer et s'y enfermer. Il but un coup et ainsi firent ceux qui avec lui étaient et puis partirent et sortirent du château et montèrent à cheval et prirent guide pour les mener... Et chevauchèrent tant qu'au point du jour ils entrèrent en la bonne ville d'Amiens... Vous devez savoir, conclut Froissart, que la déconfiture et la perte, pour les Français, fut fort grande et fort horrible et trop y demeurèrent sur le champ de bataille de nobles et vaillants hommes, ducs, comtes, barons et chevaliers, desquels le royaume de France fut depuis fort affaibli d'honneur, de puissance et de conseils. »

Cependant le roi d'Angleterre poursuivait sa marche. Il s'en vint occuper les hauteurs de Sangatte en vue de Calais. Rien ne subsiste, dans ce qui est aujourd'hui une station balnéaire, qui rappelle la ville fortifiée bâtie par Édouard pour assiéger Calais. « Il fit bâtir et ordonner, entre la ville (Calais) et la rivière et le pont de Nieulay (un fort Nieulay, actuellement ruiné, marque cet emplacement du côté de Calais) hôtels et maisons, et charpenter de gros merrains (poutres) et couvrir les dites maisons qui étaient assises et ordonnées par rues, bien et régulièrement, de paille et de genêts comme s'il dût demeurer là dix ou douze ans, car telle était son intention qu'il n'en partirait pas, par hiver ni par été, tant qu'il l'eût conquise, quel temps ni quelle peine il dût y mettre. Et il y avait, en cette neuve ville du roi d'Angleterre, toutes choses nécessaires pour l'armée et plus encore, et une place y était ordonnée pour tenir marché le mercredi et le samedi : là étaient mercerie, boucherie, halles de drap et de pain, et de toutes autres nécessités ; et on en recouvrait tout aisément pour son argent, et tout leur venait tous les jours par mer d'Angleterre et aussi de France, dont ils étaient pourvus de vivres et de marchandises. » A cette « neuve ville », Édouard lui-même avait donné le nom de Villeneuve-la-Hardie. Il prenait ainsi son temps pour donner l'assaut à Calais, sachant bien que la ville ne pourrait résister à un siège prolongé.

De fait, le capitaine de Calais, Jean de Vienne, ne tarda pas à ordonner aux petites gens de quitter la ville, faute de pouvoir assurer leur subsistance. Philippe de Valois, pourtant, ne faisait rien pour empêcher Édouard de mener à bien ces fortifications : la défaite de Crécy l'avait laissé sans réaction. Lorsque enfin, au bout de onze mois, le roi de France se décida à réunir de nouveau l'armée et à tenter de déloger Édouard, il se rendit bientôt compte que la position de l'Anglais était totalement inexpugnable.

Alors se déroule un incident qui éclaire la mentalité du roi de France : il envoie un de ses compagnons, Eustache de Ribemont, prier Édouard III de déloger et de trouver l'emplacement où il serait possible de combattre : impossible pour lui de considérer la guerre autrement que comme un tournoi. On imagine la réponse narquoise de son adversaire. Écœuré, Philippe VI tourna bride sans rien tenter.

Un autre épisode, héroïque celui-là, eut Calais pour théâtre ; il s'agit, bien entendu, de la vieille ville, Calais-Nord. La Deuxième Guerre mondiale en a fait un champ de ruines, mais, inexplicablement, la vieille tour de guet, qui avait été élevée au début du XIIIe siècle (1224), a survécu au désastre. Elle se dresse toujours sur l'ancienne place d'armes, telle ou à peu près qu'Édouard III pouvait la contempler des hauteurs de Sangatte. Un tremblement de terre l'a en partie renversée en 1580, mais elle a été réparée depuis. Non loin, on peut voir les ruines de l'église Notre-Dame qui date, dans son ensemble, de l'occupation anglaise, c'est-à-dire du XVe siècle : une petite porte, la porte du gouverneur, est très caractéristique de ce temps : elle est percée dans le transept sud qui en est la partie la mieux conservée. L'hôtel de ville a disparu ; près de lui se dressait jusqu'à la dernière guerre le monument des *Bourgeois de Calais,* œuvre de Rodin. Il a été replacé, dans le sud de la ville — la partie moderne — devant le nouvel hôtel de ville élevé de nos jours dans le style de la Renaissance.

On ne peut mieux faire que d'emprunter à Froissart le récit de la célèbre scène qu'évoque ce monument. Dans la ville affamée, qui sait qu'elle n'a plus aucun secours à attendre, on décide d'aller implorer la capitulation. Le roi, sur avis de son conseil, fait répondre au capitaine que « la plus grande grâce qu'ils (les habitants de Calais) pourront trouver en moi, c'est que viennent de la ville six des plus notables bourgeois, le chef découvert, et

La grande danse macabre.
Les cadavres viennent chercher les gens au travail dans leur imprimerie.
Gravure sur bois. Lyon, 1499.

tout déchaux (pieds nus), la hart au col, les clés de la ville et du château en leurs mains ; d'eux, je ferai ma volonté, et le reste je prendrai à merci (je ferai grâce au reste de la population) ». La scène qui suit nous remet dans l'ambiance de ces assemblées populaires convoquées au Moyen Age lorsqu'une décision grave était à prendre : « Messire Jean de Vienne (le capitaine de Calais) vint au marché et fit sonner la cloche pour assembler toutes gens en la halle. Au son de la cloche vinrent hommes et femmes, car ils désiraient fort entendre nouvelles, eux qui étaient si accablés de famine que plus ne la pouvaient supporter. Quand ils furent tous venus et assemblés en la halle, hommes et femmes, messire Jean de Vienne leur démontra doucement les paroles (...) du roi et leur dit qu'il n'en pouvait être autrement et qu'ils eussent sur ce avis et brève réponse. Quand ils entendirent ce rapport, ils commencèrent tous à crier et pleurer tellement et si amèrement qu'il n'est si dur cœur au monde, s'il les eût vus ou entendus, qui n'en eût pitié. Ils n'eurent pour l'heure pouvoir de répondre et de parler, et de même messire Jean de Vienne en avait telle pitié qu'il larmoyait fort tendrement. Un moment après se leva le plus riche bourgeois de la ville qu'on appelait sire Eustache de Saint-Pierre et il dit devant tous ainsi : " Seigneur, grand pitié et grand mal ce serait de laisser mourir un tel peuple qu'il y a ici par famine ou autrement quand on y peut trouver autre moyen. Et ce serait grande grâce envers Notre-Seigneur à qui pourrait le garder d'un tel mal. J'ai si grande espérance d'avoir grâce et pardon de Notre-Seigneur, si je meurs pour ce peuple sauver, que je veux être le premier et me mettrai volontiers en chemise, le chef nu, la hart au col à la merci du roi d'Angleterre. " Quand Eustache de Saint-Pierre eut dit cette parole, chacun en eut pitié ; et plusieurs hommes et femmes se jetaient à ses pieds, pleurant tendrement et c'était grand pitié d'être là et de les ouïr, écouter et regarder.

« Secondement, un autre très honnête bourgeois et de grande affaire, et qui avait pour filles deux belles demoiselles, s'éleva et dit aussi qu'il ferait compagnie à son compère, sire Eustache de Saint-Pierre. Il s'appelait sire Jean d'Aire. Après, se leva le troisième qui s'appelait sire Jacques de Wissant, qui était riche homme de meubles et d'héritage, et dit qu'il ferait compagnie à ses deux cousins. Aussi fit Pierre de Wissant, son frère, puis le cinquième, puis le sixième ; et là se dévêtirent ces six bourgeois, tout nus en leurs braies et leur chemise, en la ville de Calais, et mirent hart (corde) au cou, comme l'ordonnance le portait, et prirent les clés de la ville et du château, chacun en tenant une poignée.» Les six bourgeois s'acheminent ainsi vers le camp royal : « Le roi était à cette heure en sa chambre avec grande compagnie de comtes, de barons et de chevaliers. Il entendit dire que ceux de Calais venaient en l'attirail qu'il avait ordonné et il vint dehors et se tint en la place devant son hôtel et tous ses seigneurs après lui et encore grand foison qui survinrent pour voir ceux de Calais et mêmement la reine d'Angleterre, qui était fort enceinte, suivit le roi son seigneur. Et vint messire Gautier de Mauny et les bourgeois qui le suivaient et il descendit vers la place et s'en vint vers le roi et lui dit : " Sire, voici la représentation de la ville de Calais à votre ordonnance. " Le roi se tint coi et les regarda fort cruellement, car il haïssait les habitants de Calais à cause des grands dommages que ce temps passé lui avaient faits. Ces six bourgeois se mirent à genoux devant le roi, et, joignant leurs mains, dirent : " Gentil sire et gentil roi, voyez-nous ici six qui avons été d'ancienneté bourgeois de Calais et grands marchands, nous vous apportons les clés de la ville et du château de Calais et vous les rendons à votre plaisir, et nous mettons au point que vous voyez en votre volonté pour sauver le reste du peuple de Calais qui a souffert grand malheur. Veuillez avoir de nous pitié et merci par votre très haute noblesse. " Certes, il n'y eut en la place seigneur, chevalier ni vaillant homme qui pût s'abstenir de pleurer de pitié et qui pût parler. Et vraiment ce n'était pas merveille, car c'est grand pitié de voir hommes de bien tombés en tel état. » Mais le roi ne se laisse pas si facilement attendrir : il ordonne qu'on leur coupe la tête. Les seigneurs intercèdent en faveur de ces hommes, mais sans résultat. « Ceux de Calais ont fait mourir tant de mes hommes qu'il convient que ceux-ci meurent aussi. » « Alors, continue Froissart, fit la noble reine d'Angleterre grande humilité ; elle était durement enceinte et pleurait si tendrement de pitié qu'elle ne se pouvait soutenir. Elle se jeta à genoux par-devant le roi, son seigneur, et dit ainsi : " Ah ! gentil sire ! Depuis que je repassai la mer en grand péril comme vous savez, je ne vous ai rien requis ni demandé ; or, je vous prie humblement et requiers comme don que pour le Fils Sainte Marie et pour l'amour de moi vous veuillez avoir pitié de ces six hommes. " Le roi attendit un peu avant de parler et regarda la bonne dame sa femme qui pleurait à genoux fort tendrement ; cela lui amollit le cœur, car il aurait eu peine de la courroucer au point où elle était ; et il dit : " Ah ! dame, j'aurais mieux aimé que vous fussiez autre part qu'ici. Vous me priez si fort que je ne vous ose éconduire. Et, bien que j'aie peine à le faire, tenez, je vous les donne, faites-en votre plaisir. " La bonne dame dit : " Monseigneur, très grand merci. " Alors se leva la reine et fit lever les six bourgeois et leur fit ôter les cordes d'entour leurs cous et les emmena avec elle en sa chambre et les fit revêtir et donner à dîner tout à l'aise, puis donna à chacun six nobles (pièces de monnaie), et les fit conduire hors de l'armée, en sûreté, et ils s'en allèrent habiter et demeurer en plusieurs villes de Picardie. »

Calais devait demeurer pendant plus de deux siècles entre les mains des Anglais, jusqu'en 1558. Une trêve devait être signée le 28 septembre 1347.

Un an ne s'était pas écoulé qu'un nouveau malheur frappait la France et, avec elle, l'Europe entière. En 1345, des Génois assiégeaient Caffa contre les Tartares. La peste faisait rage dans les rangs de l'armée tartare, et l'on raconte que le khan Djanibek avait fait jeter des cadavres infectés dans le camp européen pour y répandre le fléau. Effectivement, c'est par des navires italiens que les germes furent rapportés en Europe. La peste se déclara d'abord à Florence, puis à Gênes, ensuite à Venise où elle fut précédée d'un terrible tremblement de terre qui dura plusieurs jours, ébranlant la cité, ruinant les maisons, asséchant les canaux. Dans cette ville, les trois cinquièmes de la population moururent, et une cinquantaine des grandes familles s'en trouvèrent éteintes à jamais. Des récits terrifiants racontent comment les bateliers de la mort sillonnaient la cité des lagunes, recueillant dans leurs barques les cadavres qu'on leur jetait des fenêtres au cri de *corpi morti*. De là, le fléau se propagea dans toute l'Europe. A Paris, l'épidémie se prolongea pendant un an et demi, faisant certains jours jusqu'à huit cents décès. Jusque dans le palais royal la mort vint frapper : la femme de Philippe VI, Jeanne de Bourgogne, en fut atteinte et mourut. Les évaluations les plus modestes estiment à un tiers de la population le nombre de ceux qui disparurent dans cette épouvantable tourmente. Là où l'on possède des chiffres, ils sont effarants : tel village des environs de Bordeaux, qui compte 64 feux avant 1348, n'en compte plus que 19 à la fin du xive siècle. A Albi, un recensement de 1343 dénombre 2 669 foyers ; en 1357, il n'y en a plus que 1 300, dont de nombreux immigrants. Le port de Bordeaux, qui voyait circuler, bon an mal an, de 700 à 1 300 navires durant le premier tiers du xive siècle, n'en enregistre que 141 en 1349-1350. Partout, les esprits s'affolaient. On accusait les juifs d'avoir empoisonné les fontaines. En Avignon, le pape Clément VI prit sous sa protection personnelle les juifs et leur ouvrit les portes de son palais pour qu'ils puissent s'y réfugier. Il y avait alors, dans la ville, 7 000 maisons vides. Vainement, à l'appel du roi Philippe VI, la faculté de Paris réunit ses médecins en consultation. La petite ville de Givry, en Bourgogne, qui est seule à avoir conservé son registre paroissial (c'est à cette époque qu'on commence à les tenir par écrit : jusqu'alors on se fiait au témoignage des parrains et marraines), porte en un an 649 décès pour une population de 1 200 à 1 500 personnes. « Le monde, écrivait un chroniqueur anglais, n'a jamais pu retrouver assez de force pour recouvrer son ancienne prospérité. »

C'est à la lumière de ces sinistres événements que l'on peut comprendre l'art qui va se développer en cette période, la seule qui mérite en toute vérité le nom de « moyen » âge : période de transition entre cet âge féodal si prospère qu'a été la période du xie à la fin du xiiie siècle, et les temps nouveaux, ceux auxquels, par une tradition d'ailleurs mal justifiée, on donne le nom de Renaissance.

Transportons-nous, par exemple, à La Chaise-Dieu. Dans l'ancienne abbatiale Saint-Robert, qui remonte au xive siècle, et où se voit un jubé de style flamboyant, on admire, dans le bas-côté nord, sur le mur entourant le chœur, une fresque fameuse figurant la danse macabre. Il y a là tout un cortège de personnages (vingt-trois exactement) de toutes les classes de la société, depuis le pape jusqu'à des ouvriers, des vieillards et des enfants, des rois et des paysans, chacun entraîné par un squelette qui figure la mort : telle est l'obsession de cette époque souffrante, que ses misères accablent.

Le butin de Bourgogne.
Illustration tirée de la Chronique lucernoise *de Diebold Schilling.*
Leur victoire sur Charles le Téméraire en 1476 valut aux Suisses
quelques témoignages du faste bourguignon, ici dessinés.
XVᵉ siècle. Lucerne, bibliothèque centrale.

Ce n'est pas un hasard si, en 1375, s'ouvre à Hambourg le premier asile d'aliénés. Et l'on verra surgir partout aussi des sectes étranges : pénitents revêtus de cagoules pour préserver leur anonymat, flagellants qui se forment en processions expiatoires dans lesquelles les participants se flagellent mutuellement. Tous les excès, toutes les démences se donnent cours, alimentés par une dévotion de plus en plus tournée vers l'aspect souffrant de la Rédemption : des auteurs décrivent la Passion du Christ, comptant les coups de la flagellation, dénombrant les plaies du Sauveur. C'est de cette époque que datent les christs sanglants et torturés, les vierges de pitié, et aussi cet exercice du chemin de la Croix qui remplace le pèlerinage aux Lieux saints. On l'a dit, l'époque romane avait été l'âge de la foi, le XIIIᵉ siècle est plutôt celui de la piété, la fin du Moyen Age n'est plus que le temps de la dévotion. Jusque dans les lignes tourmentées de l'art flamboyant, nous retrouvons ce délire.

En cette fin du Moyen Âge, difficile et c
on voit se multiplier les représentations de do
comme cette Pietà, qu'on nomme Image ves
car c'est devant elle que l'on dit les prières d
Bourgogne, fin du XVᵉ siècle. Paris, musée du L

Et bien caractéristiques aussi ces stalles fameuses de La Chaise-Dieu, qui s'ornent de figures, d'ailleurs relativement sobres par rapport à celles d'autres cathédrales, celle d'Amiens, par exemple, qui sont plus tardives (début du XVIᵉ siècle, alors que celles de La Chaise-Dieu ont été sculptées à la fin du XIVᵉ ou au début du XVᵉ). Elles manifestent le goût du luxe en même temps que du confort et cette richesse excessive qui a envahi l'Église et contre laquelle elle cesse de se défendre, ne manifestant plus la vitalité qui avait suscité, par exemple, au début du XIIIᵉ siècle, la naissance des ordres mendiants en réaction contre la richesse du clergé. Enfin l'allure de forteresse de l'abbaye de La Chaise-Dieu, avec la tour Clémentine, donjon défendu par une ligne de mâchicoulis et contenant encore, au rez-de-chaussée, les traces du puits et du four qui y avaient été établis : tout cela manifeste un temps de guerre et d'insécurité pendant lequel on aura à craindre autant des routiers (compagnies de gens d'armes engagés par le roi de France) que des ennemis eux-mêmes. Dans le village même de La Chaise-Dieu, au bas de la rue de la Côte, existe une maison du XVᵉ siècle, la Cloze, qui, en dépit de ses restaurations, garde bien l'allure que pouvait avoir, à cette époque, une maison forte.

Le second épisode des luttes franco-anglaises a pour principal théâtre Poitiers. Le Prince Noir, qui commande les armées de son père, après ses premiers exploits à Crécy, a choisi la Guyenne comme base d'opérations. Une nouvelle défaite frappe la chevalerie française : elle se fait battre à Poitiers comme à Crécy, en 1356.

Au milieu de ces malheurs du royaume, tout est prétexte à tournois et à fêtes. Jean le Bon, le vaincu de Poitiers, a fondé un ordre de chevalerie, l'ordre de l'Étoile des Bergers réunit ses membres pour des fêtes et des banquets. Et chacun de rivaliser de luxe dans son costume et de prouesses en champ clos. Rien d'étonnant si, au milieu de ce gaspillage, on doit dévaluer les monnaies et en frapper de nouvelles : on les appela les jeans, du nom du roi. Les pièces comportaient un tiers de cuivre.

Disons d'ailleurs que, l'exemple venant de haut, la même frénésie de luxe se répand jusque dans le peuple, avec toujours cette bizarrerie qui caractérise l'époque. C'est alors qu'apparaissent les vêtements mi-partie, c'est-à-dire en deux couleurs : on avait, par exemple, une jambe rouge et l'autre jaune. Les chaperons aussi, autrefois simples passe-montagnes couvrant les épaules et que l'on drapait à son gré, prennent des dimensions et affectent des couleurs qui, souvent, serviront d'insigne. Au temps de la révolte parisienne fomentée par un riche bourgeois, Étienne Marcel, qui

essaya, après Poitiers, de profiter de la faiblesse du dauphin (dont le père, Jean le Bon, avait été fait prisonnier par les Anglais) pour s'emparer du pouvoir, le chaperon mi-partie rouge et bleu distingua ses partisans, tandis que les partisans du roi portaient un chaperon blanc.

Pendant ce temps, d'humbles gens tenaient tête à l'envahisseur anglais et organisaient la résistance. Un petit village des environs de Compiègne, Longueil-Sainte-Marie, dans l'Oise, a été le théâtre des exploits de deux paysans, Guillaume l'Aloue et son compagnon, une sorte de géant à la force incroyable, qu'on appelait le Grand Ferré. Ils avaient réuni autour d'eux une troupe d'environ deux cents paysans. Les Anglais, qui occupaient la forteresse de Creil, dans l'Oise, pensèrent faire bon marché de la résistance de ces rustres ; mais, par deux fois, ils furent mis en déroute. « Leurs bras, écrit le chroniqueur Jean de Venette qui a raconté l'épisode, s'élevaient en l'air et puis s'abattaient avec une telle violence qu'il n'y avait guère de leurs coups qui ne fussent mortels. » A la seconde attaque, Guillaume l'Aloue fut atteint mortellement. Le Grand Ferré en redoubla d'ardeur : « Chargeant les Anglais qui ne lui arrivaient même pas à la hauteur de l'épaule, il brandit sa hache et en assena de tels coups, et si redoublés, qu'il faisait devant lui place nette. Car il ne touchait pas un ennemi, le frappant d'un coup droit sur la tête, sans lui fendre le casque et le renverser lui-même par terre, la cervelle répandue. Or, ajoute le chroniqueur, le combat venait de finir et les Anglais étaient mis en déroute. Le Grand Ferré tout en sueur, car il faisait une chaleur excessive, échauffé d'ailleurs par cette besogne, but une grande quantité d'eau froide. Il fut pris presque aussitôt d'un accès de fièvre. Alors, il quitta ses compagnons et, ayant regagné sa chaumière située près de là dans un village appelé Rivecourt, il se mit au lit, se sentant fort malade, non sans toutefois garder près de lui sa hache de fer qui était si pesante qu'un homme ordinaire n'aurait pu qu'avec peine la lever des deux mains jusqu'aux épaules. A la nouvelle de la maladie du Grand Ferré, les Anglais se réjouirent fort parce que, lui présent, nul d'entre eux n'aurait osé se risquer à venir du côté de Longueil. Craignant qu'il ne guérît, ils envoyèrent secrètement douze d'entre eux pour l'égorger dans son habitation. Mais sa femme, qui de loin les vit venir, courut en toute hâte vers le lit où il était gisant et lui dit : " Hélas ! Ferré, mon bien-aimé, voilà les Anglais et je crois bien que c'est à toi qu'ils en veulent. Que vas-tu faire ? " Mais lui alors, oubliant son mal, se met précipitamment en état de défense et, saisissant sa lourde hache avec laquelle naguère il avait frappé mortellement tant d'ennemis, il sort de son logis et s'en vient en une petite cour d'où, apercevant les Anglais, il leur crie : " Brigands, vous êtes donc venus pour me prendre dans mon lit, mais vous ne me tenez pas encore ! " Et, s'adossant contre un mur pour ne pas être entouré, il fond impétueusement sur eux et joue de sa hache avec la force et la vaillance des meilleurs jours... Les Anglais s'enfuirent. Mais il s'était échauffé à force de donner des coups. Il but de nouveau de l'eau

urtre d'*Étienne Marcel à la porte Saint-Antoine*
Simon et Jean Maillart. 1358.
oniques *de Froissart illustrées par Loyset Liédet,*
siècle. *Paris, Bibliothèque nationale.*

froide en abondance de sorte que la fièvre le reprit plus fort. Les accès ayant redoublé de violence, le Grand Ferré, peu de jours après, reçut les sacrements et quitta ce monde. On l'enterra dans le cimetière de son village. Il fut bien pleuré de ses compagnons et de tout le pays, car, lui vivant, jamais Anglais n'y auraient mis le pied. » A Longueil-Sainte-Marie, on montre toujours sur la place les vestiges de ce qui fut, non la maison du Grand Ferré, comme le voudrait la légende locale, mais la base du donjon de la maison forte qui fut le théâtre de ses premiers exploits.

Si l'on cherche un témoignage authentique de ce que devait être, dans les régions touchées par la guerre franco-anglaise, la vie du peuple, il faut se rendre dans la Somme, à Naours, aux environs d'Amiens (à 18 kilomètres par la nationale 16). On y verra les « muches », cachettes creusées dans la craie, formant d'immenses souterrains (2 300 mètres de galeries, 300 chambres environ) dont mention est faite pour la première fois dans les textes au début du XIVe siècle (1331) et qui servirent de refuge à la population toutes les fois qu'elle voyait approcher les gens d'armes. On fuyait indistinctement devant tous ceux qui se présentaient, qu'ils fussent du parti anglais ou du parti français : tous vivaient sur l'habitant, rançonnant et pillant le paysan que son seigneur ne défendait plus et qui n'avait d'autres ressources que de se terrer, avec ses bêtes, ou de se réfugier dans l'enceinte des villes. Celles-ci, bientôt surpeuplées, présentaient des conditions désastreuses pour l'hygiène. Famine et contagion menaçaient chaque jour les habitants. Un chroniqueur, Thomas Basin, a raconté comment lui-même, dans son enfance, avait fui, avec ses parents, le pays de Caux et s'était réfugié à Caudebec avec d'autres familles de ruraux, emmenant leur bétail. Semblable scène s'est répétée partout dans le nord de la France, qu'il s'agisse de la Normandie ou des pays de la Somme et de la Meuse.

Jeanne d'Arc elle-même a raconté l'un de ces exodes, et comment les habitants de Greux et de Domremy, ne trouvant plus une protection suffisante dans la petite maison forte où ils se réfugiaient en général, sur un bras de la Meuse, avaient fui jusqu'à Neufchâteau, d'où ils voyaient de loin brûler l'église du village. Quelle pouvait être la vie quotidienne dans les villes comme dans les campagnes à pareille époque ! Règne la crainte des routiers, ceux qu'on ne tarde pas à appeler les écorcheurs, parce qu'ils détroussaient leurs victimes jusqu'à ne leur laisser pas même leurs vêtements, ou encore les « brigands », mot qui vient de *brigandine,* désignant le surcot doublé de plaquettes de métal qui était la tenue ordinaire des soldats et gens de pied à l'époque. Les cavaliers montés, eux, se bardent littéralement de fer pour mieux résister aux chocs des projectiles. Il faut les hisser sur leur cheval, à grand renfort de poulies et de potences. Pour un cavalier, être désarçonné, c'est rester sur le champ de bataille, incapable de se relever. On imagine le prix de ces armures entièrement articulées comme de vraies carapaces : il y a la bavette d'acier,

protégeant le cou et le menton, puis le corselet auquel correspond, dans le dos, la dossière, les épaulières, les brassards protégeant les bras, et, sur les jambes, cuissards, genouillères et grèves, enfin le soulier de fer, le soleret. Pour passer entre les « défauts de la cuirasse », là où les pièces s'ajustent aux jointures, les épées se font effilées ; on se munit de poignards et de stylets. Aussi les frais de guerre, en cette époque où la guerre semble s'installer à demeure, n'ont-ils plus aucune commune mesure avec ceux des temps féodaux. Princes et seigneurs s'endettent, et les vrais rois de l'époque commencent à être ces banquiers italiens, gens de Sienne, de Lucques, de Gênes qui, partout en France, établissent des succursales, surtout à Paris, et réalisent de fructueuses opérations dont le peuple fait les frais : les princes empruntent, paient des intérêts, et, ces intérêts, il faut bien en trouver le montant quelque part. Aussi, aux anciennes redevances s'ajoutent les impôts royaux, qui tendent à devenir permanents. Ce sera chose faite sous Charles VII, dans la première moitié du XVᵉ siècle.

Mais ce n'est pas seulement la guerre qui coûte cher, c'est aussi le luxe effréné de l'époque : jamais on n'a vu tant de dépenses extravagantes qu'au moment même où la misère menace chacun. Et, fait caractéristique, c'est alors que la mode commence à faire son apparition. Mode des chaussures à bout pointu, qui s'effilent jusqu'à l'extravagance au début du XVᵉ siècle ; mode des hennins dont la pointe ne tarde pas à monter si haut qu'en 1418, au moment même où fait rage l'invasion anglaise, on doit rehausser les portes du château de Vincennes pour permettre aux dames de la cour d'y passer. Ces détails de vêtements que l'on attribue traditionnellement au Moyen Age : chaussures à la poulaine, hennins pointus et chausses mi-parties, n'ont régné, en réalité, que pendant une cinquantaine d'années, au moment même où s'éteint le Moyen Age. Mais ils ont été fixés pour nous en des miniatures ravissantes ; de là est venue leur popularité.

Car le XVᵉ siècle est aussi le temps où se multiplient les livres de collectionneurs, manifestant le même goût du luxe. Si nous n'avons à nous en plaindre ni du point de vue de l'histoire ni de celui de l'art, du moins constate-t-on, une fois de plus, cette alliance curieuse de raffinement et de misère qui caractérise le seul siècle méritant à proprement parler, nous l'avons dit, le nom « d'âge moyen », la fin du XIVᵉ siècle et la première moitié du XVᵉ : temps de démoralisation qui marque la dégénérescence de tout ce qui avait fait la grandeur de l'époque précédente.

Le roi Charles V lui-même, qui, devant l'histoire, garde le surnom de Charles le Sage, est aussi celui qui fait construire les châteaux de Vincennes et de Beauté-sur-Marne. Gardons-nous d'incriminer seulement à ce propos le goût du luxe. Si le château de Beauté-sur-Marne, dont rien ne reste, était assurément un château de plaisance comme le furent par la suite les fameux « châteaux de la Loire », « le plus beau et joli et le mieux assis qui fût dans toute l'Ile-de-France », situé, comme il l'était, à flanc de coteau sur la vallée de la Marne, à l'entrée de la forêt de Vincennes, — le château de Vincennes, lui, était bien une forteresse, dont la construction avait été entreprise par Philippe de Valois et que Charles V (il y était né en 1337) ne fit que terminer. Il est probable que, ayant eu dans sa jeunesse maille à partir avec les bourgeois parisiens menés par Étienne Marcel, le roi voulait s'y assurer une retraite sûre. C'est pourquoi il fit élever la grande enceinte rectangulaire qui nous a été conservée, avec ses neuf tours, dont une seule, la tour du Village surmontant l'entrée nord, a gardé sa hauteur et son allure primitives, en même temps que le donjon ; les autres ont été notablement diminuées sous l'Empire et ramenées à la hauteur du rempart. Après lui, Charles VI devait continuer son œuvre et commencer notamment la sainte chapelle du château, qui ne fut terminée et consacrée qu'au milieu du XVIe siècle, en 1552. Entre-temps, Vincennes avait été, comme Paris, résidence anglaise, et c'est là qu'était mort le roi Henri V au moment même où il se voyait victorieux et possesseur de la double couronne.

C'est dans ce château de Vincennes que Charles V avait aménagé sa bibliothèque fameuse : premier noyau de la bibliothèque royale, devenue de nos jours Bibliothèque nationale. Elle comportait plus de 1 000 manuscrits, tandis qu'au Louvre, 843 manuscrits de luxe, richement enluminés, subsistaient encore en 1424.

Charles V entretient à la cour un astrologue, Thomas de Pizzano, dont la fille, Christine de Pisan, auteur de poèmes, d'ouvrages d'histoire et d'économie politique, gagnera sa vie de femme de lettres en faisant exécuter, de ses œuvres, des manuscrits « de luxe » superbement enluminés qui trouveront acheteurs parmi de riches personnages.

Les frères de Charles V manifestent tous le même goût pour le luxe, avec un manque complet du sens de la responsabilité qui leur incombe au moment surtout où la mort du roi laissera le royaume sans guide et sans conseiller. Son héritier, Charles VI, celui qu'on appela d'abord le Bien-Aimé et qui, pour l'histoire, porte le nom de Charles le Fol, n'est encore qu'un enfant de douze ans. Louis, comte d'Anjou, tournera assez tôt ses ambitions vers l'Italie et tentera de conquérir Naples ; Jean, à qui son père a fait don du comté de Berry, s'il se soucie peu d'aventures guerrières, fait preuve d'une curiosité d'esprit passionnée. C'est un collectionneur-né. On lui est redevable de quelques beaux monuments. Le grand portail de la cathédrale de Bourges doit beaucoup à sa munificence. Il avait fait élever dans la même ville un palais et une sainte chapelle dont rien ne subsiste. Mais on peut voir, à Concressault, dans la vallée de la Sauldre, non loin de Sancerre, les ruines du château qu'il édifia ; et surtout, à Mehun-sur-Yèvre, une belle tour subsistant seule de la magnifique demeure qu'il s'était fait construire. Mieux encore, ce château de Mehun, nous le retrouvons dans l'une des magnifiques miniatures que contiennent les *Très Riches Heures* du duc de Berry, le manuscrit justement célèbre que conserve le musée de Chantilly. Car c'est dans tous les genres que le duc de Berry se montra un mécène au goût très sûr. Ces *Très Riches Heures* sont le dernier ouvrage qu'il ait fait exécuter ; c'est aussi le plus connu, grâce aux reproductions qui en ont été faites. Mais on connaît les *Très Belles Heures* conservées par la bibliothèque de Bruxelles, d'autres qui ont péri à Turin dans un incendie en 1904, les *Grandes Heures,* les *Petites Heures* et un psautier, ces trois derniers manuscrits conservés à la Bibliothèque nationale. Nous connaissons les noms de plusieurs artistes qui ont travaillé pour lui. L'un des plus illustres, André Beauneveu, était originaire de Valenciennes, en Hainaut ; puis c'est Jacquemart de Hesdin ; enfin, Pol de Limbourg et ses deux frères, Hermant et Jannequin. Tous ont peint des miniatures admirables de finesse, précieuses pour l'historien parce qu'elles livrent une foule de détails sur la vie, l'ameublement, le vêtement qu'elles reproduisent avec exactitude sans perdre pour autant cette richesse de coloris qui caractérise les temps médiévaux. L'une des œuvres capitales, entrée assez tard dans la bibliothèque du duc de Berry, le fameux Térence des ducs, conservé à la bibliothèque de l'Arsenal, montre en cent trente-deux peintures ce qu'étaient le théâtre et la mise en scène en une époque qui vit des pièces à grande mise en scène comme le *Mystère de la Passion,* encore joué de nos jours.

Le duc de Berry aimait aussi les romans. En 1371, on le voit acheter à la fois quatre romans pour une somme de soixante-dix livres tournois à un libraire, Henri L'Huilier, dont la maison était la plus importante de Paris. Ce n'étaient pas là seulement des ouvrages de collection bons à être placés sur des rayons, mais bien des œuvres qu'il se plaisait à lire : en une circonstance, le registre des comptes de son hôtel mentionne l'achat de six palettes d'ivoire et de bois « pour tenir chandelles de bougies à lire romans que monseigneur prit et acheta de Jean Cyme, marchand à Paris ».

Le duc de Berry fut aussi un musicien averti. Il a été l'un des premiers à introduire dans les églises de notre pays l'orgue à pédales inventé par un Brabançon nommé Louis van Vaelbeke ; et, à plusieurs reprises on le voit entretenir des « maîtres des orgues ». Beaucoup d'autres instruments d'ailleurs lui plaisent malgré leur simplicité : joueurs de flûte, de harpe, de cor et de cornemuse sont toujours chez lui bien reçus. Un jour, le roi Charles V entend par hasard jouer du cor de façon si habile qu'il demande que le joueur vienne se présenter à lui, et comme il s'agissait d'un pauvre ménétrier, un nommé Paillard, le duc de Berry lui fait acheter, pour quatre livres tournois, une jaquette neuve « pour être plus honnêtement devant le roi qui, dit le livre de comptes, voulut l'ouïr corner tout seul devant lui le jour de Pâques ».

Que n'a-t-il pas collectionné d'ailleurs, en un temps où le goût du luxe se manifeste aussi par l'amour des collections : il achète des bêtes exotiques, des ours et des chiens de haute taille comme les mâtins d'Auvergne. Comme on sait ses goûts, les gens, partout où il passe, ne se font pas faute de lui présenter des chiens, car on sait qu'il paie généreusement. Une œuvre contemporaine, le *Ménager de Paris,* raconte le trait suivant qui prouve son amour pour les bêtes : « Je vis à Niort un vieux chien qui gisait sur la fosse où son maître, tué par les Anglais, avait été enterré, et y fut mené Monseigneur de Berry et grand nombre de chevaliers pour voir la

merveille de la loyauté et de l'amour du chien qui, jour et nuit, ne partait de dessus la fosse où était son maître que les Anglais avaient tué. Et lui fit Monseigneur de Berry donner dix francs qui furent baillés à un voisin pour lui quérir à manger toute sa vie. »

On se plaît, d'ailleurs, à l'époque, à entretenir de véritables ménageries ; et il y a à Paris une rue des Lions-Saint-Paul dont le nom vient des lions que contenait la ménagerie de l'hôtel Saint-Paul tout à côté (on ne l'appelle plus aujourd'hui que rue des Lions). Cela va jusqu'à la curiosité scientifique : certain jour, le duc envoie son panetier à Lyon « pour avoir des ossements d'un géant qui a été trouvé en terre près de Lyon ». Et, dans le même ordre d'idées, il fait venir d'Allemagne des ouvriers qui explorent les montagnes d'Auvergne pour savoir s'il ne s'y trouverait pas des minerais.

Le duc est aussi gastronome. Il est amateur de primeurs. En 1373, il fait porter de Poitiers où il se trouve des pêches et des figues à sa femme, Jeanne d'Armagnac. Un autre jour encore, dès le 18 juin, il envoie comme cadeau à sa femme, de Lusignan où il réside, des poires, des cerises et des petits pois. Surtout, c'est probablement lui qui a introduit dans la gastronomie française les truffes du Périgord. En 1370, il remet soixante sous à l'un de ses messagers, nommé Jean Després, « qui apporta au bois de Vincennes des truffes à Monseigneur de Berry » ; quinze jours plus tard, nouvelle gratification de quarante sous pour le même messager, « lequel apporta à Monseigneur des truffes en son hôtel à Paris », dit le texte ; et la duchesse ne manque pas, de temps à autre, lorsqu'elle se trouve en Berry, de faire porter des truffes à son mari où il réside, à Paris ou ailleurs.

Ce sont là certes des dehors aimables et qui seraient même sympathiques s'il ne s'était agi d'une époque aussi troublée et si ces munificences n'avaient été payées de lourds impôts. Chargé de représenter le roi dans le Midi, on disait de Jean de Berry couramment qu'il n'avait épargné personne, ni riche ni pauvre, qu'il avait tout moissonné, tout cueilli et « ramoné » tout le pays. Son tombeau, dans la cathédrale de Bourges, le représente en « orant », joignant pour la prière ses fines mains d'homme de goût.

Quant au plus jeune frère, Philippe, qui a mérité son surnom de « le Hardi » à la bataille de Poitiers lorsque, encore enfant, il assistait son père (« Père, gardez-vous à droite ! Père, gardez-vous à gauche ! »), il a reçu en apanage le duché de Bourgogne, et, comme tous les Valois, il a le goût des belles choses. Quelques splendides ouvrages furent l'orgueil de la bibliothèque des ducs de Bourgogne (Philippe le Hardi, puis Jean sans Peur, puis le fils de Jean, Philippe le Bon) : entre autres, le fameux *Livre des Merveilles* qui raconte des voyages, en particulier ceux de Marco Polo dans l'empire des Mongols, ou le *Voyage d'outre-mer* de Bertrandon de la Broquière, conseiller de Philippe le Bon, livre orné de peintures magnifiques.

C'est sous Philippe le Bon que la Bourgogne et sa capitale Dijon atteignent leur apogée. Elle forme alors un véritable empire sous l'égide du « Grand Duc d'Occident », dont les peintres flamands et les chroniqueurs bourguignons nous ont fait les descriptions les plus flatteuses :

« Il avait, écrivent-ils, chevelure abondante, front large, teint coloré, regard aigu et fier sous ses sourcils dont les crins se dressaient comme cornes en son ire (lorsqu'il était en colère). » Toujours vêtu de noir, les ambassadeurs le décrivent « très noble de sa personne, très énergique, extrêmement aimable et bien fait, grand et élégant, vif et chevaleresque ». Il était né à Dijon, le 31 juillet 1396. Nulle part mieux que dans sa ville on ne peut se faire une idée de la splendeur qui a marqué le règne de Philippe le Bon.

Héritage et mariage ont fait de lui non seulement le duc de Bourgogne, mais aussi le maître des Pays-Bas à peu près entiers, c'est-à-dire la Belgique et la Hollande d'aujourd'hui, plus le département du Nord (approximativement). L'Artois et la Picardie lui appartiennent, et aussi le Luxembourg, la Basse-Lorraine, la Haute-Alsace. Enfin, tandis qu'à la Bourgogne même, celle qui compose le duché, s'ajoute le comté de Bourgogne, c'est-à-dire ce que nous appelons la Franche-Comté, un certain nombre de terres se tiennent sous sa suzeraineté : les pays de Mâcon et de Nevers, le Charolais. En tout, cinq à sept millions d'habitants pour le moins sur ce territoire qui va du Rhône aux côtes de la mer du Nord et du Jura aux confins de l'Auvergne.

A Dijon, le palais ducal, avec sa vaste cour d'honneur, a encore grande allure ; sur l'emplacement d'un palais plus ancien, il a été entièrement reconstruit, d'abord par Philippe le Hardi en 1366 — c'est lui qui a élevé la tour de Bar —, puis par Philippe le Bon qui, entre 1450 et 1460, élève la tour qui a gardé son nom. La partie aujourd'hui consacrée au musée des

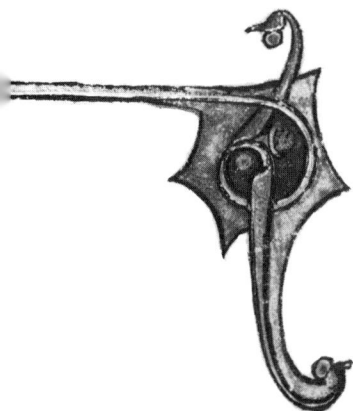

Joueur de cornemuse dans un travesti facétieux.
Paris, Bibliothèque nationale.

beaux-arts conserve, dans l'ancienne salle des gardes (elle a été reconstruite au début du XVIᵉ siècle), ces trésors provenant de la chartreuse de
Champmol que sont le tombeau de Philippe le Hardi, et celui de Jean sans
Peur et de Marguerite de Bavière. Deux splendides retables en proviennent
aussi, où se manifeste la maîtrise de ces artistes flamands qui illustrèrent le
règne de Philippe le Bon. Il ne faut pas manquer enfin d'aller voir les
anciennes cuisines du palais, qui sont restées telles que le duc les fit
construire en 1433. La chartreuse elle-même avait été fondée par son
grand-père, Philippe le Hardi. On la visite toujours. Elle a conservé une
tourelle renfermant l'escalier par lequel les ducs se rendaient dans la
tribune de l'église. Le portail d'entrée de l'ancienne église, avec cinq
admirables statues de Claus Sluter dont l'une représente Philippe le Hardi
et l'autre Marguerite de Flandre, sa femme, enfin et surtout, le fameux
puits de Moïse avec les six grandes statues représentant des prophètes de
l'Ancien Testament, dues, elles aussi, à Claus Sluter ; on en a récemment
retrouvé la peinture, car, à cette époque encore, les statues sont peintes.

Non loin de là, à Beaune, c'est encore un témoignage de la splendeur
bourguignonne que l'admirable hospice fondé par le chancelier du duc,
Nicolas Rolin. Lui-même figure avec sa femme, Guyonne de Salins, sur le
très beau triptyque de Roger Van der Weyden, lequel donne idée, autant
que les somptueuses tapisseries qui, à l'époque, servaient simplement à
couvrir les lits des malades, de la splendeur qui s'y déployait.

Mais, pour se rendre compte véritablement de la richesse du duché, il
faudrait aller plus loin, visiter Gand, Bruges, Bruxelles elle-même, et
Anvers, toutes villes qui regorgent de prospérité à l'époque. « Leurs
habitants sont sans nombre, écrit un chroniqueur du temps, et leur richesse
et puissance, leur habitude de la marchandise, leur abondance de tous
biens. » On y voit, ajoute un autre, « convives et banquets plus grands et
plus prodigues qu'en nul autre lieu, et toutes sortes de festoiements ».

Sans quitter la France, on peut visiter à Lille ce palais Rihour qui fut la
résidence de Philippe le Bon, demeure princière qu'il fit construire entre
1457 et 1462. L'ancienne chapelle conserve l'oratoire dit de la duchesse de
Bourgogne. Si l'on ne peut plus, dans la Côte-d'Or, admirer des châteaux
comme celui de Duesme, aujourd'hui en ruine, on peut du moins voir les
impressionnants pressoirs de Chenôve et la grande cuverie du clos du roi
avec ses énormes piliers de bois. Les vignobles du duc, en effet,
s'étageaient jusqu'à Rully, ou Mercurey, et les vins étaient expédiés de là
vers la Flandre et l'Angleterre.

Des fêtes splendides animaient cette cour des Valois de Bourgogne, aussi
avides de plaisirs que tous les autres membres de la dynastie. A Marsannay-
la-Côte eut lieu, en juillet-août 1443, le « pas de l'arbre de Charlemagne ».
On avait imaginé, au XVᵉ siècle, de renouveler le jeu des tournois en y
mêlant des données historiques qui permettaient de déployer tous les fastes
du décor et du vêtement : à un arbre, dit de Charlemagne, des écus
armoriés avaient été suspendus ; deux lices, l'une pour les combats à pied,

Bestiaire fantastique illustrant
le Livre des propriétés des choses *de Barthélemy l'Anglais.*
Sorte d'encyclopédie du monde naturel et imaginaire.
Amiens, bibliothèque municipale.

l'autre pour les combats à cheval, avaient été aménagées, ainsi qu'une tribune, splendidement décorée, réservée aux spectateurs et surtout aux spectatrices de marque. On y vit les meilleurs jouteurs de l'époque, entre autres ce Jacques de Lalaing qu'on rencontre dans presque tous les tournois célèbres et qui est réputé « le bon chevalier » : c'est un écuyer du Hainaut qui, à vingt-deux ans, anime les « fêtes, joutes, tournois, danses et caroles qui se font à la cour du duc de Bourgogne ». Le *Livre des faits du bon chevalier Jacques de Lalaing* raconte ses prouesses.

La plaine de Chalon-sur-Saône a vu un autre de ces pas d'armes : le « pas de la Fontaine aux pleurs ». Une image de la Vierge était dressée, au pied de laquelle « fut figurée une dame fort honnêtement et richement vêtue... et faisait manière de pleurer tellement que les larmes couraient et tombaient sur le côté gauche où fut une fontaine figurée ». Les tentes des chevaliers, les tribunes de ce qu'on appelait la « maison des juges » — un pavillon où se tenaient les arbitres — s'élevaient alentour. Des combats mémorables s'y déroulèrent, terminés par une étrange procession des jouteurs en costume d'apparat.

Les ducs donnaient aussi des festins splendides, tel celui-ci :

« On dîna, raconte un témoin, dans une vaste salle à cinq portes, gardées par des archers vêtus de drap gris et noir (c'était la livrée du duc de Bourgogne).

« Au milieu de la table s'élevait une église dont le clocher avait cloches sonnantes ; quatre chantres et des enfants de chœur chantaient une très douce chanson. Puis on voyait une grande prairie, des rochers en façon de saphirs, une fontaine.

« Sur une autre table plus longue et plus large paraissait : un pâté dans lequel étaient vingt-huit personnes vivantes, jouant de divers instruments, chacune quand son tour venait, entre autres un berger d'une musette moult nouvelle ; puis le château de Lusignan, les fossés remplis d'eau d'orange, et Mélusine en forme de serpent ; un dessert où des tigres et des serpents se combattaient avec fureur ; un fol monté sur un ours, etc.

« Et les plats de rôti étaient des chariots d'or et d'azur ; et l'on voyait quarante-huit manières de mets à chaque plat (service).

« Pendant le dîner, on entendit jouer l'orgue dans l'église, et, dans le pâté, on entendait jouer du cor, moult étrangement. Et toujours faisaient ainsi l'église et le pâté quelque chose entre les mets... »

Mais c'est à Lille peut-être qu'eut lieu le banquet le plus splendide, celui du « Vœu du Faisan » où fut récitée la *Complainte de Dame Église*. Au cours du banquet, un faisan fut apporté sur la table, « vif et orné d'un très riche collier d'or, très richement garni de pierreries et de perles », sur lequel le duc jura de partir pour la croisade. Rien ne donne mieux l'idée de ce mélange étonnant de prouesses factices, de luxe incongru et d'illusoires combats que ce vœu qui naturellement ne devait jamais être accompli et dont l'objet même, la croisade, n'était guère que pure tradition, l'Occident

Antoine de Bourgogne (1421-1504)
portant le collier de l'ordre de la Toison d'or.
Hans Memling. Chantilly, musée Condé.

se trouvant bel et bien impuissant à tenter quoi que ce fût d'utile dans un Orient plus lointain que jamais.

Les ordres de chevalerie n'ont jamais autant foisonné qu'en cette époque où la vraie chevalerie était morte. Le 10 février 1429, Philippe le Bon fondait à Bruges l'ordre de la Toison d'or. C'était une réplique à l'ordre anglais de la Jarretière. Les dignitaires de la Toison portaient au cou une chaîne d'or à laquelle pendait une toison de mouton figurée par un bijou, d'or également. On peut voir un chevalier de la Toison d'or au musée de Chantilly : le portrait du grand bâtard Antoine.

L'idée reposait sur la légende antique des Argonautes, où l'on voyait Jason chercher au-delà des mers la précieuse toison d'or d'un bélier capable de voler.

Mais, à la réflexion, on trouva qu'il était peu convenable de demander le patronage d'un païen. L'évêque de Chalon-sur-Saône, premier chancelier de l'ordre, substitua donc la Bible à la mythologie, et Jason devint Gédéon. Le collier de la Toison d'or fut distribué aux souverains amis, comme le roi d'Angleterre et celui d'Aragon, et aux grands « commis » des ducs de

Bourgogne. Chaque héraut d'armes, dans les cérémonies de l'ordre, portait le nom d'un pays soumis aux ducs, comme Zélande ou Charolais. Le privilège de citer des chevaliers passa par héritage à Charles Quint et resta jusqu'à notre siècle entre les mains des empereurs d'Autriche et des rois d'Espagne. Il reste encore des dignitaires de cette Toison d'or, dernier éclat d'un Moyen Age finissant qui n'était plus que l'image déformée de l'âge féodal, époque de bâtisseurs, de chevaliers et de rois pacifiques.

C'est que la maison de Bourgogne connaissait son apogée au moment même où la maison de France traversait les pires heures de son histoire.

Non loin de Hesdin dans le Pas-de-Calais se trouve la plaine d'Azincourt. C'est là que, le 25 octobre 1415, Henri V, roi d'Angleterre, livrait le combat qui devait être, pour les armes de France, un désastre sans précédent. Henri V, en effet, avait repris à son compte les ambitions anglaises sur la couronne de France. Et il semble bien que l'heure s'y prêtait, la France étant menée par un roi fou, une reine incapable, une noblesse qui ne cherchait que ses aises matérielles quand ce n'était pas l'assouvissement de passions parfois inavouables dont un Jean de Berry ne fut pas exempt.

Henri V a donc réuni une armée et un énorme matériel militaire à Southampton : 1 400 nefs ont été équipées pour le passage de la Manche. Le 12 août 1415, à la nuit tombante, il débarque à la pointe de la Hève et établit son camp sur le plateau de Sainte-Adresse, près du Havre actuel, qui n'existait pas encore. Dans la semaine même, le 17 août, il commence le siège de Harfleur, que le roi laisse sans secours, et qui capitule le 22 septembre. Puis, comme son ancêtre Édouard III, il gagne Calais à travers la Picardie, remontant la Somme sur sa rive gauche par Moreuil, Hangest, Crouy, Picquigny, Boves et Chaulnes. L'armée française du connétable d'Albret, concentrée à Rouen, avait, elle, passé par Beauvais, Saint-Just, Montdidier, Ham, Bapaume et Saint-Pol. Les Anglais avaient franchi la Somme en aval de Ham, et, le 24 octobre, les deux troupes se trouvèrent face à face. La bataille allait s'engager le lendemain, vendredi 25 octobre. Ce fut, une fois de plus, la victoire d'une technique savante et souple contre une chevalerie aussi empêtrée dans ses traditions désuètes que dans sa lourde armure. Les chevaliers avaient tenu à charger dès le début du combat, au lieu de laisser, comme c'était la coutume, les archers et gens de pied engager la bataille. Or, il avait plu toute la nuit et les jours précédents, et, sur la terre détrempée, les chevaux s'enfonçaient et glissaient dans la boue. Vers onze heures, les archers anglais attaquent ; tir serré qui décime littéralement hommes et chevaux sur l'étroit espace où ils sont à moitié enlisés. Ils s'écrasent l'un contre l'autre et bientôt s'offrent littéralement au massacre.

La suite des opérations est méthodiquement menée. Une flotte génoise au service du roi de France est écrasée d'abord au large du Havre ; puis nouveau débarquement anglais à Touques ; après quoi, Henri V ou ses officiers occupent tour à tour Deauville, Auvillars, Lisieux. Le roi s'empare de Caen, en fait sa résidence provisoire, puis prend, sans grandes difficultés, Bayeux, Argentan, Alençon. Falaise lui résiste quelque temps, mais tombe dès le mois de février 1418. Toute la basse Normandie est bientôt occupée ; le roi d'Angleterre franchit la Seine, occupe la vallée de l'Andelle et commence le siège de Rouen.

La capitale normande était réduite à ses propres forces : le maître de Paris — alors Jean sans Peur, duc de Bourgogne — louvoyait sans cesse, entre l'alliance française et l'alliance anglaise. Le malheureux roi Charles VI n'était qu'un otage entre ses mains, et la reine Isabeau de Bavière était plus occupée de la fortune de sa famille bavaroise que du trône de France.

Rouen, ville opulente, disposait cependant de cent canons, du magnifique château construit jadis par Philippe Auguste et de remparts solides. Le siège traîna en longueur. Le chef de la milice bourgeoise, Alain Blanchart, tenta quelques sorties. En vain. Si bien que la ville fut en définitive vaincue par la famine. Tout ce qui était comestible avait été mangé, quarante mille habitants avaient succombé, lorsque, le 2 juin 1419, une ambassade vint trouver le roi d'Angleterre. Celui-ci n'admit d'abord qu'une capitulation sans condition. Les habitants résolurent alors de mettre le feu à leur cité. Henri V les prévint : il ne voulait pas perdre une aussi belle ville. Il exigea une contribution de trois cent mille écus d'or, mais promit la vie sauve aux habitants à l'exception de ses défenseurs, dont le brave Alain Blanchart, qui refusa de se racheter par rançon. « Je n'ai pas de bien, mais, quand même j'en aurais, je ne l'emploierais pas à empêcher un Anglais de se déshonorer », dit-il en marchant au supplice. La prise de la Normandie se termina par celle du Château-Gaillard qui se rendit le 9 décembre 1419 : les assiégés n'avaient plus de corde pour tirer l'eau du puits. Toute la Normandie était redevenue anglaise.

Toute, à l'exception du Mont-Saint-Michel. Lorsqu'on visite la forteresse fameuse (c'est d'ailleurs le monument le plus visité de France : il reçoit chaque année autant de touristes que le Louvre), on ne peut oublier cette fière résistance qui devait se prolonger pendant quarante ans. Tandis qu'Anglais et Bourguignons coalisés s'emparent de Paris, contraignent à la fuite le dauphin Charles et repoussent ses partisans au-delà de la Loire, le Mont, isolé, tient tête obstinément. En vain, les Anglais édifieront de toutes pièces la place forte de Granville pour tenter de le réduire. Ils n'en pourront jamais venir à bout.

Il faut se représenter le Mont, à cette époque, isolé dans son île comme l'îlot de Tombelaine tout proche (la digue qui le relie désormais à la terre ferme est moderne) et, bien entendu, dépourvu de la flèche que l'architecte chargé de la restauration, en 1886, un nommé Petit-Grand, eut l'étrange idée d'élever au-dessus du clocher normand, trapu et robuste, qui dominait l'ensemble. Le Mont forme alors, suivant l'expression de l'historien Siméon Luce, une sorte de petit royaume divisé en trois provinces : « A la base, une ville, protégée par une enceinte et habitée par des bourgeois, des marchands, des hôteliers, au nombre d'environ trois cents, que faisaient vivre les hommes d'armes de la garnison et aussi les pèlerins, ces derniers assez nombreux malgré l'état de siège ; au milieu, ce qu'on appelait alors un châtelet, c'est-à-dire une porte fortifiée qui commandait l'entrée de l'abbaye et formait une espèce de citadelle où se tenait en temps ordinaire la plus grande partie de la garnison, composée de près de deux cents hommes d'armes ; au sommet, enfin, l'église abbatiale et le monastère proprement dit. » En parcourant les rues du Mont, on retrouve quelques souvenirs de ces trois parties, avec les vieilles maisons — quelques-unes remontant au XIVe siècle —, l'allure guerrière de la forteresse et la surprenante beauté de ce qu'on appelle la « Merveille », les bâtiments de l'abbatiale élevés au début du XIIIe siècle (1211-1228). A l'est, le châtelet qui défend l'entrée, et les défenses, la barbacane entre autres, accentuent son caractère guerrier ; ce châtelet date du XIVe siècle.

Quant à la Merveille, elle mérite son nom et donne idée des extraordinaires ressources d'inventions techniques qui se déploient au Moyen Age, à l'époque gothique particulièrement. Les moines manquaient de place pour disposer, comme partout dans un monastère, d'une église, d'un cloître et

Le Mont-Saint-Michel, symbole d'une résistance acharnée et invaincue à l'ennemi.
Très Riches heures du duc de Berry, *Pol de Limbourg.*
XVᵉ siècle. Chantilly, musée Condé.

Statue d'Isabeau de Bavièr[e]
décorant la cheminée
de la grande salle
du palais de Justice de Po[...]
Fin XIVᵉ siècle.

des bâtiments abbatiaux : réfectoire, salle capitulaire, etc. Aussi eurent-ils l'idée audacieuse de trouver leur espace en hauteur et non en surface, et de placer ces différentes parties les unes au-dessus des autres.

On éleva donc trois étages. Le premier comportait le cellier à l'ouest, et, à l'est, l'aumônerie. Le second contenait, à l'est, le chapitre, et, à l'ouest, la salle des chevaliers ; le troisième, le réfectoire à l'est et le cloître à l'ouest. Un imposant escalier de quatre-vingt-dix marches monte entre les bâtiments abbatiaux et l'église.

Lorsqu'on pénètre dans le réfectoire, on s'étonne de la clarté qui y règne, alors qu'on n'aperçoit que deux fenêtres dans le fond. En réalité, la série d'arcatures qui constitue les murs dissimule cinquante-neuf fenêtres. Elles s'ouvrent, hautes et étroites, dans des murs profonds, si bien que la lumière arrive tamisée et que les fenêtres ne sont visibles que lorsqu'on parcourt la salle ; cela afin de ne pas affaiblir les murs qui supportent le poids de l'immense charpente. Dans un angle, le trou béant est en réalité celui d'un monte-charge qui parcourait tous les étages de la Merveille et par lequel on montait les aliments depuis les cuisines jusqu'au réfectoire. Quant au cloître, c'est une autre « merveille ». De dimensions restreintes, il paraît plus grand qu'il n'est en réalité, grâce à ses proportions savantes, à sa double rangée de colonnettes qui semble multiplier les arcades, disposées en quinconce. Et l'on imagine la paix totale dont pouvaient jouir les moines qui se trouvaient là, littéralement entre ciel et mer, ne voyant rien d'autre au-dessus de leurs têtes que ce carré de ciel et le clocher de l'église abbatiale.

On a laissé sur place, dans le Mont, la grande roue qui servit à la mise en place des échafaudages : ainsi pouvait-on faire plus aisément les réparations. D'autre part, deux énormes citernes sous la crypte des gros piliers (ils ont 5 mètres de tour) recueillaient les eaux de pluie et ravitaillaient le monastère.

Un premier assaut avait été donné contre le Mont en 1423. L'abbé, Robert Jolivet, avait alors lâchement abandonné les moines et s'était soumis à l'Angleterre. Il devait faire partie des assesseurs qui composèrent le tribunal devant lequel comparut Jeanne d'Arc. Le Mont fut sauvé par les Bretons. Deux ans plus tard, nouvelle attaque ; le défenseur du Mont est alors Louis d'Estouteville, un chevalier normand. Avec cent dix-neuf combattants, soutenus par quelques archers, il dégage la forteresse.

Encouragé par l'écho des victoires de Jeanne d'Arc, qui a pénétré le 29 avril 1429 au soir dans Orléans assiégée depuis sept mois et fait lever le siège le 8 mai, puis, après l'éclatante victoire de Patay (18 juin), a fait sacrer le roi Charles VII à Reims (17 juillet), Louis d'Estouteville pousse des pointes jusqu'aux environs de Saint-Lô. Un grand espoir dut envahir toute la garnison et les moines lorsque le bruit courut que Jeanne allait tenter de délivrer le Mont-Saint-Michel avec le duc d'Alençon. Mais le favori de Charles VII, Georges de la Trémoille, l'empêcha de mettre ce projet à exécution. Plus encore : Rouen va devenir, pour l'histoire, la ville du

procès de Jeanne d'Arc, celle où flamba le bûcher du 30 mai 1431, où mourut « la fille de Lorraine à nulle autre pareille ».

Déçu dans son espoir, le Mont-Saint-Michel paraît près de succomber. Ses soldats regardent tristement vers la côte, ses habitants errent la tête basse, et seuls les chiens de la place forte conservent toute leur agressivité. Ces chiens, de terribles molosses, valent des soldats. Ils servent à donner l'alarme et, au besoin, à mordre les assaillants. Quand il aperçoit la tête de l'un d'eux, entre deux créneaux, fixant des yeux l'horizon, l'habitant du Mont-Saint-Michel se sent plus en sûreté.

Mais une catastrophe s'abat sur l'îlot menacé. Le 5 avril 1434, un incendie ravage la ville. Toute la population se réfugie dans l'abbaye. Le capitaine anglais de Domfront, Thomas Scales, croit le moment venu de tenter un coup de main contre une garnison affaiblie et découragée. Un assaut furieux est donné, une brèche est ouverte dans la première enceinte. Déjà les assaillants se précipitent à l'intérieur, quand Louis d'Estouteville et ses compagnons fondent sur eux et les font fuir en désordre, abandonnant leurs canons. On voit encore, au Mont, deux de ces canons, des bombardes qu'on appelle les « Michelettes », témoins de cette fière résistance. Un peu partout, en Normandie, éclatent alors des soulèvements : dans le Bessin, le Val de Vire, de simples paysans prennent les armes. Louis d'Estouteville parvient même à enlever aux Anglais la place de Granville. Bientôt après, c'est la Normandie entière qui appelle le roi de France et, le 10 novembre 1449, Charles VII fait son entrée dans Rouen reconquise. Le 15 février suivant, en possession des pièces du procès de condamnation de Jeanne d'Arc, il ordonnera l'enquête qui aboutira au procès en nullité de la condamnation, celle-ci prononcée le 7 juillet 1456.

Cependant, dès 1450, le roi d'Angleterre tentait un suprême effort. Il engageait jusqu'aux joyaux de sa couronne pour financer une grande armée qui, sous la conduite d'un de ses meilleurs capitaines, Thomas Kyriel, débarquait à Cherbourg, la dernière place encore entre les mains de l'Angleterre. Il prit Valogne, traversa le Cotentin et se dirigea sur Bayeux. Parvenu sur le territoire d'Aigneville, près de Formigny, il rencontre les Français. Les hostilités s'engagent ; une première attaque reste indécise, lorsqu'on entendit l'arrivée de nouveaux combattants ; Thomas Kyriel attendait le comte de Somerset, gouverneur de Caen, avec lequel il pensait faire sa jonction ; or, c'était le connétable de France, Arthur de Richemont, qui arrivait et prenait l'armée anglaise à revers. La journée de Formigny (15 avril 1450) fut une digne réplique à celle d'Azincourt. Il y eut,

Les lys s'opposent aux léopards (Français contre Anglais) en bataille rangée.
Les enseignes, étendards blasonnés, sont le signe de ralliement des combattants.
Paris, bibliothèque de l'Arsenal.

du côté anglais, 3 774 tués et 1 200 prisonniers. Les Français, en tout et pour tout, déploraient une douzaine de morts. Bientôt l'Anglais Somerset capitulait à Caen ; Cherbourg elle-même tombait ; toute la Normandie était redevenue française.

L'épilogue, ce fut, dans la Normandie dévastée, les merveilles de la reconstruction marquée du style du temps, cet art flamboyant que l'on admire aujourd'hui dans la cathédrale de Rouen et dans les églises Saint-Ouen et Saint-Maclou, à la tour de la Madeleine à Verneuil, à Caudebec-en-Caux, ainsi qu'au porche de l'église de Louviers.

Cependant, les échevins de Rouen se préoccupaient de regarnir leur bibliothèque détruite et faisaient exécuter toute une série de magnifiques manuscrits, qui subsistent encore en partie à la bibliothèque de Rouen et à la Bibliothèque nationale, à Paris.

Quant au Mont-Saint-Michel, il avait bien droit à quelque reconnaissance pour sa ténacité. Louis XI, un an après son avènement, y fait un premier pèlerinage. C'est à cette occasion qu'il autorise le monastère à mettre les trois fleurs de lis d'or de la maison de France dans ses armes. Il lui fait don de six cents écus d'or et d'une petite statuette, en or aussi, représentant saint Michel. Quelques années plus tard, il fonde un ordre de chevalerie « en l'honneur, dit le texte de fondation, de Monsieur Saint Michel Archange, premier chevalier, qui son lieu et oratoire appelé le Mont-Saint-Michel a toujours sûrement gardé, préservé et défendu sans être pris, subjugué ni mis aux mains des anciens ennemis de notre royaume ». A ses membres, choisis parmi les plus grands seigneurs, le roi envoyait un collier fait de coquilles d'or lacées les unes aux autres, avec, au centre, l'image de l'Archange sur un rocher portant la devise : *Immensi tremor Oceani,* « terreur de l'immense océan ». Dans leurs assemblées générales, au jour de la fête du saint, les chevaliers dînaient avec le roi, vêtus de manteaux de damas blanc brodés d'or, fourrés d'hermine, avec des chaperons de velours cramoisi. Cet ordre de Saint-Michel devait subsister pendant tout l'Ancien Régime et même au-delà, puisqu'il fut quelque temps rétabli sous la Restauration. On peut en voir des témoignages, à Paris, au musée de la Légion d'honneur et des Ordres de chevalerie (2, rue de Bellechasse, VIIe).

Mais ce n'était pas tout. Au cours d'un nouveau pèlerinage, le roi fit une donation de vingt livres tournois. Elle avait pour objet « la nourriture et entretien des chiens, fort utiles et profitables à la garde du Mont-Saint-Michel ».

Les forteresses
en France

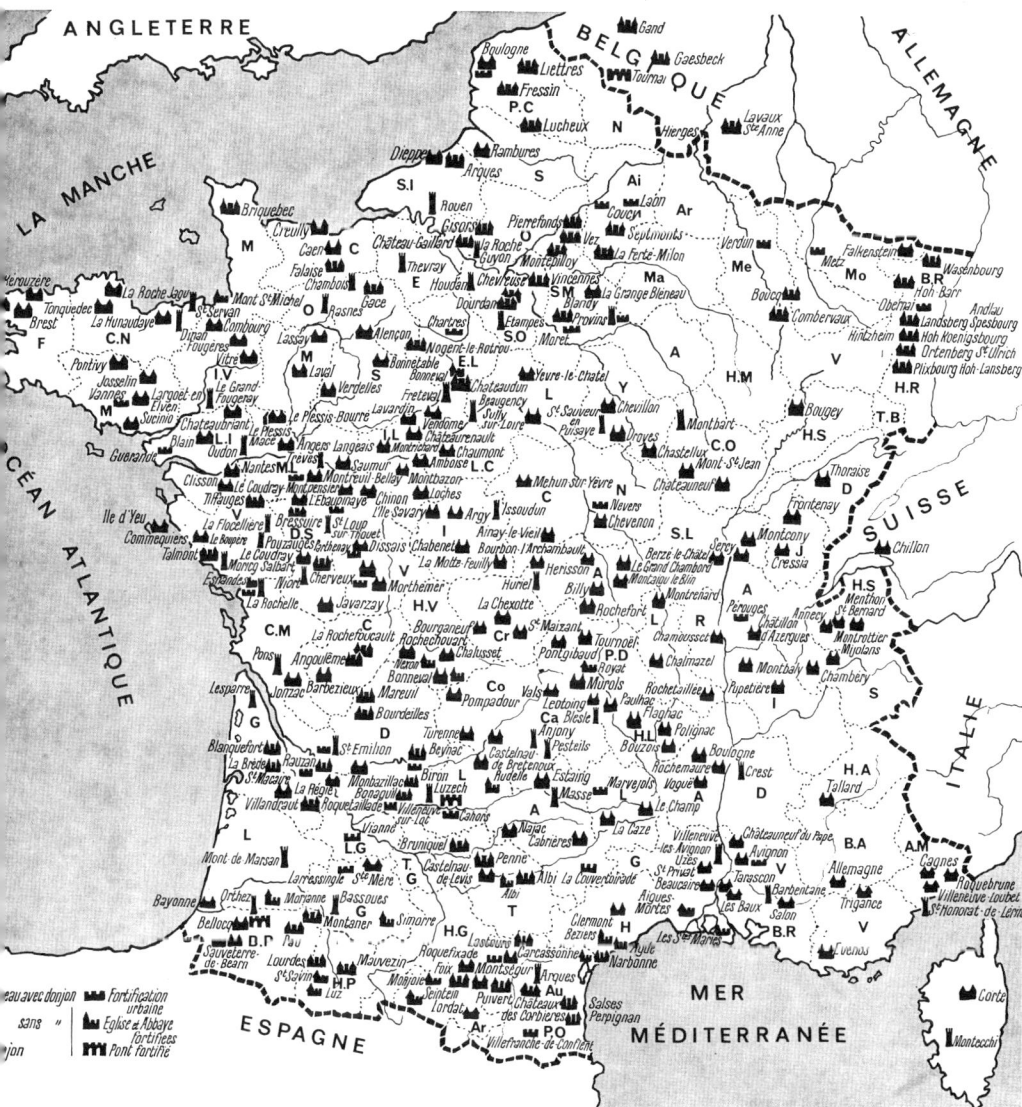

ANGLETERRE

BELGIQUE

ALLEMAGNE

LA MANCHE

OCÉAN ATLANTIQUE

SUISSE

ITALIE

ESPAGNE

MER MÉDITERRANÉE

Gand
Boulogne
Liettres
Gaesbeck
Fressin
P.C
Tournai
Lucheux
N
Lavaux
Ste Anne
Hierges
Rambures
Dieppe
S.I
Arques
S
Rouen
Ai
Laon
Ar
Verdun
Gisors
Pierrefonds
Coucy
Vez
Septmonts
Falkenstein
Metz
Mo
Wasenbourg
B.R
Château-Gaillard
La Roche-
Guyon
Montépilloy
La Ferté-Milon
Ma
Oberhai
Hoh-Barr
Creuly
Caen
C
Thevray
Houdan
Chevreuse
Vincennes
La Grange Bléneau
Me
Bouég
Andlau
Landsberg Spesbourg
Hoh Koenigsbourg
Falaise
E
Chambois
Gacé
Rasnes
Dourdan
SM
Blandy
Provins
Combervaux
V
Hinzheim
Ortenberg Ste Ulrich
Briquebec
M
Mont St Michel
O
Chartres
Étampes
Moret
S.O
A
H.M
H.R
Pixbourg Hoh-Lansberg
Hérouzère
La Roche-Jagu
St Servan
Alençon
Nogent-le-Rotrou
Yèvre-le-Châtel
Bougey
T.B
Tonquedec
La Hunaudaye
Dinan
Combourg
Lassay
E.L
L
St Sauveur
en Puisaye
Chevillon
Montbart
Brest
F
C.N
Fougères
Vitré
IV
Laval
S
Verdelles
Fréteval
Beaugency
Droyes
Chastellux
C.O
Thoraise
Pontivy
Josselin
Vannes
Le Grand
Fougeray
M
Le Plessis-Bourré
Lavardin
Vendôme
Sully-
sur-Loire
Mont-St-Jean
D
Largoët-en-
Elven
Sucinio
Chateaubriant
Le Plessis-
Macé
ILL.
Montrichard
Chaumont
L.C
Mehun-sur-Yèvre
Châteauneuf
Frontenay
Blain
Oudon
Trèves
Angers Langeais
Amboise
N
Nevers
H.S
Menthon
St Bernard
Guérande
Clisson
Le Coudray-Montpensier
Montreuil-Bellay
Montbazon
Chinon
Loches
Royat
Chevenon
S.L
Montcony
J
Cressia
Annecy
Châtillon
d'Azergues
Chillon
Ile d'Yeu
Tiffauges
La Flocellière
L'Ebaupinaye
Saumur
Le Coudray Salbart
Argy
Y
Issoudun
Berzé-le-Châtel
Le Grand Chambord
Montaigu-le-Blin
A
R
Montrottier
Mijolans
Chambéry
S
Commequiers
Le Bouyon
Pouzauges
Orthevis
Dissais
Chabanet
I
Ainay-le-Vieil
Boulon-l'Archambault
Herisson
Montrenard
Péroges
Chamousset
P.D
Chalmazel
Montbaly
Rupetrière
Talmont
Niort
Cherveux
Bressuire
St Loup
sur Thouet
La Motte-Feuilly
A
Hunel
Billy
Montpribaud
Talmont
La Rochelle
Javarzay
Mortheimer
H.V
La Chexotte
St Maixent
Rochefort
L
Royat
Murols
Rochetaillée
I
La Rochefoucauld
Rochechouart
Cr
Pontgibaud
Chalmazel
C.M
Maron
Bonneval
Chalusset
Co
Vals
Leotoing
Paulhac
Flaghac
Angoulême
Jonzac Barbezieux
Pompadour
Ça Blésle
Anjony
H.L
Polignac
Boulogne
Pons
Bourdeilles
D
Turenne
Beynac
Castelnau-
de-Bretenoux
Pesteils
Bouzols
Rochemaure
Crest
H.A
Tallard
Blanquefort
St Émilion
Rudelle
Estaing
Marvejols
Vogüé
V
La Brède
Rauzan
Montbazillac
Bonaguil
Biron
Luzech
Masse
Le Champ
Cagnes
A.M
Villandraut
St Macaire
La Réole
Roquetaillade
Villepinte
Cahors
A
La Caze
Villeneuve-
les-Avignon
Uzès
Châteauneuf-du-Pape
Avignon
B.A
Roquebrune
Villeneuve-toubet
St-Honorat-de-Lerins
L
Mont-de-Marsan
Vianne
Najac
Cabrières
G
St Privat
Beaucaire
Allemagne
LG
Bruniquel
Penne
Aigues-
Mortes
Tarascon
Trigance
Bayonne
Orthez
Marjanne
Sté Mère
T.G
Castelnau-
de-Levis
Albi
La Couvertoirade
St Ses Maries
Les Baux
V
Bellocq
Montaner
Simorre
Aude
D.P
Montaner
T
Clermont
Béziers
B.R
Corte
Sauveterre-
de-Béarn
Lourdes
St Savin
Pau
Mauvezin
Roquefixade
Foix
H.G
Lasbourde
Moignet
Seintein
Tordat
H.P
Luz
Puvert
Carcassonne
Arques
Au
Château
des Corbières
Salses
Perpignan
Narbonne
Ar
Villefranche-de-Conflent
PO
Montecchi

château avec donjon   Fortification urbaine
sans   "   Église et Abbaye fortifiées
donjon   Pont fortifié

Chronologie

(Un peu plus de trois cents ans, soit un temps égal à celui qui s'est écoulé de l'avènement de Henri IV, 1589, à la guerre de 1914.)

395 (?)		Mort de saint Martin, évangélisateur des campagnes de Gaule.
410	Prise de Rome par les Wisigoths.	
413		Saint Augustin : *La Cité de Dieu* († 430).
427		Saint Honorat, fondateur de Lérins, devient évêque d'Arles. Sainte Geneviève.
451	Attila fait le siège de Paris.	
476	Déposition de Romulus Augustule, dernier empereur romain.	
480		Saint Benoît († 547).
498 (?)	Conversion et baptême de Clovis († 511).	Œuvres de Boèce (480-524), de Cassiodore (468-580).
506		Le « bréviaire » (abrégé) d'Alaric : premier recueil de textes juridiques.
529	Fondation du monastère du mont Cassin.	
534		Le code justinien à Byzance (Constantinople).
537		La règle de saint Benoît. Église Sainte-Sophie à Constantinople.

549		Consécration à Ravenne de Saint Apollinaire *in classe*.	Grégoire de Tours (544-594) compose l'*Histoire des Francs*.
589	Conversion du roi d'Espagne Reccarède.		Venance Fortunat, évêque de Poitiers, compose les hymnes *Vexilla regis* et *Pange lingua* (v. 530-602).
590	Saint Grégoire le Grand (moine) devient pape.	Fondation de Luxeuil par le moine irlandais saint Colomban. France : églises de Saint-Pierre de Vienne, de Néris, de Saint-Laurent de Grenoble. Espagne : églises de Terrassa, de San Juan de Banos (emploi de l'arc outrepassé) [1].	Isidore, évêque de Séville, écrit les *Étymologies* (v. 560-636). Le chant grégorien. Le livre (codex) a définitivement remplacé le rouleau (volumen). Le seigle introduit en Europe. Mentions d'outils de fer et du moulin de Saint-Ours de Loches.
625			Le plus ancien papyrus conservé aux Archives nationales. Collèges de Saragosse, de Tolède, de Séville.
629			Dagobert fonde la foire de Saint-Denis.
638	Conquête de la Palestine et de la Syrie par les Arabes.		
650		Fondation de l'abbaye de Saint-Denis.	Irlande : le Livre de Durrow.
651		Fondation de Fleury (Saint-Benoît-sur-Loire). Fondation à Paris de l'Hôtel-Dieu. Irlande : oratoire de Gallarus. Espagne : églises Santa Maria de las Vinas, de San Pedro de la Nave. France : crypte de Jouarre, baptistères de Poitiers, de Fréjus, d'Aix, de Riez, de Vénasque.	
			Le parchemin remplace le papyrus. Vers 670, le plus ancien manuscrit sur parchemin en France (Archives nationales).

---

1. Nous ne mentionnons que les édifices ayant subsisté en tout ou en partie.

711	Conquête de l'Espagne par les Arabes.	
719		Mission de saint Boniface en Germanie.
725	Prise de Carcassonne par les Arabes. Pillage d'Autun.	
732	Charles Martel arrête l'invasion arabe près de Poitiers.	Églises de la Basse-Œuvre de Beauvais en France, de Mérida en Espagne, de Clonmacnoise en Irlande.	Œuvres de Bède le Vénérable en Angleterre (675-735), Aldhelm de Malmesbury (656-709).

PÉRIODE IMPÉRIALE : MILIEU DU VIIIe-MILIEU DU Xe SIÈCLE

(Un peu plus de deux cents ans, soit de la mort de Louis XV, 1774,
à notre temps, 1980.)

751	Pépin, roi de France.		
v. 756	Donation de Pépin à la papauté.		
v. 760		Allemagne, abbaye de Lorsch.	
771	Charlemagne roi.		
772	Première expédition contre les Saxons.		
778	Expédition contre les Arabes d'Espagne.		
		Aix-la-Chapelle.	Fin du VIIIe siècle. Dans les campagnes, assolement triennal. Réforme de saint Benoît d'Aniane (750-821). Irlande : le Livre de Kells.
790			
800	Charlemagne couronné empereur († 814).	Rome : Sainte-Praxède. Allemagne : Corvey. France : Germigny-des-Prés.	Œuvres d'Alcuin (735-804), de Jean Scot Erigène (800-865), d'Eginhard (v. 775-840). Monnaies d'argent (deniers). Modification de l'écriture : minuscule caroline. Première représentation du collier d'épaules. Polyptyque de Saint-Germain-des-Prés (première description d'un domaine rural).

840	Guerre entre les petits-fils de Charlemagne.	
842		Les *Serments de Strasbourg* : apparition de la langue romane.
843	Partage de Verdun. La France retrouve à peu près le territoire de la Gaule de la mer du Nord aux Pyrénées (sauf la Bourgogne et la Provence).	Manuel de Dhuoda, premier traité d'éducation.
875	Charles le Chauve empereur.	
885-886	Siège de Paris par les Normands.	
887	Le dernier empereur carolingien (Charles le Gros) est déposé.	
888	Eudes, duc des Francs, proclamé roi.	Première notation musicale connue. Ferrure du cheval ; attelage en file.
909		Fondation de Cluny (l'ordre comptera plus de 1400 maisons).
911	Les Normands fixés en Normandie.	France : Saint-Michel-de-Cuxa (956) ; le Mont-Saint-Michel (966) ; Saint-Bénigne de Dijon (999).
955	Les Hongrois refoulés (bataille du Lechfeld).	Espagne : Ripoll (977), Montserrat (v. 957). Angleterre : Durham (955). Suisse : Payerne (967). Irlande : Glendalough (900). Allemagne : Saint-Pantaléon de Cologne (964).
962	Otton II couronné empereur du Saint Empire romain germanique.	La plus ancienne charte de franchise : Morville-sur-Seille (967).
972	Le dernier repaire arabe détruit : libération de la Provence.	
987	Mort du dernier descendant de Charlemagne, Louis V.	

AGE FÉODAL : FIN DU Xᵉ-FIN DU XIIIᵉ SIÈCLE

(Environ trois cent cinquante ans, soit de Jeanne d'Arc à la Révolution française.)

987	Avènement de Hugues Capet.		
989			Le concile de Charroux institue la paix de Dieu : protection des populations civiles.
999	Gerbert, fils d'un serf d'Aurillac, devient pape ; on lui attribue l'introduction de la numération hindoue, dite arabe.		
1017			Le Concile d'Elne institue la trêve de Dieu.
1020		Abbatiale de Conques.	
1030			Guy d'Arezzo invente la notation musicale moderne.
1045		Saint-Hilaire de Poitiers.	
1049	Henri Iᵉʳ, roi de France, épouse une princesse russe, Anne de Kiev.		Grande diffusion du moulin à eau. Invention de la cheminée, du fléau, de la herse.
1050			La *Vie de saint Alexis*.
v. 1054	Schisme des églises grecques orthodoxes.		Les conciles de Nice (1041) et de Narbonne (1054) étendent la trêve de Dieu (cessation des combats du mercredi soir au lundi matin, aux jours de fête, aux temps du carême et de l'avent).
1059	Début de la réforme que le pape Grégoire VII (1073-1085) mènera à son terme : l'Église soustraite au pouvoir de l'empereur.		
1062-63		La Trinité de Caen. San Miniato de Florence. Cathédrale de Pise.	
1064	Les Turcs Seldjoukides envahissent l'Arménie.	Saint-Étienne de Caen.	Institution de la chevalerie.
1066	Conquête de l'Angleterre par les Normands.		

1071	Les Turcs Seldjoukides envahissent l'Asie Mineure et anéantissent, à Mantzikert, l'armée byzantine.		
1072		Cathédrale de Lincoln.	
1075		Réforme monastique de Robert de Molesmes.	
1076		Saint-Sernin de Toulouse.	
1077	Canossa ; la comtesse Mathilde de Toscane apaise le conflit entre le pape et l'empereur Henri IV.	Saint Étienne de Muret fonde l'ordre de Grandmont.	
1078		Saint-Jacques-de-Compostelle.	La *Chanson de Roland* et les autres chansons de geste.
1080		Abbatiale de Saint-Benoît-sur-Loire.	
1084		Saint Bruno fonde la Grande-Chartreuse.	
1085	En Espagne, la Reconquista : Tolède reprise aux Arabes.		
1088		Abbatiale de Cluny.	
1093		Cathédrale de Durham. Abbatiale de Maria-Laach.	
1094	En Espagne, reconquête de Valence.		
1095	Prédication par Urbain II d'une « croisade » pour la libération des Lieux saints.	Cathédrale Saint-Marc à Venise.	
1096		Vézelay. Robert d'Arbrissel fonde l'ordre de Fontevraud.	
1098		Fondation de Cîteaux.	
1099	Jérusalem reconquise par les croisés.		
v. 1100		Cathédrales de Cantorbéry, de Mayence.	Le *Pèlerinage de Charles.*
1101		Cathédrale d'Angoulême.	
1108	Charte de Lorris et nombreuses chartes de communes.	Guillaume de Champeaux fonde à Paris l'abbaye de Saint-Victor.	Œuvres de Anselme de Cantorbéry († 1109) ; Yves de Chartres († 1116); Marbode († 1123) ; Baudry de Bourgueil († 1130) ; Hildebert de Lavardin († 1133) ; Guillaume IX d'Aquitaine, le premier troubadour († 1127.)

1115	Avènement de Louis VI.	Premiers essais de voûtes gothiques à Morienval.	
1118		Saint Bernard fonde Clairvaux. Fondation des Templiers pour la protection des pèlerins en Terre sainte.	Grand épanouissement du domaine seigneurial ; la société régie par la coutume, c'est-à-dire usages du terroir, en perpétuelle évolution.
1119		Abbatiale de Fontevraud.	
1120		Les Hospitaliers de Saint-Jean-de-Jérusalem en Terre sainte deviennent ordre militaire. Tournus. Vézelay. Périgueux. Autun.	Le *Traité de divers arts* du moine Théophile (techniques).
1121		Saint Norbert fonde Prémontré.	Poésie lyrique de langue d'oc (troubadours) et de langue d'oïl (trouvères).
1130		Abbaye cistercienne de Fontenay. Cathédrale Saint-Etienne de Sens.	Œuvres de Pierre Abélard (1079-1143) ; Pierre Lombard (1100-1160) ; Hugues de Saint-Victor (1141) ; Bernard de Clairvaux (1090-1153) ; Pierre le Vénérable († 1156).
1137	Louis VII épouse Aliénor d'Aquitaine et devient roi de France.	Pierre le Vénérable, abbé de Cluny, fait traduire le Talmud.	
1139		Le deuxième concile de Latran interdit l'usage de l'arbalète à traits comme trop meurtrière. Il interdit aussi l'usure (intérêt de l'argent).	Le moulin à vent, la boussole, la croisée d'ogives et l'arc-boutant ; perfectionnement du métier à tisser ; pavage des rues.
1141		Pierre le Vénérable fait traduire le Coran.	Grande époque des créations de villes. Économie de marché. Métiers libres réglementés.
1144		Consécration de Saint-Denis : première voûte gothique de vastes dimensions.	La *Chanson de Guillaume* et autres chansons de geste.
1145		Cathédrale d'Angers.	
1147-49	Louis VII et Aliénor en Terre sainte. Le royaume régi par Suger, abbé de Saint-Denis (fils de serfs).		
1150-51		Cathédrales du Mans, de Noyon.	*Le Jeu d'Adam* (théâtre populaire en français).

1152	Aliénor se sépare de Louis VII et épouse Henri Plantagenêt, qui deviendra roi d'Angleterre (1154).	Le Portail royal de Chartres.	Diffusion des thèmes celtiques en poésie ; Tristan, le Graal.
1153		Mort de saint Bernard : 343 abbayes cisterciennes en Europe. Cathédrale de Senlis.	Naissance d'un nouveau genre littéraire ; le roman.
1154		Le pape Adrien IV proclame le droit des serfs à se marier librement, même hors du domaine, sans l'autorisation du seigneur.	*Tristan et Yseult* (diverses rédactions).
1159	Henri Plantagenêt renonce à faire le siège de Toulouse, pour ne pas enfreindre le serment féodal de fidélité au seigneur.		
1160		Cathédrale de Laon. Abbatiale de Pontigny.	Œuvre de Chrétien de Troyes († v. 1185).
1161		Fondation de l'ordre militaire de Saint-Jacques.	Les *Lais* de Marie de France.
1162		Cathédrale de Poitiers.	
1163		Pose de la première pierre de Notre-Dame de Paris.	
1165		Début des sectes cathares (dualisme) dans les villes commerçantes.	
1170	Mort de Thomas Becket dans la cathédrale de Cantorbéry.		
1174	Baudouin IV, le roi lépreux de Jérusalem († 1185).	Basilique de Monreale en Sicile.	Le *Roman de Renart*.
1175		Cathédrales de Soissons et de Cantorbéry.	
1180	Avènement de Philippe Auguste († 1223).		
1184		Le pont d'Avignon.	Les fabliaux.
1187	Prise de Jérusalem par Saladin.		
1190	Mort de l'empereur Frédéric Barberousse sur la route de Jérusalem. Croisade de Richard Cœur de Lion et de Philippe Auguste.	Cathédrales de Leon et de Bamberg. Abbatiale d'Alcobaça au Portugal.	
1192		Cathédrale de Bourges.	

1194	Bataille de Fréteval, où le roi Philippe perd ses archives et son trésor.	Cathédrale de Chartres.	Le trouvère Guiot de Provins énumère dans un poème *(Bible)* les quatre-vingt-six seigneurs qui l'ont accueilli dans toutes les régions de France.
1199	Mort de Richard Cœur de Lion. Luttes entre Philippe Auguste et Jean sans Terre.		Invention du bouton, de la brouette, des lunettes, du rouet. Première carte marine, emploi du charbon. Le miroir de verre, la scie hydraulique, le gouvernail d'étambot, etc.
1200	Paix du Goulet entre Jean sans Terre et Philippe Auguste : son fils Louis épouse Blanche de Castille, petite-fille d'Aliénor d'Aquitaine.		La première université se constitue à Paris (autonomie et privilège clérical.)
1201			Œuvre de Jean Bodel d'Arras († 1210).
1202	Philippe Auguste annexe les domaines continentaux de Jean sans Terre, sauf la Guyenne.	Cathédrale de Rouen.	Thibaut IV de Champagne le Chansonnier († 1253).
1204	Les croisés s'emparent de Constantinople.		
1205		Première mission de saint Dominique en Languedoc.	
1207	Raymond VI de Toulouse excommunié en raison de la protection qu'il accorde aux sectes cathares.	Fondation du monastère de Prouille pour des cathares converties.	Villehardouin ; *La Conquête de Constantinople*, première œuvre historique composée en français. Robert de Clary ; *La Conquête de Constantinople.*
1208	Le légat du pape Pierre de Castelnau assassiné près de Toulouse.		
1209	Le pape Innocent III décide la croisade contre les Albigeois (cathares). Massacre de Béziers. Victoire des chrétiens d'Espagne à Las Novas de Tolosa.	Fondation des Frères mineurs par saint François d'Assise († 1226). Fondation des Carmes.	*Les Miracles de Notre-Dame.*
1212		Fondation des Clarisses.	
1213	Victoire de Simon de Montfort à Muret.		

1214	Victoire de Philippe Auguste à Bouvines.	Cathédrale de Reims.	
1215	Naissance de Saint Louis († 1270).	La Grande Charte en Angleterre.	Privilèges pontificaux à l'université de Paris.
1216		Fondation des Frères prêcheurs par saint Dominique († 1221). Reconstruction de la cathédrale du Mans.	Grande époque des foires de Champagne.
1217			
1218	Mort de Simon de Montfort au siège de Toulouse.		
1220		Cathédrales d'Amiens, de Salisbury, de Bruxelles.	L'université de Paris met au point une nouvelle édition de la Bible en latin, puis en français (terminée vers 1245).
1223	Avènement de Louis VIII, qui prend part aux expéditions en Languedoc et à qui Amaury de Montfort (fils de Simon) cède ses droits sur les terres conquises.		
1224		Les Mongols (Gengis Khan) envahissent la Russie et menacent l'Europe centrale.	L'empereur Frédéric II fonde à Naples une université consacrée surtout à l'étude du droit romain.
1226	Mort de Louis VIII. Blanche de Castille fait couronner Louis IX et gouverne avec lui.	Cathédrale de Burgos. La « Merveille » du Mont-Saint-Michel.	
1228		Église Saint-François, à Assise.	
1229	La paix en Languedoc ; traité de Paris avec Raymond VII de Toulouse.	Le pape institue l'Inquisition.	Fondation de l'université de Toulouse.
1231		Début du fonctionnement des tribunaux d'Inquisition, confiés aux Frères prêcheurs.	Le droit romain devient la loi commune des pays germaniques (constitutions de Melfi imposées par Frédéric II).
1233		Les Frères mineurs adjoints aux Prêcheurs dans les tribunaux d'Inquisition.	
1234	Louis IX épouse Marguerite de Provence.		
1235			Guillaume de Lorris compose *Le Roman de la Rose*.

1243		La Sainte-Chapelle de Paris.	Villard de Honnecourt en Hongrie. Grande époque de l'enseignement international à l'université de Paris.
1244	Perte définitive de Jérusalem (rendue par traité aux chrétiens en 1229).		
1245		Abbaye de Westminster. Le pape envoie Jean du Plan Carpin en ambassade auprès des Mongols.	Robert Grossetête († 1235), Etienne Langton († 1228), saint Thomas d'Aquin († 1274), saint Bonaventure († 1274), saint Albert le Grand († 1280), Roger Bacon († 1292).
1246		Charte d'Aigues-Mortes (dernière grande fondation communale en France).	
1247	Les enquêtes de Saint Louis dans le royaume pour surveiller ses propres agents et réprimer les abus possibles.		
1248	Saint Louis et Marguerite en Terre sainte.	Cathédrale de Cologne.	Grande époque de l'enseignement du droit romain à Bologne.
1250		Cathédrales de Strasbourg, de Sienne, d'Upsal en Suède.	Le plus ancien registre sur papier en France (Archives nationales).
1252	Mort de Blanche de Castille.	La torture autorisée dans les procès d'Inquisition.	
1254	Retour de Saint Louis et Marguerite.		
1257			Création d'un collège par Robert de Sorbon (la future Sorbonne). Œuvres de Rutebeuf († 1285).
1259	Le traité de Paris établit la paix avec le roi d'Angleterre.		
1261	Les Latins chassés de Constantinople.		
1263	Saint Louis arbitre le conflit du roi d'Angleterre avec les barons anglais.		Voyages de Marco Polo en Asie et jusqu'en Chine (durant vingt ans).
1266			Frappe d'une monnaie d'or en France (la première depuis Charlemagne).
1269			Pierre de Maricourt écrit un *Traité de l'aimant*.

1270	Mort de Saint Louis à Tunis. Avènement de Philippe III le Hardi.		Premier bannissement des Juifs de France (de même que Lombards et Cahorsins pratiquant l'usure).
1275			Déclin des foires de Champagne.
1282		Cathédrale d'Albi.	
1283			Philippe de Beaumanoir rédige les *Coutumes de Beauvaisis*. Œuvre de Dante († 1321).
1285	Une expédition française en Espagne échoue. Mort de Philippe III. Avènement de Philippe IV le Bel.		Jean de Meung donne une suite au *Roman de la Rose*.
1287	Les Mongols offrent leur alliance contre les Turcs.		
1289			Université de Montpellier.
1291	Prise de Saint-Jean-d'Acre par les Turcs : fin des royaumes chrétiens de Terre sainte.	Le roi s'entoure de légistes qui répandent l'influence du droit romain.	Jean de Montecorvino commence à évangéliser la Chine.
1294			Impôt levé pour la première fois dans tout le royaume.
1296	Début des luttes entre Philippe le Bel et le pape Boniface VIII.	Première dévaluation de la monnaie.	Le parlement (cour de justice) se fixe à Paris, ainsi que les organes de gouvernement ; Chambre des comptes, Trésor royal.
1299		Bannissement des Juifs dépouillés de leurs biens.	
1302	La chevalerie française subit en Flandre, à Courtrai, sa première défaite.		
1303	Attentat d'Anagni et mort du pape Boniface VIII.	Nouvelle dévaluation.	
1305		Le pape Clément V se fixe en Avignon.	
1307	Arrestation des templiers en France.		Un archevêché et six évêchés à Pékin.
1308		Premiers états généraux à Tours.	Œuvre de Ramon Lull († 1315).
1309		Les Hospitaliers s'installent à Rhodes, où ils résisteront jusqu'en 1522, date de leur repli sur Malte.	Joinville écrit la *Vie de Saint Louis* (1225-1317).

1310	Supplice de 54 templiers à Paris.		
1311		Nouvelle dévaluation.	Faculté de droit d'Orléans.
1312	Suppression de l'ordre du Temple.		
1314	Supplice de Jacques de Molay et Geoffroy de Charnay à Paris. Scandale à la cour à propos des trois belles-filles du roi. Mort de Philippe le Bel.		Premières mesures de protectionnisme commercial en Flandre. Philippe le Bel, un mois avant sa mort, réduit les droits de la femme à la succession au trône.

MOYEN ÂGE : XIVᵉ ET XVᵉ SIÈCLE

(Environ deux cents ans, soit de la mort de Louis XIV, 1715, au début du XXᵉ siècle.)

1314	Avènement de Louis X le Hutin.		La plus ancienne horloge mécanique publique à Caen.
1315-16		Première famine générale en Europe : deux années de pluies.	
1316	Avènement de Philippe V le Long.	Le palais des Papes en Avignon.	
1318			Plusieurs communes : Sens, Senlis, demandent l'abolition de leurs franchises en raison de leur mauvaise gestion.
1322	Avènement de Charles IV le Bel.		
1327-28	Avec la mort de Charles IV le Bel s'éteint la lignée des Capétiens directs. Son cousin Philippe VI de Valois devient roi de France.		La poudre à canon. Elle donne une supériorité aux moyens d'attaque sur les moyens de défense. Apparition de l'armure de plates (plaques de fer articulées) remplaçant la cotte de mailles souples.
1329	Édouard III d'Angleterre fait hommage à Philippe VI.		
1337			Création de l'université d'Angers, après celle de Cahors (1332).
1338-39	Révolte en Flandre soutenue par Édouard III.		Création de l'université de Grenoble.

1340	Édouard III revendique la couronne et prend le titre de roi de France.		Œuvres de Nicolas Oresme († 1382).
1346	Défaite française à Crécy.		Les premières bombardes sur un champ de bataille.
1347	Édouard III s'empare de Calais.		Œuvres de Pétrarque († 1374) et de Boccace († 1375).
1348		La peste noire en Europe.	
1350	Avènement de Jean le Bon.		Les coutumes régionales fixées par écrit.
1356	Défaite française à Poitiers. Le roi prisonnier. Révolte à Paris à l'instigation du prévôt des marchands Étienne Marcel.		
1358	La Jacquerie dans les campagnes. Assassinat d'Étienne Marcel.		Œuvres de Guillaume de Machault († 1377), Eustache Deschamps († 1407), Jean Froissart († v. 1404).
1364	Avènement de Charles V. Victoire de Du Guesclin à Cocherel.		
1376		Sainte Catherine de Sienne en Avignon. Le pape quitte la ville.	
1377		Le pape Grégoire XI rentre à Rome.	
1378		Mort de Grégoire XI. Début du Grand Schisme.	
1380	Mort de Du Guesclin. Avènement de Charles VI.		
1381			Première mesure de protection douanière prise par l'Angleterre ; le *Navigation Act*.
1382	Révoltes à Paris, Rouen, Amiens, en Languedoc, etc.		
1385		Philippe le Hardi, duc de Bourgogne, fait construire la chartreuse de Champmol.	Œuvre du sculpteur Claus Sluter.
1392	Charles VI devient fou.		Œuvres de Christine de Pisan († v. 1429) et de Charles d'Orléans (1394-1465).

1396	Réconciliation entre Charles VI et Richard II, roi d'Angleterre. La dernière croisade vaincue à Nicopolis par Bajazet.	Rivalité entre Armagnacs et Bourguignons.	
1399	Richard II détrôné par Henri de Lancastre qui le fera mourir en prison (1400).		Jean Gerson († 1429).
1407	Le duc de Bourgogne Jean sans Peur fait assassiner son cousin Louis d'Orléans.		
1412-13	Paris livré à l'émeute sous le contrôle de Jean sans Peur.		
1415	Débarquement de Henri V de Lancastre et défaite française d'Azincourt.		Massacre des prisonniers à Azincourt.
1417	« Pacte infernal » entre Henri V et Jean sans Peur.	L'élection du pape Martin V met fin au Grand Schisme.	
1418	Nouvelles révoltes dans Paris. Le dauphin Charles s'enfuit à Bourges.		Création du parlement de Poitiers.
1419	Jean sans Peur assassiné à Montereau. Philippe le Bon lui succède.		
1420	Le traité de Troyes instaure en France la double monarchie promise aux rois d'Angleterre.		
1422	Mort de Charles VI et Henri V. Le duc de Bedford régent de France.		Œuvre d'Alain Chartier († 1429).
1428	Siège d'Orléans par les Anglais.		
1429	Jeanne d'Arc libère Orléans (8 mai) et fait sacrer à Reims le roi Charles VII (17 juillet).		
1430	Jeanne d'Arc faite prisonnière à Compiègne (23 mai) et livrée aux Anglais.		
1431	Supplice de Jeanne à Rouen (30 mai).	Épanouissement de l'art flamboyant en architecture.	Premières ordonnances de Charles VII pour l'organisation d'une armée permanente.

		Premières impressions en gravure sur bois (xylographie).
1432		L'université de Poitiers.
1435	Traité d'Arras rétablissant la paix entre France et Bourgogne.	
1437	Reconquête de Paris par Charles VII.	Œuvres de Jean Van Eyck († 1441) et de Roger Van der Weyden († 1464).
1443		Ordonnances établissant l'impôt permanent dans tout le royaume.
1444	Jacques Cœur, argentier du roi, fait construire à Bourges son hôtel.	Œuvre de Jean Fouquet († 1480). Matériel d'imprimerie en Avignon.
1447		L'étalon or à Gênes.
1450	Bataille de Formigny libérant la Normandie. Procès en nullité de la condamnation de Jeanne d'Arc (aboutit en 1456).	Le *Mystère de la Passion* d'Arnoul Gréban. Gutenberg ouvre un atelier d'imprimerie à Mayence. Le premier budget d'État en France.
1452	Début de Saint-Pierre de Rome.	
1453	Bataille de Castillon : conquête de la Guyenne. Constantinople prise par les Turcs.	François Villon (1431-v. 1463).
1461	Avènement de Louis XI.	
1470		Œuvre de Philippe de Commines († 1511).
1471	Siège de Beauvais par Charles le Téméraire, duc de Bourgogne.	Une imprimerie installée à Paris en Sorbonne. L'industrie de la soie implantée à Tours.
1477	Mort de Charles le Téméraire à Nancy.	
1483	Avènement de Charles VIII.	
1492	Christophe Colomb découvre l'Amérique.	

Index
des noms cités

PIERRE DE DREUX (comte de Bretagne) : 108, 299, 306.
PIERRE DE MONTREUIL : 95.
PIERRE DE WISSANT : 359.
PIERRE LE VÉNÉRABLE : 395.
PIERRE LOMBARD : 395.
PIERRE-ROGER DE CABARET : 229.
PIRENNE, Henri : 283.
PLANTAGENÊTS : 164, 177, 183, 299.
POITIERS (comte de) : 144, 154, 165-166, 182-183.
POL (saint) : 298.
POL DE LIMBOURG : 370, 381.
PONS DE BRUYÈRES : 236.
PONS DE JOURDA : 226.
PRAXÈDE (sainte) : 391.
PRINCE NOIR : (fils d'Edouard III) : 194, 353, 364.
PROCOPE WALDFOGHEL : 345.
PROVENCE (comte de) : 332.

R

RADEGONDE (sainte) : 166.
RAOUL DE COUCY : 256.
RAOUL DE FONTFROIDE : 222-223, 226.
RAYMOND V (comte de Toulouse) : 177, 220-221.
RAYMOND VI : 227 à 229, 232, 397.
RAYMOND VII : 228, 230 à 232.
RAYMOND BÉRENGER (vicomte de Béziers) : 228.
RAYMOND BÉRENGER (comte de Barcelone) : 320.
RAYMOND BÉRENGER V (comte de Provence) : 321, 328, 337.
RAYMOND DE CAPOUE : 345.
RAYMOND DE MONDRAGON : 153.
RAYMOND DE PEÑAFORT : 283.
RAYMOND DE POITIERS : 176.
RAYMOND DE SAINT-GILLES : 331.
RAYMONDE : 227.
RAYNOUARD : 114.
RÉCARÈDE : 391.
RÉMI (saint) : 63, 68.
RENAUD DE MONTAUBAN : 367, 378.
RENÉ (roi) : 147, 337, 339-340.
RENÉ D'ANJOU : 155, 245, 337, 340.
RICHARD Iᵉʳ CŒUR DE LION : 18, 28-29, 133, 171, 182, 184, 186, 188, 298, 396-397.
RICHARD II : 18, 194, 403.

RICHARD DE CORNOUAILLES : 321.
RICHARD DE NORMANDIE : 60.
RICHARDE DE BARBAIRA : 227.
RICHELIEU : 244, 299.
RIEN (saint), devenu saint Adrien : 298.
RIQUIER (saint) : 351.
ROBERT (fils d'Hugues Capet) : 61, 243.
ROBERT COURTEHEUSE : 25.
ROBERT D'ARBRISSEL : 165, 303, 394.
ROBERT DE CLARY : 397.
ROBERT DE MOLESMES : 394.
ROBERT DE MORTAIN : 14.
ROBERT DE SORBON : 83, 399.
ROBERT DU GUESCLIN : 311-312.
ROBERT JOLIVET : 383.
ROBERT LE BOUGRE : 238.
ROBERT LE FORT : 15, 61.
ROBERT LE MAGNIFIQUE (Robert le Diable) : 19.
ROBERT LE PIEUX : 144, 244.
ROBERT SCALES : 194.
ROBESPIERRE : 77.
RODIN : 357.
RODOLPHE III : 320.
ROGIER VAN DER WEYDEN : 374, 404.
ROLLON : 15, 18-19.
ROMÉE DE VILLENEUVE : 321, 324.
ROMULUS AUGUSTULE : 389.
ROSTAND, Edmond : 173.
RUTEBEUF : 80, 291, 399.

S

SAMSON (saint) : 298.
SANCHE VII : 250.
SARAH (sainte) : 329.
SAVARY DE DONGES : 306.
SÉBASTIEN (saint) : 268.
SEGUIN (archevêque de Sens) : 60.
SEURIN (saint) : 163.
SIMON D'AUTHIE : 289.
SIMON DE MONTFORT : 227 à 230, 236, 397-398.
SIMON DE MONTFORT (fils) : 194.
SIMONE MARTINI : 341.
SOMERSET (comte de) : 385-386.
SUGER (abbé) : 94-95, 105, 149, 166, 395.
SULIEN (saint), devenu saint Julien : 298.

Index
des monuments

T

U

V

W

Y

Index
des noms de lieux

Bibliographie

Pour en savoir davantage sur le Moyen Age en général :

BEZZOLA (R.) : *Le Sens de l'aventure et de l'amour*, La Jeune Parque, 1947.

BEZZOLA (R.) : *Les Origines et la Formation de la tradition courtoise en Occident*, Champion, 1958-1963, 5 vol. grand in-8°.

BRUYNE (Edgar de) : *Étude d'esthétique médiévale*, Bruges, 1946, 3 vol. in-4°.

COHEN (Gustave) : *La Grande Clarté du Moyen Age*, Gallimard, 1945.

EVANS (Joan) : *La Civilisation en France au Moyen Age*, Payot, 1930.

FOCILLON (Henri) : *Art d'Occident*, Paris, 1938.

GARNIER (François) : *Le Langage de l'image au Moyen Age. Signification et Symbolique*, Paris, Le Léopard d'or, 1982.

GENICOT (L.) : *Les Lignes de faîte du Moyen Age*, Casterman, 1951.

GILLE (Bertrand) : *Les Origines de la civilisation technique. Le Moyen Age en Occident*, P.U.F., 1963.

GIMPEL (Jean) : *La Révolution industrielle du Moyen Age*, Éd. du Seuil, 1975.

GIMPEL (Jean) : *Les Bâtisseurs de cathédrales*, Éd. du Seuil, 1980.

HAUCOURT (Geneviève d') : *La Vie au Moyen Age*, P.U.F., coll. « Que sais-je ? », n° 132, 1957.

LABARGE (M.W.) : *The Life of Louis IX of France*, Londres, Eyre et Spottiswoode, 1968, Londres.

LAGARDE (G. de) : *La Naissance de l'esprit laïc*, Paris, 1956.

LUBAC (H. de) : *Exégèse médiévale*, Aubier, 1959-1964, 4 vol. grand in-8°.

MELVILLE (Marion) : *La Vie des templiers*, Gallimard, 1974.

POGNON (Ed.) : *L'An Mil*, Gallimard, 1947.

RICHARD (Jean) : *Le Royaume latin de Jérusalem*, P.U.F., 1953.

RICHARD (Jean) : *L'Esprit de la croisade*, Éd. du Cerf, 1969.

RICHE (Pierre) : *Éducation et Culture dans l'Occident barbare*, Éd. du Seuil, 1966.

RICHE (Pierre) : *De l'éducation antique à l'éducation chevaleresque*, Flammarion, 1968.

ROUSSET (Paul) : *Histoire des croisades*, Payot, 1957.

ZUMTHOR (Paul) : *Histoire littéraire de la France médiévale*, P.U.F., 1954.

Siècle de Saint Louis (Le), Hachette, 1970. Ouvrage collectif sous la direction de R. Pernoud.

Signalons, aux éditions Stock-Plus, la collection de textes « Moyen Age » dirigée par Danièle Régnier-Bohler, et, pour la connaissance de l'art roman, les volumes de la collection Zodiaque.

1. La Normandie de Guillaume le Conquérant

ADAMS (Henry) : *Le Mont-Saint-Michel et Chartres*, Londres, Constable, 1961. Essai très remarquable et devenu classique sur le caractère architectural et artistique en général de ces deux édifices.

BOÜARD (Michel de) : *Guillaume le Conquérant*, P.U.F., « Que sais-je ? », 1966. Exact et précis.

BROWN (Reginald Allen) : *The Normans and the Norman conquest*, Constable, 1969, 292 pages. Étude très sérieuse.

CHERUEL (Adolphe) : *Histoire de Rouen sous la domination anglaise*, 1840, reprint Laffitte, 1977, 184 pages. Voir le chapitre III, siège de Rouen, 1418-1419, et le chapitre II, qui expose la situation.

CHOFFEL (Jacques) : *Robert de Normandie, le duc aux courtes bottes*, Lanore, 1981, 236 pages. Bonne vulgarisation.

LEBLOND (Bernard) : *L'Accession des Normands de Neustrie à la culture occidentale (X^e-XIe siècle)*, Nizet, 1966, 332 pages. Bien qu'il s'agisse d'une thèse, l'ouvrage se lit facilement et avec un intérêt soutenu.

MERRIEN (J.) : *La Vie quotidienne des marins au Moyen Age*, Hachette, 1969, 284 pages. Excellente étude des bateaux vikings, la vie à bord, etc. Les nefs et naves. Les galères.

PLANCHON (Michel) : *Quand la Normandie était aux Vikings. De Rollon à Guillaume le Conquérant*, Fayard, 1978, 392 pages. Complet et bien informé.

POGNON (Edmond) : *La Vie quotidienne en l'an 1000*, Hachette, 1981. Excellent et très complet.

SLOCOMBE (George) : *Guillaume le Conquérant,* trad. Payot, 1962, 296 pages. Le récit accroche comme un roman.

2. La Bourgogne des moines

BELOTTE (Michel) : *La Bourgogne au Moyen Age,* textes choisis et présentés par Michel Belotte, Dijon, C.R.D.P., 1972. Les dossiers du C.R.D.P. offrent souvent grand intérêt en présentant des documents et leur transcription éventuelle.

BLIGNY (Bernard) : *L'Église et les Ordres religieux dans le royaume de Bourgogne aux XIᵉ et XIIᵉ siècles,* thèse, 1958, Paris, P.U.F., 1960, 540 pages. Très scientifique. S'adresse surtout aux spécialistes.

COLONI (Marie-Jeanne) : *Hommes et Chrétiens dans la société médiévale,* Ed. Fleuves, 1981, 122 pages. Relevé profane et information religieuse. S'adresse aux enseignants, parents et adultes chrétiens.

COMMEAUX (Charles) : *Histoire des Bourguignons,* t. Iᵉʳ, Nathan, 1980. Importante vision d'ensemble, avec des études de détail soignées : défrichements, etc.

DUBY (Georges) : *La Société aux XIᵉ et XIIᵉ siècles dans la région mâconnaise,* Paris, 1953.

GILSON (Étienne) : *La Théologie mystique de saint Bernard,* 1980, 250 pages. « Il ne s'agit ni de la vie de saint Bernard, ni de sa théologie en général, ni même dans l'ensemble de sa mystique, mais seulement de cette partie de sa théologie sur laquelle repose sa mystique. »

MOULIN (Léo) : *La Vie quotidienne des religieux au Moyen Age (XIᵉ-XVᵉ siècle),* Hachette, 1978. Conçu dans un esprit large, et bien documenté.

OURSEL (Raymond) : *La Bourgogne romane,* Zodiaque, 1969, 346 pages. Collection exemplaire : introduction, cartes, « notes historiques » et « comment visiter... » les principaux monuments ; notices sur une trentaine d'églises « mineures » ; illustration hors de pair.

OURSEL (Raymond) : *Itinéraires romans de Bourgogne,* Zodiaque, 1976. Moins complet que *La Bourgogne romane* du même auteur, mais de même classe.

OURSEL (Raymond) : *Univers roman,* Paris, D. Vincenot, 7, rue Dupuytren, Fribourg, Office du Livre. Texte clair, qui n'exclut pas la spiritualité.

SEIGNOBOS (Charles) : *Le Régime féodal en Bourgogne jusqu'en 1360, étude sur la société et ses institutions,* édit. 1882, reprint Slatkine, Champion, 1975, 416 pages. Classique.

3. L'Ile-de-France, domaine royal

Autrand (Françoise) : *Naissance d'un grand corps de l'État : les gens du parlement de Paris, 1345-1454,* d'après sa thèse, publ. Sorbonne, 1981, 460 pages. Très spécialisé.

Bourassin (Emmanuel) : *La Cour de France à l'époque féodale,* Perrin, 1975. « Ce que nous avons voulu dans ces pages, c'est reconstituer le cadre de la vie des rois capétiens..., décrire le mécanisme de l'existence publique et privée. »

Du Colombier (Pierre) : *Les Chantiers des cathédrales : ouvriers, architectes, sculpteurs,* nouvelle édition Picard, 1973, 188 pages, illustrations. Le titre correspond exactement au contenu de cet excellent ouvrage. Ce n'est pas une étude d'art, mais une étude des techniques, procédés, usages employés par les bâtisseurs, et de la condition des ouvriers, du maître d'œuvre, de l'architecte, du carrier. Passionnant et copieusement illustré.

Fagniez (Gustave). *Études sur l'industrie et la classe industrielle à Paris au XIIIᵉ et au XIVᵉ siècle,* édition des Hautes Études, 1877, Slatkine, 1975. Belle étude classique. L'appendice (documents) de la page 278 à la page 394.

Gabriel (Astrik) : *The Economic and Material frame of the Mediaeval university,* Notre Dame Université Indiana, U.S.A., 1977, 87. Texts and studies in the history of Mediaeval education, 15.

Gilson (Étienne) : *L'Esprit de la philosophie médiévale,* Vrin, 1978, 446 pages. Pour ceux qui sont déjà familiarisés avec la philosophie et qui désirent approfondir celle du Moyen Age.

Guillain de Bénouville (Général Pierre) : *Saint Louis ou le printemps de la France,* nouvelle édition Laffont, 1970. « Méditations » écrites en captivité.

Levron (Jacques) : *Saint Louis ou l'apogée du Moyen Age,* Perrin, 1970. Biographie bien écrite, vivante, qui ne se limite pas à l'anecdote.

Levron (Jacques) : *Philippe Auguste ou la France rassemblée,* Perrin, 1979. Sérieusement documenté et facile à lire.

O'Connell : *Les Propos de Saint Louis,* présentés par David O'Connell et préfacés par J. Legoff, Gallimard-Julliard, 1974, 200 pages, coll. « Archives ». Textes de Saint Louis ; extraits de chroniques. La « présentation » de Saint Louis par O'Connell, page 26, retrace l'existence du roi et esquisse son portrait. Les « propos » recueillis par les contemporains sont par rubriques introduites dans des textes courts d'éclaircissement.

Pognon (Edmond) : *Hugues Capet, roi de France,* introduction de Gérard Walter, textes de Hugues Capet, Richer, Gerbert, Helgand (l'infrastructure sociale et religieuse du règne), A. Michel, 1966, coll. « Le mémorial des siècles ». Très intéressant et accessible. Nombreuses sources citées.

VERGER (Pierre) : *Les Universités au Moyen Age*, P.U.F., 1973, 214 pages, coll. « Clio » : L'Historien, 14. Clair, un peu sec, côté juridique important.

VIOLLET-LE-DUC : *L'Architecture raisonnée*, extraits du *Dictionnaire de l'architecture française* réunis et présentés par Hubert Damisde, P. Hermann, 1978, 228 pages.

VIOLLET-LE-DUC : *Histoire d'une forteresse*, Éditions Hetzel, 1874, repris par Berger-Levrault, 1978, 360 pages.

VIOLLET-LE-DUC : *Histoire d'un dessinateur*, Berger-Levrault, 1978, 304 pages.

Pour les fouilles et les découvertes récentes dans Paris, en dehors des grands ouvrages classiques de Paul-Marie DUVAL et de Pierre LAVEDAN, on consultera avec profit :

Archeologia, nº 108, juillet 1977, numéro spécialement consacré à « Une grandiose découverte à Paris : les statues des rois de la façade de Notre-Dame ».

Les Dossiers de l'Archéologie, nº 7, 1974 : « Dans le sol de Paris ». A signaler surtout la description de la crypte archéologique du parvis de Notre-Dame et les articles de Michel FLEURY et Alain ERLANDE BRANDENBURG.

Les Dossiers de l'Archéologie, nº 32, 1979, relatif aux fouilles de l'abbaye de Saint-Denis.

Adresse d'*Archeologia* — *Les Dossiers de l'Archéologie* : B.P. 28, 21121 Fontaine-lès-Dijon.

On pourra consulter aussi le catalogue de l'exposition Notre-Dame-de-Paris, 1163-1963 », organisée par la Direction des Archives de France à la Sainte-Chapelle, juin-octobre 1963, et, sur l'université de Paris, le catalogue de l'exposition « La vie universitaire parisienne au XIIIᵉ siècle », qui eut lieu à la chapelle de la Sorbonne en 1974.

La *Nouvelle Histoire de Paris*, diffusée par Hachette, consacre trois beaux volumes in-4º au Moyen Age :

BOUSSARD (Jacques) : *Paris de la fin du siège de 885-886 à la mort de Philippe Auguste*.

CAZELLE (Raymond) : *Paris de la fin du règne de Philippe Auguste à la mort de Charles V*, 1972.

FAVIER (Jean) : *Paris au XVᵉ siècle, 1380-1500*, 1974.

4. L'Auvergne des pèlerins

BOTTINEAU (Yves) : *Les Chemins de Saint-Jacques,* Arthaud, 1964. Tout y est, y compris une très abondante illustration et une carte dépliante.

BRAUN (Josef) : *Die Reliquiare des christlichen Kultes und ihre Entwicklung,* Osnabrück, O. Zeller, 1971, 744 pages, 157 planches. Très complet, il s'agit de toute espèce de reliquaires, pas seulement chrétiens.

CLAUSSEN (P.C.) : *Goldschmiede des Mittelalters.* « Zeitschrift des deutschen Vereins für Kunstwissenschaft », Berlin, 1978, chap. 1, 4, p. 46-86, 25 figures. Conditions sociales, intellectuelles et économiques de l'activité des orfèvres et de leurs ateliers aux XIIᵉ et XIIIᵉ siècles.

GAUTHIER (Marie-Madeleine) : *Émaux limousins champlevés aux XIIᵉ, XIIIᵉ et XIVᵉ siècles,* 1950.

GAUTHIER (Marie-Madeleine) : *Émaux du Moyen Age occidental,* diffusion Weber, 1972, 444 pages. Dû à la meilleure spécialiste de la question. Superbes illustrations.

MERAS (Mathieu) : Abbayes et Pèlerinages de France, Nathan, 1964, 160 pages. Excellent, bien écrit, très bien illustré, histoire de chaque sanctuaire.

OURSEL (Raymond) : *Les Pèlerins au Moyen Age, les hommes, les chemins, les sanctuaires,* Fayard, 1978, 276 pages. Texte très vivant avec des études de détail : la voirie, les forêts, les montjoies.

PERNOUD (Régine) : *Les Hommes de la croisade,* Tallandier, 1977, rééd., 1982.

VIELLIARD (Jeanne) : *Guide du pèlerin de Saint-Jacques-de-Compostelle,* probablement 1163, texte latin traduit en français, 152 pages. Il est toujours très intéressant de prendre connaissance des textes mêmes sur lesquels se fondent les historiens. Celui-ci permet au lecteur d'entrer de plain-pied dans la vie et l'esprit du Moyen Age.

5. Maine, Anjou, Touraine :
La vie seigneuriale

BARTHOLONI (F) : *Guide du blason,* Stock, 1975, 312 pages. Les principes de l'héraldique, les symbolismes, les armes, les ornements extérieurs, les compositions de blason, historique du blason, blason du XXᵉ siècle.

BOUTRUCHE (Robert) : *Seigneurie et Féodalité,* Aubier, 1968, 480 pages. Ouvrage classique. Comporte aussi des chapitres sur la féodalité japonaise, musulmane, etc. S'arrête au début du XIᵉ siècle.

CHÂTELAIN (André) : *Châteaux et Guerriers de la France au Moyen Age,* Strasbourg, Éd. Publitotal, 1981. Surtout un dictionnaire des châteaux, notices brèves et très techniques.

FOURQUIN (Guy) : *Seigneurie et Féodalité au Moyen Age,* P.U.F., 1977, 252 pages. Comment seigneurie et féodalité ont réagi l'une sur l'autre. Bibliographie récente et précise.

GANSHOF (Fl.) : *Qu'est-ce que la féodalité ?,* Bruxelles, 1957, 106 pages. Classique. Les relations entre la vassalité et le fief. Les relations féodo-vassaliques et l'État.

GAUTIER (Léon) : *La Chevalerie,* édition adaptée par Jacques Levron, Arthaud, 1960, 368 pages.

GERMAIN (René) : *La Seigneurie cadre de la vie quotidienne du Xe siècle au XVe siècle,* Dijon, C.R.D.P., 1979. Ces dossiers, bien composés, ouvrent les yeux sur les documents authentiques.

GUNNAR TILANDER : *Le Livre de chasse du Roy Modus et de la Reyne Ratio,* transcrit en fable moderne avec une introduction et des notes par Gunnar Tilander, Limoges, A. Ardant, 1975, 236 pages. Le livre de chasse seul (parties allégoriques supprimées mais l'écrivain en donne une idée dans son introduction) sous forme de dialogues entre le roi et ses élus.

HARVEY (John) : *Les Plantagenêts (1154-1485),* trad. A. Gentien, Plon, 1960, 224 pages. Il s'agit des Plantagenêts d'Angleterre à partir d'Henri II.

KOCH (H.W.) : *La Guerre au Moyen Age,* Nathan, 1980, 256 pages, illustrations, traduit de l'anglais. Très bel ouvrage, illustré de centaines de médailles en couleur et noir + photos, plans, etc. Texte très clair. Les villes en guerre. Construction des châteaux forts. Condottières, mercenaires. L'armée de métier. Les canons et l'artillerie, etc.

LAUFFRAY (Christine et Pierre) : *Les Plantagenêts,* Lausanne, Rencontres, sans date, vers 1969. A partir d'Henri II seulement.

LEVRON (Jacques) : *Le Château fort et la Vie au Moyen Age,* Fayard, 1963, 216 pages. C'est en effet « la vie au Moyen Age ». Très bien composé et illustré.

MARTIN (Paul) : *Armes et Armures de Charlemagne à Louis XIV,* Fribourg, Office du Livre, 1967, 296 pages. Très beau livre, richement illustré.

PASTOUREAU (Michel) : *La Vie quotidienne en France et en Angleterre au temps des chevaliers, de la Table ronde (XIIe-XIIIe siècle),* Hachette, 1974, 250 pages. Limite dans une certaine mesure son sujet à une classe, celle des chevaliers, en utilisant comme sources : les romans de chevalerie, les sceaux, les armoiries, plus quelques extraits de romans courtois.

La Chasse au Moyen Age, Actes du colloque de Nice (22-24 juin 1979), Centre d'études médiévales de Nice, Les Belles-Lettres, 1980, 554 pages, illustrations. Pour spécialistes, valable pour différents pays européens.

6. Guyenne et Poitou :
Le roman d'Aliénor

BOURCIER (Paul) : *Histoire de la danse en Occident,* Seuil, 1978. 312 pages.
Voir aussi : CHAILLEY (J.) : *La Danse religieuse au Moyen Age* dans les
Actes du IVᵉ Congrès international de danse médiévale, Montréal, Vrin,
1967.

CHAILLEY (Jacques) : *Histoire musicale du Moyen Age,* P.U.F., 1969,
336 pages. Copieux et nourri, mais un défaut : pas une seule mélodie
notée.

DRAGONETTI (Roger) : *La Technique poétique des trouvères dans la
chanson courtoise,* contribution à l'étude de la rhétorique médiévale,
Slatkine, 1979, 702 pages, reprint édition 1960. Classique. Intéressera
surtout les spécialistes.

FRAPPIER (J.) *Amour courtois et Table ronde,* 1973, 306 pages. « Nouveauté
du XIIᵉ siècle apparue dans les régions d'oc et bientôt répandue dans
celles d'oïl, l'amour courtois a imposé au-delà de la Renaissance une
règle de vie et de poésie. »

GARAUD (Marcel) : *Les Châtelains du Poitou et l'avènement du régime
féodal (XIᵉ-XIIᵉ siècle),* Société des Antiquaires de l'Ouest, 1967,
288 pages. Pour les spécialistes. Étude approfondie avec bibliographie
très abondante.

LEBÈGUE (Antoine) : *Histoire des Aquitains,* P. Nathan, 1979, 416 pages.
Dossiers de l'histoire. Superficiel mais séduisant.

LOT-BORODINE (Myrrha) : *De l'amour profane à l'amour sacré,* études de
psychologie sentimentale au Moyen Age, préface d'E. Gilson, Nizet,
1961, 192 pages. Donne une idée juste de l'amour courtois, et de la
« promotion » féminine au Moyen Age.

NELLI (René) : *L'Érotique des troubadours,* Union générale d'édition,
1974, 376 pages. Très copieux avec table des matières détaillée.

TOPSFIELD (L.T.) : *Troubadours and Love,* Cambridge Univ. Press,
London, New York, 1975, 294 pages. Étude attentive des principaux
troubadours.

7. Le Languedoc et la vie bourgeoise

BELPERRON (Pierre) : *La Croisade contre les Albigeois et l'union du
Languedoc à la France (1209-1249),* Plon, 1942, 498 pages. Livre sérieux
où se trouvent réfutées bien des erreurs.

BOISSONNADE (Prosper) : *Le Travail dans l'Europe chrétienne au Moyen
Age (Vᵉ-XVᵉ siècle),* reprint de 1921, Slatkine, 1974. Classique.

Duvernoy (Jean) : *Inquisition à Pamiers : interrogatoires de Jacques Fournier (Benoît XII) 1318-1325*, choisis, traduits du latin et présentés par Jean Duvernoy, Privat, 1966, 240 pages. « L'adaptation n'a porté que sur la répétition de mots dans une même phrase et sur l'introduction du style direct dans les dépositions. »

Griffe (Elie) : *Le Languedoc cathare*, Letouzey, 1969-1973, 3 vol. Sans passion, très bien documenté.

Guidoni (E) : *La Ville européenne. Formation et signification du IVe au XIe siècle*, Madrage, 1981, 200 pages. Beau livre, belles illustrations et plans, beaucoup de notes, bibliographie internationale abondante et récente.

Guiraud (Jean) : *L'Inquisition médiévale*, Tallandier, 1978, 238 pages. (Ouvrage paru en 1938-1939.) Bien écrit et bien documenté, encore qu'il « date » un peu.

Hubert (Marie-Clotilde) : *Les Villes au Moyen Age*, Documentation française, 1966. Très bon. Extraits d'ouvrages classiques et modernes. Textes d'époque. Abondante et excellente iconographie.

Lavedan (Pierre) et Hugueney (Jeanne) : *L'Urbanisme au Moyen Age*, Arts et métiers graphiques, 1974, 184 pages. Bulletin de la Société française d'archéologie, 5. Étude complète et exemplaire du sujet. Embrasse l'Europe.

Le Goff (Jacques) : *Marchands et Banquiers du Moyen Age*, P.U.F., « Que sais-je ? », 1966, 128 pages. Panorama européen.

Nelli (René) : *La Vie quotidienne des cathares du Languedoc au XIIIe siècle*, Hachette, 1975, 296 pages. Défense et illustration des cathares, mais quelques bons chapitres.

Pirenne (Henri) : *Les Villes du Moyen Age*, P.U.F., 1971, 176 pages. Synthèse admirable, qui a donné lieu à bien des controverses, mais n'a pas été remplacée. A la fois clair et rigoureux. Point de départ de toute étude valable.

Sicard (Germain) : *Aux origines des sociétés anonymes. Les moulins de Toulouse au Moyen Age*, Colin, E.P.H.E., 1953. Sans céder à la tentation d'assimiler les actionnaires médiévaux à ceux d'aujourd'hui, malgré certains traits communs, l'auteur examine la naissance d'une idée nouvelle, dans un contexte profondément différent.

Thuile (Jean) : *L'Orfèvrerie en Languedoc du XIIe au XVIIIe siècle*, Montpellier et Castellanne, 1966, 2 vol. ill. Très documenté. Pour les spécialistes.

Vicaire (Le P. Marie Humbert) O.P. : *Saint Dominique, la vie apostolique* Le Cerf, 1965, 216 pages. Textes : témoignages du procès de canonisation, règles ou constitutions, etc., avec introduction détaillée.

Vicaire (Le P. Marie Humbert) O.P. : *Dominique et ses prêcheurs*, Le Cerf, 1977, 444 pages. Livre érudit. La documentation est étendue et révisée.

VICAIRE (Le P. Marie Humbert) O.P. et BLUMENKRANZ (Bernhard) : *Juifs et Judaïsme du Languedoc XIIIᵉ siècle-début XIVᵉ siècle*, Privat, 1977, 422 pages. Recueil d'études par H. GILLES, G. NADEAU, M.H. VICAIRE, V. DOSSAT, etc.) sur la position des Juifs dans cette société particulière (prêt d'argent, Inquisition). Les écoles juives, la science rabbinique et la transmission par l'intermédiaire des Juifs dans la société arabe, contacts et échanges entre savants et chrétiens, les « contra judeos ». Bibliographie abondante.

VIOLLET (Paul) : *Les Communes françaises au Moyen Age*, éd. 1900, reprint Slatkine, 1977, 160 pages. Classique. Se lit toujours avec intérêt.

WOLFF (Philippe) : *Commerces et Marchands de Toulouse (vers 1350 — vers 1450)*, Plon, 1954, 770 pages. Travail énorme d'une précision exemplaire. Intéressera surtout les spécialistes.

Cahiers de Fanjeaux, nᵒ 1 : « Saint Dominique en Languedoc », Privat, 1966, 180 pages. S'adresse à des gens déjà documentés, les communications portent sur des sujets spécialisés (commentaire de la vie albigeoise, etc.) mais très au point.

Cahiers de Fanjeaux, nᵒ 5 : « Les universités du Languedoc au XIIIᵉ siècle », Privat, 1970. Collection excellente qui s'enrichit d'année en année ; elle se compose des contributions au Colloque annuel de Fanjeaux par les meilleurs érudits spécialisés dans l'histoire religieuse du midi de la France. A signaler particulièrement : 1, 2 et 3.

8. Champagne et Lorraine, terres de marchands et de poètes

BAYARD (Jean-Pierre) : *Le Sacre des rois*, Éd. La Colombe, coll. « Pleins Feux », 1964, 302 pages. Complet et précis.

BOURQUELOT (F.) : *Études sur les foires de Champagne (XIIᵉ, XIIIᵉ, XIVᵉ siècle)*, reprint de 1865, Portulan, 1970, 2 vol. Classique, à compléter.

CHAPIN (Élizabeth) : *Les Villes de foires de Champagne*, reprint 1937 de la Bibliothèque de l'École des hautes études, Slatkine, 1976, 356 pages. Très complet. Se lit sans difficulté et avec beaucoup d'intérêt.

FRAPPIER (Jean) : *Chrétien de Troyes*, nouvelle édition Hatier, 1968, 256 pages. Bonne étude approfondie sur les divers ouvrages de Chrétien.

FRAPPIER (Jean) : *Autour du Graal*, Droz, 1977, 448 pages. Intéressera les spécialistes.

GRODECKI (Louis) : *Le Vitrail roman,* Fribourg, Office du Livre, Paris, Vilo, 1977, 308 pages, illustrations. Somptueux et complet.

MONTAIGU (Henry) : *Reims ou le dimanche de l'histoire,* Éd. S.O.S., coll. « Hauts Lieux de spiritualité », 1976, 224 pages. « Elle est ce que nous sommes et non ce que nous fûmes : le tronc de l'arbre, la source d'une conscience d'être supérieure aux capricieux changements des marges visibles de l'histoire. »

PLIFFERT-HENRIOT (Irène) : *Histoire des Champenois,* Nathan, 1980, 432 pages.

POIDEVIN (Raymond) et TRIBOUT DE MORANBERT (Henri) : *Histoire de la Lorraine,* Dir. Colmar Mars et Mercure, 1975. Assez scolaire, mais complète.

Exposition « Vitraux de France », Amsterdam 1973-1974, texte français, Amsterdam Rijksmuseen, 1973, 110 pages, illustrations. Catalogue bilingue avec introduction de Grodecki.

9. Le Nord et la vie des métiers

AUBAILLY (Jean-Claude) : *Le Théâtre médiéval profane et comique. La naissance d'un art,* Larousse, 1975, 208 pages. Conseillé aux étudiants. Étude sérieuse. Complétera utilement l'anthologie d'Albert Pauphilet.

EYER (Frédéric) : *La Brasserie à travers les âges.* Cours prononcé à l'École supérieure de brasserie de Nancy, dactylographié. Travail qui mériterait d'être édité.

FRAPPIER (Jean) : *Le Théâtre comique au Moyen Age,* textes et trad. avec des notes, par J. FRAPPIER et A.M. GOSSAR, remis à jour, Larousse, 1972, 154 pages, illustrations.

GANSHOF (F.L.) : *Étude sur le développement des villes entre Loire et Rhin au Moyen Age,* P.U.F., 1943, 80 pages. Ouvrage de base, encore qu'un peu vieilli.

LESTOCQUOY (J.) : *Aux origines de la bourgeoisie, les villes de Flandre et l'Italie sous le gouvernement des patriciens (XIᵉ-XVᵉ siècle),* P.U.F., 1952, 248 pages.

MORTENSEN (Johan) : *Le Théâtre français au Moyen Age,* traduction du suédois, Picard, 1903, reprint Slatkine, 1974, 254 pages, illustrations. Panorama du théâtre (religieux et laïque) complet.

PAUPHILET (Albert) : *Jeux et Sapience du Moyen Age,* texte établi et annoté par Albert Pauphilet, Gallimard, « Pléiade », 1978, 942 pages. Utile anthologie.

PERROY (Édouard) : *Le Travail dans les régions du Nord du XIᵉ au début du XIVᵉ siècle,* publié par le Centre de documentation universitaire, 1962, deux fascicules (cours en Sorbonne). Travail très remarquable qui mériterait d'être édité.

SIVERY (Gérard) : *Structures agraires et vie rurale dans le Hainaut... I. Les hommes et la terre. II. Évolution économique et sociale,* Université de Lille, 1977. Thèse importante. On y trouvera notamment un chapitre sur les mesures à l'époque.

10. La Bretagne de Du Guesclin

BREKILIEN (Yann) : *Histoire de la Bretagne,* Club Hachette, 1979, 406 pages. Complet et clair. Une bonne moitié du livre est consacrée aux temps qui précédèrent la Renaissance. Seule histoire de Bretagne au Moyen Age récente et satisfaisante.

CHARDRONNET (Joseph) O.M.I. : *Le Livre d'or des saints de Bretagne,* Rennes, Armor, 1977, 382 pages. Se base sur Albert le Grand et Dom Lobineau, t. Iᵉʳ de La Borderie pour « ... une étude de deuxième et même de troisième main qui n'a d'autre ambition que d'essayer de mettre ces érudits à la portée du public breton d'aujourd'hui en lui faisant goûter un peu du charme de cette *Légende dorée* par de larges citations ».

DEBIDOUR (Victor Henry) : *Grands Calvaires de Bretagne,* photos de Jos. Le Doaré, Châteaulin, J. Le Doaré, 1967, 36 pages, illustrations. Bonne étude d'histoire de l'art pour grand public.

DUPUY (Micheline) : *Bertrand Du Guesclin, capitaine d'aventure, connétable de France,* Perrin, 1977, 382 pages. Travail honnête, de lecture agréable.

GRAND (Roger) : *L'Art roman en Bretagne,* Paris, Picard, 1958. Très complet.

LE ROY (Florian) : *Bretagne des saints. Le visage original des chrétientés celtiques,* A. Bonne, 1959, 288 pages. Agréables récits illustrant la mentalité bretonne.

MARTIN (Hervé) : *Les Ordres mendiants en Bretagne (vers 1230 — vers 1530). Pauvreté volontaire et prédication à la fin du Moyen Age,* Klincksieck, 1975, 446 pages. Travail exemplaire.

POISSON (abbé Hervé) : *Histoire de Bretagne,* 7ᵉ édition, 364 pages, réédition de 1948. Manuel ; très clair d'ailleurs.

RENOUARD (Michel) : *Art roman en Bretagne,* Rennes, Ouest-France, 1977, 32 pages, illustrations.

Chronique de Saint-Brieuc (fin du XIVᵉ siècle), éditée et traduite d'après les manuscrits par Gwenael LE DUC et Claude STERCKX, Klincksieck, 1972. Chronique intéressante, mais dont la valeur historique est faible.

11. Provence, Lyonnais, Dauphiné, Savoie :
l'empereur et le pape

BUENNER (Dom Denys) O.S.B. : *Notre-Dame de la Mer et Les Saintes-Maries,* Lyon, Descuyer, 1969, 40 pages. Intéressante monographie.

DUFOURCQ (Ch.-Em.) : *La Vie quotidienne dans les ports méditerranéens au Moyen Age,* Hachette, 1975, 252 pages.

FÉVRIER (P. A.) : *Le Développement urbain en Provence des origines au XIVᵉ siècle,* P. de Boccard, 1964, Bibliothèque de l'École française d'Athènes et de Rome, 232 pages. Très importante étude avec plans, vues aériennes, etc.

FLICHE (Augustin) : *Aigues-Mortes* (Petites Monographies des grands édifices de la France), H. Laurens, 1957, 64 pages. Excellente collection rééditée des années 1920-1930.

GAGNIERE (Sylvain) et GRANIER (Jacques) : *Avignon de la préhistoire à la papauté,* éd., 1970, 280 pages, illustrations. « Nous nous proposons, à la lumière des découvertes archéologiques, d'esquisser le plus clairement possible les aspects successifs d'Avignon depuis les temps préhistoriques jusqu'à la fin du XIIIᵉ siècle, tout en essayant de retracer brièvement son histoire au cours de la même période. »

GUILLEMAIN (B.) : *La Cour pontificale d'Avignon (1309-1376). Étude d'une société,* P. de Boccard, 1962, 810 pages. Documentation extrêmement abondante, mais se lit avec intérêt.

LABANDE (Léon-Honoré) : *Avignon au XIIIᵉ siècle, l'évêque Zoen Tencas-rari et les Avignonnais,* 1908, reprint Laffitte, 1975, 412 pages. Réédition d'un ouvrage d'érudition précis et consciencieux.

LACAM (J.) : *Les Sarrasins dans le haut Moyen Age franc,* Maisonneuve et Larose, 1965, 218 pages. Intéressant pour les archéologues.

LACAVE (Michel et Mireille) : *Bourgeois et Marchands en Provence et en Languedoc,* Aubanel, 1977, 300 pages. Intéressant, se lit aisément.

MIQUEL (Maryvonne) : *Quand le bon roi René était en Provence (1447-1480),* Fayard, 1979, 328 pages. Très intéressant et vivant.

MOULIERAC-LAMOUREUX (Dr Rose-Léone) : *Le Roi René ou les hasards du destin (1409-1480),* Aubanel, 1980, 170 pages. Tableaux généalogiques, nombreuses illustrations.

PEZET (Maurice) : *La Cathédrale Saint-Trophime d'Arles,* Éd. du Cadran, 1967, 24 pages. Guide de l'édifice.

RENOUARD (Yves) : *La Papauté à Avignon,* P.U.F., « Que sais-je ? », 1969. Utile résumé d'une histoire compliquée.

REY (Gonzague de) : *Les Invasions des Sarrasins en Provence pendant les VIIIᵉ, IXᵉ et Xᵉ siècles,* paru en 1878, reprint Laffitte, 1971, 240 pages. Travail d'érudit consciencieux.

Tixier (Jean-Max) : *Arles, Saint-Gilles, Aigues-Mortes, La Camargue,* Aubanel, 1972, 164 pages, illustrations. Bon guide.
Méditerranée et océan Indien, Colloque de Venise 1962, Sevpen, 1970, 418 pages.

12. Sur les traces de la guerre de Cent Ans

Bordonove (Georges) : *Jean le Bon et son temps,* Ramsay, 1980, 356 pages. Résume l'histoire politique de la France de 1319 à 1364.
Bourassin (Emmanuel) : *La France anglaise (1420 — 1450),* Tallandier, coll. « Documents », 1981, 350 pages. Très bon travail sur la « France occupée ».
Commeaux (Charles) : *La Vie quotidienne en Bourgogne au temps des ducs Valois (1364-1477),* Hachette, 1979, 382 pages. Bon exposé sur la Bourgogne au temps où elle s'oppose au royaume.
Contamine (Philippe) : *Azincourt,* Julliard, coll. « Archives », 1964, 196 pages. Bonne introduction sur « la guerre à la fin du Moyen Age ».
Contamine (Philippe) : *La Vie quotidienne pendant la guerre de Cent Ans,* Hachette, 1978, 288 pages. Excellent et très complet.
Coville (Alfred) : *Les Premiers Valois et les débuts de la guerre de Cent Ans,* Tallandier, 1981, 476 pages. Classique.
Denieul (Anne) : *Rois fous et sages de la première maison de Valois,* Perrin, 1974, 496 pages.
Enguehard (Henri) : *Le Roi René et l'Anjou,* Angers, P. Petit, 1975, 160 pages. Beau livre bien illustré.
Favier (Jean) : *La Guerre de Cent Ans,* Fayard, 1980, 680 pages. Très complet et documenté.
Herubel (Michel) : *Gilles de Rais et le déclin du Moyen Age,* Perrin, 1982, 384 pages, illustrations. « Portrait d'un homme aux perversions et aux cruautés dévastatrices replacé dans une France en plein déchirement. » Bon travail fondé sur le texte du procès.
Huizinga : *L'Automne du Moyen Age,* Payot, 1975, 406 pages. Une analyse profonde de la fin du Moyen Age surtout valable pour le nord de la Loire.
Lehoux (Françoise) : *Jean de France, duc de Berri. Sa vie, son action politique (1340-1416),* Picard, 1966-1968, 4 vol. Étude exhaustive.
Lévis-Mirepoix (Antoine, duc de) : *La Guerre de Cent Ans,* avec choix de texte de Froissart, établi par G. Walter, réédition de poche Marabout, 1982.
Phabreg (Gille) : *Le Roi sage.* Chronique du règne de Charles V, Édition de l'Écureuil, 1961, 230 pages. Vie romancée.

SAUGNIEUX (Joël) : *Les Danses macabres de France et d'Espagne,* Lyon, Paris, Belles-Lettres, 1972, 336 pages.

SCHELLE (Klaus) : *Charles le Téméraire, la Bourgogne entre le lys de France et l'aigle de l'Empire,* trad. de l'allemand, Livre de poche, 1980, 380 pages. L'auteur envisage son sujet comme suit : « L'histoire est écrite par les vainqueurs... Charles le Téméraire a le plus souvent été vu par la postérité avec les yeux de Suisses et de Français. »

SOYEZ (Jean-Marc) : *Quand les Anglais vendangeaient l'Aquitaine d'Alié- nor à Jeanne d'Arc,* Fayard, 1978, 254 pages. Intéressant grâce aux détails de la vie quotidienne.

VERDON (Jean) : *Isabeau de Bavière,* Tallandier, 1981, 318 pages. Essaye de nuancer le jugement classique. Il ne s'agit pas de faire d'Isabeau la grande reine de France qu'elle n'a jamais été, mais de tenter de tracer d'elle un portrait de femme aussi objectif que possible.

Exposition « La librairie de Charles V », B.N., 1968, 136 pages. Le catalogue de cette exposition offre par ses notices un intéressant tableau du roi en tant qu'homme d'étude et amateur d'art.

Exposition 1976 « La guerre au Moyen Age », château de Pons, Charente- Maritime, Berger-Levrault, 1976, 116 pages, illustrations. Le catalogue de cette exposition copieusement illustré comporte, outre des notices substantielles, d'excellentes introductions sur l'armement, la littérature militaire, les armées, la population civile, etc.

Journal d'un bourgeois de Paris à la fin de la guerre de Cent Ans, Paris, 218 pages. Édition de luxe illustrée à la manière des miniatures.

Voir aussi :

Les Dossiers de l'Archéologie, n° 34, mai 1979 : « Jeanne d'Arc. L'archéo- logie de la guerre de Cent Ans ».

« Jeanne d'Arc. Une époque. Un rayonnement », Colloque d'histoire réuni à Orléans en octobre 1979 par le Centre Jeanne-d'Arc, Éditions du C.N.R.S., 1982.

Crédits photographiques

Culs de lampe.

Page 12 — Deux pèlerins s'acheminant vers Le Mont-Saint-Michel. XVᵉ siècle. Paris, Bibliothèque nationale.

Page 30 — Le roi David jouant de la lyre. Tiré du commentaire des *Psaumes* de saint Augustin — XIᵉ siècle. On connaît le nom du copiste de ce manuscrit : un moine nommé Giraud. Avranches, bibliothèque municipale.

Page 45 — Adam le Bossu (Adam de la Halle) composant ses chansons. XIIIᵉ siècle.

Page 56 — Sceau de saint Bernard, abbé de Clairvaux. *Sigillum Bernardi abbatis clare vallensis.*

Page 91 — Un moine et sa bibliothèque. Les manuscrits sont sur des plateaux tournants. XIVᵉ siècle.

Page 125 — Un pèlerin accompagné de son âne qui porte les provisions. XVᵉ siècle. Paris, Bibliothèque nationale.

Page 196 — Philippe par la grâce de Dieu, roi des Français. *Philippus dei gratia francorum rex.* Sceau dit « de majesté ».

Page 239 — Sceau des meuniers de Bruges. Archives nationales.

Page 270 — Sceau de la ville de Tournai. XIIIᵉ siècle. Archives nationales.

Page 294 — Paysan et paysanne coiffés du chaperon.

Page 347 — Soldats endormis devant le tombeau du Christ. Leur équipement est celui du XIIIᵉ siècle : cotte de mailles et surcot.

MISE EN PAGES : Alain CHAPPAT.

DESSINS : Monique PRUGNARD.

CARTES : Alain MIRANDE.

ICONOGRAPHIE : Caroline WIEGANDT et Emmanuel PERNOUD.

Table des matières

l'origine, ce sont le responsable des écuries, celui des vêtements, celui de la table, etc. Le roi s'installe, Paris grandit. Notre-Dame de Paris. Les étudiants adoptent la montagne Sainte-Geneviève. L'université : un Oxford ou un Cambridge parisiens. Les étudiants ont le droit de grève. La rive droite : les halles en plein champ. Les marchands de l'eau nous ont laissé leur sceau. Rues et maisons du Moyen Age. La Seine n'avait pas de quais. La publicité. La visite d'une église gothique.

La route du Moyen Age, sillonnée de marcheurs couverts d'une pèlerine et portant pour insigne une coquille Saint-Jacques. Chefs-d'œuvre de l'orfèvrerie : les reliquaires. L'émail, capitale Limoges. Le pape, à cheval, arrive en Auvergne. Les deux blocs : Chrétienté et Islam. Le seigle, le châtaignier, les eaux minérales : richesses de l'Auvergne.

Visite d'un château féodal. Comment on faisait la guerre. Le pape interdit l'arbalète à traits. Mâchicoulis et échauguettes. Le chevalier n'a pas d'armure. Histoire du blason. La vie de château : une vie de famille. Qu'est-ce qu'un chevalier ? Les tournois. La vénerie.

L'héritière d'Aquitaine épouse le dauphin. Poitiers, la ville du scandaleux trouvère Guillaume. Aliénor ne veut pas être l'épouse d'un moine. Comment on s'habille au XIIe siècle. Le chapelet. Les danses : caroles et estampies. Chansons d'amour. Naissance du roman. Le divorce de Louis et d'Aliénor ranime la guerre. Le serment féodal sauve les fleurs de lis. Les Plantagenêts couvrent leur domaine de chefs-d'œuvre. « Attendez-moi sous l'orme. » L'Ouest déchiré entre France et Angleterre ; la sagesse d'un roi rend à chacun son dû.

Comment naissent les villes. Autant de villes, autant de régimes. Entrons dans une maison du Moyen Age. Cuisine et gastronomie :

Crécy : la chevalerie française écrasée. Les bourgeois de Calais. Grande peste et danse des morts. Le Grand Ferré. Il faut une poulie pour mettre en selle un cavalier. Hennins et chaussures à la poulaine. La Bibliothèque nationale commence à Vincennes. Un homme de goût : Jean de Berry. Les truffes du Périgord. Le désastre d'Azincourt. Dijon, capitale du « grand duc d'Occident ». Un pâté plein de musiciens. Le roman du Mont-Saint-Michel.

ACHEVÉ D'IMPRIMER
LE 18 NOVEMBRE 1983
SUR LES PRESSES DE
L'IMPRIMERIE HÉRISSEY
A ÉVREUX (EURE)
POUR LE COMPTE DES ÉDITIONS STOCK
14. RUE DE L'ANCIENNE-COMÉDIE, PARIS - 6e

Imprimé en France
N° d'imprimeur : 33325
N° d'éditeur : 4670
Dépôt légal : Décembre 1983
54-20-3247-05
ISBN 2-234-01606-1

H/54.3247.1